ASTROLOGIA EM LINGUAGEM MODERNA

O ZODÍACO

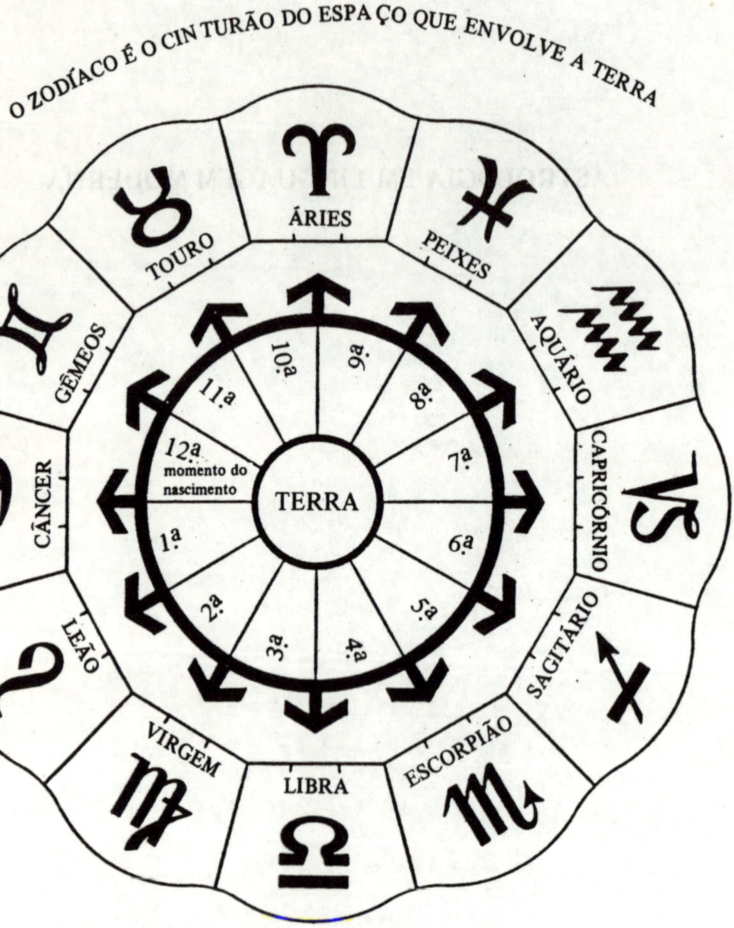
O ZODÍACO É O CINTURÃO DO ESPAÇO QUE ENVOLVE A TERRA
ÁRIES
PEIXES
AQUÁRIO
CAPRICÓRNIO
SAGITÁRIO
ESCORPIÃO
LIBRA
VIRGEM
LEÃO
CÂNCER
GÊMEOS
TOURO
10ª
9ª
8ª
7ª
6ª
5ª
4ª
3ª
2ª
1ª
12ª momento do nascimento
11ª
TERRA

RICHARD B. VAUGHAN

ASTROLOGIA EM LINGUAGEM MODERNA

Tradução
ZILDA HUTCHINSON SCHILD

EDITORA PENSAMENTO
São Paulo

Título do original:
Astrology in Modern Language

Edição	Ano
1-2-3-4-5-6-7-8-9-10	89-90-91-92-93-94-95

EDITORA PENSAMENTO LTDA.

Rua Dr. Mário Vicente, 374 - 04270 São Paulo, SP - Fone: 63 3141

Impresso em nossas oficinas gráficas.

SUMÁRIO

Capítulo 1

O QUE É UM HORÓSCOPO?

Um horóscopo é um mapa astrológico dos céus, relacionado com a data e o lugar de determinado nascimento.

Em primeiro lugar, pense na Terra como se ela fosse um círculo ou uma bola que girasse em torno de seu eixo, completando uma volta (360°) aproximadamente uma vez a cada vinte e quatro horas. Em seguida, pense no espaço como num sistema fixo de referências arbitrariamente dividido em doze segmentos iguais de 30° cada. Se você colocasse um sinal na margem da circunferência da Terra, este sinal passaria, à medida que a Terra girasse, através de todos os 360 pontos do espaço a cada vinte e quatro horas.

Denominamos signos do zodíaco as doze áreas iguais do espaço. Eles se sucedem um ao outro, na seguinte ordem: Áries, Touro, Gêmeos, Câncer, Leão, Virgem, Libra, Escorpião, Sagitário, Capricórnio, Aquário, Peixes. Cada signo tem características especiais que o destacam e distinguem dos outros. Podemos pensar nêles como CONDIÇÕES METEOROLÓGICAS DO CÉU.

Ao levantar um mapa astrológico para o nascimento de uma pessoa, dividimos o círculo em doze seções (não necessariamente iguais), dependendo da longitude e da latitude do local do nascimento. Essas áreas são denominadas casas. Cada uma delas define uma ÁREA ESPECÍFICA DA EXPERIÊNCIA HUMANA nos assuntos do nativo. A primeira casa diz respeito à identidade pessoal do nativo. A segunda lida com o seu poder de obter rendimentos ou com a sua fonte de suprimentos. A terceira se relaciona com seus pensamentos ou com sua capacidade de comunicação, etc.

Desde que o círculo, que está dividido em doze áreas de experiência, gira com uma velocidade de um grau a cada quatro minutos, cada área de experiência passa através de cada uma das doze áreas zodiacais do espaço (condições meteorológicas) durante um período de vinte e quatro horas.

Na astrologia, existem várias teorias sobre a divisão das casas e a especificação das áreas zodiacais do espaço. Neste livro, usa-se o sistema geralmente mais usado nos círculos astrológicos americanos e britânicos, conhecido como zodíaco TROPICAL e sistema PLACIDUS de casas. As perguntas que podem surgir de imediato são: Como pode haver mais de um sistema, e qual é o correto?

A astrologia é mais uma arte do que uma ciência exata. Na verdade, por muitos padrões, ela nem é considerada uma ciência. A astrologia é um sistema de valores simbólicos que estão relacionados com certos fatos astronômicos.

Historicamente, a astrologia precedeu a astronomia, e a ciência da astronomia se desenvolveu a partir da astrologia. Geralmente, os valores simbólicos da astrologia são, hoje, ignorados e contestados pelos astrônomos modernos. Embora os astrônomos sintam que a astrologia não pode ser provada em termos astronômicos, ao mesmo tempo não podem refutá-la. Podem ignorá-la – podem pretender que não exista – mas não conseguem provar-lhe a falsidade.

Acontece que a possibilidade de qualquer conjunto de símbolos ter valor à medida que se refere aos assuntos humanos é uma coisa que, ou se está constitucionalmente preparado a aceitar ou a rejeitar totalmente.

A astrologia está mais ou menos na mesma posição da religião. Ou você lhe atribui um valor espiritual, ou não. A religião não pode ser comprovada ou refutada. Trata-se de uma questão de sentimentos – de ter fé em seus valores espirituais – e não de conhecer no sentido racional.

As pessoas que acreditam na astrologia vêm a considerá-la como sua religião, porque ela é baseada em conceitos espirituais. É provável que seja por isso que a menção da astrologia agita controvérsias fundamentais e que esse seja o motivo de as religiões ortodoxas tenderem a ser-lhe mortalmente contrárias.*

Talvez seja significativo o fato de a astrologia obter outra vez popularidade, exatamente no momento em que muitas pessoas reexaminam a posição das organizações religiosas.

Referindo-nos outra vez à astrologia como se ela fosse muito mais um sistema de valores simbólicos do que de fatos, vemos que a evidência da verdade ou a comunicação do conhecimento provém mais daquilo que o símbolo SUGERE ao leitor do que do sentido concreto desse símbolo.

Em primeiro lugar, o leitor deve saber algo sobre a natureza dos símbolos e sobre os modos como eles podem ser organizados. Não existe, contudo, referência única no próprio símbolo, mas uma série de organizações em que estes símbolos podem ser dispostos.

É por isso que pode haver vários sistemas astrológicos, todos igualmente válidos em sua aplicação. Um astrólogo pode adaptar-se idealmente melhor a determinado conjunto de sugestões do que a outro. As várias respostas (ou reações)

---

*Nem todos os astrólogos consideram a astrologia como sua religião e, de fato, muito poucas pessoas a usam atualmente para análise de mercado de valores, previsão do tempo, etc. Muitos profissionais das artes da cura e muitos em profissões assistenciais acham-na tremendamente útil para uma compreensão mais rápida de seus pacientes, mesmo que, pessoalmente, não a considerem a sua religião. Um relatório feito por astrólogos há alguns anos atrás revelou que um número considerável de mais de 50% deles mantinha valores espirituais muito fortes (muitas vezes não ortodoxos); muitos, contudo, testemunhariam que a sua fé na astrologia se desenvolveu depois da comprovação de sua exatidão e utilidade através da experiência. (*Nota do Editor.*)

podem tender a confirmar-se e correlacionar-se umas com as outras, porém os métodos usados para obter essas respostas podem ser muitíssimo diferentes.

É uma questão muito difícil comunicar-se com as pessoas que, embora atraídas pela astrologia, necessitam das garantias de um sistema definido ou de uma explicação inteiramente racional das coisas (em oposição a uma explicação intuitiva).

Existe aí uma semelhança com os testes de borrões de tinta de Rorschach, usados nos exames psicológicos. O borrão de tinta é um símbolo. Ele não representa uma categoria exata que exclua outras possibilidades. O valor desses testes para exame está na reação da pessoa que vê: depende do que ela enxerga no borrão de tinta. Considera-se que certos tipos psicológicos costumam ver objetos semelhantes nos borrões de tinta. Dessa forma, criaram-se as assim chamadas reações normais e as variações dessas reações normais. A finalidade do teste é mais descobrir as aberrações do que confirmar as reações normais.

Além das áreas das casas e das designações espaciais denominadas signos, o horóscopo contém ainda um terceiro símbolo: os planetas (inclusive o Sol e a Lua, que, tecnicamente, são luminares, e não planetas; mas, por conveniência, daqui por diante nos referiremos a eles como planetas).

Enquanto as casas do horóscopo identificam áreas de experiência e os signos determinam o estágio em que essas áreas de experiência atuarão, os planetas agem como símbolos de força ou como o foco da atenção, reunindo os outros dois elementos. Há duas maneiras fundamentais pelas quais esses três elementos (casas, signos, planetas) se relacionam entre si.

Uma delas diz respeito à "ordem natural" de relacionamentos chamadas REGÊNCIAS. O signo de Áries, por sua natureza, é considerado como o signo natural da primeira casa. E Áries é focalizado e controlado pelo seu regente planetário natural, Marte. Cada signo relaciona-se de forma natural com determinada área de experiência e cada planeta relaciona-se naturalmente com um signo específico.

Na época atual, a ciência confirmou apenas a existência de dez planetas em nosso sistema solar. Visto que nosso horóscopo se divide em doze casas, diz-se que dois desses planetas regem duas casas. Mercúrio tanto rege Gêmeos como Virgem, e Touro e Libra são ambos regidos por Vênus. Muitos astrólogos acreditam que ainda há mais dois planetas a serem descobertos (ou localizados) e acham que um deles regerá Virgem e o outro, Libra.

A outra maneira como esses três elementos se relacionam diz respeito à sua distância espacial, medida de um para outro em graus. Diz-se que os planetas, em PONTOS ESPECÍFICOS DE DISTÂNCIA uns dos outros, formam um ASPECTO.

Assim, o horóscopo é um mapa que revela as casas, os signos e os planetas, e esses elementos se relacionam entre si através de REGÊNCIAS E ASPECTOS naturais.

A única maneira de dominar a interpretação de um horóscopo é aprender exatamente o que cada casa representa (e o que não representa), o que caracteriza cada signo do zodíaco (e o que não o caracteriza) e a natureza de cada planeta (e o que não pertence a ela). Em seguida, é necessário tomar consciência de como esses elementos se relacionam uns com os outros E DESCOBRIR O QUE ISTO NOS SUGERE.

Pensar de forma astrológica é semelhante a um desafio em LÓGICA. Se tivermos uma premissa e também houver outra condição e forem introduzidos certos outros fatores, a conclusão é o PESO DA PROBABILIDADE. É necessário que você retenha todos os fatores na mente, de forma a tornar-se consciente de seu caráter EM COMBINAÇÃO.

A reação de um astrólogo pode ser superior à de outro, dependendo da contribuição que seus talentos particulares possam dar ao quadro ou à síntese. Nem todos somos igualmente aquinhoados com entendimento, poder analítico, intuição, poder de síntese e de critério. Também podemos ser subconscientemente atraídos por determinado padrão ou podemos concentrar-nos nele. Estamos lidando aqui com um quadro complexo que admite uma porção de possibilidades.

Apesar disso, existe um PADRÃO BÁSICO, ou uma tendência geral ou CRITÉRIO DOMINANTE, que pode ser percebido DEPOIS QUE SE APRENDEU UMA TÉCNICA.

A astrologia não é nem uma ciência nem um sistema exato, no sentido usual do termo, mesmo que use fatores e medidas de natureza matemática.

A astrologia interpretativa é, de fato, uma arte e, não importa o que os outros lhe digam, ELA REQUER INTUIÇÃO. Não sinto que você possa desenvolver um senso de intuição SE VOCÊ NÃO NASCEU COM ELE. É claro que todas essas coisas aparecem em seu próprio horóscopo.

O mapa natal é considerado o HORÓSCOPO NATAL. Supõe-se que ele revele tudo o que o nativo poderá realizar nesta vida; também mostra o que ele não poderá obter. O horóscopo natal é considerado uma PROMESSA. Nada que não tenha sido prometido por ocasião do nascimento acontecerá. Se a probabilidade de uma morte violenta não constar do horóscopo natal, nesse caso o nativo não terá morte violenta. Se lhe for negada, no horóscopo natal, a probabilidade de receber uma herança importante, então esse nativo nunca gozará dessa herança. Se o horóscopo natal do nativo mostrar relacionamentos tempestuosos com os filhos, nesse caso ele os terá.*

É natural que o nativo queira saber QUANDO certas coisas provavelmente ocorrerão. Talvez esse seja o elemento mais aleatório da leitura do horóscopo. Muitos astrólogos saem do anonimato ao fazer previsões exatas. Outros astrólogos têm sido extremamente felizes ao se referirem a coisas comprovadamente corretas.

Na verdade alguns astrólogos não aprovam que se façam previsões de aconte-

---

* Muitos astrólogos profissionais experientes discordariam veementemente dessas afirmações. Embora as opiniões dos astrólogos praticantes vão desde o total fatalismo até a crença no total livre-arbítrio, o valor da astrologia para compreender a si mesmo, aos outros e aos padrões da vida é, sem dúvida, o mesmo. À medida que um maior número de superstições medievais da astrologia forem descartadas e à medida que mais praticantes adquirirem treinamento em psicologia e aconselhamento, um número maior de astrólogos acreditará que nossa atitude em relação à experiência e à herança cósmica é absolutamente fundamental. (*Nota do Editor.*)

cimentos futuros de natureza pessoal. Eu diria que, em geral, isso acontece porque eles não têm confiança em sua habilidade de fazer isso, e criticam os outros por tentarem. Ninguém está cem por cento certo o tempo todo, mas a prática e a confiança melhoram a nossa "média de atuação"; isso é tanto mais verdadeiro quanto mais distantes estivermos de qualquer envolvimento pessoal com o horóscopo.

Talvez uma das mais difíceis perguntas a serem respondidas em astrologia é se o nativo vencerá ou não determinada competição. Isso porque vencer ou não vencer é uma questão relativa. Pode-se ganhar algo de um modo, e perdê-lo de outro. A vida também é considerada pelo astrólogo como um desafio, que é, antes de mais nada, espiritual. Vencer ou não, no sentido físico ou material, é apenas parte do cenário. Muitas vezes, o nativo pode realmente perder, no sentido material, porém ganhar muito mais, no sentido espiritual.

O resultado provável de TODO O PADRÃO DA VIDA ESTÁ NO HORÓSCOPO do nativo.

Já mencionei que o astrólogo considera a vida como um desafio espiritual. Isso suscita dois assuntos correlatos: a irrevocabilidade do destino e a reencarnação.

A minha posição, após muito ponderar, é a de que quanto mais se entra nesses assuntos, mais o destino se torna esmagadoramente convincente. Também estamos envolvidos com alguns padrões ou formas de reencarnação nas quais a alma ou o espírito segue vivendo e fazendo experiências, com lições e desafios em outros níveis, desde que os padrões da presente vida estejam nitidamente assinalados ou desenhados numa direção específica (sempre implicando outras lições e direções). Para mim, isso é inevitável, se quisermos estudar profundamente esse assunto. Entretanto, nasci com a fé e a aceitação natural de que essa é a ordem das coisas. Para minha satisfação, a astrologia provou que isso é assim. Não creio que alguém se possa adiantar na astrologia, se não aceitar de forma natural esse tipo de filosofia.

Há muita controvérsia entre os próprios astrólogos (que supostamente acreditam na astrologia) quanto ao que está implícito no "livre-arbítrio" e na "predestinação". Muitos astrólogos gostam de se desculpar e não engolem a isca, afirmando que "os astros impelem, eles não compelem". Considero isso uma fuga da implicação final sobre a qual essa crença se baseia.

Ou o seu horóscopo é o mapa de sua vida ou não é. E a condição do seu assim chamado livre-arbítrio está inteiramente delineada no horóscopo. Se você é forte no contexto A e fraco no contexto B, então reagirá de forma caracteristicamente fraca quando for confrontado com o contexto B. Não seria natural (e seria um tanto impossível) você reagir de outra maneira.

Portanto, onde entra o livre-arbítrio?

O que é conhecido como livre-arbítrio é, na verdade, uma espécie de vontade própria, com a qual o indivíduo quer ou sente necessidade de imaginar que o seu próprio ego cria tanto a oportunidade como a solução para o que tem de enfrentar.

Isso, de certa forma, pode ser verdade num nível puramente físico ou material. Mas, em geral, o homem é considerado mais do que um animal físico ou material. Nem todos os homens, infelizmente, mas os melhores irradiam uma consciência espiritual; e é com essa consciência espiritual que a astrologia se relaciona.

A predestinação nega o livre-arbítrio. A predestinação diz que cada um de nós tem uma finalidade na vida, que pode ser definida em termos espirituais. Essa finalidade é designada ou estabelecida de antemão por uma força ou espírito maior do que os nossos egos individuais.

O propósito de nossas vidas é tomar o que nos foi dado – nossos haveres e responsabilidades(que também são as qualidades definidas no horóscopo) – e enfrentar o desafio de nosso destino. A probabilidade desse resultado também está predeterminada, porque a dimensão da vida é o desafio espiritual, não o sucesso material. Pode parecer que exibimos certo livre-arbítrio no que diz respeito aos assuntos físicos ou materiais, porém o controle dos assuntos espirituais está além de nós.

As pessoas muito fortes, voluntariosas e materialistas acham que a predestinação lhes rouba a única desculpa de viver DO JEITO COMO ELAS GOSTAM.

Com freqüência, elas dizem:

– Qual a vantagem de viver, se você souber de antemão o que vai acontecer?

A questão é que você conhece de antemão apenas a resposta espiritual – o real propósito de viver. Não conhece todos os detalhes materiais necessários para resolver esse desafio espiritual.

Não estamos nesta vida para realizar funções mecânicas destituídas de sentido. Espera-se que estejamos nesta vida para aceitar algum tipo de evolução espiritual.

Existem muitos caminhos para se buscar esse conhecimento. A astrologia é apenas um desses caminhos, mas ela oferece de forma mais exata um sistema único de ANÁLISE DO CARÁTER, DE PROGNÓSTICOS DE PROBABILIDADES, além de um PROGRAMA HORÁRIO para percorrer a fascinante jornada que se chama vida.

Capítulo 2

COMO PREPARAR UM HORÓSCOPO

É muito importante, desde o início, que você tenha o seu próprio horóscopo para consultar, pois é essa a única maneira satisfatória de examinar a validade de qualquer coisa que se diga sobre a astrologia. Terá de convencer-se de que ela de fato funciona. Se não testá-la em seu próprio horóscopo, ela não passará de pura especulação.

Você poderá obter um horóscopo (ou mapa natal) calculado para você, se escrever para ACS, P.O. Box 16430, San Diego, CA 92116, ou se telefonar para outros serviços profissionais. Tenha o cuidado de informar-se antes sobre eles, pois a exatidão dos cálculos é decisiva, e numerosos serviços amplamente divulgados são incompetentes. Para um mapa natal *completo,* precisará da data, do lugar e da hora *exata* do nascimento. Para os que não souberem a hora exata, ainda existe considerável informação de grande valor através da astrologia (ver capítulo 22).

A hora do nascimento, em geral, refere-se à hora assinalada pelo relógio e deve ser a mais exata possível. Só são toleradas diferenças de tempo mínimas, porque a cada quatro minutos de tempo horário corresponde um movimento de um grau da Terra em volta do zodíaco. Qualquer erro perceptível modificará as divisões de casa e colocará os planetas nas casas erradas.

É fácil preparar um horóscopo quando se dispõe de certa habilidade técnica. Você poderá achar que nunca será capaz de ler um horóscopo, pois não domina os cálculos matemáticos necessários à sua elaboração. Isto não é necessariamente verdadeiro. Pessoas eficientes na elaboração de horóscopos nem sempre são as mais indicadas para fazer uma interpretação profunda. Preparar um horóscopo tende a ser uma habilidade mecânica. Interpretá-lo é uma arte intuitiva.

Infelizmente, terá de consultar ao menos quatro livros para calcular o seu horóscopo. É por isso que apenas estou descrevendo de maneira generalizada os passos requeridos para a sua elaboração.

Um mapa de horóscopo terá esta aparência:

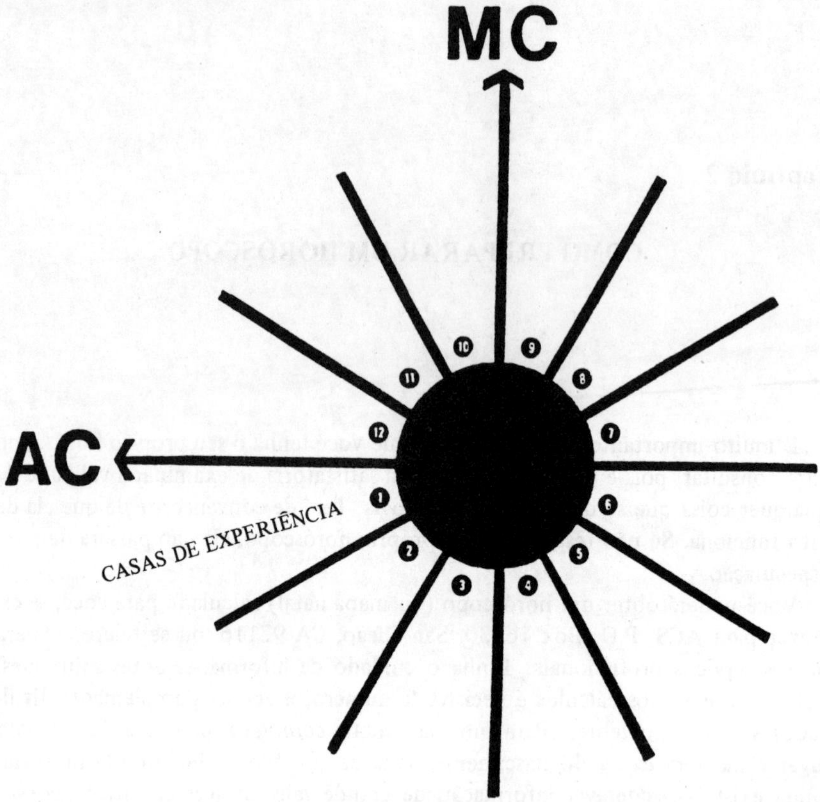

O Sol é os planetas poderão estar em qualquer posição do espaço (isto é, em qualquer casa) no momento do nascimento. O horizonte da Terra no lugar do nascimento e na hora do nascimento é indicado pela flecha que aponta para AC (ascendente).

A abreviatura AC é usada no livro inteiro para designar o ascendente. Entretanto, a abreviatura ASC é mais usada na literatura astrológica. O *Signo* do ascendente também é chamado de "signo ascendente", já que esse signo está *ascendendo* no horizonte leste, no momento do nascimento.

A abreviatura MC (ver diagrama acima), que sempre é encontrada na parte superior de cada horóscopo, surge da expressão latina *medium coeli,* que significa "meio do céu". Ela se identifica com a cúspide da décima casa, na maioria dos sistemas de casas.

A divisão das casas parece igual, desde que usemos formas impressas. A área real, entretanto, é medida em graus de distância, a partir do signo que estiver na linha de uma casa (cúspide) para a seguinte.

As casas sempre são exibidas em ordem. A cúspide (início) da primeira casa (também conhecida como o ascendente – AC) fica do lado esquerdo do horizonte. A cúspide da décima casa (também conhecida como o meridiano – MC) fica sempre no alto, embora talvez não esteja realmente em ângulo reto (90° exatos) com o horizonte (AC) do lado esquerdo.

No momento do nascimento (que é calculado para um lugar e hora específicos), a inclinação do horizonte (o ascendente do horóscopo) estava tocando, ou estava naquele ponto do espaço – revelado pelo signo e pela medida em graus – na primeira casa do horóscopo. *Através de relacionamentos matemáticos, esse ponto estabelece todos os outros aspectos do horóscopo.*

Nesse momento do tempo, cada um dos planetas estava num determinado ponto do espaço medido pelo zodíaco. Esse cálculo é feito para o meio-dia no ponto zero graus de Greenwich (que é um observatório perto de Londres). Esse cálculo é publicado anualmente na *Raphael's Astronomical Ephemeris* (Efemérides Astronômicas de Rafael) e em outras publicações. Trata-se de um dos livros de consulta necessários para a elaboração do seu horóscopo.

No horóscopo, tudo é estabelecido por medidas em graus zodiacais. O zodíaco é o CINTURÃO DO ESPAÇO que envolve a Terra. Hipoteticamente, ele é dividido em doze segmentos iguais de 30° cada um, chamados de SIGNOS.

Uma vez que tudo no universo está em constante movimento, a CHAVE para todos os sistemas de medida na astrologia é o TEMPO. É por esse motivo que é tão importante conhecer a hora exata do nascimento.

A ordem dos signos em volta do zodíaco é sempre a mesma:

ÁRIES, cujo símbolo é ♈, é sempre oposto a **LIBRA,** cujo símbolo é ♎
TOURO, cujo símbolo é ♉, é sempre oposto a **ESCORPIÃO,** cujo símbolo é ♏
GÊMEOS, cujo símbolo é ♊ é sempre oposto a **SAGITÁRIO,** cujo símbolo é ♐
CÂNCER, cujo símbolo é ♋, é sempre oposto a **CAPRICÓRNIO,** cujo símbolo é ♑
LEÃO, cujo símbolo é ♌, é sempre oposto a **AQUÁRIO,** cujo símbolo é ♒
VIRGEM, cujo símbolo é ♍, é sempre oposto a **PEIXES,** cujo símbolo é ♓

Cada signo contém exatamente 30° (doze avos do círculo). A distância de 0° de Áries para 15° de Touro é de 45°.

O TEMPO SIDERAL é um FATOR BÁSICO DE TEMPO, calculado para o meio-dia a zero graus de Greenwich. Ele é mostrado para cada dia do ano na *Raphael's Astronomical Ephemeris.* Devemos ajustar essa hora ao TEMPO SIDERAL REAL para o horóscopo, segundo o verdadeiro tempo e lugar do nascimento.

Em seguida, traçamos esse tempo sideral lendo um conjunto de TÁBUAS DE CASAS, onde podemos encontrar as dimensões por signo e os graus para cada uma das divisões de casas do horóscopo.

Uma vez que tenhamos identificado a área para cada divisão de casas, podemos incluir os planetas no horóscopo, POR CASA, segundo suas próprias medidas por signo e grau. As posições dos planetas são calculadas para cada dia, ao meio-dia, a zero graus de Greenwich na *Raphael's Astronomical Ephemeris.* É necessário um pequeno ajuste para o tempo e lugar do nascimento.

Um horóscopo completo ficaria assim:

Este é o horóscopo do Presidente Richard M. Nixon.

A ênfase deste livro recai muito mais no modo de se interpretar um horóscopo do que no *know-how* mecânico da sua preparação; e, desde que necessitamos de quatro livros de consulta com tabelas pré-calculadas, chamamos a atenção do leitor para a abundância de bons manuais de astrologia sobre o assunto.

Entretanto, é realístico afirmar que 80% dos estudantes que tentam aprender a fazer cálculos exatos para mapas nos livros incorrerão no hábito de cometer inúmeros erros. Um conjunto completo de livros sobre cálculos custa mais do que $50 dólares, no total; além disso, aprender a usá-los é muito mais fácil quando se tem um professor competente. Portanto, a melhor abordagem para os novos estudantes de astrologia é encontrar um professor compatível no lugar onde vivem. Caso contrário, o melhor conselho a esses estudantes é usarem o serviço de cálculos de mapas mencionado na página 13; essa firma também vende efemérides muito boas (tabelas com a posição dos planetas) para vários períodos de tempo, que lhes permitirão localizar a posição dos planetas em todos os dias do passado e do futuro.

Os seguintes manuais gerais são recomendados aos novos estudantes para o estudo detalhado da interpretação de mapas:

The Modern Textbook of Astrology, de Margaret Hone
All Works, de Dane Rudhyar
All Works, de Charles Carter
An Astrological Guide to Self-Awareness, de Donna Cunningham
Astrology, Psychology and the Four Elements, de Stephen Arroyo
Astrology, Karma and Transformation, de Stephen Arroyo
Relationships and Life Cycles, de Stephen Arroyo
Reincarnation Through the Zodiac, de Joan Hodgson
A Journey Through the Birth Chart, de Joanne Wickenburg
The Spiral of Life, de Joanne Wickenburg
The Art of Chart Interpretation, de Tracy Marks
The Planets and Human Behavior, de Jeff Mayo

Capítulo 3

AS CASAS DO HORÓSCOPO

A natureza e a função das casas do horóscopo não só são fundamentais para toda a estrutura da astrologia, mas também devem exigir a maior atenção, consideração e estudo.

AS CASAS DEFINEM AS ÁREAS DE EXPERIÊNCIA, LOCALIZAM A AÇÃO E CONCENTRAM A ATENÇÃO CONSCIENTE DO NATIVO NO MATERIAL QUE LHE FOR MAIS IMPORTANTE.

Os signos do zodíaco servem, antes de tudo, como unidades de identidade e dimensão. Isso quer dizer que a sua presença e grau estabelecem o caráter e as "condições climatéricas" sob as quais ocorrerá a ação (dentro da área específica da casa). Eles montam o palco e dão cor ao cenário em que a história se desenrolará.

Os planetas proporcionam o elenco de personagens e a qualidade da ação. A natureza da ação, exposta pelas casas, é mais importante do que o cenário, o tempo ou as condições climatéricas em que a ação acontece (o signo na casa), ou os instrumentos, agentes ou instigadores da ação (os planetas).

Cada planeta se relaciona com um determinado signo zodiacal. Diz-se que um planeta rege um signo por causa da afinidade de suas naturezas.

Essa assim chamada ordem natural dos relacionamentos é muito importante quando se aprende A PENSAR DE FORMA ASTROLÓGICA, pois cada um deles contribui para a interpretação do outro. Portanto, é através dessa corrente de significado que se sintetiza e interpreta o horóscopo individual.

É bastante grotesco que a maioria dos astrólogos tendam a minimizar a importância do fator casa em favor dos aspectos, que representam o relacionamento angular entre os planetas. Com freqüência, você poderá encontrar astrólogos que falam exclusivamente sobre os ângulos existentes entre os planetas, quase nada dizendo sobre a estrutura das casas, que é o ÚNICO PLANO DE REFE-

RÊNCIA ATRAVÉS DO QUAL TODAS AS COISAS SE PODEM MANIFESTAR NA ASTROLOGIA.

É por isso que você achará este livro sobre astrologia diferente da maioria dos outros sobre o assunto. Do começo ao fim desta apresentação, salientarei a função da PROEMINÊNCIA DA CASA, acima da importância dos aspectos entre os planetas.

Todas as casas retratam, de certa forma, a perspectiva total do nativo. Cada uma das casas colabora, exercendo sua influência nos assuntos da outra casa, através da afinidade dos relacionamentos. O planeta que rege o signo na cúspide da casa aponta (pela posição de sua casa) para a área de experiência na qual os assuntos de uma casa "servem" para outra.

Este é um FLUXO DE REGÊNCIA muito fundamental. Pelo fato de uma série de disposições – os assuntos de uma casa resolverem (por prioridade) os assuntos de outra casa – podemos concentrar o foco de um horóscopo em um ou mais planetas e em algumas áreas (ou em apenas uma) de experiência. Essa exposição de padrões mostra como determinado nativo acabará por obter um resultado "definitivo" em seus programas. Isso não impedirá a ação simultânea independente em qualquer das casas.

Ao examinar horóscopos, você descobrirá que algumas casas não são ocupadas por planetas, enquanto outras têm muitos planetas. Uma casa desocupada significa que o nativo não tem verdadeiros problemas ou desafios relativos aos assuntos dessa casa. Bem ou mal, ele não se atrapalhará, seja qual for o assunto dessa casa. É pouco provável que esses assuntos o desequilibrem ou distorçam as suas perspectivas globais.

O fato de um planeta ocupar determinada casa significa que o nativo se interessará conscientemente por essa área de experiência, que tanto poderá ser agradável como difícil, dependendo de outras considerações.

Dois ou mais planetas na casa imprimirão, naturalmente, um maior interesse pelos assuntos dessa casa. Através da corrente de comando – signos, planetas e regências – podem-se determinar as áreas de experiência que mais ocuparão o nativo e para onde deve ser dirigida, em última análise, a concentração de energias.

Sem levar em conta quaisquer outras considerações, a mais importante área de experiência PARA O NATIVO é a casa onde se localiza o Sol. Visto que o Sol representa a força do ego, essa casa identifica o foco através do qual o nativo precisa resolver a sua personalidade básica.

No horóscopo, a segunda maior área de importância é a primeira casa, desde que ela é a PORTA DA FRENTE por onde deve entrar a maior parte das experiências, a fim de manter um contato significativo.

As outras casas que exigem uma atenção especial são: a casa ocupada pelo regente do ascendente (primeira casa), visto tratar-se da chave para os contactos diários; a casa que contém o regente da casa do Sol, uma vez que essa é a chave para abrir o destino do nativo; a casa em que se localiza a Lua, visto que focaliza a atenção emocional do nativo; e a décima casa, que identifica a ambição consciente do nativo, além de ser a carta de referência do que obterá definitivamente na vida.

A casa que abriga o planeta regente da casa em exame, naturalmente, detém a chave para a situação, de acordo com a natureza do planeta propriamente dito.

Como primeiro passo no estudo da astrologia é aconselhável concentrarmonos primeiro no significado das casas. Quando se conhecem os assuntos referentes à casa, podem-se compreender também os que não se relacionam com ela. Por fim, adquirimos a capacidade de adaptar qualquer assunto a cada uma das doze casas.

A PRIMEIRA CASA: SIGNO DE ÁRIES ♈ PLANETA REGENTE – MARTE ♂

Conforme citei anteriormente, a inclinação da Terra no horizonte esquerdo no momento do nascimento determina a localização de todos os outros fatores do horóscopo. O ponto inicial, o ascendente, mostra o grau do signo que está em ascensão no horizonte, na hora do nascimento.

É como se fosse a PORTA DA FRENTE através da qual entram as experiências diárias da vida do nativo. O ascendente está relacionado com a aparência pessoal do nativo e, de modo especial, com a impressão impremeditada causada aos outros num contato superficial. Em todos os sentidos, isso pode ser chamado de a personalidade do nativo, visto que é isso o que vem à tona. A natureza da primeira casa revela como o nativo SE MOSTRA PARA OS OUTROS. Trata-se do modo como o mundo VÊ o nativo, quer esse mundo o conheça sob outros aspectos ou não. Os outros são atraídos para o nativo pelo signo que está nessa porta. Seja o que for que ele lhes disser, isso será, de início, o que o mundo espera do nativo. Naturalmente, isso pode estar em considerável desacordo com os interesses pessoais do nativo ou com os seus valores reais ou secretos, mas isso é outra coisa.

Isso acontece muito com certas pessoas que parecem ser símbolos sexuais naturais, quando de fato elas podem nem ter consciência disso. Isso também explica por que determinadas pessoas podem ser deveras muito *sexy* embora não pareçam sê-lo. Também é por essa razão que sem querer, alguns estão sempre metendo-se em enrascadas ou atraindo problemas. Em resumo, o fato é responsável pela maioria das gritantes contradições que descobrimos no comportamento humano.

A primeira casa também lida com a identidade pessoal e com o senso de individualidade e o que ele representa para o nativo. Quando a primeira casa está desocupada, isso significa que a individualidade do nativo não é uma questão de interesse pessoal e consciente. O nativo se aceita como é, não há quebra de identidade. Ele não tem de fazer esforço consciente para tentar desenvolver ou resolver conflitos de personalidade.

Se houver um ou mais planetas ocupando a primeira casa, nesse caso o nativo se interessa, de forma consciente, por algum aspecto de sua identidade. Acerca desse assunto, ele tem algo a resolver.

Considera-se que a primeira casa diz respeito às condições gerais de saúde e ao corpo, enquanto as doenças e as fixações concernentes à saúde e assuntos correlatos pertencem à sexta casa.

A primeira casa tem a ver não só com o tratamento generalizado que habitualmente recebemos, mas também com o tipo de trabalho ou espécie de encargos profissionais que o nativo atrai. Num rápido exame, o nativo seria considerado mais bem qualificado para as tarefas relacionadas com o signo no AC. Isso pode não corresponder ao que o nativo quer, mas o público está abrindo o pacote exterior e não sabe nada sobre o conteúdo. A vida é assim. A embalagem recebe toda a atenção (e algumas recompensas) e a substância real tende a ser deixada para trás.

Para isso há justificativas, pois desembrulhar pacotes leva tempo e, no total, poucas pessoas estão suficientemente interessadas para terem mais do que uma reação superficial por qualquer coisa além dos seus próprios negócios. Quanto antes as pessoas compreenderem isto, mais bem preparadas estarão para se ajustarem às REALIDADES da vida.

PRECISAMOS ACEITAR O ACONDICIONAMENTO COMO UM FATOR MUITO VERDADEIRO DA VIDA COTIDIANA. Acho que é importante enfatizar isso, porque, embora se trate de uma atitude desejável e ideal olhar além da superfície de uma pessoa, para o assim chamado homem real, ao mesmo tempo podemos compreender que A VIDA EM GERAL NÃO LIGA. Há uma séria lacuna entre nossos valores educacionais modernos, que acentuam o homem interior integral, e a realidade superficial que encontramos na vida diária. Algumas pessoas levam toda a vida para ultrapassar essas divergências inúteis que o nosso sistema educacional ajudou a criar.

O fator de resistência (dos outros a nós) da primeira casa não pode ser subestimado e deveria ser constantemente reexaminado. Nossa atitude natural está concentrada em outros objetivos (sem dúvida, mais significativos), mas o "signo da nossa grande marquise teatral" é o que atrai o público, quer estejamos ou não preparados para o espetáculo que ele espera.

Um sistema de considerável mérito por vincular o horóscopo a certos fatores-chave é a polaridade do signo do Sol e o signo ascendente. Aí encontraremos o ego equilibrado contra a imagem. Outro agrupamento que recebe até mesmo mais atenção é o "ego" contrastado ou polarizado pelas "emoções" – signo solar *versus* signo lunar.*

É natural que um AC forte dê uma impressão forte e um AC fraco proporcione uma impressão infeliz. Temos de trabalhar COM E AO REDOR dessa impressão, sem considerar qualquer outro fator do horóscopo.

O grau em que esta imagem superficial se adapta ao resto do nativo é importante quando consideramos outros fatores, tais como uma vida feliz, oportunidades definidas de satisfação ou sucesso, a realização do próprio propósito, a cooperação estável ou a oposição conquistada, além do fato de fazer algo da vida ou de cair à margem do caminho.

♈ ÁRIES, como signo da primavera, como começo de um novo ciclo de crescimento, é o signo natural da primeira casa. A caracterização elemental de Áries é o FOGO, que descreve o seu espírito, e sua posição é CARDINAL, referindo-se à liderança. A individualidade de Áries é muito forte e a sua atitude é a de "primeiro eu". Áries é corajoso, nervoso, impulsivo, determinado, agressivo, cheio de recursos e competitivo. Áries também é frívolo, preconceituoso,

---

* Talvez a mais famosa coleção de leituras sobre a polaridade Sol/Lua se encontre no excelente livro de Grant Lewi, *Heaven Knows What.*

obstinado, dominador, impulsivo e protetor. Áries é melhor para começar coisas do que para terminá-las. Áries é caloroso, ardente, sincero, franco, entusiástico, otimista e bem-intencionado. Áries também precisa de encorajamento, de fé e de apreciação. Ele é essencialmente ingênuo e confiante, mas também bravo, forte e protetor. Áries é instigador, promotor e pioneiro. Os arianos são bons líderes, mas maus seguidores. Eles podem ser descuidadamente imoderados. Como se poderá supor, sendo regente natural da primeira casa, A MAIOR FORÇA DE ÁRIES ESTÁ EM SEU SENSO DE INDIVIDUALIDADE.

O leitor notará que não acredito em classificar as qualidades como negativas ou positivas. Esses são termos relativos a algum sistema moral de referência, de acordo com o modo segundo o qual os outros sentem que DEVEMOS AGIR. Todas essas qualidades acima enumeradas são naturais em Áries. Os nativos de cada signo deviam usar TODOS OS SEUS RECURSOS NATURAIS para serem autênticos. Não desejo acentuar os "não façam". Se alguém se concentrar em ser autêntico, os "não façam" tendem a se resolver por si.

Advertir Áries para parar de ser parte de si mesmo é descartar parte do que Áries é. E há, na maioria dos comentários astrológicos, excessivo equilíbrio negativo.

Se alguém for um ariano (Sol em Áries), o seu impulso egóico terá de vencer em termos arianos. Não há escolha. Se isso ofende algum outro signo do zodíaco, azar o dele. Estamos aqui para realizar os nossos destinos individuais. E, se cada um for fiel às suas próprias qualidades, não há necessidade da interferência de outras funções naturais. A astrologia nos ensina que cada pessoa é única.

♂ MARTE, o regente natural de Áries, é o planeta da FORÇA INICIADORA. Ele é o energizador natural do horóscopo. É necessário o espírito de Marte para pôr todas as qualidades de Áries em ação. Assim como Áries, Marte se incendeia, porém se apaga chiando. Ele não suporta uma saída constante de energia de alta voltagem, mas age, geralmente, como um gatilho ou estimulador. É o planeta que mais é associado com o sexo, como paixão física e biológica. Ele tanto é criativo como destruidor. Quando muito provocado, é, invariavelmente, violento. Sua fortaleza repousa em sua força e presteza de ação. Ele faz o amor e também a guerra. Dizem que Marte é quente, úmido e volátil, agudo e penetrante. É idealmente designado para conseguir que as coisas sejam feitas e manda ao inferno as conseqüências (atitude tipicamente ariana).

Embora Áries seja o regente natural da primeira casa, ele pode ser encontrado em qualquer casa do horóscopo. Apenas se sente mais domiciliado na primeira casa. Onde quer que Áries seja encontrado no horóscopo, será aí que ele mostrará a maior individualidade, a maior fertilidade de recursos e a maior "resistência do ego", junto a todas as outras características arianas. O mesmo se aplica a Marte. Apesar de sentir-se mais "em casa" na primeira casa, dirigindo as suas energias para o nativo e mantendo a sua individualidade na linha, Marte pode cair em qualquer lugar do horóscopo – em qualquer área de experiência ou interesse, bem como sob qualquer condição climática (signos do zodíaco). Para um debate sobre a posição de Marte no horóscopo, veja o capítulo 8.

A SEGUNDA CASA: SIGNO DE TOURO ♉ PLANETA REGENTE – VÊNUS ♀

A segunda casa do horóscopo se refere à natureza do suprimento e aos recursos. Esta é a casa das finanças em termos de salários e do que o nativo adquire por meio do seu trabalho. Isso também inclui as propriedades e os assim chamados bens móveis.

Se esta casa estiver desocupada, isso significa que o dinheiro e as propriedades não são o assunto de maior interesse na vida do nativo. Falando de maneira generalizada, o que quer que o nativo tenha de fazer para ganhar dinheiro suficiente, isso é feito de maneira normal, sem problemas.

Se a casa estiver ocupada por um ou mais planetas, nesse caso a atenção consciente do nativo está concentrada na necessidade e na importância do dinheiro e das propriedades. Se isso é uma questão de "ou vai ou racha", dependerá dos signos e dos planetas envolvidos. Havendo planetas na casa, os assuntos referentes às casas que esses planetas regem adquirem atributos relacionados com questões de dinheiro e de suprimento. Essas casas contribuem como fontes de ganho para o nativo. Para um estudo mais detalhado, veja o capítulo 10, "A Fonte do Dinheiro em Sua Vida".

♉ TOURO é o contabilista natural do zodíaco, e é com habilidade que ele preside os assuntos referentes aos recursos e às posses. Touro é estável e confiável e aprecia tratar dos confortos que fazem a vida mais fácil, mais agradável e satisfatória. O elemento de Touro é a TERRA e a mãe natureza, e sua posição é FIXA e inabalável. Suas outras qualidades são as sensibilidades terrenas, os instintos materiais, a fidelidade, o instinto, o senso de realidade e de praticabilidade. Como se pode ver, Touro precisa exercer algum tipo de função, necessita de alguma situação da qual se possa nutrir e suprir.

SUA MAIOR FORÇA RESIDE NA SUA PROVISÃO PARA O SUSTENTO.

♀ O planeta VÊNUS é o regente natural de Touro. Vênus é o SENTIMENTO DE AMOR E AFEIÇÃO, conservação e conforto. É conhecido como o pequeno benéfico. Júpiter, pela abundância, é considerado o grande benéfico. Vênus é a força que embeleza e torna a vida atraente e confortável e que encobre as asperezas. Ele tem uma certa fixação e apego terrenos, que ajustam ou mascaram qualquer coisa que seja desagradável ou repulsiva.

A TERCEIRA CASA: SIGNO DE GÊMEOS ♊ PLANETA REGENTE – MERCÚRIO ☿

A terceira casa é a casa da comunicação. Rege a aparelhagem do pensamento, assim como os instrumentos que o nativo usa para pensar, e rege seus padrões generalizados de raciocínio. Também se diz que essa casa inclui irmãos e irmãs, pequenas viagens, a vizinhança imediata, as notícias, as novidades e todas as formas de comunicação ou lugares onde bens e pensamentos são trocados, tais como mercados, lojas e clientela.

Se desocupada, o nativo (a despeito do que possa parecer aos outros) não tem consciência própria de qualquer desses assuntos. Ele reage no devido momento como é esperado, ou da maneira que lhe é natural, a qual, embora não lhe pareça, poderá ser excêntrica.

Se ocupada por um ou mais planetas, então o nativo é autoconsciente ou se preocupa, de alguma forma, com seu próprio processo mental ou com a necessidade de comunicação, bem como com o modo de comunicar alguma coisa. Dificuldades de fala, facilidade ou ordenação da linguagem ou características de expressão são mostradas na terceira casa.

As casas regidas por planetas que estejam na terceira casa contribuem, inspiram ou influenciam o pensamento do nativo e o seu senso de comunicação.

♊ O signo de GÊMEOS, o mensageiro, é o regente natural da terceira casa. O elemento de Gêmeos é o AR (referente às idéias), e sua posição é MUTÁVEL (instável, flexível e adaptável). Gêmeos é um signo mental e exibe certo brilho superficial. É considerado atento, de intelecto sugestionável; considera-se que ele aprende rapidamente as coisas; que é capaz de se comunicar em todos os níveis e que corre facilmente de um assunto para outro; ao que parece, ele conhece algo sobre todas as coisas e gosta de falar e de trocar novidades e pontos de vista. Gêmeos, com freqüência, providencia um vínculo entre uma posição e a outra, o que, de outro modo, não seria possível. Ele rompe barreiras e coloca as coisas em pé de igualdade mental, para que todos possamos comunicar-nos. Há espírito de camaradagem e interesse fraterno pelos companheiros de viagem. Gêmeos tende a representar seu papel e, em seguida, levantar vôo. O efeito que causa é fugaz, transitório, um tanto superficial, MAS ALTAMENTE EFICAZ NA OCASIÃO. Gêmeos também tem um senso de alegria e uma característica de despreocupação. A sua conversa é calorosamente monopolizadora no momento, mas pode ser logo esquecida. Com Gêmeos, longe dos olhos, longe do coração. Gêmeos pode ser muito persuasivo. Os geminianos dão bons vendedores; seu desafio é convencer os outros. Não existe padrão definido para Gêmeos; portanto, a sua verdade é muitíssimo variável, dependendo de seu humor e do que esteja tentando vender. Os nativos de Gêmeos podem ser encantadores e cativantes, divertidos e desembaraçados.

SUA FORÇA MAIOR É A EXPRESSÃO E A COMUNICAÇÃO.

☿ O planeta Mercúrio é o regente natural de Gêmeos e o Mercúrio mental se adapta com perfeição. Diz-se que Mercúrio é a qualidade "mental". Neste sentido, a mente é considerada como o reflexo do homem interior (ou impulso egóico); Mercúrio é, portanto, um espelho ou mensageiro para o outro eu (o superior).

Nativos com Mercúrio benéfico são muito persuasivos e atraem com facilidade a atenção sobre si mesmos, devido ao seu brilhantismo aparente e à sua facilidade de expressão. Eles podem não estar dizendo nada de muito profundo, mas o que dizem soa bem.

Mercúrio é muito mais o acondicionamento exterior do pensamento do que o seu conteúdo ou intenção, já que Mercúrio é o único agente ou intermediário do processo mental. Não se mantém por si mesmo e, na verdade, nunca está muito distanciado, no espaço, do Sol (impulso do eu), estando ou na frente ou atrás, segundo sua média de velocidade, que varia consideravelmente.

A QUARTA CASA: SIGNO DE CÂNCER ♋ PLANETA REGENTE – LUA ☽

A quarta casa (como a primeira, a sétima e a décima) é um dos quatro ângulos do horóscopo. Esses pontos cardeais, como são chamados, são considerados líderes e proeminentes. Os nativos com grandes concentrações de planetas em qualquer uma das casas angulares estão destinados a influenciar, de alguma maneira, os seus companheiros.

A quarta casa é uma área subjetiva. Diz respeito ao lar, à segurança básica, à influência dos pais (da mãe ou do pai; na maioria dos casos, da mãe), à criação na infância, à formação, à hereditariedade, além de descrever as condições gerais do fim da vida. De forma mais abstrata, também define os métodos do nativo, a técnica natural ou os padrões operacionais segundo os quais a pessoa aborda o mundo ou a meta consciente, assim como é definida pelo seu oposto (a décima casa). A quarta casa também está associada com os bens reais, com os bens de raiz ou as propriedades imóveis e com os elementos de valor enterrados no solo.

É natural que o nativo seja sensível a tudo que disser respeito aos assuntos envolvidos na quarta casa, pois eles ameaçam a sua segurança, o seu lar e os seus ideais hereditários.

A quarta casa representa essencialmente o modo COMO O NATIVO SE VÊ – SUBJETIVAMENTE.

Se a casa estiver desocupada, o nativo aceita naturalmente a sua formação e faz o melhor que pode com ela. Não existem problemas sem solução na sua mente, no que se refere aos assuntos da quarta casa.

Se, por outro lado, houver um ou mais planetas na quarta casa, a atenção consciente do nativo se voltará para a sua formação. Ele tem motivo de questionar, duvidar e reorganizar os assuntos que o preocupam e que, na sua opinião, ameaçam a sua segurança. Também tem consciência das técnicas funcionais com que espera alcançar os seus objetivos conscientes (revelados pela décima casa). Algumas pessoas tendem a fazer a coisa errada relativamente ao que estão procurando. Outras têm de vencer as mais desafortunadas circunstâncias antes que pareçam fazer qualquer progresso na obtenção do que almejam. Outras, ainda, sofrem imensamente por causa de influências paternas que lhes deixaram uma cicatriz permanente na consciência. Tudo isso é revelado pela quarta casa.

Os assuntos das casas que forem regidas pelos planetas que estiverem na quarta casa terão relação, influência e potencial dilacerador sobre a segurança da quarta casa.

♋ CÂNCER, o símbolo da proteção, é o regente natural da quarta casa. Seu elemento é a ÁGUA (emocionalmente fluida) e sua posição é CARDINAL (influência orientadora). Câncer é um signo maternal e sua característica dominante é a maternidade (mesmo nos homens). Câncer tem grande sensibilidade, intuição e talento inato para sincronização, ritmo e harmonia.

A escolha do momento certo, em todos os sentidos do termo, talvez seja o maior presente que se possa ter. Não há vantagem em fazer a coisa certa no momento errado. Os que têm um perfeito senso de sincronização sempre parecem estar no lugar certo quando as melhores coisas são distribuídas. Câncer em lugar proeminente do horóscopo – ou uma Lua muito afortunada – dão esse senso inato de sincronismo. Os cancerianos, não importa o que os outros pensem, sempre sabem o que é melhor para eles. E o canceriano quer saber o que é melhor para os que ama. Isto, entretanto, nem sempre é possível, pois cada vida é uma questão independente. Câncer também tem facilidade em mudar de atitude, o que lhe dá poderes de estabilização. Quando percebe que as coisas são como ele gosta, gira em torno delas. Quando não quer ver alguma coisa, o canceriano se desliga completamente dela, o que salva as suas delicadas sensibilidades, mas também o torna estranhamente frio e insensível, o que está em desacordo com aquilo que, em geral, se espera de um canceriano. Mas essa é a própria fonte da força de Câncer; de outro modo, ele se dissiparia inutilmente, com estímulos sem valor algum.

Câncer é um signo fértil e produtivo, desde que seja fertilizado. Mas, uma vez fertilizado, pode provar ser muito independente e voluntarioso. Ele está mais do que disposto a ser receptivo e a escutar o que a outra parte tem a oferecer e também tem o poder magnético de atrair o que precisa. Isso é mais do que o que se pode dizer da maioria dos outros signos. O maior risco que Câncer tem de enfrentar é deixar seus períodos de inatividade (negativos) predominarem sobre seus períodos de atividade (criativos). Algumas vezes Câncer acha muito difícil sentir-se positivo acerca de qualquer coisa. Os cancerianos podem ser excessivamente negativos a respeito de tudo. A única coisa que parece tirá-los dessa negatividade – infelizmente porque é tão material – é o dedicar-se a construir um senso superior de segurança. Os cancerianos são grandes financistas. Nunca se contentam com o que têm. Freqüentemente são atormentados por recearem por sua segurança, e isso os leva a meios fantásticos de ganhar dinheiro. Diz-se que os maiores gananciosos do mundo são tipos predominantemente cancerianos (com o Sol, o AC ou o MC em Câncer).

SUA MAIOR FORÇA É A PRODUTIVIDADE.

☾ A misteriosa e feminina Lua é o regente de Câncer. Ela dá sensibilidade, intuição e entendimento, mas também fornece melancolia, fases, e gera atitudes instáveis.

Talvez seja um pouco estranho que a mais instável e mutante força planetária seja o regente natural do que há de mais sagrado – as bases de nossa segurança. Talvez haja uma boa razão para isso. Talvez associemos demais o pensamento fixo na segurança com os assuntos da quarta casa. Talvez devêssemos ser mais fluidos, inconstantes e compreensivos em nosso pensamento, como para precisar de onde provém a nossa sensação de segurança.

Embora se diga que o conteúdo geral da quarta casa se fixa em bens imóveis, como a propriedade real, a riqueza mineral e as heranças de família, talvez a VERDADEIRA SEGURANÇA SEJA A ADAPTABILIDADE À ALTERAÇÃO DAS CONDIÇÕES E A ATENÇÃO CUIDADOSA AO RITMO E À HARMONIA DA SINCRONIZAÇÃO – todas qualidades da Lua. As duas coisas nem sempre se harmonizam, como fica evidente pela mutável e caprichosa Lua. A lição também destaca que, quando você não puder fazer nada de construtivo com determinada situação, deverá sintonizar-se com o assunto, refletir sobre ele e ajustar-se quando sentir que pode fazer algo. A Lua faz isso durante todo o tempo, bem como Câncer.

Como regente natural da quarta casa, a Lua também indica que ninguém deveria ser tão positivo ou determinado em suas atitudes ou padrões técnicos a ponto de fazer ouvidos moucos às mudanças e possibilidades que sempre surgem para os que as procuram.

A QUINTA CASA: SIGNO DE LEÃO ♌ PLANETA REGENTE – SOL ☉

A quinta casa é a casa da auto-expressão criativa. Também se refere aos prazeres, à especulação, ao aproveitamento das oportunidades e ao amor romântico.

SE VOCÊ PRETENDE JOGAR E VENCER, SERÁ MELHOR TER UMA BOA QUINTA CASA: DE OUTRO MODO, ESTARÁ JOGANDO PARA PERDER.

Se a casa estiver desocupada, os assuntos da quinta casa tenderão a representar um papel pequeno na vida do nativo. Esses assuntos não despertarão o seu interesse. O leonino pode aceitá-los ou abandoná-los. Isso não significa que ele não terá filhos, vida amorosa ou que não apreciará os prazeres da vida, que não será muito afetado por eles.

Se a casa for ocupada por um ou mais planetas, o nativo terá um interesse natural e/ou problemas relacionados com todos os assuntos da quinta casa. Não se pode ter uma condição pobre em termos de quinta casa e aproveitar parte das coisas da quinta casa e não o resto. Todos os assuntos estão relacionados de alguma maneira, e uma quinta casa pobre se reflete em todos os assuntos concernentes a ela.

É natural que as casas regidas pelos planetas que estão na quinta casa contribuam e inspirem toda a criatividade da mesma (arte, filhos, especulação ou amor). Talvez seja aconselhável mencionar, neste momento, que há muitos tipos de amor e que eles são expressos de maneiras diferentes nas várias casas.

O amor, a admiração e o afeto pelos pais ou herdeiros é encontrado na quarta casa.

O amor romântico, como um flerte agradável, e o amor pelos nossos filhos ou as formas artísticas de nossa própria criação são encontrados na quinta casa. O sexo ligado ao namoro romântico também é um assunto da quinta casa.

O amor ao dever ou às obrigações do serviço (se puder ser considerado amor) se encontra na sexta casa.

O amor ao nosso companheiro E A INIMIZADE POR NOSSOS INIMIGOS DECLARADOS se encontram na sétima casa.

Há um lado sensual da sexualidade ligado ao efeito "regenerador" do sexo que trata do sexo propriamente dito e não do sexo como parte do namoro romântico. Esse tipo de sexualidade é encontrado na oitava casa.

O amor a Deus ou a princípios mais elevados é encontrado na nona casa.

O amor à autoridade ou a alguém que domina você de alguma forma importante – como o seu mestre – é visto na décima casa.

O amor aos amigos e aos prazeres do companheirismo se encontra na décima primeira casa.

O amor aos oprimidos, perdidos e infelizes é encontrado na décima segunda casa. Esse é um amor muito real e até mesmo sexual, para algumas pessoas.

Com efeito, todas as formas de amor, como foram enumeradas acima, podem ter uma implicação sexual, dependendo de outros fatores mostrados no horóscopo.

Mas o amor, no sentido comum, é o namoro romântico (incluindo a sexualidade) encontrado na quinta casa. Se a sexualidade de alguém se relacionar com esse tipo de namoro, trata-se de um assunto da quinta casa.

♌ LEÃO, o rei dos animais, é o regente natural da quinta casa. Seu elemento é o FOGO (em espírito) e sua posição é FIXA (inflexível e determinado). Leão é o símbolo da realeza, e é necessária toda a presunção do mundo para que se sinta realmente criativo, grande e nobre. Os leoninos tendem a ser arrogantes, autocentrados e imperativos, mas quando se sentem salvos e seguros podem entregar todo o seu reino num gesto gracioso, porque isso lisonjeia o seu ego, que é tremendo. O problema é que seu ego precisa de constante apoio e nutrição; de outra forma, sentir-se-ão desprezíveis. De fato, um rei sem reino e súditos para governar não é rei. Um público adequado é imprescindível, a fim de que Leão obtenha sua aparência nobre. Leoninos assumirão grandes riscos e jogarão em qualquer coisa. Também podem ser infantis, irritantes, rabugentos e malcriados – como a maioria das crianças. Seu encanto e sua ruína provêm ambos das qualidades infantis que possuem. Tudo se adapta a seu ego. Se o ego dos leoninos estiver a salvo e FOR RECONHECIDO COMO DOMINANTE, tudo estará ótimo. Caso contrário, eles se sentem esmagados.

Leão, como todos os jogadores, tende a jogar o jogo na base do tudo ou nada.

O problema é que, na vida real, isso pode levar a resultados desastrosos. Os leoninos (como as crianças) têm a tendência de "pegar seus brinquedos e ir para casa" quando são contrariados. Na vida isso pode significar "apagar-se". Os leoninos são muito inclinados ao suicídio. Eles apenas não podem aceitar meias-medidas ou muita coisa que comprometa sua posição, da maneira como a vêem. Leão raras vezes tolerará ser contrariado ou ultrapassado; portanto, para ficar com o lado bom dos leoninos você terá de lisonjeá-los a maior parte do tempo. Isso pode ou não ser um prazer, mas, goste ou não, terá de fazer isso, ou Leão sairá diretamente pela porta.

Nunca exiba o seu ego diante de um Leão. Sempre permita que ele pense que as suas idéias são dele. Leão tem uma certa cegueira para os fatos e verdades mais evidentes, a qual parece nunca incomodá-lo. Seu amor à criatividade e à posição a encoraja a colocar tudo dentro de uma mesma panela e achar que é tudo verdade. O que Leão fantasia ele pretende que seja real, e, para ele, a fantasia é tão real como qualquer outra coisa.

SUA MAIOR FORÇA É A NOBREZA DE ESPÍRITO

☉ O Sol, como ego supremo, é o regente natural da quinta casa. Ele se sente mais à vontade em sua área de liberdade e de busca do prazer, na qual especulações e jogos são a ordem do dia. O ego Sol pode realmente brilhar quando todos os seus filhos o observam como uma respeitada imagem paterna e, ao mesmo tempo, é ilimitado quanto à sua generosidade em condescender e deliciar todos os que lisonjeiam sua vaidade, e apóiam o seu ego.

A SEXTA CASA: SIGNO DE VIRGEM ♍ PLANETA REGENTE – MERCÚRIO ☿

A sexta casa é a casa da responsabilidade. Ela representa dever, serviço, obrigações e o senso de que, ou o nativo deve algo aos outros, ou os outros lhe devem algo. Assim, é a casa dos servidores e dos patrões e também do papel que o nativo representa como empregado ou empregador. Trata-se da última área "livre" do horóscopo. Sente-se ou percebe-se um vínculo que precisa ser esgotado. Também se considera essa casa como representante da doença e da sáude, ao passo que a primeira casa representa a nossa condição física geral. A suscetibilidade do nativo às doenças está indicada na primeira casa, mas as condições da doença se refletem na sexta.

A natureza da sexta casa é um tanto cármica, na medida em que o motivo desta sensação de obrigação ou dever a ser cumprido esteja, de alguma maneira, relacionado com associações não muito óbvias à primeira vista.

♍ O signo de VIRGEM, a virgem, é o regente natural da sexta casa. Seu elemento é a TERRA (e os laços físicos) e sua posição é MUTÁVEL (mantém o outro, ou existe apenas para se dedicar aos outros). Os nativos de Virgem são muito exigentes, corretos e minuciosos. Sofrem bastante com todos os seus empreendimentos e esperam que os outros façam o mesmo. Ao mesmo tempo em que os virginianos estão determinados a ajudar os outros de alguma maneira, eles também são muito exigentes quanto à qualidade do serviço que lhes é devido. Como signo mutável, Virgem contribui com o conteúdo, enquanto os outros signos determinam a forma. Os virginianos são menos eficazes como líderes, desde que, naturalmente, procuram orientação exterior. A experiência mais difícil para os virginianos ocorre quando suas contribuições (feitas com a mais perfeita sinceridade) são rejeitadas, rebaixadas, ou não são apreciadas como eles acham que merecem. Qualquer serviço que se relacione com a rotina da vida diária é uma atribuição bem-vinda aos virginianos. Isso inclui a casa, o providenciar um lar quando distantes de casa, a alimentação, as bebidas, a saúde e qualquer tipo de manutenção da ordem.

SUA MAIOR FORÇA É O SEU APRIMORAMENTO DEFINIDO.

☿ Mercúrio, até o momento, é considerado o regente natural de Virgem. Entretanto, sente-se que um planeta ainda não descoberto provavelmente esteja mais intimamente relacionado com a natureza minuciosa de Virgem do que o caprichoso Mercúrio. Como reflexo mental de um princípio de orientação mais convincente, Mercúrio se adapta bem a Virgem (e à sexta casa). Mas existe uma força profundamente arraigada e imperiosa em volta de Virgem que Mercúrio ainda não foi capaz de explicar inteiramente. Até que esse planeta seja descoberto, Mercúrio continuará a reger Virgem. Mas quando o novo regente for descoberto, todos os nativos que tenham o signo de Virgem proeminente experimentarão mudanças fundamentais. Isso poderá afetar a reputação dos mortos, bem como a dos que estiverem vivos na ocasião.

A SÉTIMA CASA: SIGNO DE LIBRA ♎ PLANETA REGENTE – VÊNUS ♀

A sétima casa é a casa das outras pessoas, do modo com elas se relacionam com o nativo. Ou, para ser mais exato, ela se relaciona com a maneira como o nativo vê os outros. Enquanto a primeira casa representa o modo COMO O NATIVO APARECE PARA OS OUTROS e a quarta casa, o modo COMO O NATIVO SE VÊ, a sétima casa representa o modo COMO OS OUTROS APARECEM PARA O NATIVO. A sétima casa representa a natureza geral da perspectiva de mundo do nativo. Ela representa associações de todos os tipos: casamento, negócios, etc. Também representa os nossos inimigos declarados e adversários óbvios – os que desafiam ou auxiliam de alguma forma o nativo. Na primeira casa, é tudo "eu". Na sétima casa, é tudo "eles", ou o outro. Ela representa até que ponto o nativo depende dos outros e também a extensão em que os outros ajudam ou orientam o nativo. Ela não representa o mundo inteiro, mas somente aqueles cujas vidas entram em contato com o nativo. Ela define o público do nativo e quem, potencialmente, pode corresponder a ele como personalidade.

Se a casa estiver desocupada, o nativo é comparativamente livre da influência alheia na maioria de seus negócios. Ele faz o que lhe agrada até o ponto de ter de considerar os outros ou ajustar-se para harmonizar-se com outra pessoa; mas isso também significa que as outras pessoas geralmente não ajudam muito o libriano. Ele tem de manter-se sobre seus pés e gerar as próprias oportunidades. No que tange aos outros, o nativo pode, em geral, aceitá-los ou deixá-los por sua conta. Os assuntos de sua casa sempre se relacionam de alguma forma com essa área e com as pessoas que a representam, onde estiver o planeta que rege o signo na sétima cúspide.

Se houver um ou mais planetas na sétima casa, o nativo é conscientemente dependente dos outros em algum aspecto, e as outras pessoas tendem a controlar os seus negócios (relativos a esse planeta). Os assuntos das casas que esses planetas governam são também controlados ou associados com os outros. O nativo não tem voz ativa quanto a qualquer desses assuntos.

♎ O signo de LIBRA, a balança, é o signo natural da sétima casa. Seu elemento é o AR (baseado em idéias, ideais e conceitos) e sua posição é CARDINAL (dominante). Libra sempre diz respeito às outras pessoas. É o mais sociável dos signos do zodíaco; apesar de ser habitualmente amigável, gracioso e hospitaleiro, Libra também pode ser um signo questionador, ameaçador e vingativo. Portanto, a sétima casa é a casa da guerra declarada, e Libra é capaz de instigar a uma guerra total quando isso for necessário para restaurar o equilíbrio entre os pratos da balança. Se Libra faz o amor ou a guerra, depende da idéia ou do ideal que Libra esteja perseguindo no momento.

Como todos os signos cardinais, Libra tende a adiantar-se e a assumir a liderança e o governo. Enquanto Áries cria a sua própria convicção para a liderança (baseado em sua personalidade individualizada), Câncer é motivado por razões emocionais que são, geralmente, protetoras e autocentradas. Libra entra em ação como resultado de uma interação ou reação a alguém. Libra reage aos outros com base numa idéia ou ideal que lhe parece fora de equilíbrio e que precisa de correção. Cada signo cardinal está exatamente convicto da correção inerente à sua própria posição, mas em diferentes bases. Para Áries, trata-se do espírito da coisa, para Câncer, trata-se de sentimento e, para Libra, da idéia da coisa; quanto à desejabilidade prática da coisa, importa a Capricórnio (o quarto signo cardinal).

A motivação que serve de impulso para Libra não é tanto a originalidade (como seria para Áries), mas a reação ou resposta às outras pessoas. Isso pode levar e algumas vezes leva ao amor e à cooperação, mas também pode gerar resistência e guerra. Alguns librianos são mais suscetíveis à resistência do que à cooperação.

SUA MAIOR FORÇA É SUA CAPACIDADE DE RELACIONAR-SE COM OS OUTROS.

♀ Vênus, o planeta social, ao que consta, é o regente natural de Libra e da sétima casa. Todas as qualidades generalizadas de Vênus (beleza, confortos, sentimentos de satisfação, tendências gerais para a boa vontade e a sintonização emocional) se adaptam bem à maioria das qualidades de Libra. Existe, contudo, um outro lado de Libra que não é representado tão bem por Vênus. Portanto, o ainda não descoberto planeta que alguns astrólogos sentem ser destinado ao signo de Touro poderá ainda melhor ser considerado o verdadeiro regente de Libra. A natureza de Touro é mais ou menos uma peça ou tempo único, assim como Vênus. Mas Libra tem um efeito estimulante decididamente análogo à vivacidade, que não corresponde, absolutamente, a Vênus. Entretanto, até que esse planeta seja descoberto, Vênus continuará a reger Libra.

A OITAVA CASA: SIGNO DE ESCORPIÃO ♏ PLANETA REGENTE – PLUTÃO ♇

Neste ponto, chegamos a uma das áreas misteriosas do horóscopo, que geralmente é mal entendida pela maioria das pessoas, inclusive por astrólogos. É provável que isso ocorra devido ao lado desagradável comum a todos os três fatores (a oitava casa, Escorpião e Plutão), que amedronta certas pessoas.

Em primeiro lugar, a oitava casa representa um ponto no tempo ou no espaço em que ocorre alguma transição ou mutação significativa. Devido a isso, representa alguma crise, evento ou acontecimento catastrófico, em que a forma de alguma coisa se interrompe ou morre para dar lugar a outra. Pode-se tratar de uma forma de renascimento ou de uma revelação devastadora para o nativo. Pode ser disparada por um fato, ou pode provir de dentro, do íntimo.

A oitava casa é conhecida como a casa da morte e, em geral, descreve a natureza da morte do nativo. Todavia, também descreve mudanças importantes na sua vida e a sua reação a essas mudanças.

Na filosofia da astrologia, a morte não é exatamente um fim, em que algo deixa de existir. A morte é considerada uma transição do espírito em que uma forma é descartada em favor de outra – uma forma se transforma em outra. Assim, renascimento e morte andam juntos.

Pode haver épocas de crise na vida do escorpiano, nas quais termina inteiramente um modo de vida e esse nativo é forçado a recolher os pedaços e continuar de outro modo. Essas coisas são todas reveladas na oitava casa. Portanto, a oitava casa é a área do rejuvenescimento, ou de dar novo alento às velhas formas; também é a área que mostra como o nativo foi acostumado a ver as coisas.

A sexualidade da oitava casa é a expressão sexual em si mesma. O valor de impulso do sexo, como é evidenciado na prostituição (sexo sem amor), é encontrado na oitava casa. A sexualidade como um ritual e como um produto derivado de estados da consciência individual é uma questão relativa à oitava casa. Perversões da sexualidade poderiam ser um assunto da oitava casa, mas não de forma exclusiva. Algumas pessoas consideram qualquer tipo de sexo que não esteja associado à criação da prole como uma forma de perversão. É claro que esse é um ponto de vista muito estreito, que não é realístico ou compatível com a natureza como um todo.

A oitava casa é uma área que também representa os suprimentos e os recursos gerados pelo nativo por meio das associações com outras pessoas. Representa taxação e seguros e – a coisa mais importante – os negócios e a propriedade dos mortos: portanto, heranças através da morte.

Uma herança que venha ao nativo como parte de seus vínculos familiares é um assunto da quarta casa. A herança que aparece na oitava casa representa um suprimento que não foi merecido pelo nativo por causa de seus esforços de trabalho. Ela vem através de um vínculo com outra pessoa, que pode ser secreto ou de natureza misteriosa. Também se trata da riqueza ou dos recursos do companheiro, mas esses nem sempre são recebidos pelo nativo como herança.

Há um aspecto fiduciário nos assuntos da oitava casa em que o nativo tem de tomar conta ou administrar propriedades em benefício de terceiros.

Se a oitava casa estiver desocupada, o nativo geralmente não se atrapalha com os assuntos relativos a ela. Se surgir uma emergência, o escorpiano comumente a enfrenta com uma dose adequada de ação. Os assuntos dessa casa sempre se relacionam de alguma forma com a área (ou com as pessoas que a representam) em que o planeta que rege o signo da oitava cúspide se encontrar.

Se a casa estiver ocupada, os assuntos da oitava casa têm alguma importância consciente para o nativo. Uma proeminência de planetas nessa casa torna o nativo bem adaptado a alguma forma de papel baseado na confiança ou na administração dos negócios do morto, ou em providenciar orientação para outros em ocasiões de crise. Também há talento para descobrir ou tirar proveito ou vantagens das coisas ou circunstâncias que os outros deixaram de lado. Isso incluirá o comércio com antigüidades, artefatos, ferro-velho e descobertas arqueológicas.

A ligação do proprietário anterior com o objeto não existe mais, e o nativo estabelece um novo vínculo ou valor para ele.

Os assuntos de outra casa (ou as pessoas por eles representadas), como revelados pelos signos regidos pelos planetas que estão na oitava casa, contribuem para a importância da força da oitava casa do nativo.

♏ ESCORPIÃO é o regente natural da oitava casa. Seu elemento é emocional e sua posição é FIXA (rigidamente concentrada). Quase tudo o que se relaciona com Escorpião é secreto e misterioso e, no que diz respeito a seus próprios negócios, os escorpianos preferem mantê-los assim. Por outro lado, Escorpião tem uma curiosidade ingênua acerca dos assuntos íntimos de todas as outras pessoas. A maior parte das motivações de Escorpião tem uma natureza fortemente sexual, embora os escorpianos sejam os últimos a admitir isso. Eles têm grande poder de rejuvenescimento e de resistência QUANDO OBRIGADOS, mas permanecem, muitas vezes, num estado mental de desapego parcial, a menos que ocorra uma crise digna de nota. Os escorpianos talvez mostrem o seu lado melhor quando estão ativamente ocupados em ajudar os outros a enfrentar uma crise inesperada. Nessas ocasiões, parecem entender de tudo, mesmo que nunca tenham enfrentado situação semelhante.

Os escorpianos desperdiçam a maior parte do tempo metendo o nariz em situações das quais os outros desistiram ou que descartaram por algo obviamente mais natural. Escorpião, contudo, com sua obstinação determinada, desenterra, com freqüência, valores antes insuspeitos e se gratifica com essas situações de estagnação. Em todo caso, isso dá a Escorpião a satisfação íntima de poder dizer: "Eu não disse?". Nem todos os escorpianos são solicitados a servir em tempos de grande calamidade, mas estão, com freqüência, envolvidos com assuntos menos dramáticos. Ao que parece, os outros percebem naturalmente os talentos para enfrentar crises de que os escorpianos são dotados e recorrem a eles de forma instintiva.

SUA MAIOR FORÇA ESTÁ EM INSUFLAR VIDA NOVA NAS VELHAS FORMAS.

♇ PLUTÃO, um planeta só recentemente descoberto, é agora considerado o verdadeiro regente de Escorpião. A natureza íntima de Plutão corresponde de forma perfeita ao aspecto dual de Escorpião (antes e depois da mudança). Antes que Plutão fosse descoberto, em 1930, o regente de Escorpião era Marte, o guerreiro. A característica de Marte corresponde com perfeição à franqueza de Áries, porém não chega a descrever inteiramente as profundezas ilimitadas da natureza escorpiana, parcialmente oculta sob a superfície.

Plutão é o símbolo da mudança revolucionária. Ele destrói ou apaga com uma mão, enquanto se prepara para reconstruir com a outra. Ele é sempre bidirecional. De forma revolucionária, Plutão está sempre pronto a chamar a atenção para velhas questões abandonadas, a fim de abrir caminho para melhoramentos. Muitas pessoas (inclusive astrólogos) temem Plutão, pois consideram apenas o lado negativo e sentem-se, naturalmente, relutantes em abandonar o que já conhecem, a fim de aceitar algo novo e diferente. A mudança muitas vezes é difícil quando provoca despedidas sentimentais. Todavia, a emoção dos novos projetos pode ser muito estimulante, criativa e construtiva. Plutão é considerado, freqüentemente, como a morte – não como o doador de vida que pode ser.

Quanto daquilo que gozamos atualmente seria possível sem a morte do passado de onde surgiu? O ciclo de vida e de morte e, então, outra vez de vida, faz parte da natureza e sempre se renova por meios naturais. Plutão é o instrumento deste processo.

A NONA CASA: SIGNO DE SAGITÁRIO ♐ PLANETA REGENTE – JÚPITER ♃

A nona casa é a casa do aprendizado mais elevado. Ela representa o ponto no qual muitos pensamentos são concentrados e classificados numa causa ou princípio. Assim são criadas as leis, as religiões e as filosofias, bem como todos os tipos de princípios que, em essência, representam o pensamento de muitos intelectos. Se a terceira casa representa a mente individual, a nona casa representa a mente coletiva depois que esta se organizou.

Se a casa estiver desocupada, o nativo achará fácil aceitar a validade de certos princípios ou causas, ou ainda religiões, porque ele se identifica naturalmente com parte deles. Ele não oferece resistência aos princípios mais elevados que tenham sido organizados e codificados pelos outros. Ele não rejeita a hipótese de um ego maior do que o seu próprio. Os assuntos da nona casa sempre se relacionam de alguma forma com a área, ou com as pessoas que a representam, ocupada pelo planeta regente do signo da nona cúspide.

Se a casa estiver ocupada, o nativo se preocupará com a exposição sistemática ou com a oposição a alguns aspectos do pensamento coletivo ou dos princípios desenvolvidos. Os assuntos relativos a outras áreas e as pessoas por eles representadas contribuem para a importância do pensamento da nona casa, conforme o lugar em que estiverem os signos regidos por esses planetas.

♐ SAGITÁRIO, o arqueiro, é o signo natural da nona casa. Seu elemento é MENTAL e sua posição é MUTÁVEL e complacente. Ele simboliza mais o espírito da lei do que a lei propriamente dita. Os sagitarianos são naturalmente otimistas, entusiásticos, positivos, auto-orientados para sua missão, dedicados à sua causa. Em geral, esses nativos não são egoístas em sua ambição, mas puros de coração, devotadamente leais, e acreditam na excelência de sua causa. São aproveitáveis para tudo o que se relacione com expressões de ensinamento mais elevado, lei, religião, filosofia e política. Em muitos aspectos, presumem ser o guardião do próximo e acham que sabem melhor do que este o que lhe convém. Se o próximo não enxergar de imediato as coisas sob essa luz, são dotados de grande confiança e resistência para persuadir os menos afortunados a aceitarem o seu ponto de vista mais esclarecido. É natural que precisam de uma causa digna de seus esforços e bastante nobre para justificar seus sacrifícios e a devoção de que são capazes. Conquanto os sagitarianos sejam mutáveis em sua posição, eles têm uma maneira de refletir causas ou princípios que não se coaduna exatamente com as realidades à sua volta. O pensamento dos sagitarianos tende muito mais a estar entre as nuvens do que ocupado com as coisas práticas. No todo, os sagitarianos são muito menos eficazes nos momentos de mudança, quando velhas instituições estão sendo substituídas por novas que ainda não estão comprovadas como "obviamente corretas". Desde que os sagitarianos depositam tanta fé no pensamento coletivo, principalmente naquele fundado em precedentes, eles tendem a ressentir-se com a veracidade de quaisquer posicionamentos individuais que os desafiem. Os sagitarianos não estão tão bem preparados para as táticas defensivas como o estão para a circulação da "verdade correta". Quando desafiados, tornam-se obstinados e sua fé poderá transformar-se em sacrifício feito às cegas. Eles estão no auge quando os acontecimentos da vida estão melhorando. Podem estar lamentavelmente mal preparados para argumentar de modo significativo quando idéias subjacentes ameaçam os princípios que fomentaram ou criaram. Com freqüência, os sagitarianos se transformam numa voz anacrônica, coisa que não percebem a respeito de si mesmos. Eles não acompanham os outros. Geralmente, são incapazes de compartilhar do mesmo entusiasmo para outras causas que não as suas, e podem ser intolerantes e injustos com quem não partilhar de suas convicções.

SUA MAIOR FORÇA É UMA FÉ AUTOGERADA.

♃ JÚPITER, o símbolo da abundância, é o regente natural de Sagitário e da nona casa. Sua força representa expansão, favores, recompensas, honrarias e "uma luz verde" para o incremento dessas coisas. Favorece, em geral, uma sensação de sorte. Como abundância, contudo, também leva ao desperdício, ao extravasamento e ao conteúdo que ultrapassa sua forma ou recipiente. Pode-se ter demais de alguma coisa boa. A presença de Júpiter em qualquer lugar do horóscopo é benéfica, confortadora e demonstra, tanto material como espiritualmente, a correção essencial das coisas. Como uma das recompensas da vida – assim como a sobremesa – ela fica melhor no fim da refeição do que durante o trabalho de base.

A DÉCIMA CASA: SIGNO DE CAPRICÓRNIO ♑ PLANETA REGENTE – SATURNO ♄

A décima casa mostra as ambições conscientes do nativo e o julgamento físico que geralmente lhe é imposto pelo mundo. Não se trata da resposta final, mas indica como a vida do nativo geralmente se resolve aos olhos do mundo. Como a meta consciente do nativo, a décima casa recolhe, solidifica e canaliza os seus melhores esforços ou a substância real de suas convicções íntimas. Isso é verdadeiro, mesmo que em algum momento o nativo seja jovem, imaturo, confuso ou misterioso demais para estabelecer de forma clara as suas verdadeiras ambições. Quanto à décima casa, há certa superficialidade, como ocorre na primeira casa, refletindo as reações alheias que trazem à tona as imagens concernentes aos assuntos físicos e materiais. Assim como a primeira casa representa o modo como OS OUTROS CONSIDERAM O NATIVO, a décima casa representa o modo COMO OS OUTROS JULGAM O NATIVO DEPOIS QUE ESTE REAGIU SEGUNDO AS CONDIÇÕES OFERECIDAS PELAS SUAS QUARTA E SÉTIMA CASAS.

Se a décima casa estiver desocupada, não existem problemas conscientes do nativo quanto aos assuntos dessa casa. Suas ambições e o provável resultado delas estão mais diretamente relacionados com aquela área de negócios, ou com as pessoas que a representam, onde se encontra o planeta que rege o signo que ocupar a cúspide da décima casa.

Se a casa estiver ocupada, o nativo tanto terá problemas conscientes para formular suas ambições como para torná-las válidas aos olhos do mundo. Os assuntos de outras áreas de sua vida e as pessoas que os representam contribuem diretamente para suas ambições e reconhecimento, como é revelado pelos signos regidos por esses planetas.

♑ CAPRICÓRNIO, o disciplinador, é o regente natural da décima casa. O elemento é MATERIAL e físico e a posição é CARDINAL e de direção. Capricornianos sempre estão de olho na grande oportunidade, que perseguem até o amargo fim. É por isso que os capricornianos tendem a vencer no final, não por talentos superiores, mas por sua persistência. A sua atitude, sem dúvida, concorre para maior sucesso material na vida do que qualquer outra combinação de talentos. Diz-se que os capricornianos já nascem velhos. Seus maneirismos são maduros desde o início e, às vezes, eles sentem prazer em restringir-se ou disciplinar-se a fim de obter algum lucro material. De um ponto de vista prático, os seus objetivos parecem ser obviamente desejáveis, e eles são positivamente determinados, uma vez que se resolvam a atingi-los. Eles o conseguem através de intermináveis acúmulos de pequenas etapas que se relacionam magnificamente umas com as outras. Eles parecem saber desde o início o que pretendem, e sempre conseguem racionalizar sua posição com objetivos e fatos consistentes e com a lógica. Um capricorniano tem de estar convencido sem que lhe reste sombra de dúvida, porque uma vez que o dado esteja estabelecido, tudo daí em diante tem de funcionar como o mecanismo de um relógio. Nem sempre precisa ser um objetivo exatamente material, mas deve servir para alguma aplicação prática e deve, ao mesmo tempo, adaptar-se aos padrões aceitos, dos quais o capricorniano participa. Há grande dose de vaidade e auto-reconhecida superioridade nos capricornianos, as quais eles nunca questionam. Eles são pessoas construtivas, práticas e que têm confiança em si mesmas, cujas metas geralmente foram testadas vezes sem conta. Seus julgamentos são, habitualmente, superiores aos dos outros, exceto quando se referem a eles mesmos. Embora sempre pareçam ter metas estabelecidas, enquanto não estiverem absolutamente convencidos são atormentados por dúvidas e pela insegurança. Mas até mesmo essas geralmente deixam de estar em seu caminho, pois eles raras vezes mudam. Isso os torna amargos e infelizes, entretanto, à medida que seguem em seus negócios.

SUA MAIOR FORÇA É A REGULARIDADE E A CONSISTÊNCIA.

♄ SATURNO, o feitor, é o regente natural de Capricórnio e da décima casa. O poder de Saturno é reduzir as coisas às suas meras bases pela ebulição e, então, tornar a construí-las a partir daí. Saturno enfatiza os fatos, os números, as medidas, o cuidado, a ordem, a disciplina, a economia, a parcimônia, a lógica, o bom senso e a VERDADE. Em geral, as pessoas não apreciam o trânsito de Saturno em seus horóscopos porque ele as traz de volta à Terra e expõe a verdade sobre aquilo que estão fazendo. A maioria das pessoas está despreparada para enfrentar a verdade, e chegará a extremos para evitá-la. Ainda assim, Saturno nunca é injusto. Ele conta os pontos exatamente como são. Se você tiver sido razoavelmente honesto no jogo da vida, nada há a recear de Saturno. Os que nunca pagam suas dívidas e que pensam poder obter alguma coisa sem pagar nada, são esses os que Saturno obriga a ajoelhar-se. Isso acontece na medida em que Saturno (que leva aproximadamente vinte e oito anos para viajar ao redor do horóscopo) se põe em contato com as partes vitais do horóscopo. Para maiores detalhes, veja o capítulo 7: "Os Ciclos de Saturno".

A DÉCIMA PRIMEIRA CASA: SIGNO DE AQUÁRIO ♒ PLANETA REGENTE – URANO ♅

A décima primeira casa é a área referente às honrarias resultantes ou que acompanham a proeminência ou o julgamento da décima casa. A décima primeira também é a casa das amizades, das esperanças e dos desejos (em oposição às metas pessoais conscientes). As esperanças e desejos da décima primeira casa pertencem mais à natureza de desejos amorosos que são compartilhados e apreciados na companhia dos outros. Uma pessoa representada pela décima primeira casa geralmente é boa amiga – com mais freqüência um velho amigo – mas também pode representar um novo conhecimento que se pode imediatamente transformar num relacionamento de familiaridade duradoura. Quando amizades se transformam num relacionamento de maior significado, elas se tornam um assunto relativo às associações da sétima casa. Isso é particularmente importante na astrologia horária (que levanta horóscopos para responder a perguntas específicas) para distinguir entre os amigos e as pessoas que serão companheiros em nossas vidas.

Se a décima primeira casa estiver desocupada, o nativo não sente conscientemente a necessidade de amizades ou, especificamente, a necessidade de compartilhar suas esperanças e desejos com os outros. Essas amizades importantes são valorizadas muito mais pelo modo como contribuem para os negócios relativos à sua casa, na qual se encontra o regente do signo da décima primeira casa.

Os que têm uma décima primeira casa densamente ocupada sempre trabalham melhor em grupos, ou intimamente ligados aos outros por um propósito comum. Há uma espécie de família de interesses, que às vezes transcende os próprios laços pessoais de família.

♒ AQUÁRIO, o que busca a liberdade, é o regente natural da décima primeira casa. Seu elemento é IDEALISTA e sua posição é FIXA e concentrada. Na verdade, os aquarianos sempre parecem destacar-se da multidão, apesar de se considerarem intimamente envolvidos com os interesses de grupo. Eles parecem ter uma espécie de comunicabilidade (simpatia mental ou emocional) que transcende os vínculos costumeiros e que, portanto, lhes confere uma utilidade especial para o amor fraterno. Se quisermos entender inteiramente os aquarianos, precisamos estar preparados para o senso de identidade grupal em que eles acreditam e para o desapego objetivo que é inerente à sua natureza. O modo de pensar e sentir dos aquarianos atua num comprimento de onda rarefeito, que lhes dá não só um sentimento de superioridade, mas também uma qualidade irreal, pois ela não pode ser vinculada ou ligada aos fatos generalizados ao seu alcance. Isso os faz parecer imprevisíveis, desmiolados e excêntricos. Os aquarianos têm um modo de se justificar que é mais perdoável pelos que estão sintonizados com seu comprimento de onda, mas que é exasperante para os que não estão.

Pelo fato de a posição de Aquário cair entre a décima e a décima segunda casas, sugere-se que a verdadeira função de Aquário é servir de instrumento para o colapso e preparar-nos de uma maneira geral para o possível contraste entre o julgamento que nos é dado pelos outros (evidenciado na décima casa) e a estrutura do valor definitivo que jaz oculto no subconsciente tribal de nosso eu interior (a décima segunda casa). Os dois podem estar em considerável conflito. Aquário prepara-nos para isso porque sua natureza é eliminar os limites de nossa compreensão e dar-nos uma sugestão do infinito, ou da realidade que está além da compreensão do nosso ego pessoal. Os aquarianos fazem isso de modo natural com todas as pessoas que encontram. Mesmo em pequenos caminhos, eles sugerem que existem mais coisas do que os olhos podem ver, que há algo, de fato, além de nossa realidade física. Os aquarianos, com freqüência, são vistos com uma grande porção de ceticismo e de indulgência caridosa, mesmo pelos que gozam de sua amizade. A lealdade aquariana parece estar relacionada ou vinculada a coisas que estão além do que pretendemos saber. Os aquarianos podem ser encantadoramente amigáveis com a maioria das pessoas, mas não são muito íntimos de ninguém em particular.

SUA MAIOR FORÇA É SUA CONVICÇÃO PARA AGIR DE FORMA INDEPENDENTE.

♅ URANO, o imprevisível, é o regente natural de Aquário e da décima primeira casa. Urano é a única força planetária que pode desfazer o aperto mortal de Saturno. A essência de Urano é seu comportamento errático. Sua virtude e seu vício consistem em seu talento para os inesperados desvios de qualquer sistema de regularidade. Esses desvios são aborrecidos para os que não estão preparados para eles. Mas é apenas através de tais "quebras de padrão" que novos ângulos de conhecimento intuitivo são criados, os quais subseqüentemente, tornarão possíveis as mudanças e as melhorias. Se nunca nos aventurarmos a sair de um padrão fixo, nunca mudaremos, cresceremos ou nos desenvolveremos. O efeito da presença de Urano é costumeiramente acompanhado pela tensão, apreensão e um desejo de explodir, ou de escapar de uma situação que, subitamente, parece limitadora e intolerável. A força de Urano se destina a libertar as coisas. Algumas vezes ele faz isso bombardeando a situação presente, forçando os participantes a se reagruparem num novo padrão. A força uraniana comumente não é bem-vinda, embora seja eficaz e, de modo geral, construtiva. O ritmo ou andamento de Urano nada mais é do que um fluxo estável de energia. Ela concentra tensões, explode e então cessa, até gerar nova energia para outra explosão. Muitas vezes, Urano afasta as teias de aranha das condições desgastadas que ocorreram despercebidas ou que foram aceitas como garantidas. O objetivo uraniano é a liberdade – liberdade para que os elementos possam reagrupar-se de novas maneiras. Novas alianças podem ser formadas e novos padrões podem desenvolver-se. As pessoas uranianas têm um senso natural de "visão ampliada" QUE REPRESENTA O VERDADEIRO ESPÍRITO DA ASSIM CHAMADA ERA DE AQUÁRIO. Elas vêem muito além daquilo pelo qual a maioria das pessoas se interessa. É por isso que os uranianos e os aquarianos, em geral, parecem estar fora de compasso com os que estão imediatamente à sua volta.

A DÉCIMA SEGUNDA CASA: SIGNO DE PEIXES ♓ PLANETA REGENTE – NETUNO ♆

A décima segunda casa é a chave final para tudo o que aconteceu anteriormente. Trata-se da subconsciência acumulada, que abstrai significado do passado e que constrói uma base para o futuro. É o resíduo dos valores definitivos. A décima segunda casa é o final da estrada onde nos encontramos depois de passar através de todas as outras fases da vida. Sendo o fim de tudo (antes de sugerir um novo começo em outro ciclo), ela detém os segredos da vida e as motivações ocultas ou subconscientes de qualquer vida que virá. Também detém o segredo das vidas passadas que podem ter precedido a atual. Obviamente, trata-se da menos entendida área do horóscopo e, incompreensivelmente, da área mais assustadora para os mortais comuns.

A décima segunda casa não é a casa da morte. A substância do subconsciente, embora oculta, pertence, em todas as suas porções, à vida, assim como os pontos conscientes em foco nas nossas vidas cotidianas. Diz-se que a quarta casa simboliza o túmulo e o fim da matéria física. Do mesmo modo que representa a hereditariedade e a formação do nativo, ela também representa ou descreve as condições gerais do encerramento de sua vida. A verdadeira morte do nativo – a passagem de um estado para outro – é descrita pelas condições existentes na oitava casa.

Na décima segunda casa temos a essência do confronto, ou da soma final de todos os valores do nativo. Depois que a sua individualidade é criada (mostrada pela primeira casa), moldada em forma, método e padrão (revelados na quarta casa), acompanhada (ou abandonada) pelos outros (mostrado na sétima casa), julgada e rotulada (o que se vê na décima casa), chegamos ao ponto em que o nativo encara o seu próprio subconsciente – o armazém de toda a consciência. É neste lugar que o nativo faz um exame completo de consciência e que deve JULGAR-SE A SI MESMO.

É espantoso que a maioria das pessoas prefira desconsiderar as implicações da décima segunda casa. Para alguns, ela representa a sua anulação, a sua queda, o seu encarceramento, a sua prisão. Todos estes são estados mentais ou termos geralmente usados para descrever a décima segunda casa. Ela está associada com instituições correcionais, hospitais, prisões, lugares isolados e infernos particulares. Em geral, é definida como uma área de desapontamento, fracasso, catástrofe, solidão, abandono, rejeição e desespero. Isso acontece porque a maioria das pessoas tende a viver exclusivamente num mundo materialista baseado apenas em valores materiais. As pessoas parecem inteiramente despreparadas para ver o seu espírito nu, desprovido de suas considerações materiais ou físicas. Entretanto, têm de partir do mundo tão nuas como entraram nele. Essa é a implicação da décima segunda casa.

Longe da área de escuridão e de horror habitualmente descrita na décima segunda casa, há uma riqueza espiritual – contanto que tenhamos a capacidade da percepção espiritual. Quer gostemos disso ou não, a vida tem uma maneira de nos impor essa percepção, porque ela faz parte da totalidade do ciclo da experiência humana. É exatamente a maneira como confrontamos essa parte da vida que é descrita pela condição da décima segunda casa.

Se estiver desocupada, o nativo não se confronta conscientemente com as implicações dos valores da décima segunda casa. Ele pode percebê-los dessa forma, mas aceita-os e atua dentro da estrutura que eles fornecem. Ele não vive com medo dos segredos que aí se ocultam. Com efeito, uma confiança subconsciente nesses valores secretos contribui bastante para o funcionamento dessa área da vida e para o relacionamento com as pessoas que estão ligadas a ela, mostrada pela localização do planeta que rege o signo da décima segunda casa.

Se a décima segunda casa estiver ocupada, o nativo tem, obviamente, algum trabalho real com os assuntos dessa casa. Esse trabalho tanto pode ser o que ela pode significar para ele próprio, como o que ele pode fazer para ajudar os outros quanto a esses assuntos. A riqueza da casa (por condição) indica a riqueza do espírito do nativo, o qual intensificará seu trabalho nessa direção. Uma décima segunda casa pesadamente configurada coloca-nos definitivamente à parte do fluxo comum da vida. Esse parece ter sido um tema favorito dos desenhos a nanquim dos antigos pintores chineses que pintavam um homem sábio sentado sozinho numa paisagem inteiramente simples, contemplando os segredos da vida, simbolizada pelo fluxo da água, que sempre estava por perto. O nativo é especificamente fortalecido em sua busca pelos assuntos e pelas pessoas das casas regidas pelos planetas que estiverem na décima segunda casa.

♓ PEIXES, o símbolo da compreensão universal, é o signo natural da décima segunda casa. Seu elemento é EMOCIONAL e sua posição é MUTÁVEL e clemente. Seu caráter forma-se a partir do passado e funde-se com o futuro. A qualidade é espiritual e imaterial. A forma é vaga e expandida. A força de Peixes se baseia na fé espiritual, enquanto a fé sagitariana é mais uma convicção emocional. Peixes resiste às aplicações racionais como tais. Os piscianos, muitas vezes, são capazes de prosseguir, a despeito de todos os obstáculos materiais. Eles sempre enxergam além, por trás e por baixo do que os outros estão apontando. Esse fato dá aos piscianos um elo invencível com um outro grau de consciência, que tende a derrubar a oposição de qualquer obstáculo e, por fim, a afirmar a sua posição. As pessoas de Peixes são um tanto esquisitas pelos padrões normais. Elas são o tipo de pessoas "domingueiras", que parecem, de certa forma, estar fora de lugar num mundo comum de dias de semana. Naturalmente, prestam-se de maneira ideal para socorrer os desamparados, os rejeitados, os segregados e os fracassados sem esperança do mundo. Elas não os vêem como fracassados no sentido material, mas como outros espíritos humanos que são vistos pela primeira vez pelos padrões espirituais. É bastante estranho, mas os piscianos não são os pregadores do mundo. Eles não são dados a converter os outros ao seu modo de vida. A pregação é, muitas vezes, uma espécie de venda de si mesmo, da qual os piscianos não necessitam. O caráter de Peixes está mais relacionado com a dissolução de temores, a dissipação de ameaças, a redefinição de valores e empenho em tornar o espírito novamente são. Os negócios da vida cotidiana são muito danosos ao espírito e deixam muitas cicatrizes. Peixes sabe exatamente como curá-las. Para os piscianos, essas são as verdadeiras feridas da vida – não os danos físicos.

SUA MAIOR FORÇA É A PAZ INTERIOR.

♆ NETUNO, o visionário, é o regente natural de Peixes e da décima segunda casa. Pelo fato de Netuno ser completamente imaterial, sua presença ou efeito podem ser decepcionantes. Isso deixa aberta a oportunidade de as pessoas atribuírem a Netuno o que desejarem ver. Não há garantia de acerto ou de erro. O efeito de Netuno é sugerir e então desaparecer. Quem recebeu a "revelação" é que deve juntar os pedaços e fazer sua própria interpretação. Como nos testes de borrões de tinta de Rorschach, o valor está na reação e não no fato material que estimula a reação. Num sentido negativo, Netuno pode ser culpado de atrair as pessoas, para fazê-las cair na armadilha, decepcioná-las e fraudá-las. Isso é fácil porque não há substância material a considerar – somente o espírito ou a sugestão. No sentido positivo, contudo, Netuno também inspira, enobrece, glorifica e banha os piscianos de beleza extraterrena. Netuno cria falsificadores, bem como santos, e, com muita freqüência, depende do âmbito de referência para separá-los.

Talvez a maior parte das pessoas freqüentemente sejam iludidas pelo efeito de Netuno, porque estão, de preferência, arruinadas em sua riqueza espiritual. Portanto, a presença de Netuno, na maioria dos horóscopos, tende a uma expressão negativa (falsificadores). Na maioria dos horóscopos, o lugar em que Netuno se encontrar é onde você descobrirá que o nativo está mais sujeito às decepções. Infelizmente, é muito mais o fracasso do que o sucesso que tende a deixar de lado os aspectos ilusórios de Netuno e a revelar o verdadeiro discernimento intuitivo de que este planeta nos pode dotar.

RESUMO: Os principais pontos estruturais do horóscopo são os quatro ângulos – isto é, as cúspides, ou linhas que mostram o começo da primeira, da quarta, da sétima e da décima casas. Lembre-se sempre:
A primeira casa é como o mundo vê o nativo.
A quarta casa representa como o nativo se vê – subjetivamente.
A sétima casa mostra como o nativo vê as outras pessoas.
A décima casa mostra como os outros julgam o nativo.

Os regentes naturais das casas angulares são os quatro signos cardinais: ÁRIES, a individualidade do espírito; CÂNCER, a proteção às emoções; LIBRA, a força dos ideais; CAPRICÓRNIO, a praticidade da matéria.

Qualquer pessoa cujo horóscopo mostre proeminência nas casas angulares ocupará, de certa forma, uma posição de liderança e de influência sobre os outros. Proeminência significa a presença de, ao menos, o Sol e a Lua e alguns outros planetas de apoio nas casas angulares. Quando não se encontrar esta condição, é NEGADO ao nativo esse tipo direto de liderança e de influência na vida.

Se a ênfase recair na primeira casa, os resultados são devidos à força da personalidade do nativo e ao desenvolvimento de sua individualidade. A maioria das pessoas se vê na obrigação de se levantar e de notá-lo.

Se a enfase se revelar através da quarta casa, os resultados são devidos à força da formação do nativo e à solidez de seus métodos. Seus procedimentos definitivamente se provam e convencem os outros.

Se a ênfase é através da sétima casa, os resultados se devem aos talentos do nativo para dirigir as outras pessoas e à sua direção e influência a esse respeito. Ele é um afortunado na maneira como vê os outros e coopera com eles.

Se a ênfase recair na décima casa, os resultados serão devidos à alta posição do nativo na vida ou ao reconhecimento e estima que ele conquista para si mesmo. O público o reconhece e o trata como a um líder.

O próximo ponto forte da estrutura do horóscopo relaciona-se com as posições FIXAS: a segunda, a quinta, a oitava e a décima primeira casas. Uma concentração de planetas nessas áreas dá forte determinação e invariável dedicação a objetivos definidos, todos relacionados diretamente com o próprio nativo, de alguma forma pessoal.
A segunda casa é a fonte de suprimento do nativo.
A quinta casa é a demonstração da sua criatividade.
A oitava casa é a capacidade do nativo para o rejuvenescimento e a sua habilidade para enfrentar crises e mudanças.
A décima primeira casa representa os ideais do nativo e as pessoas que participam dos mesmos com ele.

Os regentes naturais das casas fixas são os signos fixos: TOURO, determinação em assuntos materiais; LEÃO, concentração em extensões do espírito egóico; ESCORPIÃO, perscrutando as profundezas desconhecidas dos recursos emocionais; AQUÁRIO, dedicação ao pensamento progressivo.

Qualquer pessoa cujo horóscopo mostre proeminência nas casas fixas está destinada a um papel mais específico, cuja função centraliza algum tipo de suprimento. A segunda casa fornece suprimento para o nativo (dinheiro e propriedades). A quinta casa fornece suprimento para a família (filhos, prazeres e especulação). A oitava casa fornece suprimento para a aliança social do nativo com os outros (co-propriedades). A décima primeira casa fornece suprimento ou prêmios para os que alcançaram uma posição de comando ou destaque (amigos, honrarias e ideais de grupo).

A área estruturalmente mais obscura do horóscopo é a área das quatro casas MUTÁVEIS: a terceira, a sexta, a nona e a décima segunda. A concentração de planetas nessas áreas relega o nativo a uma posição de fundo de cena na vida, na qual ele serve melhor por trás do cenário, providenciando um serviço que contribui para alguma coisa ou para alguém.

A terceira casa é a aparelhagem do próprio senso de comunicação do nativo.

A sexta casa é a servidão do nativo em favor dos semelhantes.

A nona casa é a codificação de todo pensamento que culmine em lei, religiões, filosofia e circulação de aprendizado formalizado.

A décima segunda casa é o serviço destinado à salvação do espírito humano para as pessoas que enfrentaram o fracasso, a rejeição, a injustiça e o desespero.

As casas do horóscopo também se agrupam em quatro setores ou quadrantes. A primeira, a segunda e a terceira representam o setor mais personalizado, no qual o nativo está, antes de tudo, interessado no aperfeiçoamento pessoal: em primeiro lugar, através de sua personalidade; em segundo lugar, através de seus recursos materiais; em terceiro lugar, através da comunicação de seus pensamentos.

Nas casas quatro, cinco e seis, o nativo se identifica com os arredores e com o seu ambiente: através da exploração de sua hereditariedade, na quarta; da extensão de seu ego pela criatividade, na quinta; e através da aceitação do dever e da responsabilidade, na sexta.

À medida que o nativo passa pelo Nadir (cúspide da sétima casa) e se eleva sobre o horizonte, há uma profunda mudança de orientação. Agora o nativo se alinha com fatores fora da esfera do seu ego e se junta aos outros com propósito comum: através das sociedades, na sétima; através de possíveis mudanças em uma nova forma, na oitava; e através da promoção de princípios, na nona.

No nível do décimo, do décimo primeiro e do décimo segundo setores, o nativo foi julgado e rotulado, na décima casa; honrado pelos seguidores, na décima primeira; e revelado em sua verdadeira luz, na décima segunda casa, que é a corte do último retiro, antes de começar tudo outra vez.

Esta seqüência da consciência é importante na interpretação do presente efeito dos planetas, à medida que eles passam através do mapa do nosso horóscopo natal. Essas passagens são denominadas TRÂNSITOS e estão explicadas no capítulo sobre as progressões e os prognósticos no horóscopo.

O horóscopo se divide em dois pelo horizonte (primeira e sétima casas). A metade inferior é mais subjetiva na aplicação, lidando com o nativo (na primeira, segunda e terceira casas) ou com o seu ambiente imediato (na quarta, quinta e sexta casas). A metade superior tem uma orientação mais objetiva – ou para fora, para o mundo. Na sétima, na oitava e na nona casas, o nativo se preocupa com os outros (sétima), com suas crises (oitava) e com seus princípios (nona). Na décima, décima primeira e décima segunda casas, o nativo se depara com a fama (décima), com os valores de grupo (décima primeira) e com a salvação espiritual (décima segunda).

O horóscopo também se divide na metade pelos eixos centrais (casas quatro e dez). Quando as posições planetárias acentuam o setor da esquerda, o nativo é primariamente responsável por si mesmo e precisa criar seu próprio padrão, com os seus recursos. O nativo se faz por si mesmo. Quando a posição dos planetas acentua o setor direito, o curso da vida do nativo é grandemente determinado por fatores externos sobre os quais tem pouco controle. O nativo tende a ser vítima das circunstâncias ou do controle de outras pessoas.

Capítulo 4

O CARÁTER DO SEU DESTINO

A POSIÇÃO DA CASA DO SOL

O caráter do seu destino – o desafio de sua sina – é revelado no horóscopo pela condição da casa em que estiver o Sol. O Sol representa o impulso do ego, que é responsável por mais do que a metade da caracterização do nativo. É por essa razão que a interpretação do signo do Sol nos horóscopos é tão exata. A porcentagem de acerto é mesmo maior naqueles casos nos quais a Lua ou o ascendente também pertencerem ao mesmo signo que o Sol. Este nativo então será um exemplo típico daquele signo.

Qualquer que possa ser a natureza do ego, ele poderá realizar-se apenas pelo encontro das condições da casa que ele ocupa na ocasião do nascimento. Isso define o tipo de experiências e de situações através das quais o nativo terá de resolver seu propósito ou destino. O grau em que o nativo corresponde às exigências da casa do Sol é apenas a fita métrica real para o julgamento do seu sucesso ou do seu fracasso.

Visto que o Sol também representa homens fortes, a presença do Sol na casa indica que os homens e as impulsivas qualidades agressivas que sugerem masculinidade entram nos assuntos dessa casa.

QUANDO O SOL CAI NA PRIMEIRA CASA, o desafio do nativo está em desenvolver uma identidade inteiramente individualizada. Nada é mais importante do que o nativo compreender todo o potencial de seu ego único como incorporado na personalidade. Este nativo nunca poderá ser encorajado demais a seguir a atitude de "primeiro eu". As condições do destino sempre são encaradas pelo nativo como um desafio. Sempre existe alguma relutância em corresponder suficientemente ao desafio do destino. O nativo com o Sol na primeira casa tenderá inicialmente a retrair-se, e não a seguir adiante, como terá de aprender a fazer. Ele terá de ser encorajado e/ou forçado pelas circunstâncias a fazer isso.

O Sol na primeira casa indica que o nativo está comprimido em seu ambiente imediato por outros tipos predominantes de egos, que precisam ser postos de lado, se for para o nativo realizar sua própria individualidade. A presença de um planeta numa área de experiência (as casas) sempre indica uma rua de mão dupla: o nativo dá em espécie e recebe de volta em espécie. A presença do Sol indica a necessidade que o nativo tem de exercer o domínio do seu próprio ego. Ao mesmo tempo, o nativo experimenta o efeito de outros egos fortes tentando dominá-lo. Isso cria o desafio de seu destino. Homens ou imagens paternas, representam, de certa forma, um papel importante na formação do senso de identidade do nativo.

QUANDO O SOL CAI NA SEGUNDA CASA, o nativo precisa deslindar as exigências de seu ego através da racionalização de bem-sucedidos poderes de obtenção de rendimentos. A natureza de todos os tipos de suprimentos que o nativo precisa usar torna-se um campo de especialização. O nativo pode transformar-se num *expert* na demonstração de como os outros podem aumentar os seus poderes de ganho ou os seus talentos para inspeção de fornecimento. A segunda casa não precisa ser considerada exclusivamente em termos financeiros ou de valores monetários. Pode incluir a nutrição em geral, matérias-primas e fornecimentos de todos os tipos, que podem ser convertidos e usados de algum modo pelo nativo. Tipos vigorosamente másculos e seus interesses contribuem para essa descoberta de como melhorar os rendimentos, tanto para si mesmo como para os outros.

QUANDO O SOL CAI NA TERCEIRA CASA, o nativo precisa aperfeiçoar o seu ego através da comunicação com os outros. Isso, via de regra, envolve alguma forma de livre intercâmbio ou de interação de estímulos, em que um dos lados estimula o outro. A terceira casa não só se refere à troca de novidades e pontos de vista, como também representa o mercado ou a situação que sugere clientes, compras, freguesia, entrevistas e comércio em geral. A presença do Sol nesta área sugere a necessidade de atitudes fortemente agressivas, a fim de que a pessoa se resguarde contra a concorrência.

QUANDO O SOL CAI NA QUARTA CASA, a concentração do nativo se torna subjetiva. A formação e a hereditariedade do nativo são levadas em consideração, pois, de certa forma, elas devem ser renovadas e reativadas para os propósitos do presente. O nativo pensa muito e avalia os métodos e as técnicas do melhor modo possível para enfrentar problemas ou objetivos importantes. É provável que, na primeira infância, o nativo seja consideravelmente dominado e disciplinado por um dos pais ou por alguém que o substitua. Mais tarde, ele se transforma num símbolo de intolerância em seu próprio lar. Um assunto pelo qual ele se interessará naturalmente é o da segurança emocional e os modos de obtê-la. O nativo tem talentos para apreender esse assunto e pode tornar-se um especialista a respeito em benefício dos outros.

QUANDO O SOL CAI NA QUINTA CASA, o nativo precisa expressar-se de alguma forma criativa que, com efeito, se torna uma extensão de seu ego. Isso pode envolver as artes, todas as formas de entretenimento, os jogos, a especulação, os jogos de azar, os filhos e os interesses e preocupações com as crianças, assim como a sua educação primária. O nativo pode tornar-se algum tipo de autoridade ou pode criar situações romanescas. Também se interessará pelo lado romântico da vida das outras pessoas. Haverá algum interesse pelos assuntos sexuais, especialmente pelo sexo apreciado do ângulo do namoro romântico ou da criação de filhos. Quanto a todos esses assuntos, o nativo assumirá uma posição positiva e autoritária, por se tratar do seu campo de especialização. Ao mesmo tempo, o nativo pode sentir um pouco de carência subjetiva de sua parte, o que lhe dá motivos para preocupação. Isso faz parte do desafio: sobrepujar esse sentimento de inferioridade e conseguir a superioridade.

QUANDO O SOL CAI NA SEXTA CASA, o nativo precisa dedicar-se a algum tipo de obrigação. Isso, via de regra, envolve alguma atividade ou função relacionada com os empregos da vida cotidiana, com as vocações, com a saúde, com o serviço aos outros, com a procura de condições para a instalação do lar, alimentação, bebidas, suprimento. Também haverá a preocupação natural de fazer os outros assumirem suas responsabilidades diretas quanto a esses assuntos, no papel de funcionário público ligado às necessidades e ao atendimento à comunidade. Já que esta é a casa da subordinação, é muito provável que o nativo esteja sob a dominadora autoridade de uma imagem paterna cuja orientação e exemplo estará disposto a seguir.

QUANDO O SOL CAI NA SÉTIMA CASA, o nativo precisa procurar os outros para obter sua fonte primária de direção. Visto que o Sol representa a individualidade do ego, esta localização do Sol é um pouco infeliz. Na sétima casa, o controle passa aos outros. Habitualmente o nativo compete francamente com os outros acerca de vários assuntos. A resistência destes leva o nativo à ação; mas, invariavelmente, ele precisa aceitar ou render-se ao domínio exterior. O nativo está predisposto a bastante frustração, até que possa aceitar a sabedoria ou a conveniência (neste caso) de deixar os outros assumirem as rédeas de seus assuntos. Conquanto isso represente o sacrifício da independência, essa colocação do Sol providencia, ao mesmo tempo, uma ampla cooperação dos outros, dispostos e ansiosos em ajudar o nativo. Este, não raro, desenvolve meios agradáveis de lidar e arranjar-se com as outras pessoas. A individualidade sofre, mas a adaptabilidade e a compatibilidade são desenvolvidas ao ponto da especialização.

PARA OS POSICIONAMENTOS DO SOL DA OITAVA ATÉ A DÉCIMA SEGUNDA CASAS, O EGO TEM MENOS NECESSIDADE DE VALORIZAÇÃO. O INTERESSE DO NATIVO ESTÁ NA CONTRIBUIÇÃO QUE PODE DAR AOS OUTROS.

Isso também é verdadeiro para o Sol na sétima casa, mas essa posição geralmente é menos eficaz, pois apenas nuns poucos casos é que o ego se ajusta suficientemente a esse controle exterior, a fim de continuar com a possibilidade de contribuir para os outros. A maioria dos nativos que tem o Sol na sétima casa gasta toda uma vida para aceitar o desafio do seu destino e para aprender sobre a conveniência desse controle.

QUANDO O SOL CAI NA OITAVA CASA, o nativo é excessivamente fascinado pelos motivos das outras pessoas e por suas prováveis reações ao serem testadas ou em tempos de crise. Essas condições podem provir do passado remoto, bem como do presente. Esses tipos costumam ter uma tendência para se deixarem levar e satisfazerem seus apetites físicos até que sejam despertados por alguma emergência. Se nunca forem desviados em sua atenção, eles forjarão algum tipo de situação imaginária que satisfaça a sua curiosidade. Têm tremendos poderes de rejuvenescimento e atuam como "estações de serviço" ou "paradas de emergência" para outros que necessitem de reabilitação ou de um exame.

A oitava casa é uma área em que as pessoas tendem a titubear. Os nativos com essa posição do Sol estão de prontidão para ajudar os que vacilam ou para reavivar os que forem derrotados. A sexualidade lhes interessa muito. Eles consideram o sexo muito mais como um ritual ou como revigorante do que como um símbolo de afeição romântica ou de procriação. Uma vez que a oitava casa é a casa da transição ou a porta de entrada pela qual se passa de um estado ou condição para outro, trata-se da casa da morte e do renascimento. A morte não precisa necessariamente ser considerada sempre como a morte física. O nativo tem talentos para lidar com todos os assuntos relativos à morte e à regeneração. Também tem afinidade com a propriedade deixada para trás com a morte ou que ele abandona ao morrer – descartada como sem valor de circulação. Isso lhe dá um interesse em restituir a vida a objetos abandonados ou cria um interesse pelos valores deixados por mortos (artefatos, antigüidades, ferro-velho, retalhos). O Sol na oitava casa está destinado a exercer influência masculina sobre as atitudes sexuais do nativo, quer se trate de um homem, quer se trate de uma mulher.

QUANDO O SOL CAI NA NONA CASA, o nativo tem o desejo de contribuir de maneira significativa para o acúmulo de conhecimento, no qual os pensamentos de muitas pessoas são formalizados ou codificados em leis, religiões, teorias filosóficas e políticas e em todas as formas de aprendizado ritualizado. O nativo deve filiar-se a alguma causa ou princípio ou, ainda, a um meio de divulgação que espalhe esses conceitos. A nona casa inclui as publicações e a divulgação de palavras selecionadas para áreas distantes. É natural que isso ponha o nativo em contato com pessoas e condições que são tiradas do próprio ambiente ou estranhas a ele. Para esse nativo, é sempre aconselhável sair do seu primitivo ambiente e assumir o seu trabalho entre um grupo maior do mundo ao qual naturalmente, não é alheio. Seu pensamento está tão intimamente ligado à estrutura maior que ele supõe sentir-se "em casa no estrangeiro".

QUANDO O SOL CAI NA DÉCIMA CASA, o nativo precisa assumir uma posição de autoridade, de comando e de controle executivo. Isso poderá não ser fácil por causa da competição e do domínio de outras ambições fortes que o atrapalham. Isso terá de ser sobrepujado e o nativo precisa realmente ser reconhecido como uma figura de importância por direito próprio. De modo semelhante ao que acontece com o Sol na primeira casa, esta posição permite pouca consideração em tomar o segundo lugar. Essa posição sempre conta com considerável ambição mundana, quer esta seja inteiramente realizada ou não. O nativo está sujeito a arranjar algumas inimizades na sua escalada ao poder, mas isso não deve impedi-lo.

QUANDO O SOL CAI NA DÉCIMA PRIMEIRA CASA, o nativo luta por expressar-se através de um grupo adequado, que partilha de seus valores, aspirações e simpatias. Seu propósito é o propósito do grupo e o propósito deste é o seu. Estes nativos estão destinados à vida pública e às associações amplas. A individualidade que procuram não é exatamente a própria, mas a corporificação dos valores do grupo e das esperanças coletivas das quais o nativo se considera o arauto. Esta posição é, com freqüência, auto-assumida e autodeterminada, à medida que o nativo tende a se destacar em grupos como líder, e ele estará bem preparado para divulgar todos os seus interesses comuns. A política, bem como as organizações sociais ou espirituais, pode suprir a retaguarda de grupo de que o nativo precisa. Nesta posição, ele não se coloca acima do grupo como um ditador. De preferência, considera-se o seu porta-voz e representante. Enquanto na oitava casa temos A AJUDA DE PRIMEIROS SOCORROS, na nona, O PREGADOR e na décima O DITADOR OU COMANDANTE, temos na décima primeira o PORTA-VOZ e na décima segunda o SALVADOR.

QUANDO O SOL CAI NA DÉCIMA SEGUNDA CASA, o nativo tem duas considerações a seguir. Deve resolver ou reconhecer os valores definitivos sobre os quais todas as coisas repousam. Isso inclui fazer julgamentos sobre os seus camaradas, mas esses nem sempre precisam ser informados disso. E o nativo precisa resignar-se com uma posição de isolamento nos bastidores, que são o único lugar adequado, de onde pode contribuir com essas verdades para os que necessitam delas.

A décima segunda casa é a condição de frustração, de colapso, de desesperança, de perda de fé ou de crença, de encarceramento e de desespero. Essa é uma área de trevas para os que perderam seriamente o seu caminho. É a área do julgamento final e da última avaliação das conseqüências de nossos atos. Os que se encontram na condição da décima segunda casa estão no fim da sua corda. Aí estão para encontrar uma resposta, uma solução, um restabelecimento de valores, um ajuste de perspectivas, e o COMEÇO DE UMA NOVA VIDA. Normalmente, essa área assusta a maioria das pessoas. Elas não estão dispostas a resolver seus mistérios. Mas aqueles cujo Sol cai na décima segunda casa, esses trazem finalidade, discernimento intuitivo, entendimento, compaixão e salvação para os que se encontrarem em qualquer das condições da décima segunda casa.

Sua situação é semelhante à do médico que precisa cumprir as desagradáveis obrigações médicas, ou do líder espiritual que deve ouvir as tristezas de seu rebanho. O nativo precisa obter o discernimento interior, com o qual poderá consolar esses infelizes.

Nem todas as pessoas precisam dos serviços da décima segunda casa ou caem nessa desafortunada condição. Mas para os que vez por outra precisam, os segredos da décima segunda casa são sua única salvação.

Esse é o motivo pelo qual "os guardiões desses segredos" – os que detêm o conhecimento que a décima segunda casa revela – devem ficar contentes em PERMANECER nela e permitir que os que precisam VENHAM ATÉ ELES O nativo da décima segunda casa deve abster-se de promover o seu ego no mundo cotidiano, o que pode não ser necessário para as soluções da décima segunda casa.

O RITMO DO SEU DESTINO

O ritmo do seu destino é a natureza do SIGNO que cai na casa que contém o seu Sol. Este signo não é necessariamente o mesmo signo que o do Sol. Quando não é, o Sol está sempre no signo seguinte, que aparece na casa seguinte. Por exemplo, se o nativo tem 12° de Libra na cúspide da terceira casa, 6° de Escorpião na quarta casa e o Sol a 1° de Escorpião, o Sol está na terceira casa, mas sob o signo da casa seguinte, e não sob o signo da cúspide da terceira casa.

Qualquer planeta no signo da casa seguinte (não no signo da casa em que o planeta cai) mostra uma condição inerente de decepção ou lamentação, da natureza do planeta ao qual se referem os assuntos da casa seguinte.

No exemplo acima, o nativo sempre mostrará desapontamento quanto às condições domiciliares da sua quarta casa, as quais serão, geralmente, repressoras, por causa do insuficiente reconhecimento de seu ego (Sol) pelas pessoas ou condições de sua família da quarta casa.

As qualificações do "ritmo" do destino que se seguem devem ser acrescentadas às características do destino (acima).

SE O SOL ESTÁ EM ÁRIES, a contribuição principal do nativo, ao enfrentar o desafio representado por seu destino, é o modo pelo qual ele manifesta a sua individualidade e a força de sua personalidade quanto ao problema. Se o regente planetário, Marte, estiver na:

Primeira casa: todas as forças agressivas e competitivas que o ego do nativo usará para impor-se aos outros são imperativas, a fim de assegurar-lhe um apoio.

Segunda casa: o nativo precisa ganhar dinheiro de forma agressiva para financiar seus projetos originais.

Terceira casa: o nativo precisa ser convincente no pensamento e na comunicação para impor o seu ego no mercado.

Quarta casa: o nativo precisa, de quando em quando, esforçar-se em usar novos métodos de ação agressiva. Ao mesmo tempo, ele é compelido a resistir ao domínio parental, que em seu caso é muitíssimo enganoso. Também precisa estar bem preparado para defender o que quer que tente fazer que seja contrário a alguma coisa já estabelecida.

Quinta casa: o nativo precisa estar preparado para aproveitar as oportunidades, a fim de realizar seus projetos.

Sexta casa: o nativo precisa passar por um período de aprendizado e de serviço antes de formular os seus próprios conceitos.

Sétima casa: o nativo precisa solicitar ativamente a cooperação dos outros, mesmo que estes inicialmente oponham alguma resistência.

Oitava casa: a sexualidade muitas vezes é uma abertura para o alcance dos objetivos do nativo, ou para que os programas abandonados pelos outros possam ser restaurados e deixados em ordem.

Nona casa: o nativo precisa fazer contatos com o estrangeiro, viajar e expandir sua educação formal e suas capacidades intelectuais.

Décima casa: o nativo precisa ser agressivamente competitivo com os hierarquicamente superiores, mesmo que haja luta.

Décima primeira casa: o nativo precisa argumentar com o grupo, ou com os seus amigos, antes de saber em que pé está. A oposição de amigos é muito mais útil do que danosa.

Décima segunda casa: o nativo precisa ficar por trás das cenas e experimentar o verdadeiro sofrimento do desespero e do colapso, antes que possa compreender toda a importância de sua missão. Ele pode aprender muito com as falhas dos outros.

SE O SOL ESTÁ EM TOURO, o nativo precisa prestar atenção à estrutura financeira em todos os seus planos, além de manter tudo em ordem no setor das finanças. Se o regente planetário, Vênus, está na:

Primeira casa: o nativo pode criar ou inventar modos de obter apoio financeiro.

Segunda casa: o dinheiro surge de forma rápida e, se bem cuidado, estará sempre disponível.

Terceira casa: a fonte de apoio financeiro sempre virá por meio da escrita ou da comunicação de notícias e considerações.

Quarta casa: o nativo precisa procurar por um talento em sua formação ou herança com vistas a explorá-lo para obter lucro.

Quinta casa: o dinheiro poderá surgir através de esforços criativos, do mundo do entretenimento, da propaganda e da especulação.

Sexta casa: o nativo precisa trabalhar ou aplicar-se num serviço subordinado a fim de financiar os seus projetos.

Sétima casa: o dinheiro deve ser fornecido por terceiros que confiam no nativo e querem ajudá-lo.

Oitava casa: o nativo pode herdar dinheiro ou descobrir algum valor em bens imóveis.

Nona casa: o nativo pode ter de distanciar-se do lar, ou de lidar com objetos de origem estrangeira, ou de publicar alguma coisa que lhe renda dinheiro.

Décima casa: pessoas de projeção estão dispostas a apoiar o nativo, se este lhes conquistar as boas graças.

Décima primeira casa: retaguarda financeira deve estar disponível através de amigos ou de grupos que compartilhem das aspirações do nativo.

Décima segunda casa: o dinheiro deve provir da pesquisa ou de algum patrocinador oculto por trás da cena; ou deve chegar às mãos do nativo através de algum caminho tortuoso, não pretendido originalmente.

SE O SOL ESTÁ EM GÊMEOS, as soluções do geminiano na vida serão amplamente de natureza mental, exigindo atitudes expressivas que vendam aos outros, ou que os persuadam através da escrita, da palavra ou da comunicação arrebatadora. Se o planeta regente, Mercúrio, está na:

Primeira casa: o nativo tem um talento enfático para executar todas essas funções com uma individualidade que é original para ele mesmo.

Segunda casa: esses serviços podem ser comprados, ou por si mesmos produzirão bons lucros financeiros.

Terceira casa: o nativo precisa pôr-se em contato com os outros, como num mercado, o que proporciona absoluta liberdade de circulação para todos os tipos de opiniões. O nativo precisa obter as sementes do pensamento através do intercâmbio de idéias.

Quarta casa: o nativo precisa extrair as respostas de dentro de seus pensamentos subjetivos. Seus pais e seus pensamentos representam o mesmo apoio e orientação.

Quinta casa: o nativo terá muito a ganhar observando os filhos e as suas brincadeiras. Esta posição é um tanto semelhante a não saber o que se vai criar com palavras, até que já se tenha feito isso. É bom deixar a imaginação à solta e livre.

Sexta casa: o nativo precisa de ordem, disciplina e de ter intenção séria quanto aos seus propósitos.

Sétima casa: o nativo precisa procurar os outros para obter encorajamento e inspiração para as suas idéias. O nativo fará melhor em desenvolver as idéias alheias.

Oitava casa: o nativo precisa estar preparado para muitas mudanças profundas em seu modo de pensar e para esperar uma certa porção de reações violentas ao que tentar expressar.

Nona casa: o nativo necessita de educação superior e de familiarizar-se com as idéias expressas por muitas outras pessoas sobre o mesmo assunto. Distanciar-se dos contatos familiares ajuda.

Décima casa: o nativo deve procurar uma autoridade mais elevada e estar disposto a sentar-se aos pés de alguém até que obtenha para si mesmo a marca da autoridade.

Décima primeira casa: é preciso procurar outros que compartilhem de suas opiniões e atuar num esforço cooperativo.

Décima segunda casa: o nativo precisa buscar seu próprio conselho interior e efetuar cuidadosamente sua própria pesquisa, o que pode levar a muitas frustrações e retrocessos, até que acerte as coisas.

SE O SOL ESTÁ EM CÂNCER, o nativo terá talento natural para saber como obter o que quer, bem como bom senso quanto à sincronização para aproximar-se no momento exato. Precisa, entretanto, experimentar uma boa dose de tensão emocional e atingir certa maturidade antes de poder utilizar a sua sensibilidade da maneira correta. Geralmente as coisas dão certo, se o canceriano for bastante paciente e esperar a hora certa. Se o planeta regente, a Lua, está na:

Primeira casa: o nativo tem talentos notáveis para atrair a atenção pública e fazer um grande espetáculo de tudo o que faz. Isso atrai apoio e simpatia para si.

Segunda casa: o nativo terá muitas mudanças de fortuna, mas saberá, de alguma forma, como recuperar-se e financiar novamente as coisas. Os rendimentos provêm do público, que apóia o nativo quando este estiver se concentrando de forma construtiva.

Terceira casa: o nativo tem talentos de expressão e comunicação e parece sentir exatamente o que o público quer naquele exato momento. Ele tem faro para notícias quase antes ou no momento em que as coisas estão acontecendo. Ele tem público garantido para o que expressar.

Quarta casa: o nativo é muito temperamental e pensativo, o que o induz a longos períodos de relativa inatividade. Ele se fechará para se concentrar em alguma fonte subjetiva de apoio. Geralmente, encontra em si mesmo essa fonte e não tem de sair para procurar pelo que precisa. Deve ter proteção proveniente do lar e da formação, a qual desaparece quando ele vai embora.

Quinta casa: o nativo é cético e mutável no que diz respeito à própria área em que deve manter seu senso de segurança – isto é, esforços criativos para ampliar o seu ego, as coisas infantis, certos riscos e jogos, diversão e romance.

Sexta casa: o nativo se adapta com facilidade a áreas de serviço e tem simpatia maternal pelos trabalhadores e por suas condições de trabalho.

Sétima casa: o nativo recebe muita inspiração dos outros, tanto na simpatia como na rivalidade. Outras pessoas dominam as reações emocionais do nativo, as quais, por sua vez, devem ser estabilizadas a fim de que o nativo cumpra os seus propósitos. Isso sugere um companheirismo vitalício, como uma boa solução.

Oitava casa: os interesses do nativo são despertados por fatos inusitados que podem assustar algumas pessoas, mas que o inspiram. Ele pode ser o herdeiro espiritual de algumas fontes.

Nona casa: o nativo tem talentos para a publicidade e a propaganda e para explorar os pensamentos coletivos de muitas pessoas. Esta é a posição do professor inspirado.

Décima casa: o nativo tem alguma ligação importante com o público e obtém sua inspiração dessa interação de sua contribuição e de sua reação. Essa é uma posição de possível fama.

Décima primeira casa: a fonte de inspiração do nativo é feliz, sendo apoiada, de muitos lados, por pessoas que lhe desejam o bem; existe um confortador senso de estar longe de ser só. O nativo precisa descobrir um modo de se identificar com os valores de grupo, o que para ele é fácil de realizar.

Décima segunda casa: o nativo é levado ao fundo de cena da vida, a fim de lidar com os menos afortunados e com os derrotados. Emocionalmente, ele pode aceitar isso porque se sente muito mais atraído por essas pessoas do que pelas que não têm problemas. Este nativo tem muitos pensamentos tristes, subjetivos, mas pode dar muitos conselhos para os que necessitam especificamente de segurança emocional.

SE O SOL ESTÁ EM LEÃO, o nativo precisa descobrir uma posição na vida em que sua autoridade não seja questionada e ele possa representar o rei para seus súditos, ou o pai para seus filhos. O ego deve ter este tipo de autoridade elevada a fim de ter a melhor atuação; caso contrário, haverá sempre um profundo senso de ressentimento por ter de ser o segundo em comando, quando precisa ser o primeiro. Se o planeta regente, o Sol, está na:

Primeira casa: o nativo precisa desenvolver inteiramente a originalidade dinâmica e o supremo senso de autoridade, que, de imediato, é evidente em sua personalidade.

Segunda casa: o nativo precisa ter dinheiro e provas de propriedade pessoal para suportar sua autoridade. Deve ter talento para ganhar dinheiro.

Terceira casa: deve concentrar-se nos traços mentais e na oratória expressiva e persuasiva.

Quarta casa: deve desenvolver um profundo (mas autêntico) sentimento de orgulho de sua formação, que se baseia na tradição familiar e na absoluta integridade de propósito.

Quinta casa: o nativo precisa utilizar todas as oportunidades para ampliar seu ego em assuntos criativos. Deve parecer romântico, estar disposto a assumir riscos e ser compreensivo com os filhos.

Sexta casa: o nativo deve emprestar dignidade a todas as formas de trabalho e de serviço e trabalhar para tornar essas condições verdadeiras. Nobreza em todos os caminhos da vida, especialmente no mais humilde, é a tônica.

Sétima casa: o nativo precisa aprender a lidar com todos os tipos de pessoas, mesmo com as que tentem elevar-se acima dele com os seus egos. Isso é algo com que tem de conviver, e que tem de aceitar.

Oitava casa: o nativo pode ter de esperar por ocasiões especiais ou por momentos de heroísmo para mostrar seu valor. Enquanto estes não chegam deve evitar situações que possam manchar sua integridade, pois terá tendência a fazer isso. Este nativo aproveitará mais ao se concentrar em campos que as outras pessoas abandonaram por considerá-los exauridos e não mais aproveitáveis.

Nona casa: o nativo precisa considerar os pensamentos codificados dos outros, como um motivo para que possa atingir sua própria estrela. Ele deve preparar-se para percorrer uma boa distância antes de descobrir o que é certo.

Décima casa: o nativo precisa lutar por uma posição na vida, o que pode significar que terá de suplantar alguém que a ocupe antes dele.

Décima primeira casa: o nativo deve alinhar-se com grupos e atuar através deles para uma causa comum.

Décima segunda casa: o apoio definitivo do nativo provém da formação de vida – os recursos secretos que, freqüentemente, não são conhecidos ou apreciados, até que algum infortúnio os faça notados – como uma fortaleza íntima. O nativo tem de experimentar muita tristeza e resignação antes de poder aceitar a posição de "encarceramento" para o seu ego, o qual (sob Leão) está, normalmente, na linha de frente, liderando o grupo.

SE O SOL ESTÁ EM VIRGEM, o nativo é talhado para as tarefas de economia doméstica, que envolvem detalhes intermináveis e o propósito da perfeição antes que as coisas cheguem a um termo adequado. Em geral, o virginiano busca um lugar de subordinado, visto que sente que é aí que são necessários os máximos esforços de reorganização e de manutenção doméstica. Ordem é a essência de Virgem. Se o planeta regente, Mercúrio, está na:

Primeira casa: o nativo precisa criar algum ângulo que, ao mesmo tempo, promova sua própria individualidade e desperte a atenção sobre si mesmo. Há a necessidade de se destacar (como ao transcrever o mais rápido ditado do mundo) em qualquer serviço que realize, mesmo que seja em posição servil.

Segunda casa: o senso de organização detalhada do nativo deve ser usado para a fonte geral de suprimento (habitualmente, dinheiro).

Terceira casa: o nativo deve usar seu senso crítico de perfeição em técnicas jornalísticas e, mais apropriadamente, nas formas de comunicação.

Quarta casa: o nativo deve usar seu conhecimento para estabelecer conceitos de comportamento, métodos e técnicas que tendam à conservação das tradições e das normas gerais de segurança.

Quinta casa: o nativo tem um território mais livre no qual aplicar suas faculdades críticas, mas trata-se de uma área que, em geral, não é dada à análise e ao escrutínio. Talvez a censura artística, ou a pesquisa em novelas românticas, ou a pesquisa de tendências românticas na História, ou as tecnicidades da criação de filhos fossem adequados.

Sexta casa: o nativo deveria achar uma saída natural nos papéis técnicos na área de saúde, na educação e nas idéias relativas ao bem-estar, nos problemas vocacionais e nas oportunidades de emprego.

Sétima casa: o nativo deve dirigir suas observações críticas para os relacionamentos com os outros – suas razões para cooperação ou discórdia. Também são de interesse todos os caminhos nos quais as pessoas podem relacionar-se com as outras e as causas de divórcio e separação, bem como todas as contendas legais.

Oitava casa: há muita curiosidade mental e criticismo aperfeiçoador voltado para os problemas relacionados com o fato de se enfrentarem situações críticas, a morte e suas implicações, métodos de rejuvenescimento e ajustamento às completas mudanças de circunstâncias na meia-idade, etc.

Nona casa: seria natural a aplicação à lei em todos os seus detalhes. Qualquer campo de educação superior que envolva organização e detalhamento técnico seria indicado.

Décima casa: o nativo tem um interesse natural e científico em analisar os fatores do sucesso, de como liderar e adaptar-se às exigências da administração, ou do exercício executivo da autoridade.

Décima primeira casa: o nativo tem um interesse natural e científico em todos os tipos de propaganda que reúnam os ideais e as aspirações inspiradas de muitos espíritos afins. O nativo está apto a ser altamente crítico dos pensamentos de seus amigos, a menos que sejam precisos e detalhados. Geralmente, não costumamos exigir isso de nossos amigos.

Décima segunda casa: as faculdades críticas são dirigidas no sentido de aliviar as condições gerais dos membros desafortunados da sociedade em confinamento institucional. Também existe o interesse em pesquisar as motivações subconscientes que as pessoas têm e as razões para a sua queda.

SE O SOL ESTÁ EM LIBRA, o nativo tem a faculdade de reunir os outros com o propósito de resolver dificuldades ou de restaurar a colaboração e a harmonia, ou apenas levando um lado a ver com justiça o ponto de vista do outro lado. Libra age como mediador, apreciando primeiro um lado, depois o outro, sem devotar-se exclusivamente a nenhum dos dois. O objetivo é nivelar alguma coisa que pareça estar fora de ordem ou desequilibrada. Para Libra, o aspecto social do problema está sempre presente; por isso prefere abordá-lo em conjunto. Se o planeta regente, Vênus, está na:

Primeira casa: o nativo precisa desenvolver a própria personalidade de forma a atrair ambos os lados para a sua causa, antes de deixá-los atuar um sobre o outro. Este nativo será muito atraente tanto no físico como na personalidade, e a maioria das pessoas se sentirá honrada apenas por estar perto dele. Este é o modelo de uma pessoa adorável, ou amável.

Segunda casa: o nativo, tem, habitualmente meios financeiros à disposição para suprir a maior parte de suas exigências de conforto. Há a possibilidade de ganhar dinheiro com coisas que embelezem ou melhorem o quadro.

Terceira casa: o nativo seduz e convence ao encontrar e lidar com pessoas que tenham pontos de vista diferentes. Há facilidade de expressão e, provavelmente, talento musical. O nativo está em contato com muitas pessoas – como acontece no mercado, nas firmas, ou lidando com fregueses ou clientes.

Quarta casa: o nativo se sai melhor nos assuntos relacionados com o lar: sua melhoria, seu aperfeiçoamento, embelezamento ou o ajustamento de problemas. O nativo tanto se adapta aos antigos como aos novos padrões. Sente-se emocionalmente seguro, de forma natural; portanto, está apto a transmitir essa idéia aos outros.

Quinta casa: há talento para o entretenimento, para atuar nas artes; o relacionamento com os filhos é agradável, bem como a educação primária, as gratificações românticas; há bastante sorte em jogos de azar.

Sexta casa: existe interesse e habilidade para tornar o ambiente de trabalho agradável, atraente e cômodo. Há um toque afortunado no lidar com pessoas doentes (excelente para a enfermagem), nas práticas da cura; a mente do nativo está aberta para idéias adiantadas sobre saúde, educação e bem-estar.

Sétima casa: o nativo é capaz de ser bem-sucedido ao lidar com todos os tipos de pessoas, pois parece agradar a todos e não ofende ninguém. Esse é o modelo do pacifista ideal, que sempre é justo e imparcial. O nativo ampara os outros e, se necessário, sacrifica-se no interesse da colaboração.

Oitava casa: o nativo tem o talento de dar aos outros um empurrão rejuvenescedor, através da exibição de sua natureza afetiva. Subjacente ao seu encanto, há certa insinuação de natureza sexual, que é agradável para os que têm essa predisposição. O charme libriano, nesse caso, é mais desapegado e clinicamente objetivo no trato com os outros. Este é um bom exemplo para campos difíceis de serviço, que requeiram uma boa quantidade de fortaleza moral e de coragem em épocas de crise.

Nona casa: a dedicação está voltada mais para os princípios do que para questões práticas. Há amor às pessoas, aos pais, a Deus, a princípios. Tudo isso resulta num leve arrefecimento dos sentimentos mais pessoais do libriano.

Décima casa: o libriano está de olho na oportunidade, ou tem preferência em preocupar-se apenas com pessoas em posição de destaque, cuja autoridade e respeito valham a pena ser cultivadas. Razões de ordem material e de posição social entram em consideração nos sentimentos de afeição.

Décima primeira casa: o nativo é muito sociável e está bem qualificado para qualquer tipo de participação, na qual todos se sintam intimamente unidos por uma simpatia amigável. Certos políticos pertencem a essa categoria. Eles talvez sejam um tanto ingênuos na idéia que fazem sobre até que ponto realmente representam essa parte feliz, construtivamente orientada da sociedade.

Décima segunda casa: aí pode haver dedicação verdadeira na ajuda aos oprimidos em hospitais, prisões e em todas as instituições que cuidam dos infelizes. Sua consciência transparece muito mais nos atos de gentileza e nos cuidados amorosos do que nos procedimentos ásperos ou nas rejeições insensíveis.

SE O SOL ESTÁ EM ESCORPIÃO, o nativo tem certas características que o separam dos outros. Essas diferenças podem não ser aparentes na superfície, mas o nativo tende a afastar-se por si mesmo e, de certa forma, a isolar-se da multidão, embora não possa exprimir nenhum motivo especial para agir assim. Os escorpianos fazem as coisas de modo diferente quanto à maioria dos assuntos. Um motivo para isto é que estão estranhamente conscientes da natureza temporal de todas as coisas – de que nada é permanente e que o momento de mudança ou da necessidade de total inversão pode ocorrer a qualquer instante. Algumas vezes isto lhes proporciona um peculiar senso de humor, na medida em que riem de todos os outros. Os escorpianos têm a predisposição de ser improdutivos até que apareça uma emergência. Nesse caso, podem ser extremamente úteis e caridosos. Parecem saber o que fazer em horas de crise, como se já tivessem passado anteriormente por isso, o que pode ter ocorrido – em suas vívidas imaginações. Os escorpianos estão especialmente preparados para uma mudança completa sempre que seja necessário, até mesmo ao ponto de desistirem completamente da antiga situação. Aceitam essas emergências com grande calma e uma boa dose de curiosidade, e até mesmo com divertimento e prazer secretos. É como se os escorpianos vissem ou tivessem consciência de alguma coisa que o resto de nós não vê. Isso lhes dá uma agudeza nas situações, o que apreciam. Também lhes dá certa presunção, como se pudessem enxergar dos dois lados da parede ao mesmo tempo. Talvez, de certa forma, possam fazê-lo. Esse é um estado de espírito ideal para épocas de mudança, de tensão ou de crise. A atitude dos escorpianos é, essencialmente, a de olhar para a frente; são ávidos por mudança e progresso, mesmo às custas de antigas associações. Eles têm talento para certos atos destrutivos que, considerados de certas perspectivas, podem ser construtivos. Para eles, um bom fim justifica a forma ou os meios vis. Seja o que for que estejam fazendo, os escorpianos farão bem em guardar as coisas para si mesmos, porque o conhecimento aberto de suas ações pode provocar oposição violenta das partes que estiverem mais sujeitas a ser substituídas. Convém lembrar que o planeta Plutão, que rege Escorpião, sempre tem duas fases de ação: uma destrutiva e outra construtiva. No esquema escorpiano das coisas, sempre há um aspecto que está para ser destruído a fim de dar lugar para um novo aspecto surgir. Plutão é a força do revolucionário natural, de modo que esses elementos estão presentes quando o destino do nativo está sob Escorpião, energizado por Plutão. Se o planeta regente está na:

Primeira casa: o nativo inventa formas próprias de revolução e é muito provável que seja considerado com suspeita pelo público. Obviamente, parece agir ou age como um perturbador ou terrorista, um provocador, um agitador das massas ou um profissional inconformado. Essa posição de Escorpião não guarda o sigilo que, via de regra, é preferível para a maioria dos projetos escorpianos.

Segunda casa: o nativo pode ter de se apropriar dos recursos financeiros de terceiros, com ou sem o conhecimento ou consentimento deles. O nativo pode estar ganhando dinheiro de modo ilegal, tirando vantagem de uma situação criada por um golpe de sorte ou por um erro. Plutão na segunda casa mostra, geralmente, duas fontes de rendimentos, das quais uma ou ambas podem ser questionáveis ou não inteiramente éticas ou ortodoxas.

Terceira casa: esta posição cria uma fonte evidente de atenção para o nativo de Escorpião, desde que sua expressão, suas explosões ou esforços de divulgação apontam todos diretamente para si mesmo como fonte. A tônica de expressão do nativo é fria, ameaçadora e controvertida.

Quarta casa: o nativo é bem capaz de mascarar suas verdadeiras intenções. Em geral, ele está profundamente ocupado em transtornar ou planejando arruinar tradições estabelecidas, as quais sente estarem no caminho do progresso. O nativo sente a necessidade de atingir as raízes essenciais das instituições e de atacar a sua formação, os seus alicerces e a sensação de falsa segurança que elas possam estar ofertando aos outros. É provável que o nativo tenha sido introduzido nesse tipo ilegal de pensamento na infância, através da influência paterna.

Quinta casa: o nativo precisa assumir grandes riscos ou jogar compulsivamente, ao tentar desenvolver seus projetos solapados. Pode haver grande extravagância nas reivindicações, a fim de chamar atenção. Isso também cria situação insatisfatória nos relacionamentos sexuais, principalmente na medida em que se referirem às noções românticas. O sexo seria algo a ser explorado pela "causa", junto com a maioria das outras coisas. As reações aos filhos, ou da parte deles, também não são satisfatórias ou convencionais.

Sexta casa: as tendências revolucionárias do nativo serão dirigidas para as condições do emprego, do serviço, do trabalho forçado e de todos os tipos de obrigações e deveres. É favorecida a participação em movimentos trabalhistas, bem como a revisão de todas as formas de obrigações devidas.

Sétima casa: é provável que o nativo esteja na linha de frente do ataque contra inimigos declarados que possam opor-se às mudanças que ele acha essenciais. Essa é uma posição de conflito declarado no qual as diferenças foram além da teoria e a meta para o ataque franco foi escolhida – uma indicação de reações violentas e dilacerantes da parte de outras pessoas e contra elas.

Oitava casa: esta seria a mais sigilosa aplicação das táticas revolucionárias do escorpiano e, portanto, desejável para Escorpião. A sexualidade é algo para ser definitivamente explorado ou usado, no caso, como um instrumento para o que quer que passe pela mente do nativo. Isso seria uma indicação segura de uma natureza muito sensual, mas também de uma natureza capaz de enaltecer os que entrassem em contacto íntimo com o nativo. Também existe a possibilidade de o nativo guardar suas tendências naturais para si mesmo – sem utilizá-las contra o público, exceto para o bem comum, quando houver necessidade nas horas de grande crise ou emergência. Então, o nativo será incansável em ajudar os outros nas suas dificuldades.

Nona casa: o senso de ataque do nativo será dirigido contra os baluartes das leis tradicionais, os códigos éticos, as filosofias fora de moda, as religiões intocáveis e coisas como essas. Em essência, o nativo dirigiria muito mais os seus esforços contra os princípios por trás das instituições do que contra os seus defensores. Este é muito mais um revolucionário intelectual do que um terrorista do tipo que agita a multidão.

Décima casa: o nativo precisa dirigir os seus esforços de demolição contra os que estão em posição elevada e que parecem dirigir o espetáculo, que o nativo acha estar fora de sintonia com a situação, ou com o que esta deveria ser. Há um marcante descontentamento com todos os símbolos de autoridade e uma resistência a todas as ordens vindas de cima. O nativo está muito sujeito a granjear uma má reputação – certamente em alguns setores, embora possa ser considerado um herói para os que lhe forem favoráveis.

Décima primeira casa: há a tendência dos nativos a serem fisicamente menos ativos contra as forças ultrapassadas da opinião pública e a prestar serviço oral e suporte moral a grupos dedicados a interesses demolidores semelhantes. Os amigos são naturalmente, muito inconformados e utilizam táticas violentas.

Décima segunda casa: o nativo prefere, definitivamente, trabalhar sob disfarce, talvez como agente de espionagem. Há muita exploração dos motivos subconscientes ou das negociações secretas dos inimigos. Os escorpianos sempre estão mais inclinados a sentir um inimigo antes de distinguir um amigo. O principal efeito de um tipo escorpiano agindo através da décima segunda casa seria o de solapar, pôr a descoberto e levantar o tapete debaixo da oposição, mais do que lutar abertamente. Da décima segunda casa, a ação tem de ser dirigida desta maneira.

SE O SOL ESTÁ EM SAGITÁRIO, a aparência é ensolarada, otimista, expansiva e franca. É como se os sagitarianos tivessem a aprovação de multidões invisíveis – uma armada inteira invencível por direito. Essa posição de retidão sempre terá de ser assumida pelos sagitarianos. Ela lhes dá a confiança de que precisam e a inabalável convicção que os torna destemidos. Algumas vezes, trata-se de uma fé ingênua e irreal em termos das necessidades da maioria presente. A retidão de um sagitariano se baseia em princípios morais que o sagitariano crê transcenderem qualquer condição corrente no sentido contrário. A essência de uma crença sagitariana é um código que é erigido a partir das contribuições de muitos indivíduos – não apenas do discernimento de uma pessoa. Dessa forma, quando devem ser feitas mudanças para uma adaptação a circunstâncias novas, UM SAGITARIANO SOZINHO NÃO SE ATREVERÁ A MUDAR O QUE MUITOS OUTROS CONSTRUÍRAM JUNTOS. O sagitariano está, definitivamente, empurrando ou vendendo um princípio que sente ser maior do que você ou do que eu. Ele não retrocederá. Ele pode afundar com o navio, mas não desistirá desta lealdade, uma vez que se identifique com os seus princípios. O temperamento sagitariano pode ser ideal em determinadas circunstâncias, mas é completamente inútil em outras. Há conforto e consolação na atitude sagitariana, mas nem sempre podemos produzir essa benignidade. O seu modo natural de ação é eliminar todas as oposições num único gesto nobre. Isso às vezes funciona, outras vezes não. Se o expansivo Júpiter, regente de Sagitário, está na:

Primeira casa: o nativo pode ser um perfeito orador. Sua personalidade e a identificação com a sua causa estão tão hermeticamente entretecidas que é difícil ver uma sem a outra. Isso pode produzir um líder brilhantemente bem-sucedido ou um promotor destinado a ter certa dose de sucesso.

Segunda casa: o nativo deve ser bem-sucedido em ganhar dinheiro e em iniciar ou criar fontes naturais de suprimento.

Terceira casa: o nativo é afortunadamente dotado na fala e na expressão.

Quarta casa: o nativo é mais lento em receber estímulos, mas dedica-se com facilidade às virtudes tradicionais, e parece bastante "correto" e bem-sucedido. Seu lar e sua vida familiar tendem a ser satisfatórios, não importa o que mais lhe possa acontecer.

Quinta casa: esta é feliz para jogos e especulações e para a geração de prole, sendo, obviamente, um sucesso nos assuntos do amor.

Sexta casa: o nativo desfruta de uma disposição vocacional feliz. Gosta do seu trabalho e este lhe dá satisfação e rendimentos.

Sétima casa: o nativo influencia bastante os outros. Muitas pessoas estão dispostas a cooperar com o nativo, mas o seu bem-estar, em geral, está nas mãos de terceiros.

Oitava casa: o nativo fica feliz em lidar com o dinheiro dos outros, agindo como representante legal de alguém que morreu. Existe grande confiança e otimismo numa época de crise, se esta sobrevier.

Nona casa: o nativo deve ter êxito em publicações, promovendo alguma forma de educação superior, e em todas as atividades da nona casa, incluindo obviamente a lei e a religião.

Décima casa: o nativo tende a ser muito honrado e gozar de reconhecimento e um lugar de alta estima, fora da média. Dependendo do tempo e do lugar, o nativo tende a estar do lado correto e na hora certa, salvando-se, dessa forma, da maior armadilha e ficando fora do alcance. Os sagitarianos tendem a ficar a salvo.

Décima primeira casa: ao que parece, o nativo recebe mais honras do que a sua posição garante. Sua popularidade com grupos pode ser difícil de analisar; no entanto, ele será popular e parecerá autenticamente bem-sucedido na maioria das coisas pelas quais se interessar. Se realmente o é, isso é outra questão; aos seus amigos parecerá que sim.

Décima segunda casa: o nativo recebe o seu prêmio em segredo, atrás de portas fechadas e com satisfações íntimas. Suas contribuições diretas serão menos notadas pela opinião geral, mas a sua influência por trás dos bastidores pode ser enorme. Seu melhor trabalho será, obviamente, estar com os menos afortunados da vida e, para isso, tem de receber sua remuneração em gratidão bem-intencionada, não em dinheiro. Suas riquezas serão muito mais espirituais do que materiais.

SE O SOL ESTÁ EM CAPRICÓRNIO, o nativo será obstinadamente persistente na luta pelo que imagina necessitar. Os capricornianos geralmente vencem mais pela persistência do que por talentos superiores. Depois que todos os corredores mais brilhantes abandonaram a corrida, os capricornianos ainda estarão dirigindo-se para a linha de chegada. O capricorniano geralmente luta por uma porção abundante de valores mundanos, que, evidentemente, são desejáveis e materialmente confortadores, O capricorniano ama as posses e se apega a elas para sempre. Se o planeta regente, Saturno, está na:

Primeira casa: o nativo é, em geral, deliberado e lento no agir ou reagir. Mas, pelo mesmo prognóstico, ele sempre está mais certo e mais seguro em suas apreciações do seu valor pessoal. Sua personalidade o qualifica bem para as tarefas que busca na vida.

Segunda casa: os melhores projetos do nativo precisam muito de financiamento próprio e de certa abundância de suprimento, coisa de materialização muito lenta. A infância do nativo pode ser passada com necessidades financeiras, mas os seus recursos tendem a melhorar na idade madura.

Terceira casa: o nativo precisa de idéias sérias e convincentes e de um estilo formal de comunicação para resolver o desafio do seu destino. Os primeiros anos são marcados por retrocessos depressivos na sua habilidade de comunicação — especialmente com os que lhe estão mais próximos em seu ambiente. Sua habilidade de formular um pensamento individual é penosamente lenta para se materializar.

Quarta casa: o nativo tem defeitos graves na sua formação familiar, o que, no início da vida, atua como uma desvantagem na obtenção do reconhecimento de que necessita tão desesperadamente. Gradativamente, ele supera essa carência com um tipo de exame geral ou de programa de auto-aperfeiçoamento a partir das bases, e é possível que resista devido à pura grandeza de seus esforços.

Quinta casa: o nativo é, por natureza, relutante em aproveitar-se das oportunidades ou em assumir os riscos ou em IMPOR A FORÇA DO SEU EGO SOBRE AS SITUAÇÕES, embora estes sejam, em última análise, os únicos meios pelos quais ele poderá cumprir os seus propósitos. Suas chances em qualquer um desses sentidos são sempre muito melhores do que presume. Por fim aprenderá isso — o caminho difícil — depois de o ter perdido por pouco em muitas situações propícias.

Sexta casa: o nativo reluta em se abaixar para pegar tachinhas ou em aprender seu ofício a partir das bases, embora este seja o único modo pelo qual pode aperfeiçoar a habilidade técnica de que necessitará mais tarde. O início da vida do nativo é extremamente dificultado pelas condições que envolvem a sua vocação, saúde ou obrigações para com os outros.

Sétima casa: o nativo reluta em comprometer-se com os outros, principalmente com as pessoas mais velhas, que são, ao mesmo tempo, as únicas que possivelmente o ajudarão a obter o que deseja na vida. No início da vida, o nativo sofre devido a experiências desagradáveis com os outros, o que deixa nele profundas cicatrizes e azeda suas atitudes concernentes ao mundo.

Oitava casa: o nativo reluta em aceitar mudanças e em fazer qualquer revisão em seus planos, depois que investiu certa quantidade de tempo e esforço neles. Ainda assim, a vida tenderá a impor-lhe essas mudanças avassaladoras e, muitas vezes, ele terá de reiniciar tudo desde o ponto de partida. Mais tarde, uma morte ou um fato extraordinário compensarão muitas das situações amargas que o nativo teve de suportar na vida.

Nona casa: o nativo reluta em aceitar as convicções e as conclusões sobre princípios a que chegaram os que o antecederam. Entretanto, é possível que chegue a admitir que aquelas têm basicamente mais em comum com as suas próprias opiniões, DESDE QUE SE TENHA APROFUNDADO UM POUCO MAIS NO ASSUNTO. Nesta posição de Saturno, há a necessidade de adquirir uma educação muito sólida, que pode exigir anos de esforço persistente. O nativo resiste especialmente às opiniões das pessoas mais velhas e instruídas, mas superará isso.

Décima casa: o nativo está convencido de que todas as forças estabelecidas da tradição estão, de início, contra ele, na sua determinação de se elevar no mundo. Algum relacionamento infeliz no início da vida com pais dominadores, habitualmente o pai, poderá retardar seriamente a determinação natural do nativo em progredir. O nativo pode levar quase a vida inteira para superar esse domínio e sentir-se confiante de que realmente está avançando na direção certa. Enquanto este pai (ou outra pessoa) viver, o nativo sempre estará sob o seu tacão, e talvez mesmo bastante tempo depois que ele se for. É possível que o nativo venha a sentir que suas ambições não são realmente tão divergentes quanto pareceram certa vez; de fato, o nativo poderá vir a considerá-las, por fim, como objetivos idênticos perseguidos por pessoas diferentes.

Décima primeira casa: inicialmente, o nativo reluta em identificar-se com grupos numa base comum, já que nenhum grupo parece especialmente ansioso em adotar ou aceitar de fato o nativo como um igual. Haverá anos de luta antes que o nativo prove para si mesmo e para os outros que, na verdade, as suas esperanças são solidárias com as dos demais, e que, na maturidade, ele está, de fato, qualificado para ser o seu porta-voz. As amizades estão mais freqüentemente sujeitas à frustração e à renúncia do que à abertura de canais inspiradores na vida do nativo. As pessoas mais idosas geralmente provarão ser mais caridosas com o nativo, embora ele possa demorar a perceber isso.

Décima segunda casa: o nativo reluta em reconhecer pessoalmente o valor dos motivos subconscientes, principalmente em sua própria vida. Ele é capaz de sofrer muitos reveses sérios e momentos de profundo desespero até que finalmente desista de algumas das superstições prediletas que adquiriu e se incline para as estruturas prosaicas dos valores permanentes. Suas preocupações mais íntimas precisam resistir ao supremo teste da executabilidade e da prova substancial. Pode ocorrer que isso só tenha lugar muito tarde na vida, quando o nativo descobrirá que desperdiçou muito tempo, seja evitando os valores reais, seja patrocinando falsos valores.

SE O SOL ESTÁ EM AQUÁRIO, o nativo é logo situado à parte da corrente principal, pela extrema independência e pelas atitudes originais que sua individualidade tanto assume como exige. Até certo ponto, esta pessoa sempre estará fora de compasso com a multidão – geralmente à sua frente. Ao mesmo tempo, o nativo se mostra muito sensível às esperanças que partilha com os outros numa base idealista. Há um senso único de irmandade e de espírito de camaradagem. Em geral as pessoas não gostam de ser lembradas dessa diferença inata. Preferem, habitualmente, acreditar que essas diferenças não aparecem, ou não se destacam, e que podem extinguir-se com as qualidades que parecem fazer com que pertençam ao grupo ou sejam aceitas como tal. Inconscientemente, os aquarianos parecem apontar, de certa maneira, a possibilidade de essas diferenças existirem entre os indivíduos e, ao mesmo tempo, fazê-las destacar-se de modo a não serem ignoradas. Na verdade, os aquarianos estão tentando investigar o único dentre os medíocres e ajudá-lo no percurso ou colocá-lo em proeminência. Entretanto, eles fazem isso dando uma atenção desastrada ao assunto, o que os faz parecerem fora do lugar, excêntricos e inconformados – mais uma vergonha do que uma bênção. Na estrutura da sociedade requer, definitivamente, mais coragem ser um individualista do que alinhar-se e acompanhar a multidão. Os aquarianos não só saem do alinhamento, mas também levam outros de inclinação semelhante junto com eles. Os aquarianos podem ajustar-se às conseqüências disso, mas outras almas sensíveis, que não sejam tão fortalecidas pelo senso aquariano de independência, subitamente se sentirão isoladas e inseguras. Infelizmente, elas culpam, muitas vezes, seus amigos aquarianos por deixá-las nessa situação embaraçosa. Conquanto os aquarianos sejam essencialmente gregários, eles são, inevitavelmente, destruidores dos laços que, ao que se presume, mantêm unidos os grupos solidários.

Como foi sugerido em outro lugar (Capítulo 3, "As Casas do Horóscopo"), talvez a função real de Aquário seja preparar os outros para um possível conflito entre o reconhecimento que a vida apresenta na décima casa e o julgamento final desse reconhecimento na décima-segunda. A insinuação de tal contraste pelos aquarianos cria nos outros uma sensação de não estarem tão certos ou seguros ou confiantes quanto aos aquarianos. Embora estes possam, em última análise, proceder direito, o mais imediato efeito que causam pode ser alterador, desconcertante e, em geral, destruidor – criando mais problemas e questões do que se importam em responder. Se os aquarianos quiserem realizar construtivamente a sua maior força – SUA CONVICÇÃO DE AGIR DE FORMA INDEPENDENTE – eles pertencerão, com certeza, ao signo mais auto-suficiente do zodíaco. Muitas vezes, eles são os mais mal entendidos e, de alguma forma, os menos apreciados. Uma vez tendo acontecido a "explosão" Aquário/Urano, a maioria das pessoas olha para o outro caminho. Muito poucos tomam conhecimento do derradeiro bem que vem dessa explosão. Ela limpa o ar, amplia nossa visão è traz novos relacionamentos e significado às nossas vidas. Como condiz com sua natureza, que muitas vezes é desconsiderada até que os fatos explodam em seu rosto, Aquário é regido pelo explosivo planeta Urano, que também pode ser chamado de o malfeitor, porque age repentinamente, sem provocação e, invariavelmente, tira tudo das bases ou muda sua direção. Algumas pessoas amam isso, outras se desgostam intensamente. Urano, o regente de Aquário, é, basicamente, uma qualidade de instabilidade que tanto é sua virtude como seu vício. Se for mantido construtivamente em exame (como é revelado pelas condições gerais do horóscopo), leva a realizações engenhosas e de destaque. Se não for condicionado de maneira favorável no horóscopo, leva a excessos entusiásticos e incontroláveis, ao desequilíbrio e à excentricidade. Se Urano está na:

Primeira casa: a excentricidade do nativo – seja qual for – aparece evidentemente na sua personalidade do dia-a-dia. Isso pode deixá-lo com dificuldades de adaptação, ou pode torná-lo inofensivo. Mas obviamente diferente, para não dizer esquisito. Em geral, o nativo não se preocupa com o que as outras pessoas pensam e continua diretamente no seu alegre caminho, fazendo exatamente o que lhe parece natural, e isso pode estar em desacordo com os moldes convencionais de comportamento. O nativo pode ter um talento unilateral que esbarra em algum tipo de genialidade. Isso também pode, ao mesmo tempo, torná-lo relativamente inadequado para um comportamento ou adaptação normais.

Segunda casa: com Urano na segunda casa, a do suprimento, é tudo menos regular ou convencional no modo ou tipo de nutrição que o nativo atrai para si mesmo. Em geral, isso pode ser considerado favorável para abastecê-lo com o mais extravagante tipo de suprimento, seja o que for que ELE NECESSITE.

Terceira casa: os padrões de pensamento do nativo e seu estilo de comunicação são os mais incomuns, para não dizer únicos. O nativo tende a ser brilhante em algumas questões, para as quais tem uma aptidão ímpar, mas as suas reações diárias deixam muito a desejar.

Quarta casa: essa não é uma posição muito favorável para Urano, porque introduz as características mais instáveis na natureza subjetiva do nativo, o que deve ser desenvolvido como o alicerce a partir do qual ele pode projetar os seus programas. A sensação de segurança emocional do nativo está em constante risco, mas, ao mesmo tempo, ele tende a tornar-se compreensivo às idéias mais voláteis e singularmente progressistas. Desde que a quarta casa representa o modo pelo qual O NATIVO VÊ A SI MESMO, a presença de Urano encoraja-o até mesmo a um comportamento mais exótico do que em geral parece. E isso pode gerar uma pessoa muito instável e um tanto indigna de confiança. Em última instância, na sua abordagem de certos problemas, o nativo é capaz de usar os mais engenhosos métodos na ocasião, os quais, se forem suficientemente desenvolvidos, podem levar à genialidade. Seu brilhantismo, entretanto, terá de ser perseguido por outros, pois o nativo há muito tempo terá mudado o foco de sua atenção para outros assuntos.

Quinta casa: esta posição de Urano geralmente encoraja loucas fantasias do ego e atividades e amizades extremamente inconvencionais e românticas. Já que a quinta casa, por si só, estimula atividades a grande distância e toda sorte de expansões do ego, quase tudo se pode esperar desta posição de Urano. Se Urano for forte, ele pode induzir ao brilhantismo na criatividade; se não for, induz ao tipo mais extravagante de indulgência do ego.

Sexta casa: já que esta é uma área restrita da vida, o princípio de Urano atua para auxiliar ou para resistir às mais tediosas e ofensivas formas de obrigação e servidão humanas. No todo, os resultados finais serão preponderantemente construtivos, mesmo que isso aconteça às custas daqueles que mantêm os outros sob seu domínio.

Sétima casa: para Urano, esta posição deveria ser mais construtiva, porque transfere a característica imprevisível da natureza do nativo para o efeito que os outros lhe causam. Não é tão-somente o nativo que explora as coisas, mas há reações inesperadas das outras pessoas, que o levam a pensar de forma diferente e a introduzir novos conceitos que ele não teria imaginado por si mesmo.

Oitava casa: essa casa introduz de modo natural fatos inusitados na vida do nativo, que são inesperada e explosivamente provocados por Urano. O efeito deveria ser bom, porque as conseqüências e possibilidades resultantes das mudanças drásticas são quase ilimitadas e, portanto, favorecem o crescimento e a introdução de novos pensamentos.

Nona casa: a nona casa sugere uma rígida formação ou códigos de pensamento formalizado que, de forma invariável, transcendem seu propósito e intenção originais. Neste caso, Urano é muito mais favorável à mudança de condições do que esses princípios DEVERIAM refletir. Geralmente, esse é um foco excelente para o vislumbre uraniano de discernimento e abertura de visão. Os rituais da nona casa não apreciarão isso, mas de que outro modo as instituições se ajustariam aos propósitos que as originaram?

Décima casa: aqui Urano sugere condições sobre as quais o nativo geralmente tem pouco ou nenhum controle. Seus rompimentos ou a oportunidade para reconhecimento parecem repousar na mais improvável corrente de fatos que, com maior freqüência, parecem agir contra o nativo, em vez de favorecê-lo. O juízo generalizado dos outros é mais exatamente uma coisa resolvida – não aplicada de forma casual. Portanto, ficar zangado ou realinhar-se com ele (especialmente a favor do nativo) depende de uma das mais inesperadas séries de acontecimentos, assim como uma intervenção da sorte ou do próprio destino. Isso pode ocorrer quando o nativo menos esperar e pelas razões erradas. A solução é AGIR DE MODO INDEPENDENTE e, quando ocorrer a ruína, lembrar-se de que A UM CAVALO DADO NÃO SE OLHAM OS DENTES. Um exemplo disso seria o caso de um escritor que escreveu muitas obras brilhantes, mas que recebe o Prêmio Nobel por algo que considera o seu pior trabalho.

Décima primeira casa: nessa casa, Urano, de modo geral, não pode causar muito dano. A situação que vai construtivamente pelos ares tende a ser a filiação do nativo a grupos com os quais aparentemente não se identifica de maneira real.

Isso, em geral, pode romper amizades, mas é evidentemente benéfico à própria sensação de crescimento do nativo e de ter um destino singular.

Décima segunda casa: ao que parece, o nativo deve preocupar-se conscientemente com a condição dos menos afortunados na vida e que, de repente, são atirados numa situação que exige que usem todas as suas forças. Parece que o nativo tem alguma abordagem única para tais problemas, especialmente quando chega ao fundo dos recursos íntimos, à medida que os outros requerem uma atenção imediata em tempos de desgraça, de falhas ou rejeição da sociedade.

SE O SOL ESTÁ EM PEIXES, o nativo tem tremendos recursos para encontrar uma sensação de paz, tanto dentro como fora de si mesmo, e para ajudar os outros a descobrirem isso por si mesmos. Os piscianos não vêem a vida somente como um fato material e frio, mas como o reflexo de um ideal do qual a manifestação física é apenas uma pobre imitação. Para os piscianos, os secretos princípios eternos são a realidade, e a forma exterior, apenas uma concha. No total, essa concepção de vida é contrária à da maioria das pessoas, que consideram a forma exterior como uma realidade e a luz interior como irreal e, às vezes, uma ilusão enganosa. Essa diferença de perspectiva e de alinhamento de valores coloca o tipo pisciano num comprimento de onda muito diferente do da pessoa mediana, o que, de forma alguma, incomoda os nativos de Peixes. Os piscianos são, de modo geral, seguros e autoconfiantes quanto às suas crenças e é raro que tenham de questioná-las. Sua preocupação na vida é encontrar uma posição segura, tranqüila, protegida e relativamente obscura, onde possam manter seus hábitos e expandir sua consciência interior. No todo, A VIDA VEM ATÉ ELES QUANDO NECESSITA DELES. Para os piscianos, é essencialmente insatisfatório sair ativamente pelo mundo à procura de qualquer tipo de posição que os coloque na linha de frente do combate. Algumas vezes, devido a outros fatores em seu modo de ser, que os impelem contra sua melhor natureza, essa obscuridade é dura de aceitar. Idealmente, os piscianos pretendem permanecer no fundo da cena, reservando as reações necessárias para ocasiões em que todas as considerações materiais parecem falhar e nas quais uma salvação espiritual parece ser a única solução possível. Nem todos os tipos do signo de Peixes são tão espiritualistas como se afirma. Alguns (como na publicidade e na promoção de vendas) ficam satisfeitos exatamente em apresentar um sonho brilhante e deixar os outros fazerem com ele o que quiserem. . . Os piscianos nunca tentam impor as suas convicções aos outros, mas estão sempre prontos a compartilhar os seus pontos de vista com quem os procurar. Para a maioria das pessoas, a abordagem dos piscianos parece estranha, inatural, isolada e solitária, mas eles sempre estão confortados pelo seu conhecimento interior, que proporciona uma "expansão para o infinito", muito além das restrições impostas aos egos individuais. Talvez a função principal, para um pisciano, seja a de salvar a essência do passado e, de alguma forma, refleti-la no futuro. Uma vez que os piscianos lidam melhor com ABSTRAÇÕES, os outros podem não entender ou apreciar logo a sua verdadeira contribuição. VALORES e ESTRUTURAS DE VALOR são fatores-chave ao redor dos quais os piscianos levam a vida. O que eles tentam projetar são as suas descobertas, os seus melhoramentos, o seu propósito e o seu valor de salvação. Seu ambiente natural está associado a algum tipo de IMAGINAÇÃO, o que cria uma ilusão de vida e, principalmente, ainda se transforma na verdadeira realidade. A força de suas crenças é um tipo sutil de transporte em que primeiro o espírito e depois a pessoa inteira é arrebatada hipnoticamente. No final, o espírito ou a luz orientadora é tudo o que importa. A maioria das pessoas não capta logo esta mensagem. Suas consciências precisam absorver muito lentamente essa "maravilha". Ela brinca com as emoções mais elevadas e com os sentimentos mais aprimorados. A carreira artística – dessas que tecem sonhos, distribuem encantamento e elevam o espírito, liberando de todas as considerações mundanas – é a carreira indicada para os piscianos. Habitualmente, o trabalho dos piscianos é talhado para eles; o destino os conduz até ele. Seu problema na vida é abrir os olhos e aceitar o que o destino lhes proporcionou. A chave que abre o entendimento dos piscianos está com o ilusório e misterioso Netuno, antigo deus do mar, cuja presença apenas é sentida ou sugerida – nunca vista ou evidenciada. Para os que acreditarem, o poder de Netuno de liderar pode ser mais persuasivo do que todas as outras forças planetárias do universo. Se Netuno está na:

Primeira casa: o nativo tem estranhos poderes que aparecem na sua personalidade, sugerindo um tipo divino de inspiração. Esses poderes devem ser conscientemente purificados a fim de que não sejam usados para desencaminhar os outros ou fraudá-los de alguma forma. É comum que esses poderes sejam dados ao nativo para que este os use para SI MESMO, a fim de ver e sentir as realidades de uma forma mais clara. Eles não são destinados a lançar encantamentos sobre os outros ou a desencaminhá-los de alguma forma.

Segunda casa: o nativo tem poderes criativos de assegurar suas próprias fontes de abastecimento. Tem certo talento especial que pode evidenciar-se como a lâmpada de Aladim, ao providenciar recursos para propósitos que valem a pena.

Terceira casa: por meio da fala e da comunicação, o nativo é capaz de criar, na mente das outras pessoas, uma condição que as encoraja a ver a vida da maneira como o pisciano acha que ela é. O nativo inspira os outros com sua expressão.

Quarta casa: o nativo é muito subjetivo no usar os seus ideais como modo de vida. Sua tendência é cavar cada vez mais fundo em seu modo de ser, em vez de tentar projetar-se para fora ou influenciar de alguma maneira as outras pessoas. O nativo tem muito a dar de natureza inspiracional, mas isso precisa ser extraído dele e está disponível apenas para os poucos escolhidos que, por alguma razão, são levados até a soleira da sua porta privativa.

Quinta casa: o nativo é mais mundano e emprega um toque mais leve ao sugerir valores que estão além das aparências. Sempre há risos, entretenimento e alegria envolvidos na maneira pela qual o nativo usa os seus poderes inspiracionais.

Sexta casa: o nativo se sente naturalmente atraído para campos de serviço e para ajudar nas condições opressivas de trabalho, de saúde e em outros assuntos rotineiros da vida diária.

Sétima casa: o nativo não tira seu poder inspiracional de si mesmo, preferindo porém o extraído dos outros. Isso o ajuda a divulgá-lo.

Oitava casa: o nativo possui uma sorte inusitada para entrar e sair de situações extraordinárias que poderiam ameaçar a maioria das pessoas. Ele parece, de certa forma, ser divinamente protegido e não teme a morte ou o que existe além dela. Na verdade, é fascinado por esses assuntos. Esse padrão sugere certos poderes secretos que, entre outras coisas, podem capacitar o pisciano a sentir que durante certos estados de consciência alguma parte dele deixa o corpo e viaja por aí. Isso é chamado de projeção astral e é estudado pelos parapsicólogos.

Nona casa: o nativo tem crenças, práticas e rituais estranhos, que considera como um tipo de religião. Ele pode sentir isso como a projeção de alguma coisa do passado que atualmente tem valor para si. A mente superior está em contato com crenças que não são partilhadas pelas outras pessoas do cenário contemporâneo; há certa tendência para a autodecepção. Na nona casa, Netuno não está bem posicionado, porque essa é uma área da mente superior ou coletiva; e, desde que Netuno é mais um tipo de convicção emocional do nível pessoal (até mesmo do assim chamado foco espiritual), ele tende a distorcer a racionalidade do pensamento formalizado em favor da projeção fantasiosa ou de ilusões enganosas.

Décima casa: o nativo está ciente de seus poderes espirituais e de sua habilidade para inspirar os outros de forma idealista. Isso pode levar a problemas ou à proteção da fama, dependendo da condição de Netuno, da décima casa e dos planetas relacionados com ela.

Décima primeira casa: o nativo tem amigos incomuns que o inspiram de modo idealista. Ele obtém muito apoio do fato de estar em contato com outras pessoas que têm pontos de vista e esperanças solidários aos seus. Há tendências a sofrer desilusões com os amigos, bem como a causar-lhes decepções. Há a tendência de as amizades se dissolverem e perderem a concreticidade, especialmente em épocas de carência quando assuntos de ordem prática estejam exercendo pressão

Décima segunda casa: o nativo é atraído, de forma irrevogável, aos lugares de isolamento e de solidão, onde pode ficar só com seus pensamentos e sua filosofia. Pesquisa isolada é especialmente favorecida ou algum emprego em que o nativo fique livre para expandir sua consciência do infinito.

EM GERAL, AS QUALIFICAÇÕES SEGUINTES SÃO NECESSÁRIAS QUANDO O REGENTE DA CASA É ENCONTRADO NA:

Primeira casa: o nativo precisa usar algum aspecto de sua própria personalidade a fim de chamar a atenção para essa qualidade necessária, para alçá-lo ao topo. O nativo tem em sua personalidade o talento e apenas precisa desenvolvê-lo mais.

Segunda casa: o nativo precisa de dinheiro para financiar o tipo de programa que imagina e, nesse caso, deve obtê-lo por si mesmo. O nativo possui a qualificação necessária para transformar alguma propriedade que já seja sua (indicada pelo planeta em questão) num rendimento aproveitável.

Terceira casa: o nativo precisa transformar alguma propriedade mental que tenha e usá-la efetivamente na fala e no estilo de expressão.

Quarta casa: o nativo precisa observar sua própria formação e o que herdou, para que o abasteçam com a necessária técnica e método para atacar o problema.

Visto que a quarta está em oposição direta à décima casa, ele deve estar preparado para defender o que quer que tente fazer contra algo já estabelecido.

Quinta casa: o nativo deve preparar-se para assumir riscos e aproveitar as oportunidades, em qualquer esforço por ampliar o seu ego de maneira criativa.

Sexta casa: o nativo precisa sujeitar-se às condições de trabalho e de serviço e subordinar seus prazeres às responsabilidades mais sérias.

Sétima casa: o nativo precisa subordinar-se ao controle e à influência dos outros, que são os únicos que podem liderar seu caminho.

Oitava casa: o nativo precisa geralmente esperar que aconteça algum fato extraordinário, o qual lhe possibilitará alguma coisa que, de outra forma, nunca aconteceria.

Nona casa: o nativo precisa educar-se por inteiro, de forma a tornar-se um conhecedor dos códigos, princípios e rituais que eram valorizados por seus antecessores.

Décima casa: o nativo deve adotar uma posição de autoridade quanto ao assunto, quer tenha realmente adquirido ou não esse direito da maneira habitual. Mesmo que a sua autoridade seja disputada ou contestada (como será), o nativo precisa ater-se às suas armas e agir com absoluta convicção de que tem uma prerrogativa legal para fazê-lo.

Décima primeira casa: o nativo precisa procurar associar-se com outras pessoas de idéias ou metas solidárias às suas. Quanto a isso, é melhor trabalhar com grupos do que por conta própria.

Décima segunda casa: o nativo precisa explorar seu subconsciente e desenvolver a perspectiva dos valores definitivos sobre o assunto que devem passar pelo crivo final.

Como sempre ocorre, qualquer planeta, seja qual for a sua posição, é forçado atenuar pelas forças planetárias que formam aspectos com ele em ângulos desarmônicos (conjunção, quadratura ou oposição). É também estimulado a agir por aquelas forças planetárias que formam aspectos com ele em ângulos harmônicos (sextil ou trígono). Para maiores detalhes sobre os aspectos, veja o capítulo 9.

Capítulo 5

O FOCO DE SUAS EMOÇÕES

A POSIÇÃO DA CASA DA LUA

No seu horóscopo, a Lua mostra a amplitude e o foco de suas emoções. Idealmente, a Lua, que simboliza os sentimentos, as sensibilidades, a consciência e o entendimento, deveria ser o equilíbrio magnético do Sol, o qual simboliza o poder da vontade e a força do ego. A polaridade entre essas duas forças primárias da vida assegura o equilíbrio e a perspectiva. Se o Sol e a Lua estiverem separados 45° ou mais, há alguma polaridade. Há pouca ou nenhuma polaridade quando o Sol e a Lua estão afastados menos do que 45°, até a conjunção exata (que, geralmente, é desafortunada). Se o Sol e a Lua estiverem afastados menos de 45°, isso será melhor se eles ao menos estiverem em signos diferentes, pois só isso dá algumas características diferenciadoras.

O grau de tensão emocional que o nativo pode experimentar de tempos em tempos está diretamente relacionado com a polaridade do Sol e da Lua. Aspectos de ângulos desarmônicos criam tensão (ver o capítulo 9, sobre os aspectos). Aspectos de ângulos harmônicos aliviam a tensão.

O FOCO DAS EMOÇÕES É REVELADO PELA POSIÇÃO DA CASA DA LUA. Se a Lua está na:

Primeira casa: a personalidade é nervosa, mutável, impressionável e volúvel, MAS SUPERSENSÍVEL ÀS REAÇÕES DO PÚBLICO. O nativo deve estar, de algum modo, diante do público, o que satisfaz os seus caprichos (mesmo assim, isso deixa o nativo nervoso).

Segunda casa: as fontes de rendimentos e o problema das posses constantemente chamam a atenção do nativo. Deve haver atividades proveitosas concernentes a algo que lide com o público, ou com assuntos de mulheres.

Terceira casa: a mente do nativo é impressionável, sensível, intuitiva e talentosa no que se refere a dizer o que o público quer ouvir. Isso favorece o entendimento com os clientes, os fregueses ou o fluxo de público dentro e fora de um mercado.

Quarta casa: a natureza subjetiva é ultra-sensível quanto à formação, à hereditariedade e quanto aos procedimentos ou métodos mais eficazes com os quais iniciar qualquer programa. Há muitas mudanças dentro e em volta do lar. Pode haver fama relacionada com os pais ou com alguma coisa na formação da família.

Quinta casa: o senso de criatividade é acentuado, embora haja muita incerteza quanto ao modo de utilizá-lo. Isso é desfavorável para o jogo ou as especulações financeiras, pois há demasiadas incertezas e alguma falta de habilidade para "malhar enquanto o ferro está quente". Esse padrão é favorável para a diversão e para o treinamento educacional primário dos filhos. Os sentimentos românticos causam tensão e mau humor.

Sexta casa: deveres, rotina diária e assuntos relativos à saúde causam reações nervosas e/ou desordens psicossomáticas no nativo.

Sétima casa: o nativo é supersensível às reações dos outros. Há talento para afinar-se com os pensamentos e as motivações das outras pessoas, quase antes que tenham consciência dos seus próprios pensamentos. Essa é uma posição que certamente leva o nativo a cooperar ativamente com o público, de alguma maneira.

Oitava casa: durante a maior parte do tempo, o nativo é temperamental e introspectivo e vagamente destacado. Em ocasiões de crise, ou numa emergência, ele pode ficar espantosamente calmo, frio e concentrado. Mantém o controle emocional, ao passo que os outros ficam histéricos. Essa posição é melhor para as situações incomuns da vida – não é muito favorável para a vida cotidiana. Há muitas preocupações devido à sensibilidade.

Nona casa: o nativo anseia por lugares distantes e, em geral, inatingíveis. O que quer que estes nativos sejam ou tenham, emocionalmente desejam outra coisa qualquer. Existem leves tendências intelectuais, mas estas raramente são exploradas a fundo. Há muitas mudanças nas idéias, princípios e filiações.

Décima casa: para o sucesso perante o público, esta é a mais favorável das posições, assim como quando há uma espécie de celebridade. Mas essa posição pode ter seus altos e baixos – na moda e fora de moda. A vista do público torna o nativo nervoso e tenso, mas ele o procura, seja como for.

Décima primeira casa: essa é uma posição muito favorável para a Lua tornar o nativo compreensivo e simpático a todos os interesses da comunidade, ou aos valores de grupo. Há bastante espírito público e avidez de juntar-se aos outros de sentimentos semelhantes a fim de manifestar idéias. Isso favorece a política e o tornar-se um representante do povo.

Décima segunda casa: o nativo se entristece emocionalmente com a dureza da vida e as injustiças impostas com freqüência aos menos afortunados. Há muita preocupação filosófica com os valores e respostas que possam resolver os problemas ou assistir os que têm problemas. As emoções são intensificadas de modo profundo com uma razão subconsciente e o propósito íntimo por trás das coisas. Na superfície, este nativo habitualmente é difícil de ser atingido em termos emocionais. Ele é consciente demais do aspecto mais profundo da vida para perder tempo com superficialidades.

A LUA EM ÁRIES: as emoções são masculinizadas e tornadas potentes e agressivas. Os sentimentos competem com o ego e querem dominar as motivações. O nativo sente com o seu ego.

A LUA EM TOURO: as emoções são atraídas pelas posses materiais e os confortos e a satisfação que advêm da riqueza material. As emoções são mundanas e práticas.

A LUA EM GÊMEOS: as emoções são leves, adaptáveis e atraídas pelo estímulo mental. Há certa superficialidade, que requer mais a variedade e a eficiência do que a duração e a profundidade de sentimento. O nativo sente com a sua mente.

A LUA EM CÂNCER: as emoções se tornam protetoras, melancólicas e possessivas. Os nativos são supersensíveis a qualquer coisa que ameace o seu lar, a sua família ou a sua segurança pessoal. Via de regra, eles não vêem de forma clara esses assuntos, porque os seus sentimentos os impedem de fazê-lo. Entretanto, ao se concentrarem em assuntos que não envolvem a sua segurança pessoal, têm grande sensibilidade quanto às questões que afetam as pessoas como um todo. Esse é o modelo da "mãe universal" que, ao mesmo tempo, é superprotetora com os seus.

A LUA EM LEÃO: as emoções são descuidadas, alegres, amplas e os nativos buscam o prazer com ousadia. Leão empresta nobreza às emoções, mas também torna difícil retroceder ou conciliar, o que seriam qualidades naturais da Lua. O nativo é emocionalmente muito apegado a qualquer coisa que lhe pertença ou que se reflita pessoalmente no seu ego, o que motiva uma carência de objetividade e um ponto cego em sua perspectiva emocional. Ao mesmo tempo, é improvável que, ao nível emocional, o nativo compreenda alguma coisa ou alguém que não contribua de forma direta para o engrandecimento do seu próprio ego. As emoções são autocentradas e um tanto pomposas.

A LUA EM VIRGEM: as emoções são frias, deliberadas, detalhadas, objetivas e analíticas. Sob muitos aspectos, são exatamente o contrário daquelas da Lua em Leão. A despeito de todas as qualificações enumeradas acima, não se pode considerar que o nativo aproveite menos a sua vida emocional, mas as outras pessoas podem achá-lo, do ponto de vista emocional, "um peixe estranho". Há certa tendência de o nativo tornar-se tão envolvido na análise de suas próprias reações emocionais que chegue a perder contato com o objeto emocional em si mesmo. Analisar as reações torna-se mais importante do que a própria reação.

A LUA EM LIBRA: as emoções são salientes, avaliadoras, contestadoras e auto-equilibradas. Com Libra, as emoções se fecham quando sentem que não há troca justa. As emoções librianas nunca desperdiçam um miligrama de sentimento que não seja retribuído pelos outros. Por outro lado, os librianos serão, mais provavelmente, os primeiros a reagir aos outros, ao nível emocional; entretanto voltam-se rapidamente para outra pessoa quando não são correspondidos em espírito. Embora as emoções librianas não sejam tão superficiais como em Gêmeos, elas não são muito mais profundas, além de serem um tanto menos penetrantes do que as dos outros signos. O encanto, a sociabilidade e o talento para atrair são mais importantes do que as outras considerações. As emoções librianas tendem a apreciar o que as obsequia ou o que reflete sua própria sedução.

A LUA EM ESCORPIÃO: as emoções são dissimuladas, intensas, penetrantes, objetivamente desapegadas e profundamente sensuais. Em Escorpião, as emoções são quase sempre o contrário do que aquelas em Libra. O escorpiano está menos interessado nas atrações superficiais e altamente amarrado às potencialidades existentes sob a superfície. Com bastante freqüência, quanto mais profundas estiverem e quanto mais for preciso cavar, tanto mais atraentes elas lhe parecerão. Os escorpianos gostam de examinar os assuntos. A natureza escorpiana é muito ciumenta e não tolerará qualquer tipo de competição. Os escorpianos, assim como o próprio escorpião, podem destruir o que não conseguirem ter para si mesmos. O envolvimento emocional com este tipo de pessoa tende a agitar todas as espécies de qualidades secretas e insuspeitadas em ambas as partes, o que acrescenta prazer, mas também pode levar ao descontrole. Qualquer qualidade da nossa natureza (isto é, qualquer força planetária) está sujeita à explosão no signo de Escorpião, pois os escorpianos descobrem outras utilidades até mesmo para as coisas mais simples. Felizmente, os objetos de afeição que os escorpianos selecionam para si mesmos tendem, em geral, a ter qualidades que podem resistir ao tratamento examinador de Escorpião. Caso contrário o escorpiano descobre isso bem cedo no jogo e troca o objeto por alguma coisa mais interessante.

A LUA EM SAGITÁRIO: as emoções são triunfantes, entusiásticas, otimistas e fortemente baseadas na fé e no enaltecimento. As emoções tendem a ser arrebatadas, no plano moral, o que muitas vezes deixa o plano físico e material perdido e sem atenção. Mais realistas, os tipos terrenos tendem a evitar o espírito sagitariano, na medida em que não se "sintonizam" com ele. As emoções sagitarianas são leais, mas inflexíveis, e são regradas ou ritualizadas. O nativo passa pelos estágios emocionais como se estivesse esquadrinhando um manual de direção, sem parecer ficar muito envolvido em qualquer das etapas. Para o sagitariano, é importante o padrão total, e não o começo, o meio ou o fim.

A LUA EM CAPRICÓRNIO: as emoções são teimosamente persistentes, sérias na tônica, reservadas na expressão e atêm-se ao que é esperado ou desejável SEGUNDO AS CIRCUNSTÂNCIAS. Outros tipos podem estar menos conscientes das circunstâncias envolvidas, sendo mais intencionais numa apresentação eficaz de si mesmos, sem o acompanhamento de folhas de balanço, formação material ou proventos futuros. Os capricornianos inclinam-se a ver o quadro inteiro com um olhar um tanto avaliador, que é consciente, numa medida considerável, das vantagens materiais sobre e acima de qualquer gratificação emocional. O nativo sempre está consciente do preço envolvido, mesmo quando se trata de emoções. Ele gosta de orçar suas emoções, porque está bem ciente de quanto pode obter neste setor. Raramente ultrapassa seu orçamento emocional.

A LUA EM AQUÁRIO: as emoções são inconvencionais, visionárias, erráticas e independentes. O nativo tende a sentir, nas situações ou nas pessoas, as qualidades que ele mesmo introduz ou enfatiza na situação. A introdução desses elementos adicionais não é inteiramente injustificada, porque ele está reagindo a algo de que tem consciência; mas a outra parte envolvida pode não estar consciente de que possui essas qualidades. Isso introduz um elemento de surpresa em todos os contatos com aquarianos. As emoções do aquariano buscam alguma coisa que seja única, que em geral exclui o ordinário e o medíocre, mas não o estranho. As emoções aquarianas tendem a ser calorosas e amigáveis, mas não especialmente íntimas, sugestivas ou penetrantes. Seu brilhantismo (tal como é) se acende momentaneamente e passa da mesma forma rápida. Evita especialmente a implicação de responsabilidades, o que tende a anular o que os aquarianos têm a oferecer de melhor.

A LUA EM PEIXES: as emoções são subconscientes, profundamente convictas, tolerantes, inspiradas, idealizadas e maduras. A qualquer qualidade planetária, sob o signo de Peixes, sempre há a adesão de uma implicação espiritual, que é sugerida, mas nunca forçada ou exigida. O idealismo dos assuntos é sempre acentuado além de qualquer praticabilidade ou mesmo executabilidade. As emoções piscianas tendem a fixar-se nos objetos mais improváveis, como se eles buscassem o menos provável candidato imaginável. Parentes e amigos protetores dos nativos que têm a Lua em Peixes muitas vezes têm motivos para sentir que o nativo está sendo propositadamente arbitrário em algumas das suas ligações emocionais. Isso não é verdade. Pode ser que o nativo veja no objeto de sua afeição alguma coisa que ninguém mais pode ver (influência de Netuno), mas não faz isso por arbitrariedade. Na realidade, é guiado e atraído para as coisas num comprimento de onda espiritual que transcende outras considerações, em especial as de ordem material. Ele é particularmente levado para os casos tristes ou rejeitados, porque pode entendê-los muito bem. Partilhar desse entendimento dá ao nativo que tem a Lua em Peixes a confirmação de uma dimensão a mais em sua vida. Sem isso, sua vida pareceria injusta ou aborrecida e vazia.

Seja onde for que a Lua caia no horóscopo (na casa), é aí que você encontrará condições instáveis e emoções confusas, que o nativo sente pelos assuntos e pessoas relacionados com essa casa. É nesse setor da vida que o nativo experimentará as mais freqüentes mudanças de atitude e de humor. O nativo pode voltar repetidas vezes a uma posição que vinha mantendo antes sobre um assunto, mas sempre há alguma incerteza que traz tensão, esforço nervoso e desajustamentos emocionais. Entretanto, é esse mesmo movimento que dá sensação de vida à matéria, e, em geral, o nativo tem uma boa porção de compreensão mais profunda do que usualmente acredita ter.

O que você desejar com a Lua, precisará da realidade do Sol para torná-lo possível. A diferença entre os dois cria o ruído da vida, a zoada da ação e reação, a vibração da realidade. É por isso que é necessário haver alguma polaridade entre o Sol e a Lua. Isso é o que, com freqüência, faz da vida uma dor de cabeça, mas evita que ela seja maçante.

Capítulo 6

A CONCEPÇÃO DA SUA PERSONALIDADE

O ASCENDENTE E SEU PLANETA REGENTE (A PRIMEIRA CASA)

A divisão de casas do mapa do horóscopo estabelece o cenário da ação. Elas identificam o foco através do qual os interesses do nativo precisam atuar.

Os signos do zodíaco que caem nessas áreas de ação descrevem as condições atmosféricas sob as quais se desenrolará a ação; eles estabelecem o ritmo e o caráter da ação; além disso, providenciam a fantasia e a máscara que o nativo usará para desenvolver seu projeto.

Desde que os signos são divisões estacionárias do espaço e as casas são seções do círculo terrestre (que gira em seu eixo), é mais correto expressar isso em termos de qual casa está caindo SOB a influência de qual signo.

Ao levantar um horóscopo, o ponto de partida que determina TODOS OS OUTROS FATORES DO HORÓSCOPO é o ponto do horizonte esquerdo no momento do nascimento. A esse ponto chamamos de ascendente (AC) ou linha da cúspide, que marca o começo da primeira casa do horóscopo.

Logo após a posição do signo solar, que identifica o impulso do ego (e a posição de sua casa, que mostra o caráter do destino), o ascendente do horóscopo aparece como a consideração mais importante. Como já foi explicado no capítulo 3, "As Casas do Horóscopo", esta é a qualidade da IMAGEM DA PERSONALIDADE QUE ATRAI TODO CONTATO INICIAL COM O NATIVO. Essa é a maneira COMO O MUNDO VÊ O NATIVO.

O ritmo ou caráter da personalidade é mostrado pelo signo do ascendente.

CONCEPÇÃO DA PERSONALIDADE COM ASCENDENTE ÁRIES: Áries no ascendente atrai todas as qualidades da individualidade ariana, juntamente com os impulsos agressivos de Marte. O nativo exibe uma personalidade rara e intransigente, que é corajosa, empreendedora, egocêntrica, irrefletida, impulsiva, apaixonada, ardente, leal e franca. O nativo também atrai e faz essas qualidades se manifestarem nas outras pessoas, uma vez que este é o tipo de signo que está na sua "fachada". Outros que estejam buscando exatamente essa abordagem nova procuram-no para dar-lhe esse tipo de encargo. Tudo o que for importante nos contatos diários assume para ele de início um estilo Áries/Marte. Isso equivale a dizer que começa com uma explosão e, em geral, acompanhado com muito entusiasmo inicial, com otimismo, pureza de intenção e certa confiança ingênua nos outros no que diz respeito ao fato de estes o acompanharem e serem tão confiáveis como ele mesmo. Se for suficientemente forte, essa atitude Áries/Marte pode passar impetuosamente o dia e trazer a vitória; mas, muitas vezes, todo o espetáculo fracassa no meio do caminho devido a alguma falha desastrosa ou inesperado equívoco. O ariano apenas pode recolher os pedaços, consertar os erros e começar tudo de novo ou levantar vôo para alguma nova aventura. Esse é Áries, o arauto da primavera, o chamado da estrada aberta, a glória da batalha. Se quiser o mais empreendedor homem de vanguarda que possa encontrar, procure um que tenha Áries no ascendente.

O planeta Marte controla e estimula Áries; portanto, procuramos a localização da casa e a condição de Marte no horóscopo. Com Marte na:

Primeira casa: o nativo põe a si próprio em movimento. Ele tem a capacidade de ligar-se e estimular-se com os próprios entusiasmos. Com efeito, esses entusiasmos são os ÚNICOS aos quais é capaz de reagir. Há certa tendência a ser excessivamente competitivo com os outros egos e a reação inicial é de lutar primeiro e perguntar depois. O nativo é extremamente enérgico e sexualmente consciente, o que em geral lhe é benéfico. Esta personalidade de Áries é muito mais capaz de derrubar as pessoas pela força de sua personalidade. Sua concentração exclusiva é: "primeiro eu, por último eu e sempre eu".

Segunda casa: a personalidade atua melhor quando dirigida aos esforços para ganhar dinheiro e obter rendimentos maiores. Essa posição é favorável ao sucesso financeiro. O nativo nunca pára de experimentar modos de ganhar dinheiro.

Terceira casa: o nativo transpõe a força de sua personalidade para algum tipo de escrita eficaz, comunicação ou pensamento descritivo. O nativo será mentalmente inquieto e se moverá constantemente pelas vizinhanças. Isso leva às aventuras, às lutas e ao exercício competitivo contra os vizinhos, irmãos e irmãs.

Quarta casa: o nativo se revolta, de certa maneira, contra a sua formação, a autoridade paterna e as condições gerais do lar. Ele mudará radicalmente seus métodos muitas vezes. Existe a tendência a desistir de um bom plano em favor de uma nova abordagem antes que a velha tenha tido tempo de provar sua validade. O nativo precisa de uma boa situação no lar, mas mudá-la-á de forma constante. Há a tendência a uma considerável indecisão e dúvida pessoal quanto à solidez de sua própria abordagem e, ao mesmo tempo, o nativo se recusa a permitir que outra pessoa tome a decisão em seu lugar. Nesse caso, a situação tende a deixar o nativo constantemente em guerra consigo mesmo no que concerne aos seus programas fundamentais. Esse é o tipo de segurança que se tem ao "pisar numa casca de banana".

Quinta casa: o nativo é criativo e produtivo por natureza, e muito romântico no namoro. Há apreciação e talento para o jogo e a especulação financeira, mas os riscos são habitualmente elevados e perigosos. Todos os romances se destinam a sessões tempestuosas e, com os filhos do nativo, há brigas que surgem devido a uma sensação de competição. A promiscuidade sexual pode ser freqüente e intensa, na medida em que as dinâmicas da individualidade do nativo são consideravelmente agravadas pela agressividade sexual.

Sexta casa: o nativo é bem mais reprimido e a ação espontânea é considerada próxima mas secundária em relação ao dever e à obrigação, embora ele possa tornar-se muito agressivo quanto às questões referentes a certas responsabilidades. O nativo tem talento para ser útil, para não dizer indispensável, no serviço aos outros. Há oportunidades dignas de monta no que se refere às aventuras sexuais no emprego e durante o período em que o nativo serve aos outros ou em que estes estejam a seu serviço. Esta posição de Marte providencia certo grau de equilíbrio ou limitação para o que, de outra forma, seria um "excesso" de temperamento ariano.

Sétima casa: a personalidade do nativo tem de ser estimulada pelos outros, pois ele não toma a iniciativa. Ele é bastante sujeito à dominação externa, na maioria dos seus negócios. Isso, em geral, é desfavorável para relações harmoniosas ou pacíficas com sócios ou em outras relações. O nativo ao mesmo tempo se inclina e resiste ao controle que os outros exercem sobre ele, ocasionando contendas e atos agressivos. No final, ele cede. Com Marte estimulando a força sexual, há certa sugestão de abusos sádicos e masoquistas. O nativo quer levar vantagem, embora possa inicialmente ter provocado a briga.

Oitava casa: a vida sexual do nativo (com os conseqüentes efeitos sobre o desenvolvimento da personalidade) tende a ser insatisfatória. A discrição da oitava casa estimula excessos ocultos de natureza sexual. O nativo é capaz de grandes feitos de coragem em tempos de crise e de catástrofe, mas se entrega exageradamente, a maior parte do tempo, a fantasias sexuais de natureza questionável. A oitava casa é uma área "sub-reptícia" e, com os impulsos sexuais naturais prejudicados dessa maneira e controlando o dinamismo da personalidade, é difícil que se movam numa direção saudável e construtiva. Em épocas de crise (seja em sua própria vida ou no geral), as exigências da situação distraem a atenção do nativo de seus problemas pessoais e a canalizam para atos construtivos de heroísmo.

Nona casa: o nativo precisa distanciar-se bastante de suas origens a fim de encontrar-se. Há a tendência a devotar-se a causas e princípios que se inclinam ao mesmo tempo para a violência e a revolta. O nativo seria naturalmente arrastado aos movimentos violentos ou às posições fortemente controvertidas — na verdade, esse é o único tipo de princípio que estimula a sua personalidade. Essa posição indica muitas viagens ao exterior e aventuras inquietantes, as quais devem ser encorajadas para extrair o melhor da personalidade do nativo.

Décima casa: o nativo é impelido a lutar pelas suas ambições e por uma posição no mundo. Também enfrentará séria competição dos que estão em posição superior à dele, até que possa forçá-los para fora da colocação que ambiciona para si mesmo. Isso é inevitável. Esse espírito de competição agressiva é música para sua personalidade. É provável que o nativo obtenha a má fama de lutar por meios escusos.

Décima primeira casa: o nativo se esforça agressivamente por defender e proteger os que partilham dos seus interesses e simpatias. O nativo esperará e exigirá ser reconhecido como líder, e então dedicará o seu espírito corajoso ao propósito comum. Mas, enquanto não obtiver essa liderança, haverá brigas e desentendimentos violentos entre os amigos que o nativo escolheu. É provável que as suas amizades sejam mais importantes para ele do que a sua família ou os objetos diretos de seu namoro. Competição física espiritualizada com amigos íntimos leva a emoções sexuais.

Décima segunda casa: o instrumento natural para a ação eficaz está bastante embaraçado por estar separado na casa da desilusão, do fracasso e dos valores subjetivos. O nativo se sente atraído por pessoas que estão temporariamente fora do serviço ativo, marginalizadas ou em algum estado de rejeição por parte da sociedade. Essa condição dos outros (que poderia ser considerada alguma espécie de doença do momento) é a própria coisa que estimula o nativo. Se a outra pessoa estivesse bem, ele não se sentiria atraído. A vida sexual é muito discreta e deve ser mantida assim, ou ofenderá os outros, que não apreciariam as circunstâncias. Infelizmente, esse nativo é, de certa forma, incapaz de fazer muito por si mesmo, mas pode heroicamente ajudar os que estão por baixo ou de fora.

A natureza agressiva de Marte está conjugada, forçada ou bloqueada pela ação de outras forças planetárias com as quais forma, respectivamente, aspectos de conjunção, quadratura ou oposição. A natureza de Marte é estimulada por qualquer força planetária em aspecto de ângulo harmônico (o sextil, ou trígono, ligeiramente mais eficaz).

Com Áries na primeira casa da personalidade (ou o modo como os outros vêem o nativo), Libra sempre está na sétima casa, a das outras pessoas que tocam a vida do nativo (como o nativo vê os outros). Isso torna a personalidade ariana extremamente suscetível a quem quer que esteja desejoso de partilhar afeições. Os librianos têm talento para embelezar o ambiente à sua volta, e a personalidade ariana é sensível a isso. Esse é um fator estabilizador para o impulso de Marte e abre o coração do ariano a QUALQUER exibição de afeição e/ou esforços confortadores da parte dos outros. A personalidade do ariano pressupõe geralmente que OS OUTROS AMARÃO OS SEUS ESFORÇOS. Desde que o tipo libriano sempre traz à baila o outro lado do quadro – virando a moeda para que o jogo seja justo – isso mantém o sistema defensivo dos arianos aceso e ativo, sempre pronto para uma argumentação, uma contestação ou a oportunidade de ganhar seu ponto. O ariano espera isso e, em geral, consegue o que quer. O tipo libriano pode, de fato, concordar na íntegra com ele, mas assume invariavelmente a posição contrária, a fim de mexer com os brios dos outros, e isso, em especial, mantém a panela ariana em ebulição.

Quando Áries está na primeira casa da personalidade, Câncer sempre está na quarta casa – como o nativo se vê – e Capricórnio sempre está na décima – como os outros julgam o nativo. Com Câncer na quarta, o nativo é cauteloso no método (assim que se organizar) e orgulhoso e protetor de sua família e sua formação. Capricórnio na décima assegura um objetivo prático e que consiste em manter valores evidentemente desejáveis, que todos os que tiverem bom senso apreciarão na maturidade de sua experiência.

Depois de considerarmos essa coincidência um tanto estranha, que ocorre apenas com a personalidade ariana (isto é, ter o outro signo cardinal sempre nas quatro casas angulares do seu horóscopo, o que coincide com a ordem natural dos signos nas casas), nota-se que a exuberância dos arianos acompanha, até certo ponto, os ciclos etários do crescimento. Isto é, a impetuosidade da juventude é logo temperada com as responsabilidades das considerações familiares (Câncer na quarta), a atração das amizades (Libra na sétima) e a praticabilidade da ambição (Capricórnio na décima). Dessa forma, a personalidade do ariano é muito pronunciada ou típica na juventude, mas é modificada e atenuada de forma rápida com a idade e a responsabilidade. A qualidade ariana da personalidade não sobrevive demasiado bem à juventude. Os fatores do envelhecimento logo tomam conta desse tipo de personalidade, até o ponto de possivelmente sufocarem a sua verdadeira natureza.

CONCEPÇÃO DA PERSONALIDADE COM ASCENDENTE TOURO: Isso dá ao nativo uma personalidade que é cuidadosa, deliberada, prática, teimosamente consistente e muito consciente de todos os valores materiais. Os taurinos têm talento para manter registros e dão excelentes vendedores ou contadores, além de se superarem em qualquer rotina de manutenção da casa. Os taurinos sempre parecem dependentes e atraem o tipo de atribuições da vida que exigem essas qualidades, quer eles se entusiasmem ou não com elas. A personalidade dos taurinos sugere pessoas cujos pés estão firmemente plantados no chão durante todo o tempo e, como é natural, eles gravitam para condições de conforto, facilidades e abundância que, ao mesmo tempo, sejam agradáveis e coloridas. Via de regra, os taurinos não apreciam mudanças demasiadas em seu ambiente. Uma vez instalados, preferem deixar as coisas como estão enquanto servirem aos propósitos práticos. Gostam muito de manter os hábitos na vida do dia-a-dia — tanto assim que preferem manter um hábito arraigado e suportá-lo a causar rupturas. Podem estar intimamente muito aborrecidos, mas tendem a deixar as condições externas como estão.

O planeta Vênus controla Touro; portanto, procuramos, no horóscopo, a localização da casa e a condição de Vênus. Naturalmente, é importante a casa em que Vênus está, porque ele é um planeta gentil e a personalidade taurina reage melhor a métodos delicados. Os taurinos não gostam da força ou de tratamentos rudes. Esses nativos são especialmente suscetíveis aos confortos, aos prazeres, à cor e à decoração. Com Vênus na:

Primeira casa: o próprio nativo tem o talento de criar um ambiente semelhante ao de Vênus. Ao passo que tem esse talento, é provável que seja menos capaz de criar esses confortos para os outros, como os librianos fariam. Habitualmente, os taurinos se detêm quando a situação está bastante confortável para eles mesmos. Vênus na primeira casa sempre dá uma certa beleza física ao nativo. Em Touro essa tende a ser uma qualidade mundana prática — o tipo conservador bem definido.

Segunda casa: o nativo é especialmente bom em dedicar a sua personalidade aos métodos de ganhar dinheiro, que, em geral, são aproveitáveis. Esse é um forte modelo de pessoa que ganha dinheiro. O propósito do lucro é prioritário na orientação da personalidade do nativo.

Terceira casa: o nativo tem graça e um encanto de expressão muito persuasivos em qualquer tipo de comunicação com as outras pessoas. Há muito gosto pela tagarelice e o nativo aprecia as novidades e os pontos de vista da vizinhança, bem como as relações sociais. Os irmãos e irmãs provavelmente exercem muita influência sobre o nativo e o seu bem-estar.

Quarta casa: há muito amor pelo lar, pela formação familiar, e o relacionamento com os pais é terno. Habitualmente, a vida familiar é feliz, e o nativo se exprime melhor ao redor do lar ou usando-o como base de operações para os seus projetos.

Quinta casa: o nativo tem talentos românticos e é muito atraente como amante ou objeto sexual. Há certa dose de sorte no jogo, na especulação, em torno dos lugares de entretenimento e em todos os propósitos de busca de prazer. O relacionamento com filhos é muito gratificante.

Sexta casa: o nativo é feliz no seu local de trabalho e nos arredores. A vocação é atraente ou surge a partir de uma atividade que cria condições profissionais atraentes. O nativo tem relacionamentos compatíveis com os superiores e com os que lhe são hierarquicamente inferiores. As condições de trabalho sempre são agradáveis.

Sétima casa: o nativo se presta a ser dominado de forma agradável pelas pessoas por quem se sente atraído e em razão da atração. Ele tem o apreciável talento de se dar bem com os outros e de criar reações afetuosas para si mesmo. Esse é um modelo feliz e afortunado para todos os tipos de relacionamentos sociais. Em essência, o nativo é controlado ou influenciado pela outra parte.

Oitava casa: o nativo atua melhor quando lida com os outros em épocas de crise ou emergência. Ele será especificamente sensível às mortes, aos problemas relacionados com a morte, ou ao lidar com a propriedade que esteja associada aos negócios do falecido. Isso também poderá incluir transações com antigüidades, desde que elas sejam os artefatos de uma sociedade extinta. O caráter afetivo do nativo sofre certa distorção devida à natureza *sub rosa* da oitava casa.

Nona casa: o nativo é apaixonadamente inclinado às viagens, aos estrangeiros, aos países do exterior e aos produtos que provierem de lá. Tudo que contrastar agudamente com as próprias origens do nativo, ou com a sua formação, ou com seu modo original de pensar lhe é estranho. A maior felicidade do nativo (E AS PERSONALIDADES DE TOURO PRECISAM SENTIR-SE FELIZES) acontece quando ele está ligado a alguma causa, lei, religião, propósito educativo ou empreendimento de publicação. É de bom alvitre o nativo distanciar-se um pouco de suas origens. Dessa forma será mais apreciado.

Décima casa: o nativo deve capitalizar a sua personalidade. Deverá encontrar um modo de vender atração (institutos de beleza), felicidade e os confortos que auxiliarem nesse sentido. O nativo será, possivelmente, reconhecido como uma beldade, ou como um embelezador. Ele também poderá tornar-se valoroso como um assessor de decoração ou um fornecedor de confortos para alguém que esteja em posição elevada, e que talvez não tenha talento ou esteja ocupado demais para fazê-lo por si mesmo. Essa posição assegura ao nativo uma boa reputação e a afeição dos demais.

Décima primeira casa: esse nativo é o organizador ideal de um grupo, ou alguém que é capaz de reunir os sonhos alheios, dando-lhes uma aplicação prática.

Essa posição oferece talento social em grande escala e um lugarzinho no coração de muitos amigos.

Décima segunda casa: a natureza afetiva se volta para os menos felizes da nossa sociedade, aos quais parecem faltar os predicados sociais que o nativo parece ter. O taurino é empurrado para o fundo de cena das questões da vida, mas essa posição desafortunada proporcionará uma felicidade mais segura. Contudo, ele pode demorar um pouco a perceber isso. É possível que a verdadeira vocação se revele somente depois de alguns retrocessos e desapontamentos profundos, o que se espera que adoce e aprofunde o caráter amoroso do nativo, em vez de endurecê-lo ou frustrá-lo.

Vênus sempre é acompanhado, forçado ou bloqueado por qualquer força planetária que forme com ele um ângulo desarmônico (conjunção, quadratura ou oposição). Vênus é estimulado por qualquer força planetária que forme aspecto de ângulo harmônico com ele (sextil ou trígono).

A personalidade taurina sempre tem Escorpião na sétima casa. Assim, a personalidade do taurino é sempre um tanto suspeitosa e cética acerca dos outros, mas a própria discrição e sugestionabilidade da natureza deles é que atrai o taurino. Touro, um signo da terra, é muito suscetível às subtonalidades sexuais de Escorpião, o qual, como é natural, faz a sexualidade do taurino manifestar-se. Já que os escorpianos deixam as outras pessoas intrigadas, isso também intriga a personalidade dos taurinos. Essas personalidades taurinas tendem a avaliar os outros pelas potencialidades secretas de sua natureza sexual. São amplamente atraídas pelos companheiros por razões sexuais, e, em geral, é impossível envolverem-se com alguém na base de uma camaradagem que não seja sexualmente atraente à sua personalidade taurina.

Devido à inclinação da Terra em certas latitudes, algumas vezes Touro tem Câncer/Capricórnio no quarto/décimo eixo, o que é inteiramente construtivo, ou Leão/Aquário, o que é menos desejável. Quanto ao método, Câncer dá talento para fazer a coisa certa no momento correto. Quanto à reputação e ao julgamento final, Capricórnio mantém a pessoa consistentemente na meta e ciente dos objetivos práticos. Quanto ao método, com Leão o padrão é bom para a originalidade e a individualidade dos esforços criativos, porém menos adaptável e um tanto mais obstinado quanto à segurança desse método próprio. Quanto à reputação, o rótulo aquariano é mais incerto. O nativo parece lutar pelo inatingível ou impopular e termina sendo um gênio para uns poucos, mas uma nulidade para a maioria das pessoas.

CONCEPÇÃO DA PERSONALIDADE COM ASCENDENTE GÊMEOS: Gêmeos no ascendente dá ao nativo facilidade e desembaraço com as palavras, com as idéias e uma habilidade generalizada para se expressar de forma eloqüente sobre uma grande variedade de assuntos. Ele atrairá a atenção com suas percepções rápidas e seu talento para comentários, tagarelice, comunicação e exercício verbal. Raras vezes esse nativo perderá a ocasião de opinar, comentar ou criticar, quer seja solicitado a fazê-lo ou não. Essa sua mais notável qualidade será o modo pelo qual poderá entrar (ou sair) de situações que paralisariam a maioria das pessoas.

O planeta mental, Mercúrio, rege Gêmeos, de modo que o nativo tem o tipo de mente que forma um espelho perfeito, ou uma reflexão das novidades e dos pontos de vista do momento. Com Mercúrio na:

Primeira casa: o nativo mostra considerável ingenuidade e originalidade no modo de expor suas opiniões. Ele é visivelmente mais brilhante que os outros tipos geminianos, os quais, entretanto, parecem todos partilhar dessa irradiação, (se apenas tiverem ligeiras noções sobre muitos assuntos). Os geminianos freqüentemente têm sido acusados de superficialidade (e não sem razão), mas com essa posição de Mercúrio há mais individualidade, raciocínio inventivo e independência em toda a expressão do nativo.

Segunda casa: o nativo emprega a sua mente ágil e a crítica na elaboração de esquemas para ganhar dinheiro, os quais podem resultar em programas que requeiram habilidade para falar depressa, nem todos eles muito seguros. Em qualquer caso, o nativo poderá obter alguma espécie de lucro com sua personalidade loquaz.

Terceira casa: os pensamentos do nativo se tornam ligeiramente mais críticos, e ele luta para criar um estilo e uma qualidade personalíssima de comunicação. Seu objetivo seria escrever no próprio interesse da escrita.

Quarta casa: os talentos que o nativo tem para escrever tornam-se subjetivos, e há muito mais análise no que se refere à formação e à hereditariedade. Essa posição não é favorável para liberdades pessoais, desde que a personalidade do nativo está sujeita ao domínio paterno e que há relutância e falta de jeito para libertar-se dos antecedentes. Nessa luta a experiência é favorecida.

Quinta casa: os esforços do nativo são muitíssimo criativos, românticos e corajosamente ousados. Seus esforços têm mérito no campo do entretenimento e em outras atividades destinadas ao prazer. O nativo é capaz de sacrificar a sua individualidade em algum empreendimento de alto risco que, apesar de ser pretensamente divertido ou criativo, pode ser de valor duvidoso.

Sexta casa: os esforços do nativo em escrever e na auto-expressão assumem um ar mais sério e dão grande ênfase ao dever, aos assuntos técnicos e à elaboração de instruções para publicações do tipo "como fazer", de assuntos relativos à saúde, de manuais de instrução para empregos e de manuais sobre as técnicas da escrita.

Sétima casa: a personalidade loquaz do nativo é dirigida aos métodos de viver em harmonia com as pessoas e de inventar esquemas para manter as pessoas unidas e minimizar quaisquer diferenças que as manteriam separadas. Essa posição é favorável para o debate e a polêmica entre oradores e para estabelecer as diferenças legais ou as opiniões controvertidas que, de outro modo, seriam irreconciliáveis. O nativo está predisposto a tender mais às opiniões das outras pessoas do que a afirmar as suas.

Oitava casa: as opiniões do nativo estão restritas a um campo muito especializado, que em geral o público não compreende. Sob muitos aspectos, os assuntos de maior interesse são aqueles considerados pontos mortos ou demasiado assustadores para discussão comum. A ficção científica, a morte ou até mesmo a pornografia, como a exploração do sexo, são assuntos da oitava casa.

Nona casa: os pensamentos são canalizados para campos mais sérios, tal como a lei, a educação superior, a religião, a filosofia, a publicidade, as viagens, a história, a promoção em si mesma, a propaganda e os mais sérios estudos literários.

Décima casa: há a possibilidade de obter fama como escritor. Certamente o nativo terá de devotar grande dose de esforço consciente à expressão criativa que trará possibilidades de reconhecimento na carreira. Na décima casa, Mercúrio pode estar em Capricórnio, Aquário ou Peixes: qualquer um deles possibilita uma abertura que pode captar uma ampla audiência. Mercúrio em Capricórnio será mais sólido e respeitável. Mercúrio em Aquário, mais livre quanto aos movimentos e mais fora de compasso. Mercúrio em Peixes fará a sugestão mais misteriosa e será mais adequado para filmes ou televisão.

Décima primeira casa: o nativo está sujeito a desperdiçar seus melhores esforços com os amigos sem capitalizar inteiramente as possibilidades da carreira. Isso é favorável para jornais caseiros e para publicações que divulguem os objetivos de grupos especiais, um campo de valores e esperanças especiais.

Décima segunda casa: há uma introspecção voltada para as razões subjetivas e subconscientes que estão por trás do que acontece às pessoas. Essa posição é favorável à pesquisa e aos experimentos técnicos que investigam as condições inusitadas e as áreas de experiência quase desconhecidas. Isso também pode incluir ficção elaborada em torno de tragédias ou das pessoas incompreendidas do mundo. Filmar, escrever para o cinema ou atuar em filmes é considerado como um assunto da décima segunda casa porque há uma imagem, máscara ou filme entre o artista e o público. Isso é tipicamente netuniano – imagem *versus* realidade.

A personalidade geminiana sempre tem Sagitário colorindo o mundo quanto à forma como Gêmeos vê as outras pessoas. Isso imprime uma esperança natural, otimismo e confiança nos demais, o que, por sua vez, tende a manter as opiniões dos geminianos saudáveis, objetivas e repletas de aplicação positiva.

Para o eixo da quarta/décima casas, a personalidade de Gêmeos oferece três possibilidades. Uma delas tem Câncer (sensibilidade pública para sincronização) quanto ao método e Capricórnio (o prático e persistentemente determinado) quanto ao julgamento – sempre uma combinação saudável e talentosa. Outra tem Leão (o autoconfiante) quanto ao método e Aquário (o progressista) como meta. A terceira possibilidade dá Virgem (criticamente cuidadoso com muitos detalhes da organização) quanto à técnica, com Peixes (o idealista) como meta.

A versatilidade mental de Mercúrio é conjugada, forçada ou bloqueada pelos três aspectos de ângulos desarmônicos com qualquer planeta (conjunção, quadratura ou oposição). O raciocínio é estimulado ou complementado por qualquer dos dois aspectos de ângulos harmônicos com outras forças planetárias (o sextil, mais fraco, ou o trígono, mais forte).

CONCEPÇÃO DA PERSONALIDADE COM ASCENDENTE CÂNCER: Com Câncer no ascendente, o nativo sempre tem talento para atrair ou influenciar o público, especialmente as mulheres e os assuntos de interesse feminino. Parece que o nativo sente o que o público deseja em qualquer momento e está preparado para satisfazer ou atender essas necessidades. Onde quer que Câncer se posicione, é aí, na verdade, que o nativo é supersensível às necessidades do público e que tem o poder de atraí-lo. Também há bastante mau humor e a qualidade de se concentrar ou de se extroverter, que é autoprotetora para os cancerianos. A sincronização, que é tão importante em tudo, é um talento natural nessa personalidade, e o nativo sabe como utilizá-la do melhor modo. O canceriano pode ser excessivamente gentil na hora de lidar com as realidades mais duras da vida.

A sensitiva e volúvel Lua rege Câncer e, à semelhança das marés do oceano, ela é muito temperamental e possui altos e baixos. A Lua exerce o controle com gentileza e revela uma influência feminina tanto ao dar como ao receber. Quando a Lua está na:

Primeira casa: o nativo é extremamente sensível, mas um tanto desequilibrado e excessivamente temperamental. Pode ser inspirado por um talento especial até um grau extraordinário, mas isso pode provar ser mais uma tendência debilitante do que uma perfeita bênção. O nativo tende a chegar a extremos de comportamento e a ser muito nervoso e, em geral, incontrolável. Quando ele está "em sintonia" pode ser capaz de influenciar grandes públicos.

Segunda casa: o nativo é extremamente sensível ao que ofereça possibilidades de obter lucro. Também é capaz de perceber de que forma os outros poderiam aumentar os seus rendimentos. Seria aconselhável que trabalhasse como conselheiro profissional nesses assuntos.

Terceira casa: o nativo é especialmente sensível a todos os tipos de trabalho de comunicação e de coleta de notícias, e mesmo à telepatia mental ou às possibilidades de sua existência. O que é enfatizado é a comunicação conjugada com a extrema sensibilidade às emoções e transferências de pensamento. A PES é uma possibilidade.

Quarta casa: a personalidade do nativo é um tanto abafada por estar submetida ao domínio paterno ou à excessiva apreciação subjetiva. Qualquer coisa que passe ou apareça entre o nativo e a recepção direta dos estímulos externos, será quase sempre indesejável. Nesse caso, a interferência é, inicialmente, das condições dentro e ao redor do lar. Mais tarde, ela provirá do próprio senso de crítica protetora do nativo.

Quinta casa: o nativo é muito extrovertido em suas emoções e fica ansioso por registrar a impressão que causa nos outros através de alguma criatividade emocional. Essa posição é muito mais a de uma semente que brota do íntimo, e à qual o público reage, do que a posição na qual o nativo recebe do público a sua inspiração ou estímulo para prosseguir.

Sexta casa: o nativo é muito responsável quanto aos deveres e obrigações e tem uma sensação de disponibilidade quanto às responsabilidades de interesse público. Através das obrigações que impõe a ele, o público geralmente modela as reações emocionais do nativo.

Sétima casa: novamente o nativo está sujeito a um filtro ou intermediário entre o estímulo externo (ou inspiração) e sua própria receptividade ou consciência. Neste caso, o nativo precisa obter seus recursos dos outros. E, nesse processo, os outros são amplamente responsáveis pelo feitio e/ou direção das reações emocionais do nativo.

Oitava casa: o nativo é consideravelmente mais livre, no curso de sua direção emocional. Os interesses são menos pessoais, sendo quase totalmente consumidos pela curiosidade que ele tem quanto às reações das outras pessoas, em especial quando sob tensão ou em épocas de condições extraordinárias. As emoções do canceriano tendem a errar para bem longe e a explorar profundezas secretas de sentimento e possibilidades de mudanças. Há uma grande sensibilidade em assuntos que são negligenciados pelos outros por considerá-los matéria morta.

Nona casa: o nativo considera-se uma ponta de lança ou agente publicitário avançado de algum código ou forma de raciocínio especial que tem, por trás de si, muita tradição ou sentido de elaboração histórica. Neste sentido, o nativo não está sozinho em suas crenças, desde que emocionalmente se apegue à tradição ou aos princípios que tenham a força da lei ou da religião. Esse é o modelo para um professor inspirado e talentoso, que seja especialmente compreensivo para dar o que o aluno de fato precise no momento.

Décima casa: novamente o nativo é sujeito ao tratamento de filtragem, que também fica evidente nas posições da Lua na quarta e na sétima casas. Desta vez, o agente controlador é quem está no comando por estar hierarquicamente acima do nativo em autoridade, o que influencia o reconhecimento ou aceitação que este receberá. Isso envolve as metas e as ambições, que tornam o nativo intuitivamente sensível às sugestões das pessoas que ele percebe que, de alguma forma, afetarão o seu rendimento. Isso requer que ele se submeta a ser controlado em suas emoções, coisa que, normalmente, não permitiria.

Décima primeira casa: a posição da décima primeira casa, envolvendo um fator que é chave ou controlador, constitui-se, geralmente, num modelo feliz e auspicioso. Entretanto, requer que o nativo busque o seu foco ou saída em associações de grupo ou juntando-se a outros de motivação solidária à dele como sendo o mais aconselhável modo de encontrar satisfação. Isso assegura associados solidários e compreensivos ao nativo. No entanto, reduz ou transfere as emoções pessoais para valores de grupo ou níveis grupais, em que seria permitida às atitudes individuais uma maior independência ou extensão de liberdade.

Décima segunda casa: o nativo está intimamente consciente da natureza profunda das coisas e do inconsciente coletivo, que cria e controla o que está publicamente "no ar" no momento. Isso pode dar-lhe uma aparência de desapego, de reserva e de um certo grau de loucura e de qualidade mística. É natural que o nativo gravite para a experiência que tiver a seu dispor quando for considerado como um consulente ou especialista. Não é aconselhável para ele colocar-se em evidência ou, de qualquer forma, assumir ou liderar diretamente a situação.

A sensível Lua é conjugada, forçada ou bloqueada em seu padrão emocional por qualquer aspecto de ângulo desarmônico que forme com outros planetas. Ela é solidariamente encorajada ou espontaneamente estimulada por qualquer aspecto de ângulo harmônico.

A concepção da personalidade canceriana sempre tem Capricórnio do lado oposto da cerca, dominando o modo pelo qual o nativo vê habitualmente o mundo. Desde que a manifestação de Capricórnio seria represssiva e limitadora, ela parece alinhar todas as forças estabelecidas contra o nativo. Este será consideravelmente mantido sob controle ou restrito e limitado quanto a qualquer sentimento de alívio ou liberdade A SER ESPERADO DOS OUTROS.

A concepção da personalidade canceriana pode ter (dependendo da inclinação da Terra nas diversas latitudes) quatro diferentes combinações de signos no eixo método/ambição ou segurança/julgamento. Pode ter Leão/Aquário (em padrão variável, nem sempre favorável), Virgem/Peixes (favorável para o serviço, mas ficando no banco de trás), Libra/Áries (uma configuração decididamente mais influente) ou Escorpião/Touro (sugerindo emoções secretas e destrutivas).

CONCEPÇÃO DA PERSONALIDADE COM ASCENDENTE LEÃO: Essa é uma indicação imediata de personalidade forte, que exige constante e compreensiva atenção em todas as ocasiões. A individualidade é tão pronunciada que não tolera qualquer competição que de alguma forma diminua ou tire o nativo do centro das atenções. O leonino é idealmente adequado a situações ou programas que exijam individualidade de esforço, mente inventiva, natureza engenhosa e espírito agressivo. A combinação de todas essas qualidades agindo em conjunto é necessária para limpar a área, levar a melhor e alcançar a cabeça de ponte. Força de vontade e crença absoluta no discernimento intuitivo, em todas as ocasiões e sob quaisquer condições, é imprescindível. Seria impossível, para não dizer trágico, aparentar timidez ou reserva, ou sentir-se, de alguma forma, indeciso. Esse nativo sente que nasceu para liderar, reger e exercer prerrogativas de comando. Qualquer coisa que se interponha entre o nativo e o Sol espalha uma sombra ou deixa cicatrizes profundas na sua eficácia de aperfeiçoar-se na honra e na distinção que ele requer.

Uma apresentação detalhada da força e do espírito do Sol todo-poderoso nas casas aparece no capítulo 4, "O Caráter do Seu Destino". Essa apresentação pode ser acompanhada tomando-se primeiro as casas do Sol, seguidas (em cada caso) por Leão no ascendente.

A natureza do Sol, mesmo que provenha do ego, vontade ou espírito do nativo, é ainda fortalecida por aquelas forças com as quais o Sol se une por aspecto. Ela é conjugada, forçada ou bloqueada pelos ângulos desarmônicos, e solidariamente favorecida pelos ângulos harmônicos. Os aspectos de ângulos desarmônicos são muito mais indicativos do caráter e do desenvolvimento da força interior do que os aspectos de ângulos harmônicos, os quais apenas estimulam, mas não suportam ou mantêm o ego em tempó de necessidade ou crise.

A concepção da personalidade leonina sempre tem Aquário colorindo o mundo exterior da forma como o nativo o vê. Neste caso, trata-se de um valor questinável, quc atua de forma esplêndida sobre bases fortes e saudáveis, mas que, por outro lado, atua desastradamente com suportes fracos ou hesitantes. A perspectiva aquariana se inclina, por si mesma, mais prontamente a um senso irreal e elaborado do mundo exterior, o qual, ao mesmo tempo, alimenta o ego individual (na personalidade) até extremos injustificáveis. A concepção da personalidade leonina leva a um glorioso florescimento do tipo tudo-ou-nada – impressionante, mas às vezes vazio.

A concepção da personalidade dos leoninos às vezes tem Virgem/Peixes (crítico e penetrante) ou Sagitário/Gêmeos (em geral, feliz e impressionante) quanto ao eixo método/ambição. Mas em latitudes temperadas na maioria das vezes tem Libra/Áries (boa) ou Escorpião/Touro (não tão boa) nesse eixo.

CONCEPÇÃO DA PERSONALIDADE COM ASCENDENTE VIRGEM: Esse nativo é perfeccionista em tudo o que assume ou empreende. Parece ser detalhista, organizado, disciplinado, objetivamente crítico e sinceramente desejoso de preencher uma necessidade ou melhorar um serviço que sinta a obrigação de fazer. A contribuição dos virginianos, tal como ela é, pode não ser exatamente o que os outros acham que querem ou precisam. Os virginianos consideram sua opinião sobre isso superior, geralmente porque a pessoa do signo de Virgem é objetiva e sabe que está fazendo o melhor que pode quanto ao assunto. O ponto crítico é fazer os outros apreciarem o real valor da contribuição virginiana, com seu senso de "detalhes perfeitos". Muitas vezes, os virginianos simplesmente acabam ficando com a parte mais difícil – isto é, ficam com todos os empregos aborrecidos e insignificantes, com os quais ninguém mais quer amolar-se. E, infelizmente, muitos virginianos aceitam essas atribuições com demasiada racionalização filosófica. . . "Ora, se tem que ser feito, posso muito bem fazê-lo pessoalmente e cuidar para que seja bem feito." É preciso ser um virginiano superior ou fortemente orientado para resistir a ser atulhado com tarefas sem interesse e para reservar o seu senso de perfeição para quando ele seja realmente necessário.

Virgem (no momento) está associado ao vacilante, reflexivo e, até certo ponto, frívolo Mercúrio. É, evidentemente, importante o modo como Mercúrio é fortificado, sob tensão, pelos aspectos fortes de ângulos desarmônicos com outras forças planetárias, além de ser agradavelmente favorecido por qualquer aspecto que tenha de ângulos harmônicos. Se Mercúrio está na:

Primeira casa: o nativo revela originalidade de raciocínio, individualidade de pensamento e dedicação de espírito ao escolher e aceitar os deveres que a vida lhe impõe. Essa é uma posição forte, acima da média, de Virgem/Mercúrio.

Segunda casa: o nativo tende a aceitar aquelas atribuições que parecem rendosas e que, provavelmente, produzirão certa fartura de "suprimento". Os interesses são pessoais e materiais.

Terceira casa: os interesses são pessoais e mentais, na medida em que o nativo se preocupa com o aperfeiçoamento de algumas técnicas especiais ligadas à comunicação, aos estilos de expressão e à coleta e divulgação de notícias e opiniões.

Quarta casa: o nativo é mais independente e construtivo quanto às atribuições que aceitará por dever, já que toda e qualquer obrigação que assumir precisa estar rigorosamente dentro dos padrões da perfeição subjetiva. Inicialmente, o seu modo de pensar é bastante influenciado pelas condições do lar e pelos exemplos dos pais, que talvez dêem margem a um inventário subjetivo e uma melhor exploração de sua formação e hereditariedade naturais. As condições do lar sempre são importantes para o nativo, e são exigidos padrões de perfeição da família e de qualquer um que, de alguma forma, entre em contato com a segurança emocional do nativo.

Quinta casa: o nativo é mais vulnerável a ser "influenciado" ou "submetido", por assim dizer, pois reage de forma automática a quase tudo que mentalmente oferecer uma extensão de sua personalidade avaliadora e crítica. Muitas vezes, isso poderá levar a riscos e especulações que podem não ser saudáveis. É bom lembrar que as personalidades virginianas tendem a concentrar-se nos detalhes e são bem capazes de ser tiradas de sua profundidade porque NÃO concentram sua atenção num padrão de referências mais amplo.

Sexta casa: esse é um padrão perfeito, adequado para o virginiano, sedento de trabalho, mas é possível que os seus deveres sejam mais rotineiros, subservientes e limitados. Conquanto seja bem qualificado para tarefas críticas, o nativo prefere desperdiçar seus melhores esforços nos detalhes de fundo e deixa que os outros organizem o curso da ação. Com Mercúrio nessa posição, os virginianos preferem esse modo de agir.

Sétima casa: este é um padrão um tanto mais forte e construtivo para a personalidade virginiana, porque os outros controlam o nativo, se interessam por ele. Talvez ele obtenha melhores atribuições do que as que escolheria ou aceitaria por si mesmo. Neste padrão, duas cabeças e dois egos são melhores, porque a personalidade virginiana se sujeita a qualquer tarefa, que talvez não valha realmente os seus melhores esforços. Crítica de aperfeiçoamento, quando altamente desenvolvida no tipo virginiano, é um talento raro e valioso demais para ser desperdiçado em empregos monótonos e servis como os dos escravos em escritórios de fundo de quintal. Passando-se o controle aos outros interessados, evita-se essa armadilha.

Oitava casa: esta posição de Mercúrio também é favorável, porque o nativo é lançado em novas oportunidades ou em situações desgastadas pela maré das circunstâncias, o que é, em geral, uma intervenção do destino. Já que a personalidade de quem nasceu em Virgem de modo geral não exerce suficientemente qualquer tipo de controle que tenha sobre a atribuição de deveres, aqui, por fim, o destino assume e estabelece o curso numa direção progressiva e conveniente. A personalidade virginiana ficará absolutamente feliz com sua nova atribuição e, na proporção de dez para um, será muito mais necessária do que naquela que escolheria por si mesma.

Nona casa: o nativo está muito mais determinado em sua direção, a qual se ajusta a um curso já estabelecido e determinado sobre os mesmos princípios dos que o antecederam. O nativo começa no ponto em que os outros pararam. Ao seguir esses princípios, eles assumem para o nativo força de lei ou religião. Esse é o modelo favorável para finalidades científicas e para a maioria das formas de educação superior, o que requer familiaridade com amplo número de fatos, imagens, medidas e APRIMORAMENTOS EXCESSIVAMENTE SUTIS.

Décima casa: as faculdades críticas do nativo se tornam o objeto das ambições conscientes. O nativo é bem mais seletivo e autodeterminado à medida que acerta as metas que seguirá e os detalhes das atribuições que irá aceitar. O curso é para a PERFEIÇÃO ABSOLUTA em todos os assuntos.

Décima primeira casa: o nativo fica um tanto indeciso entre a cruz e a caldeirinha, com uma possibilidade bem grande de terminar do lado perdedor. Objetivos de grupo são substituídos por valores individuais e o nativo alia-se aos outros no serviço que busca ministrar. Habitualmente, essa é a parte suja final da transação, porém as esperanças do nativo permanecem elevadas, apesar de fora de perspectiva.

Décima segunda casa: o nativo é orientado e influenciado pela convicção íntima, a qual, neste caso, pode servir-lhe de ponto de apoio para que deixe de ser o empregado excessivamente servil que de outra forma seria. Aqui, o padrão pode ser equiparado à capacidade do nativo de prestar ajuda, sendo o seu serviço conjugado com as forças da sina ou destino, que o empurram para uma atribuição ou o liberam dela. Isso pode ser de extrema importância de muitas formas, o que pode não ser evidente de imediato às outras pessoas. Enquanto o nativo estiver profundamente convicto, as tarefas que assumir serão adequadas para ele e, em última análise, para muitas outras pessoas que serão ajudadas. Isso só é verdadeiro porque esse modelo lhe dá discernimento espiritual sobre a questão.

A personalidade virginiana sempre tem Peixes colorindo e difundindo a perspectiva em que o nativo vê as outras pessoas. Isso predispõe à esperança eterna e a uma fé, semelhante à cristã, na bondade suprema do homem, talvez com a exclusão dos mais evidentes erros e imperfeições da humanidade. A atitude espiritual (porém algumas vezes irreal) na vida tanto tem suas virtudes como seus vícios, ao moldar a personalidade virginiana. Sua virtude consiste em permitir que os nativos de Virgem aceitem o seu quinhão na vida e se dediquem ao serviço e à ajuda generalizados, em especial nas tarefas e deveres que ninguém mais quer ou aprecia. Seu vício consiste em encorajar demais os virginianos a aceitarem tarefas rotineiras que são indignas do talento virginiano para aprimoramentos refinadamente sutis. Portanto, pelo fato de os virginianos se interessarem tanto pelas árvores a ponto de deixarem de ver a orla da floresta, não adianta evitar as armadilhas da rotina da vida olhando o mundo, geralmente, através das lentes da ilusão. Não que tudo que se refira a Peixes seja, de alguma forma, desilusão, mas é preciso ter talento para obter o melhor quando se está envolvido com o inspirador Netuno e o "caminho espiritual". Não se pode olhar o mundo inteiro por padrões espirituais. Mas é exatamente isso o que a personalidade virginiana faz. Peixes, do outro lado do eixo da personalidade virginiana, não é exatamente a qualidade que fortalece materialmente o quadro. Na verdade, é, com mais freqüência, um convite à fantasia e à evasão.

A personalidade de Virgem algumas vezes tem Sagitário/Gêmeos no eixo do método/reconhecimento, o que (segundo as circunstâncias) é um outro pé pisando na casca de banana, ou tem Escorpião/Touro, que é bem mais forte, sólido e prático. Nesse caso há mais determinação para romper a tradição do passado e enfrentar objetivos materiais que sejam sãos e produtivos.

CONCEPÇÃO DA PERSONALIDADE COM ASCENDENTE LIBRA: O nativo tem talentos sociais definidos e modos agradáveis e graciosos, que qualquer pessoa nota. Só esse fator já lhe assegura uma vida feliz e confortável – o que significa uma promessa e tanto. O nativo dá a impressão de interessar-se mais pelos outros do que por si mesmo. Isso agrada e lisonjeia as pessoas, e o nativo assegura cooperação espontânea e interesse sincero pelo seu bem-estar. As personalidades librianas são atraentes, mesmo que nem todas sejam fisicamente bonitas. Sua personalidade sempre tem alguma coisa que disfarça qualquer deficiência física porventura existente. Quase todo mundo está disposto a fechar os olhos para as suas faltas e a concentrar-se no encanto e na atração do seu caráter amigavelmente extrovertido. Os librianos são, dentre todo mundo, as pessoas perdoadas de forma mais automática.

Vênus, símbolo suave do sentimento, detém a chave que abre a manifestação do encanto da personalidade desses nativos. Se Vênus está na:

Primeira casa: o nativo tem atração física, bem como uma personalidade encantadora e persuasiva. Pode ser bastante preconceituoso e ter uma certa dose de narcisismo (estar apaixonado pela própria imagem); contudo, há, em geral, uma grande quantidade de pessoas desejosas de pagar o preço nem que seja só para alcançar-lhe as boas graças, pois vêem o libriano como um ornamento atraente ou uma propriedade invejável. Os librianos são favorecidos com sorte, beleza e proteção na vida.

Segunda casa: geralmente, o nativo tem sorte em todas as questões referentes a dinheiro; há indicação de bem-estar financeiro que chega ao nativo sem espalhafato e sem que este precise fazer demasiado esforço.

Terceira casa: o nativo é favorecido com muito encanto e graça ao discursar, ao fazer um pronunciamento, e no estilo de comunicação. Ele atrai muitas pessoas pela sua habilidade em vender de forma persuasiva. Pode ser um pouco insincero, mas, vinda dele, a falta de sinceridade soa bem, e ele se arranja com ela.

Quarta casa: normalmente o nativo provém de um ambiente familiar feliz e seguro, o que lhe permite desabrochar cedo na vida. Esse é o padrão da pessoa afortunada que nasce numa vida de beleza, segurança, felicidade e conforto. Quem pediria mais? O nativo tem uma vida protegida e um modo venturoso de ver ou de se ajustar à maioria dos problemas da vida.

Quinta casa: o nativo é muito bem sucedido nos casos amorosos, no romance, no namoro, no desfrutar da companhia dos filhos e em ser encantadoramente divertido. Essa posição é favorável à diversão popular e para fazer as coisas que dão prazer aos outros. Pode haver certa tristeza oculta, a qual, entretanto, raramente aparece ou prejudica a sua atuação.

Sexta casa: o nativo dedica-se com alegria às mais enfadonhas responsabilidades, que sempre se evidenciam como úteis e construtivas. Os outros podem tirar vantagem do nativo, mas raramente ele parece importar-se, e isso não azeda a sua natureza feliz.

Sétima casa: o nativo é especialmente dotado para lidar com todas as espécies de pessoas. Ele sempre parece pronto a chegar a um acordo no momento certo, a fim de fortalecer a posição da outra pessoa. Como conseqüência, os outros se sentem em débito e lhe são agradecidos. O nativo tem muitas amizades felizes e gratificantes.

Oitava casa: o nativo tem recursos secretos que são muito potentes e dramáticos quando subitamente trazidos à cena durante períodos de emergência ou ao tratar de acontecimentos repentinos que tendem a destruir as pessoas comuns. Há um intenso fluxo sexual subterrâneo que é sentido pelos outros, e o libriano é capaz de tirar proveito disso. Isso algumas vezes significa astúcia, mas é sempre estimulante. A fama do nativo (ou a moralidade) não está acima de reprovação pelos padrões mais convencionais, mas é improvável que isso interfira com a sua busca do prazer.

Nona casa: o nativo se interessa por lecionar e converter os demais aos princípios e leis nos quais acredita e que, em maior ou menor grau, seguem tradições estabelecidas. O nativo sente-se arrebatado por um sentido de história, o que aumenta a sua própria estatura e impressiona os outros.

Décima casa: o nativo é favorecido com algum grau de sucesso e reconhecimento que se relaciona diretamente com seu charme e personalidade. Essa distinção que o nativo obtém pode não durar para sempre, mas ela lhe assegura condições acima da média envolvendo as suas ambições. A esfera de influência do nativo é muito ampliada; sua reputação pode ser extensa e universal.

Décima primeira casa: o nativo se identifica alegremente com os outros de objetivo semelhante e, juntos, eles se programam para algo que apreciam em comum. A vida do nativo não só é afortunada e feliz, como também ele se envolve com pessoas igualmente abençoadas e, juntos, eles multiplicam a sua sorte.

Décima segunda casa: a situação favorável da vida do nativo não é muito evidente nessa posição de Vênus. Com efeito, por muitos padrões o nativo pode, com maior freqüência, estar em condições geralmente desfavoráveis – como quando trabalha perto de pessoas desafortunadas. Mas contenta-se em enriquecer seus valores espirituais e em saber que ele é parte do programa que representa os valores definitivos, em vez de apenas as vantagens materiais que a boa sorte traz para algumas pessoas. Este nativo está verdadeiramente em paz com seu eu superior íntimo e essa compreensão não lhe pode ser tirada – aconteça o que acontecer.

Vênus, o símbolo do sentimento, não é uma força planetária forte; portanto, é afortunado quando fortalecido por aspectos de ângulo desarmônico, os quais dão caráter, profundidade e finalidade ao que, de outro modo, seria prazer – e uma qualidade de procura de conforto. Vênus é encorajado em sua natureza indulgente quando em aspecto de ângulo harmônico com outros planetas.

A concepção da personalidade de Libra sempre tem o agressivo e individualista Áries na sétima casa, que lhe é oposta no horóscopo. Áries sempre se esforça por arrancar e encorajar o melhor que temos em nós e Libra acha natural reagir a essa força construtiva dos outros. A personalidade do libriano oposta à do ariano, é, no todo, mais afortunada e bem mais gratificante do que a personalidade do ariano oposta à do libriano.

A personalidade da pessoa de Libra, ou tem Capricórnio/Câncer no que se refere ao eixo segurança/reconhecimento, que é muito favorável, ou tem Aquário/Leão, que se movimenta com uma liberdade consideravelmente maior e é mais difícil de ser dominado.

CONCEPÇÃO DA PERSONALIDADE COM ASCENDENTE ESCORPIÃO: O tipo escorpiano é um indivíduo muito complexo, com muitas variedades de subtipos. Basicamente, possui uma personalidade dividida. Ele parece ser atraído para duas direções ao mesmo tempo. O extremo de uma direção parece às vezes ser destrutivo para algumas pessoas, ao passo que o outro extremo tem todo o potencial de um grande libertador ou de um batalhador em favor da liberdade. Os nativos de Escorpião têm emoções muito confusas sobre essas duas direções de suas vidas e sobre qual o caminho a tomar. Eles descobrem, com freqüência, que avançam numa só direção para se virarem de repente e enfrentarem a outra. Muitas vezes, não têm consciência de quais sejam as suas reais ou definitivas intenções até terem analisado a questão até certo ponto ou terem chegado longe demais para retroceder. São revolucionários natos. Bem no fundo dos seus pensamentos secretos (que gostam de guardar para si mesmos) sentem-se vagamente insatisfeitos com alguma condição ou situação na qual se encontram. Inicialmente, não estão seguros sobre o que fazer a respeito exceto elaborar uma convicção de que algo precisa ser alterado ou mudado, de alguma maneira. Os escorpianos chegam a considerar-se como instrumentos autodesignados de mudança necessária e desejável. Sentem instintivamente que são atraídos para seu destino pela intuição, que raras vezes racionalizam ou mesmo expressam na comunicação consciente. Eles se consideram destinados a atuar, de algum modo, como agentes de uma atribuição que lhes foi dada por alguma força misteriosa. O grau em que aceitam esse desafio e efetivamente causam mudanças difere de forma ampla de um tipo para outro. Alguns escorpianos são meramente almas um tanto desapegadas, perdidas e isoladas que entram e saem de situações e nunca empreendem uma ação decisiva. Eles apenas se preocupam com soluções imaginárias ou dão apoio solidário a outros que estejam agitando ressentimentos ou arremessando pedras contra a atual instituição. Outros assumem uma posição mais decidida e registram suas reações em alguma forma de rebelião. Algumas pessoas até mesmo se tornam violentas contra o *status quo,* o que leva a certa forma de anarquia, rebelião ou a táticas revolucionárias. Outras, ainda, devotam-se a um estado ou conceito novo que idealizaram e que, de alguma forma, trazem à vida, a despeito do estado de coisas existente, ao qual se opõem e que desafiam. Em qualquer caso, ficam de fora, devido às suas peculiaridades ou ao grau em que não se adaptam aos moldes prescritos.

Os escorpianos se interessam muito pela sexualidade como força regenerativa, oposta à procriação. Aqui, encontramos de novo emoções muito confusas. Alguns escorpianos usam livremente o sexo como um veículo de exploração, ao passo que outros o consideram como um crédito sagrado a ser usado somente no caso de extrema urgência. Em qualquer desses caminhos há uma certa violência explosiva de alguma forma ligada à sexualidade do escorpiano. Alguns condescendem nisso, enquanto outros apenas se ocupam do sexo em segredo.

As concepções da personalidade de Escorpião variam bastante, mas todas refletem em algum grau essas orientações básicas e as outras pessoas reagem a elas de forma decididamente confusa. Algumas pessoas sentem-se intrigadas com os escorpianos, outras evitam-nos e outras suspeitam francamente deles ou lhes são ativamente hostis. Os escorpianos chegam a ser considerados, ou como causadores de problemas, ou como pessoas que parecem envolver-se com problemas ou atraí-los. Tudo isso é verdade, mas dever-se-ia lembrar que, na totalidade da vida e no estado natural das coisas, HÁ UM VALOR MUITO DEFINIDO E POSITIVO PARA A FUNÇÃO ESCORPIANA. A mudança é inevitável. A morte é necessária e, se o velho material não for removido, nunca haverá espaço ou possibilidade para vida nova. O tipo escorpiano sabe intuitivamente dessas coisas todas, e cede às leis da natureza, quer essas leis sejam ou não entendidas pelos demais. Em última análise, todos eles têm recursos secretos que são essenciais em épocas de crise, e ajudam os outros a enfrentar essas emergências e os fazem superá-las.

PLUTÃO, a espada de dois gumes, é a chave para as misteriosas operações de Escorpião. Onde quer que encontre Plutão no horóscopo, você encontrará uma condição dividida, com dois lados ou ângulos. Um lado é favorável, o outro é, geralmente, menos favorável. Uma direção pode ser desintegradora, enquanto a outra está assumindo uma forma nova. Sempre há desastre em potencial prestes a ocorrer e a possibilidade de construção nova a partir das bases. Nenhum estado é estabelecido ou definitivamente encerrado. Uma condição está-se fundindo ou sendo transformada numa outra inteiramente diferente. Por um lado, há morte; por outro, a maravilha do renascimento.

Se Plutão está na:

Primeira casa: o nativo é um revolucionário mais ativo e não se importa muito se os outros sabem ou não disso. Ele nasceu com um senso maior de convicção sobre qual é exatamente a sua missão, e está mais preparado para agir – agora. Suas reações violentas são evidentes, e suas tendências a participar de alguma coisa ainda mais perigosa sempre são encaradas como uma certeza. Esse nativo pode ser rotulado como perigoso por algumas pessoas desde o início, mas isso pode torná-lo instantaneamente um líder da rebelião, em vez de bani-lo da instituição. Muita coisa depende de outros fatores, tais como as condições de Plutão, as outras forças planetárias com que ele forma aspectos, o caráter do destino do nativo e os outros planetas da primeira casa.

Segunda casa: a concentração do nativo é no dinheiro e nos recursos, e em como obtê-los. Sob a configuração do padrão Escorpião/Plutão, alguns meios baseados na força podem ser necessários a fim de que o nativo obtenha o que acha que deveria ser seu.

Terceira casa: a ênfase recai na comunicação e no aprendizado de como expressar ou articular as insatisfações particulares. O nativo sente que as coisas deveriam ser mudadas.

Quarta casa: inicialmente, o nativo se rebela contra sua formação, a qual sente que não o representa realmente. Mais tarde, formula programas destinados a derrubar as condições existentes às quais é contrário. Ele está mais interessado em puxar o tapete da oposição do que em confrontar-se diretamente com ela ou assumir em seu lugar.

Quinta casa: o nativo possui uma criatividade mais ousada em suas atitudes a respeito de mudanças. Na verdade, ele pode estar apaixonado pelo romance, ou pela aventura do romance, ou pelo puro prazer que ele lhe dá.

Sexta casa: o nativo se devota a papéis secundários que proporcionam apoio a suas simpatias gerais, enquanto educa a retaguarda ou alimenta a logística.

Sétima casa: o nativo entra em confronto direto com o inimigo, à maneira de "outros". Por sua vez, os outros isolam o nativo como "alguém a ser observado", ficando de olho nele. O nativo tende a ser desarmado por aqueles que lhe oferecem soluções mais práticas do que as que ele possui, ou entra com a sua parte junto com os que estão mais bem organizados e mais cuidadosamente programados. Ele aceita a orientação definitiva dos outros.

Oitava casa: o nativo entra em negociações secretas ou espera até que eventos fortuitos o introduzam no papel que lhe foi destinado. O nativo é um pouco mais consciente das conseqüências espirituais de suas ações e, nesses assuntos, busca intuitivamente orientação.

Nona casa: o nativo se alinha com um movimento ou princípio que já tenha sido estabelecido e que tenha algum precedente ou código de comportamento que o nativo aceita como lei ou religião. Ao mesmo tempo, seu código intelectual pode estar em completo desacordo com outros códigos, que ele tenta solapar ou mudar. A abordagem do nativo é mais um trabalho intelectual único através do sistema formal de movimento do que a utilização de uma atitude física desenfreada.

Décima casa: o nativo se coloca à disposição de alguém que esteja no comando ou no controle da situação, e que também esteja incumbido de instrumentar mudanças significativas. Ele se presta a representar o papel de agente ou empregado. Reconhece a maestria dos outros, até que seja capaz de fazer algum progresso para obter algum grau de liderança. Trata-se de uma posição de ambição pessoal: o nativo fica de olho no que pode ganhar com suas filiações.

Décima primeira casa: o nativo mostra os seus interesses e incumbências de maneira sociável, amigável. Ele busca o apoio solidário de outros que partilhem de suas perspectivas, numa base de amizade. Nas mudanças dilaceradoras, pelas quais se sente atraído, ele será mais empreendedor caso se reúna a grupos.

Décima segunda casa: o nativo não precisa da aprovação pública quanto ao fato de que o curso que estabeleceu para si seja ou não correto. Tem profundas convicções íntimas de que a sua posição definitivamente vencerá, não importa o que o processo lhe custe. O nativo logo se resigna com as limitações mais óbvias de seu projeto; portanto, está mais preparado para a maior parte dos retrocessos, negativas e frustrações. Ele se apóia em suas próprias forças espirituais para não se deixar enganar e tem uma falta de confiança quase total em que os outros estarão a seu lado quando mais precisar deles.

Sendo a característica de Plutão, essencialmente, muito mais o reflexo de uma força social do que uma característica pessoal, ele é consideravelmente afetado pelas forças planetárias com que forma aspectos. É natural que seja mais fortemente afetado por aspectos de ângulos desarmônicos do que pelos de ângulos harmônicos.

O Sol lhe dará integridade.

A Lua lhe dará sensibilidade e apoio emocional.

Mercúrio lhe dará articulação.

Saturno lhe dará iniciativa e coragem.

Vênus lhe dará sua ternura e adaptabilidade.

Netuno lhe dará inspiração.

Júpiter lhe dará fé e elevação.

Urano lhe dará independência e vantagens súbitas.

Aproximadamente as mesmas modificações ou características acima sugeridas ocorrerão quando Plutão for o signo regido pelos planetas mencionados.

A personalidade do escorpiano sempre tem Touro na sétima casa, que lhe é oposta e que é a casa relativa aos outros. Isso torna o nativo consciente das soluções práticas e do poder que o dinheiro compra. De fato, as pessoas do signo de Escorpião invariavelmente acabam por pensar que, ou o dinheiro soluciona tudo, ou é a raiz de todo o mal. É claro que isso não é universalmente verdadeiro, mas, em geral, está na raiz da maioria das iniqüidades que Escorpião/Plutão se dispõe a mudar ou corrigir. Desde que os taurinos (que os escorpianos, via de regra, observam) são regidos pela natureza amorosa de Vênus, os escorpianos ficam duplamente convencidos da eficácia da sexualidade – ao lidar com os outros ou contrariando-os em alguma questão, ou induzindo-os a concordar com suas idéias numa sociedade. Isso tende a livrar o tipo escorpiano de ser inteiramente mau aos olhos de todas as pessoas, porque algumas gostam dele e, de fato, lhe oferecem certo grau de amor e afeição ao longo do caminho. O escorpiano não confia inteiramente em ninguém. Ele excetua os que entram em contato direto com ele e concentra sua vigilância demolidora nos estranhos. O escudo amoroso de Vênus o impede de ferir os que estabelecem contato com ele.

A personalidade dos escorpianos às vezes tem Capricórnio/Câncer no eixo método/ambição (que é sadio, construtivo e publicamente eficaz), ou Áries/Libra (que é mais pessoal e dinâmico). Em latitudes temperadas, entretanto, o escorpiano, na maioria das vezes, tem Aquário/Leão (que pode ser indiferente, fanático e autocentrado), ou Peixes/Virgem (que é igualmente estranho, mas ligeiramente menos volúvel).

CONCEPÇÃO DA PERSONALIDADE COM ASCENDENTE SAGITÁRIO: O nativo exibe certo ardor de entusiasmo que se origina de sua convicção quanto a certos princípios ou padrões de pensamento. Como os outros tipos entusiásticos (chamados de signos do FOGO), em que a exuberância de Áries é baseada no espírito de sua individualidade e o espírito de Leão é baseado na sua força de vontade e na extensão do seu ego, a fé sagitariana é baseada na força de seus princípios e na correção dos seus esforços.

O espírito dos nativos de Sagitário está aberto somente ao sucesso e ao movimento para diante. O fracasso não consta do seu vocabulário. Com efeito, é muito difícil para eles aceitarem ou admitirem algo menor do que o sucesso e o progresso ascendente e contínuo. Quando a maré lhes é desfavorável – não necessariamente porque estejam intimamente errados, mas porque forças planetárias mais poderosas estão no comando – os sagitarianos ficam um tanto perdidos quanto ao que fazer ou ao modo de agir. Eles não podem deixar de ser autênticos, o que é uma coisa positiva, mas isso, em certas ocasiões, pode estar tragicamente fora de compasso com as condições reais que os envolvem. Os sagitarianos têm um desenvolvido senso da história, na qual se vêem como um elo importante de alguma corrente invisível de expressão, que tem de estar certa porque foi repetidas vezes comprovada. Eles não estão preparados para mudanças nas circunstâncias que, temporária ou permanentemente, tornem anacrônicos os princípios ou conceitos que adotam. O ponto vulnerável na sua constituição pode tornar-se uma armadilha crítica em tempos de crise ou de transformação. Quando o curso dos acontecimentos é bom, eles desabrocham de forma magnífica. Nesse caso, Deus está no céu e tudo vai bem com o mundo. Mas, quando todos os infernos se desencadeiam livremente, os sagitarianos são bem capazes de ficar parados no portão, uma voz abafada numa terra vazia.

Júpiter, o símbolo da abundância, incita a direção da filosofia sagitariana. Se Júpiter está na:

Primeira casa: dentro do nativo está o poder de realizar milagres, ao fazer tudo parecer certo no mundo à sua volta, quer isso seja verdadeiro ou não. Ele tem um ar de distinção e o sinal do sucesso, que é muito convincente, mesmo que não tenha base. Esse nativo dificilmente se deixa abater, porque ele acredita com tanta força no poder do pensamento positivo que a sua integridade geralmente está acima de reprovação.

Segunda casa: esse é um posicionamento feliz para Júpiter e indica uma certa abundância de recursos e o talento para gerar situações que resultam em sucesso material. O nativo será, por fim, generosamente pago por seus esforços. Com Capricórnio na segunda casa, o sagitariano trabalha arduamente pelo seu dinheiro. Com Aquário, há muitos altos e baixos da fortuna, mas, essencialmente, o nativo tem sorte e é criativo em questões de dinheiro.

Terceira casa: o nativo é feliz em seu tipo de expressão e em fazer com que os clientes e fregueses aceitem as suas idéias no mercado. Sua personalidade global tem "valor de troca" favorável.

Quarta casa: o nativo é feliz em suas ligações familiares e com a evidente riqueza de sua formação e herança. O nativo tem muitas propriedades estáveis e sólidas com que contar. Em geral, é feliz em sua escolha de programas. Em última análise, a maioria das situações começa bem para ele, mesmo que não termine exatamente como esperava.

Quinta casa: o nativo é feliz no amor, no jogo, na especulação e nos negócios relacionados com os filhos, os interesses destes ou a educação primária. Esse nativo é bafejado pela sorte em todas essas áreas.

Sexta casa: o nativo é feliz em seu campo de trabalho. As condições e as relações com os colegas de serviço são, geralmente, favoráveis e construtivas. Há sorte no emprego.

Sétima casa: o nativo recebe cooperação afortunada dos outros, que o favorecem com benefícios materiais.

Oitava casa: o nativo tem sorte ao tropeçar em "situações estagnadas" que lhe trazem boa sorte.

Nona casa: o nativo estabelece contatos enriquecedores com instituições de ensino superior ou com organizações que publicam os mesmos princípios em que acredita.

Décima casa: o nativo é afortunado na vida e obtém distinção e renome, que lhe trazem lucro e honrarias.

Décima primeira casa: o nativo é favorecido com amigos influentes que lhe dão o que possa estar faltando.

Décima segunda casa: o nativo recebe apoio secreto dos que ficam na sua retaguarda e que não querem ser conhecidos do público ou notados da forma habitual. As convicções íntimas do nativo são bem apoiadas e, com freqüência, ele obtém a prova da retidão de sua posição, muito embora nem todos realmente entendam o que ele está tentando fazer.

A natureza de Júpiter, como uma qualidade planetária, é tal que precisa de apoio e base estrutural de outras forças planetárias a fim de ser realmente eficaz na vida. Aspectos de ângulos desarmônicos são especialmente importantes porque fortalecem o caráter do nativo, ao passo que aspectos de ângulos harmônicos tendem a enfraquecer ou estragar o caráter, visto que concedem benefícios sem esforço ou luta. A natureza humana tende a valorizar mais aquilo pelo qual paga, de uma forma ou de outra. E tem a tendência de desvalorizar o que recebe de graça.

A personalidade do nativo de Sagitário sempre tem Gêmeos na sétima casa, a casa oposta. Isso atrai o nativo para contatos mentais com pessoas estimulantes que lhe dão idéias e sugestões valiosas, das quais o sagitariano, otimista, faz sempre bom proveito. Entretanto, o nativo tende a ver os outros apenas em sua apresentação superficial, visto que acha desnecessário aprofundar-se. Essa não é uma maneira inteiramente realista e saudável de ver o mundo, e tende a manter a cabeça do sagitariano nas nuvens e fora do alcance da totalidade da vida. Isso pode ser bom se estivermos na trilha certa, mas pode ser fatal se estivermos no caminho errado.

Em latitudes temperadas a personalidade dos sagitarianos habitualmente tem

Peixes/Virgem no eixo da segurança/ambição (o que, nessas circunstâncias, é fraco), ou Áries/Libra (que é uma posição cheia de recursos e mutuamente muito mais receptiva para obter um bom quadro geral). Algumas vezes pode ter Aquário/Leão (desfavorável) ou Touro/Escorpião (muito melhor).

CONCEPÇÃO DA PERSONALIDADE COM ASCENDENTE CAPRICÓRNIO: Capricórnio é um signo de cabeça dura, o que limita o nativo a objetivos estabelecidos, materiais e a fazer as coisas de modo seguro. Na posição da personalidade (ascendente) ele rotula o nativo como uma pessoa velha, rígida, fixa e determinada, mesmo quando criança. Não é um retrato muito colorido e, por certo, não é espontâneo e alegre. Capricórnio põe uma mão pesada sobre aqueles com quem entra em contato. Acima de tudo, os capricornianos são super-realistas – às vezes até demais. Como tipo pessoal, eles podem ser deprimentes, porém admiráveis, a seu modo. Eles agem como a voz do destino, que pode ser inevitável, mas nem sempre bem-vinda no início. Esse é o modo como o capricorniano afeta os demais. A representação puramente capricorniana (a menos que seja consideravelmente aliviada por outros fatores) é opressiva. Muitas vezes, os capricornianos alcançam, por fim, o seu objetivo, mas nesse processo limitam bastante qualquer pessoa à sua volta. Eles são sólidos, realistas, disciplinados; são pessoas que trabalham arduamente, que não se cansam e nem desistem do que resolveram fazer. Raramente se contentam com qualquer posição de retaguarda na vida, já que também se dedicam de coração a obter um quinhão justo de todas as vantagens materiais. No entanto, têm de enfrentar um grande número de impedimentos até chegar lá. Os capricornianos têm jeito para reduzir os outros a pó. Isso parece ser para eles uma fonte de satisfação, pelo fato de minimizar, eliminar ou exaurir sua competição. Resistir aos capricornianos leva as pessoas dos outros signos ao ponto de exaustão. Deve haver uma gratificação para isso em qualquer lugar e, para descobri-la, teríamos de verificar nossos próprios horóscopos. A característica que Capricórnio mais acentua é a segurança no sentido material. Se você sentir que está certo, terá de prová-lo com fatos precisos e sem emoção para satisfazer um capricorniano. Nada mais o impressionará. Se você for bom em lidar com essas figuras, o capricorniano se deterá a fim de ouvi-lo. Eles podem não fazer as coisas de modo diferente, mas prestarão atenção ao que você diz. São sempre justos e leais e esperam que os outros também o sejam. Da mesma forma que os virginianos, eles geralmente não pedem mais do que estão preparados para dar. Com efeito, os capricornianos estão preparados para dar mais do que recebem. Isso é muito diferente do que acontece com os librianos, que estão mais preocupados com uma troca imparcial e, em geral, preferem ver o pagamento na mão. O capricorniano acredita piamente que, se você semear boas ações, fará as correspondentes colheitas. Quando se lida com um tipo capricorniano, a questão é, na verdade, a extensão em que se pode agüentar a pulverização que ele ocasiona. Para algumas pessoas essa pulverização é construtiva e útil, mas para outras corrói os seus próprios valores e os destrói de alguma forma.

O Pai do Tempo, simbolizado pelo inexorável Saturno, é a força que orienta e preserva o persistente capricorniano. Se Saturno está na:

Primeira casa: o nativo é capaz de intensas disciplinas e de uma persistência tenaz que endurece a sua concha e o isola melhor dos choques mais rudes da vida. Ele é lento ao reagir ou responder, mas, uma vez estimulado, também é lento para esfriar. O nativo é uma pessoa diligente e estável, com uma força e resistência inerentes. Talvez "resistente" seja uma palavra melhor para Capricórnio do que "forte". O nativo tem pele grossa e parece ser insensível.

Segunda casa: o nativo está interessado em dinheiro e pretende obter um quinhão justo. Ele invariavelmente adquire dinheiro, embora ache difícil usufruir do mesmo. O início da vida em geral é assinalado por escassez de recursos, enquanto os anos posteriores podem distinguir-se por certa abundância, porque ele reluta em separar-se do dinheiro ou em gastá-lo.

Terceira casa: o nativo se defronta logo cedo com a agonia de expressar-se adequadamente ou de se comunicar efetivamente com os outros, principalmente com clientes e fregueses, no mercado. Posteriormente, desenvolve certo "jargão de troca", o qual, conquanto sério e às vezes intimidativo, é eficaz para o que tenta vender.

Quarta casa: a infância do nativo e a sua formação são limitadas no que concerne às vantagens financeiras. Ele trabalha arduamente para corrigir essa deficiência e para disciplinar-se a esperar menos, deixando, desta forma, de sentir-se carente. As restrições parentais são severas na juventude e continuam, na verdade, durante os anos de maturidade do nativo, quando ele descobre que é difícil romper velhos hábitos de frugalidade e de abstinência. O nativo é cuidadoso e deliberado antes de assumir um programa estabelecido para alcançar metas determinadas. Sempre há o problema de manter as coisas em movimento, mas, por fim, o nativo realiza alguma coisa, embora descubra, geralmente, que o fez pelo método mais difícil.

Quinta casa: essa posição é desfavorável para o jogo e a especulação e para dar-se suficientemente bem com os filhos. Ela assassina o romance. O nativo espera demais para se resolver sobre esses assuntos e, então, geralmente é tarde demais. O nativo tenderá a relacionar-se com certas pessoas mais idosas que são rudes e firmes, mas, de certa forma, atraentes para ele. As gratificações sexuais são insatisfatórias.

Sexta casa: o nativo ambiciona encontrar maneiras de servir aos outros e de ajudar a aliviar a dureza de seus fardos diários. Ele insiste em fazer isso por meio de canais muito realistas e práticos, o que pode ser até mesmo mais duro para os que está tentando ajudar. O nativo aprende algo com isso, mas os outros tendem a sentir apenas o jugo pesado de sua disciplina.

Sétima casa: o nativo é atraído para pessoas mais velhas, para discipliná-lo e providenciarem a chave dourada que lhe torne possível conseguir certo grau de reconhecimento na vida. Outros tipos, firmes e severos, exercem uma forte influência sobre o nativo e detêm um controle rígido de todos os seus negócios. O nativo não se importa com isso; na verdade, poderá até gostar disso: gostará de partilhar os seus fardos com os outros. Há alguma sugestão de tendências ao masoquismo/sadismo, que podem estar envolvidas nas relações íntimas com os companheiros.

Oitava casa: o nativo reluta, por natureza, em aceitar a pressão exercida pelo tempo ou o efeito das mudanças destruidoras em sua vida. Embora seja inevitável que ele seja atirado para dentro e para fora das situações, algumas vezes é preciso que comece de novo quase na linha de partida. O nativo tem muito vigor sexual (embora um tanto secreto e dissimulado), conjugado com certo tipo de complexo de culpa que o estimula a submeter-se a situações que, em geral, são intoleráveis para as demais pessoas. Nesse caso, são ainda mais fortes os problemas de sadismo e de masoquismo do que com Saturno na quinta ou na sétima casas.

Nona casa: esse é um padrão favorável, no qual a educação do nativo está ligada às crenças ou aos princípios estabelecidos. O nativo se submete a trabalhar na construção e no preenchimento do suporte necessário àquelas partes do sistema que desmoronaram ou se perderam de vista no intricado do caminho. As preocupações do nativo são, na maioria, mentais e intelectuais, liberando suas emoções das limitações mais penosas da configuração Capricórnio/Saturno.

Décima casa: essa é uma posição favorável para Saturno e assegura que mais tarde o nativo obterá certo grau de sucesso e reconhecimento pelos seus longos e pesados esforços. O nativo é profundamente ambicioso, embora seja dolorosamente lento quanto a pôr-se em operação efetiva para alcançar suas metas. Às vezes nos perguntamos se ele realmente conseguirá fazê-lo. O nativo quer enfrentar a opinião pública com segurança pessoal. Há muitos obstáculos em seu caminho, bem como resistência inflexível e exigência de provas por parte das autoridades. Ele pode ter de esperar até que seus superiores morram, antes que tenha as melhores oportunidades.

Décima primeira casa: logo cedo na vida o nativo vê que precisa ligar-se a um grupo que partilhe de suas convicções e ideais e que lhe estenderá uma mão solidária. A princípio, isso é difícil, pois os que estão no comando não o aceitam como igual. São necessárias muitas tentativas sem resultado e muito trabalho árduo para convencer os outros de que ele realmente pertence ao grupo. Não faz amigos com facilidade e, portanto, valoriza demais a amizade. O fato é que espera demais das amizades.

Décima segunda casa: o nativo sofre profundamente durante a maior parte de sua vida devido à natureza de seu verdadeiro caráter e à influência de suas motivações íntimas. Está profundamente consciente desses elementos subconscientes, mas não sabe o que fazer com eles. Geralmente, eles só conseguem deprimi-lo e frustrar os seus melhores esforços de progresso. O padrão Capricórnio/Saturno, estando ligado aos objetivos materiais, encontra-se sem base quando dificultado por considerações espirituais. Parte de seus problemas provém, habitualmente, de algum princípio espiritual de que o nativo está bem consciente, mas que, de algum modo, descuidou. Depois de muitas vicissitudes e de malogros devastadores (que têm todos eles um efeito interiorizante), ele dá um jeito de colocar de novo o seu vagão nos trilhos e pôr-se a caminho. Há pouca indicação exterior de alegria, valor ou apreciação ou, ainda, de demonstração de que suporta os seus intermináveis esforços. Somente tarde na vida ele chega a entender-se e a entender o que pode estar procurando. Em geral descobre que os objetivos materiais não são o que quer, mas que o problema com os objetivos espirituais é que são muito imateriais – especialmente no banco, ao fazer um depósito.

Saturno é, naturalmente, tão forte e compulsivo por si mesmo que dificilmente precisa ser fortalecido por forças planetárias adicionais. Mesmo assim, Saturno ainda precisa ser estimulado de maneira construtiva, ou termina batendo-se até a morte contra vantagens impossíveis de ser vencidas. Os aspectos de ângulos desarmônicos que forçam Saturno são sempre benéficos. Os estímulos dos ângulos harmônicos diminuem a dureza de Saturno e tornam mais fáceis algumas tarefas penosas.

A personalidade do capricorniano sempre tem o sensível Câncer na sétima casa, oposta. Isso o torna muito vulnerável às pessoas gentis, aquelas que parecem contar unicamente com seus sentimentos para protegê-las. Na verdade, os cancerianos têm muito mais – eles têm, por exemplo, um interruptor que liga e desliga e que, de forma ideal, os protege das mensagens que não querem ouvir. Mas nem sempre o capricorniano entende isso. Para ele, é impossível compreender como é que alguém pode ignorar ou fingir-se de cego a um fato material. Os cancerianos podem ser cegos até esse ponto, os capricornianos nunca. A questão que interessa é: Quem será realmente o cego? Os capricornianos, que reagem exageradamente aos fatos materiais isolados, ou os cancerianos, que convencionalmente escolhem seu caminho entre o que querem ver e o que não os preocupa? Ambos são um pouco cegos, cada um a seu modo. Os tipos cancerianos e os capricornianos tendem uns a bloquear a eficiência dos outros, de tal maneira que deixam pouca esperança de acordo. Evidentemente, todos os signos opostos se bloqueiam mutuamente ao introduzirem um ponto de vista ligeiramente contrário. Mas com Capricórnio e Câncer talvez a posição seja mais forte e menos possível de conciliar do que com a maioria dos outros pares de signos. Algumas oposições são fracas. As oposições cardinais são mais evidentes, com Capricórnio/Câncer superando qualquer outra. O eixo Áries/Libra contrasta os pontos de vista individuais com os de muitas outras pessoas. A opinião Capricórnio/Câncer contrasta teimosia com sensibilidade emocional.

Na maioria das latitudes temperadas, a personalidade capricorniana tem Touro/Escorpião no eixo método/ambição, que é forte. Às vezes tem Áries/Libra, que também é bom ou Gêmeos/Sagitário, que é ligeiramente menos favorável.

CONCEPÇÃO DA PERSONALIDADE COM ASCENDENTE AQUÁRIO: O signo de Aquário no ascendente é, em geral, menos favorável do que os outros signos. Em primeiro lugar, porque a maioria das pessoas não entende ou aprecia a natureza dos aquarianos. Em segundo lugar, há, de modo geral, menos utilidade ou necessidade de aquarianos no mundo cotidiano. Eles são um tipo especial de pessoas, dadas a opiniões independentes na vida que, invariavelmente, não se adaptam aos moldes aceitos de raciocínio. A massa da humanidade olha com desaprovação para os que se desviam do que todos estão fazendo ou pensando. Essa característica pode indicar um grau de agudeza intelectual, para não dizer de gênio, da parte do aquariano, mas suscita um ressentimento tão assustador que é difícil para o nativo fazer ambas as coisas; ser genial e, ao mesmo tempo, continuar senhor de si mesmo. Felizmente, isso parece não incomodar aos aquarianos, mas coloca pedras no seu caminho.

Precisamos lembrar-nos de que estamos falando sobre o ascendente e sobre a imagem pública do nativo – isto é, do nativo como o mundo o vê, baseado na aparência. A personalidade é o que aparece. Como se pode imaginar, é menos favorável manifestar algo na superfície que causa mal-entendidos desde o início, e que faz as pessoas se voltarem contra o nativo antes mesmo que este tenha a oportunidade de provar o seu valor. A concepção aquariana é parte indispensável do quadro universal. Contudo, quando aparece com sua pior prerrogativa, ela nunca atua com tanta eficácia como quando tenta provar, antes do final do jogo, que está certa, tendo pressa em provar isso, antes que aqueles que poderiam reprimi-la percebam o que aconteceu. Para os aquarianos fazerem o melhor, eles têm de tirar os outros da guarda, como é conveniente ao seu regente, Urano. É por isso que Aquário é um tanto desafortunado como ascendente, não devido à natureza da contribuição que pode dar.

O tipo aquariano tem de ser interiormente muito forte e bem fortalecido pelos outros padrões planetários, a fim de destacar-se de fato acima da multidão. Durante a maior parte do tempo, essa "visão ampliada" que eles têm não leva a nada. Mas, ocasionalmente, um lampejo de brilhante discernimento se acende no céu e abre-se um mundo inteiramente novo. É lamentável que essa seja a exceção, em vez de ser a regra geral. Aquário representa uma qualidade que é, de fato, reservada como condição àqueles que chegaram a um estágio ou tempo, no ciclo da vida, que está a um passo de distância do rótulo que a vida apõe na maior parte de nossos esforços. Trata-se de um privilégio e (se você quiser) de uma honra que se recebe por créditos passados.

Aquário está associado ao errático Urano, que é uma força planetária muito mais de envolvimento social do que de desenvolvimento individual, como são os outros planetas (exceto Plutão, que também é uma força social). Como força, Urano junta vapor e então explode. Isso rompe padrões e arruína agrupamentos, de modo que tudo precisa reorganizar-se de uma nova maneira, supostamente como uma melhoria. Ao menos, os aquarianos pensam assim. Depois da explosão, Urano se estabiliza a fim de juntar mais vapor, até explodir de novo. Esse comportamento, natural para os aquarianos, é visto com consternação e espanto pelos outros. Isso não é fácil nem mesmo para os aquarianos, porque eles se consideram uma força amigável, que gosta de associações de grupo e que busca amizades solidárias. A explosão que causam é, muitas vezes, uma surpresa, tanto para eles como para os outros. Em outra parte deste livro, sugere-se qual é, possivelmente, o real propósito da contribuição Aquário/Urano. Com relação ao seu efeito sobre a personalidade, basta destacar o potencial errático, imprevisível e aparentemente incontrolável que sempre está presente.

Se Urano, o imprevisível, está na:

Primeira casa: é óbvio que o nativo é algum tipo de excêntrico. Os paroxismos de suas atitudes e a independência de sua posição invariavelmente se destacam e o apontam de imediato como diferente. Esse nativo tem maior controle sobre a qualidade de "gênio" que o torna distintamente o que é.

Segunda casa: as finanças do nativo são caóticas, mas transcorrem com laivos de sorte para ele.

Terceira casa: os pensamentos e idéias do nativo obviamente são únicos e, com o tempo, talvez possam ser reduzidos a algum sentido ou ordem. O nativo se compraz com elevados vôos da imaginação. Isso seria bom para escritores de ficção científica.

Quarta casa: o nativo tem uma característica que o assinala como nitidamente diferente dos outros, embora isso não seja imediatamente visível. Isso é bem menos óbvio do que quando Urano está na primeira casa, mas talvez seja ainda mais explosivo e de longo alcance na quarta. O nativo idealiza métodos e técnicas engenhosos com os quais pretende alcançar os seus objetivos. Cedo na vida aprende a se ajustar a comportamentos erráticos, já que seus pais e a vida familiar, para começar, são diferentes. A excentricidade é uma decorrência lógica.

Quinta casa: a independência do nativo é levada para os relacionamentos com os outros através do romance, do namoro, nas relações com os filhos; há uma espécie rara de sorte da qual não se pode depender, mas que ocasionalmente é impressionante no jogo e na especulação.

Sexta casa: o nativo tem estranhas condições de saúde, de hábitos e de rotina diária, o que lhe convém perfeitamente; mas isso dificulta o diagnóstico ou a compreensão dos outros. Há algo de esquisito quanto à sua vocação ou ao modo como ele a exerce. A excentricidade pode ser evidente entre os seus colegas de trabalho.

Sétima casa: o nativo é estranhamente afetado pelas pessoas com quem trava conhecimento súbito. Os outros agem, para ele, como um catalisador ao pô-lo em contato com certos fatores que ele entende e pode usar. Suas relações com os demais são instáveis e terminam tão rapidamente como começam.

Oitava casa: de repente o nativo é envolvido por situações que iniciam mudanças fundamentais em suas opiniões (que não são estáveis ou consistentes demais, de qualquer forma). No todo, essas novas circunstâncias são únicas e constituem-se numa surpresa para o próprio nativo, que habitualmente está preparado para quase tudo o que há na vida. Ele tem estranhos hábitos secretos que, para ele, são uma fonte de inspiração e de revitalização.

Nona casa: o nativo sente atração por cultos exóticos e crenças há muito esquecidas. Suas crenças, que são tudo menos padronizadas, podem parecer malucas para algumas pessoas. O nativo fará bem em afastar-se de sua formação natal, a fim de ficar entre amigos que o apreciarão.

Décima casa: destina-se ao nativo um lugar único na vida que, em certo sentido, parece ser feito sob medida para a sua personalidade. Parece evidente que ele está destinado à realização final, que surge de repente. O nativo é influenciado por pessoas incomuns que exercem grande autoridade sobre os seus negócios. Ele se transforma em seu seguidor, até que por acaso invente algo por si próprio.

Décima primeira casa: os interesses do nativo são socializados e ele se expande melhor quando está na companhia de pessoas compatíveis que partilham de suas opiniões inusitadas. Ele não deseja ficar só, nem se preocupa em personalizar suas ambições. De preferência, encontrará o "seu grupo" e seguirá alinhado com ele.

Décima segunda casa: neste caso, o nativo está muito mais isolado do que os outros tipos de aquarianos. Basicamente, ele tem de contar apenas com os seus recursos íntimos, que são as únicas coisas que o sustentarão quando precisar de apoio. Isso ele aprendeu repetidas vezes. Sua vida íntima está sujeita a choques rudes e a devastadores lampejos de discernimento interior, os quais continuam a convencê-lo de que dispõe, dentro de si mesmo, de tudo o que precisa para enfrentar a estranha vida que leva.

Como já foi citado, são muito importantes as características planetárias às quais Urano está ligado por aspecto, uma vez que, por si só, Urano é uma força solitária, caprichosa, que trabalha no escuro. Para ser eficaz na vida pessoal, Urano precisa ter aspectos de ângulos desarmônicos com outros planetas-chaves (essencialmente o Sol, Marte ou Saturno, que são os planetas de ação). Ângulos desarmônicos concentram as qualidades criativas de Urano, ao passo que ângulos harmônicos as dispersam.

A personalidade aquariana sempre tem Leão na sétima casa, a posição oposta. Desde que Leão está associado ao impulso egóico do Sol, o tipo aquariano sempre nota as outras personalidades de destaque e é orientado por essas pessoas singularmente individualizadas, que viajam com ele na estrada da vida. Ele tende a ignorar o medíocre e o comum, já que é uma pessoa especial que se sente ligada a um destino único. Os tipos de Leão, tendo personalidade forte, prontamente aceitam a excentricidade e a independência dos aquarianos e, em geral, formam com eles um bom time, de preferência a perder tempo bloqueando-se mutuamente.

A personalidade aquariana algumas vezes tem Touro/Escorpião no quarto/décima eixo, o qual é favorável por ser realista, mas tem também, mais em latitudes de clima temperado, Gêmeos/Sagitário, que é menos favorável porque contribui para a "cabeça nas nuvens", que o aquariano já tem de sobra.

CONCEPÇÃO DA PERSONALIDADE COM ASCENDENTE PEIXES: O tipo pisciano, semelhantemente ao aquariano, não é um tipo de pessoa que se encontra todos os dias. Em seu caso, o nativo está em contato ou manifesta a aparência de estar em contato com um reino de consciência que não é dado a todas as demais pessoas. Trata-se do reino do subconsciente e constitui os valores íntimos que temos e as estruturas definitivas de valor de que podemos necessitar na vida. Todos têm valores interiores, mas nem todos estão intimamente em contato com eles, como a pessoa com ascendente Peixes. Os piscianos têm uma convicção profunda e uma referência quanto ao papel que nossas convicções íntimas representam na vida do dia-a-dia. Essa consciência também os isola das outras pessoas, porém não de forma tão evidente como acontece com os aquarianos. Estes são notados por sua excentricidade, ao passo que os piscianos são notados por sua paz interior. Como já mencionamos antes, os piscianos não são os pregadores do mundo, como os sagitarianos. Eles cuidam de seus negócios e aceitam o que precisam aceitar com calma filosófica e resignação emocional. De muitas maneiras, isso lhes dá certa vantagem sobre os seus companheiros, pois não desperdiçam tempo ou esforço perseguindo arco-íris ou lutando contra moinhos de vento. A realidade que eles sentem é exatamente tão real para eles como a realidade do mundo material com o qual o resto de nós lida todos os dias. No caso dos piscianos, o foco está num nível espiritual, e isso responde a todas as suas questões. O verdadeiro tipo pisciano deve ser naturalmente calmo, concentrado, pacífico e equilibrado. Os piscianos não se zangam facilmente, nem perdem a perspectiva das coisas, mesmo que sejam impedidos, frustrados ou desafiados. Estão intimamente acostumados a esses questionamentos e lidam com eles com requinte e inspiração. É natural que os nativos de Peixes se preocupem com situações que a arrancada da vida tende a deixar para trás como "excluídas da corrida". Para os piscianos, nada está totalmente perdido ou é completamente sem salvação. Para eles trata-se mais de um desafio e é infinitamente mais gratificante restaurar a saúde dos desafortunados do que perseguir vantagens materiais. Embora alguns piscianos trabalhem com recursos materiais, o seu caminho é, de modo generalizado, espiritual.

As personalidades de Peixes são orientadas no seu caminho pela luz inspiradora de Netuno. Àqueles que não estão diretamente associados com Netuno (porque nem todos estão), este planeta tende a fazê-los de tolos e a decepcioná-los, de preferência a inspirá-los e purificá-los. Mas para Peixes, em particular, ele é o guia inspirador. Se Netuno está na:

Primeira casa: o nativo tem recursos psíquicos inusitados com que contar, sempre que precisar. Pode existir uma característica de santidade ou de misticismo em volta do nativo, para a qual os outros se sentem atraídos, como se fosse para uma pessoa religiosa cuja presença propicia um tipo de cura. O nativo pode mesmerizar as outras pessoas de tal modo que elas não desejarão mais prejudicá-lo, se essa for a sua intenção. Essa é a posição da proteção divina.

Segunda casa: o nativo é capaz de recorrer a meios incomuns para sua fonte de abastecimento sempre que precisar disso para ajudá-lo em sua dedicação. Geralmente, reluta em usar esse poder de ganho pessoal. Trata-se de um dom com propósitos sociais.

Terceira casa: o nativo tem raros dons de apaziguador e para a oratória inspirada que fascina a audiência. O efeito geral é irreal, mas significativo. Os outros são inspirados pela sua comunicação.

Quarta casa: o nativo é bem qualificado para o papel que a vida lhe propicia. Geralmente, as pessoas de Peixes são antes induzidas ao seu trabalho do que forçadas a procurá-lo por si mesmas. O nativo examina o seu eu subjetivo para as aplicações práticas que lhe permitirão descobrir as suas metas. A educação que recebe desde cedo encoraja a isso e, nos anos de maturidade, um espírito o guia, como uma luz orientadora. Há alguma condição estranha quanto ao lar e aos seus arredores, que o nativo aceita como bastante natural, mas que as outras pessoas achariam esquisita ou estranha.

Quinta casa: o nativo é talentoso nos campos de entretenimento, para criar ficção romântica, para lidar com os filhos e, em alguns casos, tem sorte nos jogos de azar ou na especulação. Habitualmente, porém, não deseja jogar da maneira comum, mas se submeterá, até um certo grau, a algum tipo de perigo nos caminhos espirituais.

Sexta casa: o nativo é estreitamente atraído pelas condições da labuta relacionada com a nossa rotina diária. A saúde e o cuidado com o corpo o preocupam especificamente. O nativo prefere uma situação mais humilde na vida, de modo a poder ficar mais perto dos que lhe interessam.

Sétima casa: o nativo aceita sugestões de pessoas que entram e saem de sua vida com o objetivo expresso principal de deixar uma mensagem inspiradora. O nativo vê a vida como um espetáculo brilhante representado numa névoa na qual ninguém está definido com nitidez e em que os padrões não são absolutos. Ele sente que tudo o que devemos saber nos será revelado na ocasião oportuna e que aquilo que não precisamos saber fica abençoadamente oculto na névoa. O nativo não teme os outros ou o que é revelado a ele pelas outras pessoas.

Tudo se ajusta a seu lugar de forma maravilhosa e, no final, o quadro é inteiro e completo.

Oitava casa: o nativo é desviado para estranho estados de consciência nos quais o espírito tem ocasião de deixar o corpo e contatar outros níveis de consciência. Isso é difícil de compreender e de aceitar para as pessoas que não estão ligadas às realidades que os piscianos conhecem. O nativo tem talentos secretos que nem ele mesmo conhece, a não ser em horas de emergência, quando é capaz de exercer funções ou de elevar-se a estados de consciência que nunca prognosticou. O nativo tem uma atitude espiritual que talvez seja mais irregular e inusitada do que a de outras posições de Netuno. O poder da sexualidade é uma força vigorosa para o nativo.

Nona casa: o nativo é atraído pelo raciocínio codificado que foi formulado por outros que compartilham de suas opiniões. A reação é mais mental e o nativo vê a vida mais como um desafio intelectual do que como uma batalha física. Ele pode sentir a história de forma intensa, como se a vivesse.

Décima casa: o nativo é ambicioso, mas não para si mesmo apenas. Ele espera ter poder e influência, de modo que possa divulgar aos outros a estrutura que tão devotadamente aceita. De alguma forma, ele sente a necessidade de uma certa posição de poder e influência, a fim de alcançar eficazmente aqueles que mais pretende. De início, sente-se atraído por algum líder espiritual que lhe abre as portas do íntimo. Posteriormente, aspira a fazer o mesmo para os outros.

Décima primeira casa: o nativo busca outras pessoas com as quais partilhar as suas esperanças e, juntos, eles disseminarão a verdade como a vêem. O nativo transferiu o seu conhecimento interior para um inconsciente coletivo que ele sente assemelhar-se à sua própria imagem e ampliá-la.

Décima segunda casa: o nativo é mais interiorizado e misterioso sobre si mesmo e sobre o que pretende fazer na vida. Sua personalidade se retrai da luz e ele prefere trabalhar na retaguarda. Para o que ele faz, o reconhecimento é de somenos importância. De muitos modos ele tenta provar a si mesmo, algo que de quando em quando precisa de alimento. Essa posição é capaz de produzir uma figura solitária e isolada que sente pouca necessidade de comunicar-se com os outros ou com os interesses costumeiros da vida diária. Os motivos para a salvação são mais pessoais e menos sociais ou coletivos.O nativo sente que, em primeiro lugar, tem de resolver alguns problemas íntimos de seu passado.

Netuno é uma força espiritual que, na maioria das pessoas, está descentralizada ou acima das exigências da vida cotidiana. Muito poucos de nós estamos pessoalmente ligados a essa característica extraterrena. Ao considerar Netuno, o mais importante é verificar se ele forma aspectos fortes com outros planetas-chave (como o Sol, Marte ou Saturno, planetas de ação). Aspectos de ângulos desarmônicos sempre são mais eficazes e significativos do que os de ângulos harmônicos.

A concepção da personalidade pisciana sempre tem a aparência crítica de Virgem na sua casa oposta, a sétima. Ambos esses nativos estão habituados a padrões de comportamento seletivos. O nativo de Virgem (a quem o piscano presta muita atenção) seleciona conscientemente e organiza os detalhes pormenorizados das situações, pelos quais distingue as diferenças básicas entre materiais de outra forma desclassificados. Por sua vez, os piscianos se detêm conscientemente nos aspectos espirituais (que podem sentir de forma tão nítida como os virginianos são capazes de perceber os detalhes diferenciadores importantes), os quais utiliza como estrutura para adaptar o que é material outra vez à totalidade da vida. Ambos esses nativos são especialistas que lêem na vida mais do que fariam com uma observação casual, desde que a maioria das pessoas deixa passar ou propositadamente ignora os detalhes ou aspectos espirituais. Ambos tendem a sentir que cada pessoa tem uma característica especial, porque ambos a têm.

A personalidade pisciana tem somente Gêmeos/Sagitário no eixo da quarta/décima casas. Isso lhe confere uma abordagem mental aos problemas, junto com uma fé inabalável na correção do resultado.

NOTA ESPECIAL

É necessária uma palavra de reflexão a fim de evitar possível confusão da parte do leitor, no caso de ele se sentir como se estivesse dando voltas e precisar de algum espaço para aterrar e obter um descanso.

As técnicas de análise, sejam quais forem os instrumentos usados – científicos, médicos, psicológicos, ocultistas – deveriam ser usadas para dividir o todo em partes significativas, para analisar cada parte e entender sua função e, então, reunir as partes no todo. Os psiquiatras e, em particular, os psicanalistas com freqüência têm sido acusados, e de forma justificada, de isolar os seus pacientes e de deixá-los viver nessa condição. Quando desafiados quanto ao valor dessa terapia, eles têm dado de ombros e respondido: "O que você esperava?"

A astrologia começa com um todo e termina com um todo. Ela só separa as partes para uma melhor observação. Isso é o que estivemos fazendo aqui, mas o leitor pode estar confuso, sem saber onde isso o pode levar. Neste ponto, vamos rever o seguinte:

Como indivíduos, nós somos de forma mais evidente o tipo condizente ao signo que cai em nossa PERSONALIDADE do que o tipo condizente ao nosso EGO (ou Sol, na medida em que é familiarmente conhecido como signo solar).

Seria bem mais relevante e útil se o público pudesse ler nos jornais diários sobre o seu signo pessoal, em vez de ler sobre o seu signo solar. O fator da personalidade é muito mais indicativo do que NÓS RECEBEMOS NA VIDA e do modo como, em geral, SOMOS TRATADOS PELOS OUTROS.

A razão pela qual a assim chamada astrologia popular (tal qual a das colunas dos jornais) não pode fazer isso é que ninguém sabe qual é o seu signo de personalidade, a menos que seu horóscopo seja calculado. Porém, de modo prático, as pessoas que escrevem essas colunas fazem seus comentários para os tipos astrológicos como se os signos solares estivessem na posição ascendente – ou seja, a da personalidade. Se o leitor conhecer seu ascendente, pode tirar um pouco mais dessas colunas acompanhando o signo do seu ascendente, em vez de acompanhar o seu signo solar.

Também é bom lembrar ao leitor que a astrologia revela o sentido da vida e não necessariamente os fatos literais da situação. Portanto, ao pensar especificamente sobre a concepção da personalidade, de forma alguma se tenciona dizer que todos os tipos de personalidades ariana ou virginiana têm aspecto físico semelhante. No entanto, existe um sentimento que percorre a personalidade que detém o espírito do tipo ariano ou virginiano, e é isso que é importante.

O Sol está fora, no espaço. Nós estamos aqui na Terra. Para saber onde está o Sol (digamos, no dia em que você nasceu), mede-se a partir de um ponto no espaço a um ponto na Terra. Desde que todos os fatores estão em movimento, essa medida precisa ser tirada com relação a um dado momento de tempo. Os astrônomos, que originalmente eram astrólogos, mapearam toda essa informação de antemão, e a posição de cada planeta pode ser conhecida em qualquer ponto do tempo – no passado ou no futuro.

Para identificar a CONCEPÇÃO DE SUA PERSONALIDADE, que é apenas uma parte de você como um todo no seu horóscopo, você precisa fazer um cálculo inverso. A medida é tomada de um ponto na Terra (digamos, o lugar do seu nascimento) para um ponto no espaço – o ponto do horizonte leste no momento do seu nascimento. Levantar esse mapa e escrever essas medidas é o método de fazer um horóscopo.

O que o horóscopo revela é o seguinte:

A CONCEPÇÃO DE SUA PERSONALIDADE. A sua personalidade é uma característica que, evidentemente, você tem. Com efeito, você está marcado por ela, quer queira quer não. Essa é a parte de você que aparece na superfície, e o público vê e reage a ela à medida que você cuida dos seus negócios. Você usa consciente e automaticamente a sua personalidade a todos os momentos, de todas as formas. Ver o capítulo 6.

A CARACTERÍSTICA DO SEU EGO. É revelada pelo signo e a condição do Sol. Essa característica é algo que procura emergir e direcionar o curso e o propósito de sua vida. Ela identifica a qualidade ou as características de sua VONTADE à medida que ela acompanha os impulsos do EGO. Ela está escondida DENTRO da personalidade. Não é logo visível para os que lidam conosco apenas de modo superficial (na medida em que lidam com a concepção de nossa personalidade). É algo que entra no quadro DEPOIS que as pessoas nos conhecem melhor e discernem um padrão de comportamento que segue a forma ou o padrão típico do ego.

O CARÁTER DO SEU DESTINO. É um aprimoramento do quadro que mostra o CAMINHO que o ego precisa trilhar para aperfeiçoar-se. No horóscopo, é identificado pela localização da casa em que está o Sol com relação ao todo da vida (que é o círculo completo do horóscopo). Ver o capítulo 4.

O FOCO DE SUAS EMOÇÕES. As emoções são simbolizadas pela Lua, que é o oposto polar ou magnético do impulso do ego, simbolizado pelo Sol. O FOCO de suas emoções é revelado pela relação da Lua (posição da casa) com o restante da vida. Ver o capítulo 5.

Outras coisas que o seu horóscopo mostra e descreve são:

COMO O NATIVO VÊ A SI MESMO (na quarta casa) – Capítulo 12.

COMO O NATIVO VÊ O MUNDO À SUA VOLTA (na sétima casa) – Capítulo 15.

COMO O MUNDO VEM A JULGAR O NATIVO (na décima casa) – Capítulo 18.

OS SEUS RECURSOS, RENDIMENTOS E DINHEIRO (na segunda casa) – Capítulo 10.

O SEU RACIOCÍNIO E COMUNICAÇÃO DIRETA (na terceira casa) – Capítulo 11.

A SUA EDUCAÇÃO, HERANÇA E SENSO DE SEGURANÇA EMOCIONAL (também na quarta casa) – Capítulo 12.

A SUA CRIATIVIDADE, DIVERSÃO, PRAZERES E NAMORO (na quinta casa) – Capítulo 13.

OS SEUS DEVERES, OBRIGAÇÕES E RESPONSABILIDADES, INCLUSIVE A RESPONSABILIDADE COM O SEU CORPO (na sexta casa) – Capítulo 14.

OS SEUS SÓCIOS, COMPETIÇÃO E O EFEITO DOS OUTROS NA SUA VIDA (na sétima casa) – Capítulo 15.

COMO VOCÊ ENFRENTA A MUDANÇA E VÊ AS CONSEQÜÊNCIAS ESPIRITUAIS DE SUAS AÇÕES (na oitava casa) – Capítulo 16.

OS SEUS PRINCÍPIOS E OS SEUS CÓDIGOS DE CRENÇA, DA FORMA COMO SÃO EXPRESSOS EM LEIS PELAS QUAIS VOCÊ VIVE, A SUA RELIGIÃO E FILOSOFIA (na nona casa) – Capítulo 17.

A SUA AMBIÇÃO E OBJETIVOS MATERIAIS (na décima casa) – Capítulo 18.

OS SEUS SONHOS E ESPERANÇAS, NA MEDIDA EM QUE SÃO PARTILHADOS NA AMIZADE (na décima primeira casa) – Capítulo 19.

OS SEUS VALORES ÍNTIMOS, A MOTIVAÇÃO SUBCONSCIENTE E A REAÇÃO FINAL À SUA VIDA (na décima segunda casa) – Capítulo 20.

O SEU MODO DE PENSAR (a condição do seu Mercúrio) – Capítulo 8.

O SEU INSTINTO DE AUTOPRESERVAÇÃO (a condição do seu Saturno) – Capítulo 7.

O SEU ESTIMULANTE PARA A AÇÃO (a condição do seu Marte) – Capítulo 8.

A SUA CAPACIDADE PARA O AMOR E A AFEIÇÃO (a condição do seu Vênus) – Capítulo 8.

A SUA SENSIBILIDADE À INSPIRAÇÃO (a condição do seu Netuno) – Capítulo 8.

A SUA FÉ NA JUSTIÇA (a condição do seu Júpiter) – Capítulo 8.

O SEU ESPÍRITO DE INDEPENDÊNCIA (a condição do seu Urano) – Capítulo 8.

O SEU PODER DE SE REVITALIZAR E DE REAGIR ÀS CONDIÇÕES ALTERADAS (a condição do seu Plutão) – Capítulo 8.

Ao fazer um estudo exaustivo de qualquer desses departamentos ou instrumentos especiais da vida do nativo, o leitor é novamente advertido de que há uma estrutura de referência primária em que TODOS esses assuntos têm O SEU LUGAR PRÓPRIO. Qualquer separação de um assunto para fins de análise precisa sempre ser tratada em relação com os padrões gerais dos quais você tirou o assunto.

A astrologia considera a vida num contexto espiritual. A finalidade do padrão individual de vida (que tem precedência sobre todas as outras considerações) está contida em O CARÁTER DO SEU DESTINO. Essa é a ESTRUTURA PRIMÁRIA DE REFERÊNCIA.

Parece aconselhável recordar isso aos leitores, porque a partir daqui nós procuraremos o aprimoramento da análise dos temas individuais.

A PERSONALIDADE NA VELHICE

Como citado anteriormente, na prática da vida diária a embalagem é mais importante do que o conteúdo, porque é a isso que o público reage primeiro. A maioria das pessoas tem pouco tempo ou interesse de olhar. Você atrai o que o signo fixado na sua porta da frente diz, quer você goste ou não, e indiferentemente ao que houver por trás disso. As atribuições que recebemos na vida são distribuídas de acordo com o modo pelo qual os outros nos vêem. É por essa razão que as personalidades taurinas tendem a obter empregos do tipo taurino (administração financeira e manutenção de registros) e os librianos tendem a obter empregos do tipo libriano (socializadores e embelezadores do ambiente).

Os problemas da velhice, entre os tipos de personalidade, diferem consideravelmente, de acordo com o signo no ascendente. *Nos anos da maturidade, parece mais importante satisfazer as necessidades da concepção da personalidade* (signo no ascendente) do que satisfazer o impulso do ego (signo solar). É provável que isso ocorra porque o nosso ego enfraquece com a idade, mas as nossas necessidades corporais continuam até a morte.

No todo, os signos de ORIENTAÇÃO OBJETIVA (de Escorpião até Peixes) vão melhor ao enfrentar os problemas da velhice do que os signos de ORIENTAÇÃO SUBJETIVA (de Áries até Libra). Os signos subjetivamente orientados precisam de algum tipo de fundamentação de sua identidade pessoal a fim de se realizarem e isso, sem dúvida, é mais difícil de obter nos anos de maior maturidade, quando o nosso campo de ação é obviamente limitado em todas as direções.

Por exemplo, ao considerarmos o signo do ascendente:

ÁRIES NECESSITA DE AÇÃO. Para as personalidades arianas, é essencial manter-se tão fisicamente ativas quanto possível. Os arianos precisam manter seus cinco sentidos alertas e ativos, ou perderão seu senso de decisão. Para eles, seria extremamente difícil sofrer um enfraquecimento físico que lhes diminuísse as energias natas. Quando perderem seu sentido de prosseguir com empenho, estarão prestes a desistir.

TOURO NECESSITA DE FELICIDADE. Os confortos da vida percorrem um longo caminho para fazer os taurinos se sentirem felizes. Com efeito, eles podem disfarçar muitas deficiências em seu passado. Em geral, o dinheiro está bastante relacionado com os confortos e, portanto, ele também é importante. Visto que os tipos taurinos continuamente acumulam o que Vênus produz, o que eles necessitam, via de regra, é de contar suas bênçãos, que podem ser maiores do que eles percebem.

GÊMEOS PRECISA COMUNICAR-SE. Normalmente, a comunicação envolve a transmissão e a recepção. Mas, no caso dos geminianos (especialmente na velhice), eles não precisam, na verdade, de muito entendimento por parte de um público. Precisam apenas de alguém com quem falar. A maior delicadeza para os geminianos é colocá-los perto de outras pessoas com as quais possam tagarelar à vontade, quer os outros prestem ou não muita atenção. Esse exercício mental é tão necessário aos geminianos como o alimento e a água.

CÂNCER PRECISA SER DESEJADO. Isso pode ser impossível de satisfazer na velhice, porque os cancerianos se apegam a certas pessoas com devoção duradoura e, quando esses objetos queridos se vão, eles ficam propensos a desistir e a definhar. Se for de todo possível, as pessoas idosas de personalidade canceriana devem ser mantidas no lar, ao redor das pessoas que amam e estimam, até mesmo se essas pessoas não fizerem mais parte ativa do círculo familiar. Para os cancerianos, casas de repouso são estranhas e amedrontadoras.

LEÃO PRECISA DE RESPEITO. Já que normalmente é preciso mérito para se conseguir respeito, muitas vezes os leoninos recorrem à falsificação para obter o respeito que seu ego exige. Isso às vezes é mais fácil de obter de estranhos do que de velhos amigos, se o leonino não for exatamente tudo o que alega ser. Os leoninos facilmente enternecem estranhos, principalmente quando os laços familiares não são o que eles desejariam. E, de modo geral, esses laços não são o que os leoninos desejam.

VIRGEM NECESSITA SERVIR. Embora seja bonito sermos apreciados pelo que fazemos pelos outros, o virginiano está tão seguro de que a sua contribuição é a coisa certa que, com freqüência, é suficiente dar-lhe uma tarefa que seja útil e construtiva. Quanto mais detalhada for, melhor. O virginiano é outro tipo que deve ser mantido no círculo familiar, ao invés de ser isolado numa casa de repouso, onde há poucas possibilidades de que lhe confiem um trabalho extraordinário.

LIBRA PRECISA DE BELEZA. Para os librianos, o alento vital é estar rodeado de coisas bonitas (inclusive eles mesmos). Eles simplesmente não podem suportar ambientes melancólicos, desmazelados e deprimentes. Preferirão morrer. Às vezes, quando não há nada em que os librianos possam trabalhar, eles podem ser mantidos felizes apenas tentando embelezar e enfeitar-se a si mesmos. Como a beleza custa caro, os librianos são mais dispendiosos de manter do que pessoas de outros signos. Os librianos podem satisfazer-se igualmente com seu velho lar ou com um novo, durante o tempo em que o acharem atraente.

Os signos objetivamente orientados são, desde o início, mais autocontidos, o que permite que se projetem na direção do mundo. O que precisam do mundo exterior, à medida que envelhecem, não muda tanto como eles. Eles se fatigaram, mas o mundo continua a viver, e podem aceitar essa continuidade da vida sem frustração pessoal. Eles precisam menos do exterior para si mesmos.

ESCORPIÃO CONTINUA A SATISFAZER SUA CURIOSIDADE. A personalidade do escorpiano é naturalmente reservada e misteriosa; ele pode, portanto ser deixado sozinho e ainda encontrar muito que absorva os seus pensamentos e interesses. O tipo escorpiano (à semelhança de Peixes) se adapta melhor à velhice do que qualquer outro signo. Os escorpianos podem ser excelentes ouvintes (sem exagerar na dose). Desde que enfrentaram muitas vezes a morte na imaginação, não a receia.

SAGITÁRIO CONTINUA A SENTIR O PROGRESSO. O tipo sagitariano habitualmente acha fácil adaptar-se à velhice. Seu entusiasmo natural e suas atitudes otimistas fecham seus olhos às deficiências materiais e reagem positivamente a qualquer raio de Sol. Eles simplesmente ignoram o que não corresponde ao seu esquema das coisas.

CAPRICÓRNIO CONTINUA A AMPLIAR A SUA POSIÇÃO. Os capricornianos se ajustam à velhice de forma graciosa, pois nasceram velhos de espírito. Mesmo que não tenham conseguido obter tanto quanto esperavam, gostam de continuar tentando até o fim. Habitualmente, mantêm-se ativos; portanto, é melhor deixá-los decidirem os assuntos por si mesmos – eles o farão, seja como for.

AQUÁRIO CONTINUA A PERSEGUIR A SUA LIBERDADE DE OPINIÃO. Na velhice, os aquarianos podem causar desgosto considerável às suas famílias, porque tendem a degenerar mental ou emocionalmente, mas não fisicamente. De fato, os seus corpos, ao serem aliviados de tensões que antes eram impostas por sua mente e suas emoções, parecem ficar mais fortes do que antes. São capazes de tornar-se excêntricos, o que na verdade é um estado exacerbado de seu eu real (que a conformidade manteve oculto). A velhice parece liberar isso. Algumas vezes eles têm de ser enclausurados e cuidados, mas são mais felizes do que supomos.

PEIXES CONTINUA A BUSCAR RESPOSTAS INTERIORES. Como os escorpianos, os piscianos estão mais preparados para a morte do que as pessoas dos outros signos. Eles se detêm com tanta naturalidade no subconsciente que não sentem nada de estranho em ser deixados sozinhos ou isolados. Na verdade, podem preferir que seja assim. Quanto a apoiar-se nos outros, eles são independentes e auto-suficientes. Desejam seguir os ditames de sua "voz interior" sem interrupção.

Ao tentar ajudar as outras pessoas quanto aos seus problemas na velhice, a chave que abre ou libera a satisfação da personalidade para cada uma pode ser encontrada onde for encontrado o regente do signo do ascendente.

SE O REGENTE DO ASCENDENTE ESTIVER NA PRIMEIRA CASA, o nativo detém a chave para o que estimula e desestimula a sua personalidade. Esse é um ingrediente que ele fabrica para si mesmo. Depende muito dele. Durante a vida ativa, isso contribui bastante para o dinamismo e a individualidade da personalidade do nativo, porém torna um tanto mais difícil para os outros o lidar com ele na velhice, se ele não quiser ajudar-se. O nativo sempre terá o potencial de fazer por si mesmo, se a vida exigir isso.

SE O REGENTE DO ASCENDENTE ESTIVER NA SEGUNDA CASA, o dinheiro e o fato de o nativo ser capaz de pagar o que precisa têm muito a ver com as condições sob as quais a personalidade do nativo desabrochará. É melhor quando isso ocorre com os próprios recursos do nativo, em vez de provir dos recursos alheios, pois a segunda casa representa o que se ganha.

SE O REGENTE DO ASCENDENTE ESTIVER NA TERCEIRA CASA, o nativo precisa comunicar-se mentalmente com os outros para que o melhor em sua personalidade apareça. Ele reagirá às idéias apenas com estímulo exterior.

SE O REGENTE DO ASCENDENTE ESTIVER NA QUARTA CASA, em geral o nativo tem de contar com seus próprios recursos íntimos – recriar algum aspecto de sua formação ou conexões familiares. Precisa sentir-se especialmente seguro. Sem esse sentimento (do qual o nativo tem de ser convencido), há pouco que os outros possam fazer. Mas os recursos com que pode contar são fortes. Ele os usou a vida inteira.

SE O REGENTE DO ASCENDENTE ESTIVER NA QUINTA CASA, o nativo aprecia prazeres simples – até mesmo jogos infantis são úteis. Por vezes, se o nativo tiver desenvolvido alguma perícia ou habilidade, qualquer oportunidade de ser criativo é boa. Deveriam permitir-lhe estar na companhia das crianças e poder observá-las em seus jogos. Isso lhe traz de volta a juventude e a vitalidade da competição.

SE O REGENTE DO ASCENDENTE ESTIVER NA SEXTA CASA, o nativo precisa receber incumbências e deveres para cumprir. Qualquer coisa que o mantenha ocupado lhe dá uma sensação de estar contribuindo.

SE O REGENTE DO ASCENDENTE ESTIVER NA SÉTIMA CASA, o nativo precisa de algum tipo de companhia. Ele está acostumado a ser dirigido e dominado pelos outros e pode ser incapaz de tomar decisões por si mesmo. Até mesmo uma mão severa ajuda. O nativo está acostumado a que lhe digam o que fazer.

SE O REGENTE DO ASCENDENTE ESTIVER NA OITAVA CASA, o nativo é muito mais difícil de animar ou ajudar. Ele quer ser deixado só, o que, nesse caso, é estranhamente melhor. Sua consciência descobre o nível necessário e ele pode ficar satisfeito, mesmo que, pelos nossos padrões, isso não pareça ocorrer. O importante é permitir que continue o seu caminho sem impor-lhe o que preferiríamos para nós mesmos.

SE O REGENTE DO ASCENDENTE ESTIVER NA NONA CASA, invariavelmente o nativo é estimulado por estranhos, por rostos novos e por uma mudança de cenário. Livros, novidades e informações sobre o seu assunto predileto são quase tão bons quanto amigos e companhia. O nativo tem a capacidade de projetar-se mentalmente para fora da sua situação imediata, o que é uma bênção. Esse é um dos tipos mais agradavelmente auto-suficientes, que reage de forma construtiva ao confinamento. Nem todos podemos ler um livro e distrair a nossa mente dos nossos problemas, mas esse nativo pode.

SE O REGENTE DO ASCENDENTE ESTIVER NA DÉCIMA CASA, o nativo tem um interesse contínuo pelos assuntos mundanos, pelas notícias e opiniões do momento, e será ajudado se for mantido em contato com os que estão deixando a sua marca no mundo (mesmo que esse contato seja através do rádio ou da televisão). Este nativo sempre foi ambicioso no sentido mundano; portanto, tudo que lembrar essa luta pelas realizações do momento é bem-vindo.

SE O REGENTE DO ASCENDENTE ESTIVER NA DÉCIMA PRIMEIRA CASA, o nativo precisa de camaradagem e de um sentimento de simpatia amigável, mesmo que seja de alguém relativamente estranho. Ele tem de ser mimado, convencido e levado a sentir que não está sozinho e que, de fato, muitos compartilham de suas simpatias e aspirações. Esse é um dos casos mais difíceis de ajudar, porque muitas vezes é difícil encontrar quem queira perder tempo confortando-o. Felizmente, esse nativo simpatizará com os estranhos, enquanto sentir o vínculo de solidariedade dos sonhos compatíveis. Esse nativo levou a vida inteira fazendo e cultivando amizades, de modo que deve haver muitos amigos dos quais possa obter compreensão.

SE O REGENTE DO ASCENDENTE ESTIVER NA DÉCIMA SEGUNDA CASA, o nativo está acostumado à solidão. Pode, na verdade, preferi-la. O nativo tem mais recursos do que se poderia imaginar, especialmente quando se tratar de fortaleza interior e de lidar com desapontamentos e frustrações. Durante toda a sua vida ele se acostumou com limitações e negativas. Na verdade, esse nativo normalmente enfrenta a velhice com muita serenidade, porque durante toda a vida ele soube que as respostas finais e a morte não detêm mistério ou receio para ele. Pensa na morte como num novo começo.

Capítulo 7

SATURNO NO SEU HORÓSCOPO

A POSIÇÃO DA CASA DE SATURNO COMBINADA COM CAPRICÓRNIO NA CÚSPIDE DAS CASAS

Saturno, o feitor, é o princípio da autopreservação e da segurança básica. A localização e a condição de Saturno são considerações extremamente delicadas e importantes. Em muitos casos, Saturno pode ser o fator mais determinante de todo o horóscopo. A autopreservação muitas vezes tem precedência sobre o aperfeiçoamento do ego (o Sol), sobre as gratificações (a Lua), sobre a busca das ambições (a décima casa), sobre o desenvolvimento da personalidade (a primeira casa), ou sobre a condescendência nos prazeres, no amor ou no sexo (a quinta casa). Se o nativo não resolver as exigências básicas de segurança, nenhum dos outros assuntos lhe poderá trazer satisfação permanente.

A casa em que Saturno estiver indica o campo da experiência no qual a segurança básica do nativo será mais vulnerável. Deve-se dar prioridade total às exigências dessa casa antes que o nativo possa voltar a sua atenção para assuntos mais elevados. Às vezes só se consegue um quase-compromisso, que, se for razoavelmente abalado, pode solapar os melhores esforços que o nativo realizou na vida.

SE SATURNO ESTÁ NA PRIMEIRA CASA, o nativo sofre de certo complexo de inferioridade, que precisa ser vencido. O senso de identidade e valor pessoal demora a desenvolver-se, mas, com Saturno nessa posição, mais tarde emergirá uma personalidade sólida e confiável. Essa é uma das posições mais favoráveis desse planeta, porque o nativo é capaz de controlar a disciplina necessária à vida. Ele aprende a fazer isso desde o princípio. Vencer restrições e limitações torna-se para esses nativos uma segunda natureza. Pelo fato de eles naturalmente se moverem devagar e avaliarem com mais cuidado as situações antes de agirem, esses nativos tendem a saber o que precisam e são capazes de se concentrar com mais eficácia na obtenção disso. A personalidade é marcada por uma teimosia lenta e deliberada que os mantém trabalhando com afinco em objetivos geralmente construtivos. Os negócios da casa que está sob o signo de Capricórnio podem contribuir muitíssimo para a evolução superior que Saturno imprime à personalidade. Se Capricórnio está na:

Primeira casa: o nativo tem bastante determinação.

Segunda casa: são assegurados ao nativo quinhões justos de recursos adequados.

Terceira casa: o nativo raciocina de forma perfeita.

Quarta casa: a formação e a família do nativo prestam-lhe assistência em sua luta. Uma vida familiar segura (que surge tarde na vida) se impõe.

Quinta casa: o nativo tem talentos criativos, com os quais pode investir.

Sexta casa: a vocação do nativo é produtiva.

Sétima casa: os outros sempre estão prontos a ajudar o nativo em seus esforços.

Oitava casa: o nativo lucra com os esforços alheios.

Nona casa: o nativo goza de ligações favoráveis com organizações promocionais.

Décima casa: garante-se ao nativo reconhecimento adequado e uma posição respeitada.

Décima primeira casa: o nativo é patrocinado e protegido por amigos solidários.

Décima segunda casa: o nativo recebe apoio secreto proveniente de trás dos bastidores.

SE SATURNO ESTÁ NA SEGUNDA CASA, o nativo sofre continuamente os efeitos de uma fonte inadequada de suprimento ou de recursos financeiros para realizar as suas melhores idéias. A situação econômica do nativo melhora na velhice, mas só depois que sofreu muitos reveses e demoras frustrantes. Invariavelmente, o nativo sente que a falta de fundos é o principal obstáculo que o impede de avançar na vida. Nesta posição, Saturno sempre limita o retorno financeiro pelo trabalho. Em termos de capacidade de ganhar dinheiro por seu próprio esforço, o nativo sempre recebe menos do que o seu trabalho vale. Contudo, ele sempre terá a capacidade de ganhar dinheiro, mesmo quando estiver velho. De fato, ele se sairá melhor na velhice. Essa posição em geral indica uma atitude frugal e de acumulação em relação às propriedades, mas isso nem sempre aparecerá tanto com relação ao próprio dinheiro. Mesmo que o dinheiro seja gasto rapidamente, o nativo, de forma invariável, se apegará ao que comprar. Os assuntos da casa que está sob Capricórnio terão um interesse fundamental para o nativo, como uma fonte natural e posteriormente segura de obtenção de rendimentos.

Se o signo de Capricórnio está na:

Primeira casa: o nativo é capaz de investir de algum modo com a concepção de sua personalidade.

Segunda casa: o nativo precisa escolher uma vocação e ater-se a ela até o amargo fim. Deve evitar mudanças de ocupação, a qualquer custo.

Terceira casa: o nativo deve negociar no mercado com clientes e fregueses. Mas a margem de lucro por unidade será pequena.

Quarta casa: o nativo tem algo em sua formação ou herança que pode trazer-lhe rendimentos. São favorecidas as propriedades efetivas, as atribuições fixas, os depósitos minerais e os produtos que podem ser produzidos em casa.

Quinta casa: o nativo obtém seus ganhos nos campos do entretenimento, da educação primária de crianças, das especulações seguras e das linhas de trabalho criativo sérias.

Sexta casa: o lucro do nativo está relacionado com áreas de serviço ligadas às condições de trabalho, com os serviços destinados à manutenção do lar ou com os assuntos relacionados com a saúde. Por assuntos de manutenção do lar entendemos os serviços de hotelaria, a conservação, a alimentação e as bebidas e tudo o que contribua para que as pessoas distantes do lar se sintam em casa.

Sétima casa: a fonte de lucro do nativo se relaciona com qualquer serviço que provenha de relacionamentos interpessoais – sua regulamentação ou promoção. Isso abrange as pessoas dispostas a colaborar ou competir umas com as outras ou as que se contestam mutuamente.

Oitava casa: o nativo se beneficia com situações ou objetos que os outros abandonaram por considerá-los "inúteis". Ao restaurar-lhes a utilidade, o nativo lhes atribui novo valor.

Nona casa: a publicação e a promoção de credos, leis, programas ou princípios em que há muitos colaboradores são lucrativas para o nativo. Seria aconselhável que ele considerasse os lugares distantes de sua sede de trabalho ou de sua experiência natural como um mercado para os seus esforços (isto é, algum lugar que lhe fosse originalmente estranho). Também é benéfico lidar com estrangeiros ou com produtos importados. O nativo é beneficiado de alguma forma pela aplicação da lei. A lei poderia ser uma aplicação justa da verdade e da realidade como princípio.

Décima casa: o nativo lucra com alguma atividade que se relaciona com as pessoas em posição de destaque. Isso pode significar a atuação como agente para o reconhecimento público de outros. A promoção de possibilidades de carreira, como agente de emprego ou colocação de executivos, é indicada.

Décima primeira casa: o nativo se beneficia com o trabalho administrativo ligado aos movimentos de massa em favor de causas sociais, que atraem a simpatia pública. O nativo precisa adaptar as suas simpatias às dos outros de raciocínio semelhante e esforçar-se por proporcionar algum tipo de função que sirva a essa causa.

Décima segunda casa: o nativo lucra com o trabalho institucional, cuidando de internos, pacientes, clientes, etc. A pesquisa ou um serviço que apóie atividade por trás dos bastidores ou que evidencie motivações subconscientes, são indicados.

SE SATURNO ESTÁ NA TERCEIRA CASA, o nativo precisa dedicar esforço concentrado ao desenvolvimento de uma técnica de comunicação com um cliente ou freguês. Os padrões de raciocínio são profundamente sérios e bem organizados. O nativo invariavelmente obtém aceitação pública pelo poder e influência do que escreve. Os assuntos da casa em que Capricórnio estiver fornecem o material mais favorável para uma abordagem realista do nativo nessa direção.

Se Capricórnio está na:

Primeira casa: o nativo precisa concentrar-se em "vender" suas idéias. Os outros percebem que ele tem algum talento, pelo qual lhe dão crédito; esse talento deveria ser desenvolvido e divulgado como exemplo.

Segunda casa: o nativo deve concentrar-se nas idéias de como ganhar dinheiro, ou deve aconselhar os outros sobre o modo como podem aumentar suas fontes de rendimento.

Terceira casa: o nativo precisa começar mais ou menos do zero, ao desenvolver um estilo próprio de expressão, o que pode demorar. Também haverá demora para que os outros adotem ou sigam os seus pontos de vista e opiniões.

Quarta casa: o nativo tem algo de sólido com que contribuir para que os outros desenvolvam um método ou técnica, ou uma abordagem geral aos seus objetivos. Isso provém, naturalmente, da extensiva introspecção do nativo quanto a seus próprios problemas nesse campo.

Quinta casa: o valor atribuído aos pensamentos do nativo decorre de alguma ligação com o divertimento, a procura do prazer, a educação primária ou negócios que envolvam os filhos. O pensamento pode estar relacionado com as situações românticas e o sexo ligado ao namoro.

Sexta casa: a cotação dos pensamentos do nativo decorre de problemas ou condições de trabalho, vocação, saúde e interesses de economia doméstica.

Sétima casa: o valor atribuído aos pensamentos do nativo decorre de sua compreensão dos relacionamentos interpessoais dos outros (quer harmônicos, quer discordantes).

Oitava casa: o valor dado aos pensamentos do nativo decorre de sua dedicação aos assuntos, ou de condições que a maioria das pessoas em geral não entende em circunstâncias do dia-a-dia. As idéias são baseadas em situações extraordinárias que podem surgir apenas ocasionalmente no curso da existência. Há interesse no sexo como fonte de revitalização.

Nona casa: o valor dos pensamentos do nativo decorre da publicação ou da promoção de princípios estabelecidos, os quais podem precisar de uma revisão substancial ou de um tratamento mais realista e confiável.

Décima casa: o valor dado aos pensamentos do nativo decorre dos modos de conquistar e manter a aceitação pública ou o respeito pela carreira.

Décima primeira casa: a cotação dos pensamentos do nativo se deve à organização de interesses comuns ou de simpatias coletivas de grupos amplos.

Décima segunda casa: o valor dos pensamentos do nativo está na apresentação de motivações subconscientes ou no estudo de fatores sociológicos entre os membros aflitos da sociedade. Com Saturno na terceira casa, esses fatos são revelados e discutidos abertamente.

SE SATURNO ESTÁ NA QUARTA CASA, o nativo deve desenvolver um sentimento de parentesco íntimo com a sua formação histórica e com sua hereditariedade. De qualquer forma, há forte fixação parental, o que estimula uma atitude natural de olhar subjetivamente para trás em vez de olhar de forma objetiva para a frente. Este nativo deve ter sido muito reprimido na infância (em primeiro lugar, pela família) e demorará muito para mostrar um desenvolvimento pessoal positivo. Desde que ele esteja satisfeito com a justeza e a inexpugnabilidade de sua posição ou fundamentação, é provável que cause forte impressão nos que o rodeiam, devido à sua persistente defesa de algum assunto de importância subjetiva.

O raio de ação de sua influência, conquanto definitivamente seguro, pode ser bastante restrito. A referência fundamental do nativo é subjetiva, e ele é inusitadamente lento em descobrir a necessidade de realizar algo por si mesmo. Os assuntos da casa que está sob Capricórnio contribuem bastante para a estabilidade e motivação do nativo.

Se o signo de Capricórnio está na:

Primeira casa: o nativo precisa descobrir a conexão que existe entre ele e a sua herança, o que faz com que seja importante que ele continue ou contribua com algum tipo de técnica essencial ou método de análise. Ele tem algo a dar ou acrescentar à soma do que obtém de suas conexões familiares.

Segunda casa: o nativo precisa resolver a sua abordagem subjetiva através de uma análise penetrante dos métodos de ganhar dinheiro, ampliar as fontes naturais de suprimento ou economizar o necessário sustento.

Terceira casa: o nativo precisa resolver a sua abordagem subjetiva através de um cuidadoso exame dos métodos de expressão ou dos estilos de comunicação e o efeito que eles causam nos outros. A escrita séria é favorecida, com ênfase factual nas novidades e nas opiniões e no manejo de fregueses e clientes.

Quarta casa: o nativo precisa resolver a sua abordagem subjetiva através de um esforço consistente na reorganização de suas técnicas, de tal modo que elas possam produzir o melhor que ele tem a oferecer. Isso envolverá muita pesquisa de alma e aprofundamento no eu subjetivo. Isso favorecerá uma posição no trabalho médico analítico, do tipo que há na psiquiatria e na psicanálise.

Quinta casa: o nativo precisa resolver a sua abordagem subjetiva através de um esforço objetivo de criatividade. Ele se interessa pelo campo inteiro da criatividade, como uma extensão do ego. Também o interessarão a análise subjetiva do jogo, das formas de especulação ou, ainda, do namoro.

Sexta casa: o nativo precisa resolver a sua abordagem subjetiva através de uma análise completa dos problemas vocacionais, de assuntos relativos à saúde e do conceito que as pessoas têm de dever e serviço.

Sétima casa: o nativo precisa resolver a sua abordagem subjetiva através do estudo de todos os relacionamentos interpessoais (harmonia ou discórdia).

Oitava casa: o nativo precisa resolver a sua abordagem subjetiva por meio de um estudo das reações que as pessoas apresentam às situações extraordinárias, sob tensão ou nas crises. A oitava casa é a área de mudanças significativas de direção na vida das pessoas. A abordagem do nativo é a de ver como outras pessoas enfrentam isso e preservam o seu senso básico de segurança.

Nona casa: o nativo precisa resolver a sua abordagem subjetiva através de um estudo da história do desenvolvimento e das tendências de idéias que, posteriormente, se tornam codificadas em sistemas inteiros, como acontece no caso da religião, das filosofias, da lei e de todos os assuntos referentes à educação superior.

Décima casa: o nativo precisa resolver a sua abordagem subjetiva através de um estudo detalhado do relacionamento entre os métodos e o sucesso, entre o esforço e o reconhecimento, entre a ambição e os resultados. Essa é uma posição de efeito muito poderoso do eixo Saturno/Capricórnio. O nativo está, de certa forma, bem preparado para a sua tarefa e, desde o início, goza de certo grau de reconhecimento por já ter alcançado uma posição de algum mérito ou estima. Mesmo assim, algo de subjetivo ainda o detém, e isso faz com que se decida a enquadrar a situação com perfeição.

Décima primeira casa: o nativo precisa resolver a sua abordagem subjetiva através de uma identificação com os objetivos e ideais de grupo, com os fatores que ligam os homens, como oposto às características que os distinguem uns dos outros como indivíduos.

Décima segunda casa: o nativo precisa resolver a sua abordagem subjetiva através do enfoque de duas áreas muito complexas da subjetividade: a subjetividade do *self* e a subjetividade do inconsciente coletivo. A maioria das pessoas não entenderá o que isso significa ou envolve, porém o nativo que tem esse padrão no horóscopo saberá o que isso sugere.

SE SATURNO ESTÁ NA QUINTA CASA, o nativo sente limitação e depressão quanto aos assuntos relativos à criatividade, ao namoro, aos filhos e à educação destes. Ainda assim, no fato de enfrentar qualquer uma, ou todas essas questões, está a chave para o senso de segurança do nativo. O problema é que o campo da quinta casa normalmente é o das extensões objetivas do ego, que costumam agir melhor quando não são reprimidas pela realidade mais básica e prática exigida por Saturno. O resultado tem de ser uma afinação do produto no sentido restritivo de Saturno. De certa forma, é difícil considerar o princípio da autopreservação e das expressões supostamente prazenteiras do ego no mesmo contexto. Nesse caso, eles devem ser considerados conjuntamente. Nossos filhos podem tornar-se uma fonte de segurança, mas, ao mesmo tempo, estarão destinados a causar desapontamentos e acarretar obrigações. A mesma coisa pode ser dita sobre todos os esforços criativos que o nativo possa iniciar. As relações sexuais (ligadas ao namoro) geralmente são consideradas uma atividade que dá prazer, mas a presença de Saturno na quinta casa diminui consideravelmente a paixão. A pessoa está sujeita a sentir-se atraída por tipos mais maduros no que diz respeito a isso, e os aspectos mais práticos da segurança serão mais importantes do que as emoções extáticas do romance. Saturno na quinta casa certamente desencorajará o jogo, a especulação e o tirar vantagens imediatas das situações eventuais. Para empreendimentos a longo prazo e inteiramente seguros, entretanto, a situação é favorável. A pessoa é quase forçada a extrair material da casa em que Capricórnio estiver localizado, como um SUBSTITUTO para todas as coisas agradáveis que a quinta casa normalmente providencia, mas que Saturno nega.

Se o signo de Capricórnio está na:

Primeira casa: em geral, o nativo precisa buscar prazer na imposição de sua personalidade aos outros. Esse é quase o retrato da pessoa que está apaixonada por si mesma ou pela própria imagem.

Segunda casa: talvez o nativo devesse apaixonar-se por ganhar dinheiro e por explorar todas as fontes possíveis de abastecimento. A pessoa também poderá estar apaixonada pelas próprias posses.

Terceira casa: o nativo tende a se apaixonar pelo seu modo de raciocinar, pela sua expressão e estilo de comunicação. Também há amor ligado a um dos clientes ou fregueses, aos irmãos e irmãs.

Quarta casa: as pressões ou lições provindas do passado do nativo ou de sua herança são projetadas para os filhos. É provável que se espere demais da prole ou de outros esforços criativos.

Quinta casa: surpreendentemente, este é um padrão mais positivo do que os outros para um Saturno na quinta casa. A criatividade do nativo está intimamente associada com o que atrai a aprovação da opinião pública. O lado comercialmente forte do campo do entretenimento é sugerido, bem como o lado comercial do jogo e dos investimentos especulativos.

Sexta casa: o nativo precisa abordar de algum modo as obrigações, deveres e compromissos de serviço dos assuntos da sexta casa com vistas para a criatividade e um discernimento intuitivo para algum tipo de publicidade e propaganda.

Sétima casa: o nativo deve atuar como um agente para a especulação ou o jogo de outras pessoas. Outros estarão dispostos a cooperar na obtenção da segurança do nativo, o que, por fim, estimulará o seu senso de criatividade; mas isso pode demorar um bom número de anos.

Oitava casa: com esse padrão o nativo está exposto a uma espécie de fator de sorte, visto que a oitava casa se relaciona com o dinheiro de outras pessoas, com as heranças e com o dinheiro que o nativo não ganhou. A quinta casa envolve o jogo e a especulação e todos os jogos e investimentos de azar. As duas devem, de algum modo, fundir-se de forma construtiva (o eixo Saturno/Capricórnio exige isso), e ainda há muitos fatores isolados, incontroláveis. É difícil que se venha a perceber uma solução construtiva.

Nona casa: a criatividade do nativo, que precisa desenvolver-se até o ponto da segurança, está ligada a fatores distantes e a uma possível audiência que está bem longe da sua costumeira sede domiciliar ou formação (isto é, algo que lhe seja estranho). A publicidade é favorecida, bem como as instituições de ensino superior e a retórica formalizada.

Décima casa: este é um padrão forte, em que as pessoas que estão em posição de destaque colocam uma pesada responsabilidade sobre os ombros do nativo, compelindo-o a ser divertido, romanticamente convincente e ousadamente aventureiro (quer se sinta disposto a isso ou não). O sucesso, a posição e a criatividade do nativo estão, de certa forma, entrelaçados com fortes laços. O eixo Saturno/Capricórnio sempre é um vínculo sólido que envolve a obediência, o dever e uma necessidade compulsiva.

Décima primeira casa: o nativo é consideravelmente mais livre nessa posição. Os valores e as simpatias de grupo desempenham um papel romântico no dever que o nativo tem de criar alguma coisa.

Décima segunda casa: o nativo é levado por motivações subconscientes e por causas sociológicas a igualar-se aos demais cidadãos a fim de obter o seu material criativo. Qualquer projeção do ego do nativo na união criativa (que, em última análise, é imperativa) será profundamente influenciada por uma sugestão do subconsciente ou por estruturas definitivas de valor.

SE SATURNO ESTÁ NA SEXTA CASA, esta é, pelo menos, uma área mais compreensível para a natureza depressiva de Saturno. O trabalho, o dever, a obrigação, a labuta e a responsabilidade, todas essas são condições que Saturno sugere. No todo, a presença de Saturno empresta a força e a determinação de passar através dos empregos difíceis. As limitações iniciais em quaisquer assuntos da sexta casa serão afinal melhoradas nos anos posteriores, à medida que Saturno provar a sua característica: SUCESSO ATRAVÉS DA PERSISTÊNCIA

EM PROSSEGUIR ATÉ O AMARGO FIM. Com as questões de Saturno, podemos ter quase a certeza de que viveremos para ver esse fim (amargo ou não). Há a possibilidade de existirem condições crônicas envolvendo serviço, obrigações e saúde, as quais são difíceis de descartar. Onde quer que Saturno se encontre, aí teremos de perseverar, e aqui nós o encontramos na linha do dever. Podemos buscar alguma redução da carga no lugar onde estiver o regente da sexta casa. Por outro lado, as questões da casa de Capricórnio tendem quase sempre a adicionar deveres aos encargos da sexta casa, em vez de aliviá-los.

Se o signo de Capricórnio está na:

Primeira casa: na sua luta com o dever e a obrigação, o nativo é sustentado pela força de sua personalidade e pela sua constituição forte.

Segunda casa: o nativo é ajudado por uma fonte segura de suprimento e pelo poder de ganhar dinheiro.

Terceira casa: a capacidade de raciocínio do nativo e certo talento para perceber o sentimento adequado ao momento ajudam a aliviar o peso de suas tarefas.

Quarta casa: a formação, herança e tradição familiar se juntam maravilhosamente com a tarefa que tem de ser feita no momento. O nativo tem a boa sorte de começar tudo o que tenta fazer com o pé direito.

Quinta casa: a vida amorosa e os esforços de criação precisam dar lugar ao senso do dever e da obrigação. O nativo precisa sacrificar até mesmo os seus filhos às obrigações da sexta casa. Os filhos do nativo também se tornam uma obrigação adicional, o que supera até mesmo a rotina natural de sua infância.

Sexta casa: a vocação está destinada a ser inflexível, fixa, rotineira e exigente. Apesar disso, também pode levar a resultados importantes e envolver pessoas em altas posições e que gozam da estima pública.

Sétima casa: quando se trata de atender a ordens e pedidos de outros, o nativo está, numa medida considerável, sujeito à vontade alheia. Ele tem pouca liberdade na escolha de sua vocação. Há muitas pessoas sempre prontas a dizer-lhe o que fazer. Às vezes isso pode ser uma amolação, na medida em que o nativo pareça estar sujeito ao capricho e à extravagância de qualquer pessoa. De algum modo, o nativo terá de acatar tudo isso seriamente e, ainda assim, sair-se bem num emprego satisfatório.

Oitava casa: é provável que o nativo fique inteiramente preocupado com a administração dos negócios importantes deixados por pessoas que faleceram. Esses negócios podem ter considerável importância e o nativo se vê seriamente envolvido e em posição de subserviência às suas leis e desejos.

Nona casa: o nativo sente-se bem realizando obrigações num serviço referente a algum aspecto das instituições da nona casa — editoração, lei, religião, ensino superior.

Décima casa: é provável que o nativo tenha de trabalhar em deveres rotineiros referentes ao funcionalismo público, aos homens de posição e autoridade.

Décima primeira casa: de forma semelhante ao que acontece na décima casa, o nativo é incumbido de cumprir obrigações subservientes ligadas a organizações que estão a serviço de determinadas conveniências e simpatias. Os amigos impõem obrigações que se transformam muito mais num jugo do que num prazer.

Décima segunda casa: o nativo pode estar seriamente envolvido nos deveres de rotina e nas obrigações do trabalho, mas pode ter uma série subconsciente de motivações, ou a sensação de que pode contribuir de algum modo para as causas subjacentes de questões importantes. O trabalho pode ser feito em instituições como prisões, hospitais ou asilos. De alguma forma, o nativo é capaz de tornar seu fardo mais leve, pelo fato de identificar-se, de certo modo, com os infelizes e de ajudá-los.

SE SATURNO ESTÁ NA SÉTIMA CASA, a sensação de segurança do nativo depende diretamente de outras pessoas. Isso ele não pode controlar: as outras pessoas precisam providenciar a sua segurança. É provável que haja muitas pessoas dispostas a fazer isso, mas, ao mesmo tempo, elas exercem um controle deprimente e frustrante sobre o nativo, e ele precisa acostumar-se com essa condição. Isso parece sugerir o modelo de um quase escravo, ou de um empregado subordinado, o que é mais ou menos aquilo a que o nativo deve ajustar-se. Pode ter um professor mais velho, de preferência severo e, por certo, exigente. O que o nativo traz consigo para ajudá-lo a carregar o fardo é revelado pela casa de Capricórnio. A finalidade ou recompensa para a qual esse ajustamento leva é sugerida pela casa onde se encontrar o regente da sétima casa.

Se o signo de Capricórnio está na:

Primeira casa: o nativo tem uma personalidade voluntariosa e uma espécie de dedicação própria, que é evidente. Toda a sua identidade está ligada ao bom desempenho de suas obrigações. Com efeito, fora disso sua personalidade tem poucas chances de se expressar.

Segunda casa: o nativo tende a colocar todas as suas posses e a fonte futura de suprimento nas mãos dos outros, que lhe garantirão a segurança.

Terceira casa: o raciocínio do nativo está voltado primeiramente para a satisfação da pessoa que controla a sua segurança. Todos os seus pensamentos estão orientados nesse sentido.

Quarta casa: o nativo sacrifica o controle sobre sua própria família e/ou herança àquele que controla a sua segurança. Todas as suas atitudes subjetivas confirmam a sabedoria de colocar a sua estabilidade nas mãos dos outros.

Quinta casa: todas as idéias do nativo sobre namoro, romance e esforços criativos estão centralizados na pessoa que garantirá a sua sensação de segurança.

Sexta casa: o nativo se apega aos que lhe oferecem proteção ou sensação de preservação, mostrando inteira subserviência e disposição de obedecer às suas ordens.

Sétima casa: este nativo tem ainda menos controle sobre a sua segurança do que os de outras posições de Capricórnio, visto que não é ele que toma as decisões. Entretanto, é provável que as pessoas que conquistam e mantêm o nativo sob seu controle tendam a ser, em geral, as de intenção louvável, atitudes firmes e posição elevada ou de respeito.

Oitava casa: o nativo é posto sob o controle dos outros através de circunstâncias extraordinárias que não pode controlar e que envolvem os desejos ou planos de outras pessoas que já não estão por perto ou fazendo parte do quadro. A condição do nativo pode ser o resultado de uma guerra, crise ou catástrofe.

Nona casa: as obrigações do nativo estão centradas ou surgem de uma filiação íntima a uma mesma instituição – como ocorre com dois membros da mesma religião, igreja, universidade ou formação legal. São os assuntos da nona casa que os ligam mutuamente.

Décima casa: o nativo subordina facilmente seus próprios objetivos aos de outra pessoa que controla rigidamente a sua segurança. Ao mesmo tempo, o nativo tem um objetivo elevado, mas sente que pode alcançar mais facilmente suas metas submetendo-se inteiramente à vontade de um mestre, que, ele espera, um dia o recompensará.

Décima primeira casa: o nativo solicita o apoio de amigos e simpatizantes orientados no mesmo sentido que ele, e sujeitá-los-á também ao controle do seu mestre.

Décima segunda casa: o nativo sente-se psicologicamente compelido a seguir o mestre por motivos que sente mas não articula em fala ou pensamento conscientes. Um vínculo invisível atrai o nativo para o seu mestre.

SE SATURNO ESTÁ NA OITAVA CASA, o nativo sente uma profunda sensação de débito, não especificamente para com os outros ou para com sua própria formação, mas para com algo ligado ao PASSADO COLETIVO, do qual se sente secretamente parte, mas que não pode ou não deseja continuar a explorar. Poderíamos rotular isso como uma forma de superstição que controla o nativo de modo intransigente. Uma forte sensação de culpa pessoal resultante do passado é sugerida, pela qual o nativo se sente espiritualmente responsável. O nativo se identifica com uma posição de obrigação que não pode ser provada ou contestada de modo racional. Mais uma vez é provável que ele represente um modelo que a maioria das pessoas não entenderá: apenas o entenderão os que tiverem este padrão em seus horóscopos. É provável que a morte seja retardada para esses nativos, até que eles de algum modo tenham resolvido esse sentimento de culpa coletiva. Visto que Saturno representa a velhice, isso indica uma vida longa a despeito de alguns discretos apelos da morte. Que outras circunstâncias contribuem para essa sensação de culpa coletiva, é algo que é sugerido pela casa de Capricórnio, ao passo que a solução ou aplicação dessa atitude é sugerida pelo regente do signo que está na oitava casa.

Se o signo de Capricórnio está na:

Primeira casa: de algum modo pessoal, o nativo se sente ainda mais responsável por essa sensação de culpa coletiva. O feitio ou molde de sua personalidade de alguma forma sugerirá isso. Desde o início, o nativo não só parecerá mais sério e mais velho do que realmente é, mas também lembrará que tem um dever misterioso e mostrará uma insistência que as outras pessoas terão dificuldades em situar. Poderíamos dizer que esta parece ser uma pessoa predestinada, e é assim que o nativo se considera.

Segunda casa: a sensação de culpa coletiva do nativo pode provir de suas posses ou rendimentos; não considera nenhuma dessas coisas como espiritualmente sua. Desejará usar os seus recursos em algum projeto misterioso relativo à oitava casa.

Terceira casa: o nativo goza de uma fama que lhe traz clientes e companheiros que ele sujeita, de alguma forma, a um rejuvenescimento disciplinado ou uma mudança gradativa, ou que ajuda a ultrapassar uma crise extraordinária.

Quarta casa: o nativo mostra talentos subjetivos para criar métodos e técnicas que invariavelmente funcionam. Deveria usar seu discernimento para ajudar as outras pessoas a se ajustarem às mudanças importantes de suas vidas.

Quinta casa: o nativo possui um reconhecido talento criativo, o qual pode ser divertido, educativo ou apenas romanticamente indulgente. De algum modo, ele usa isso em benefício dos outros, facilitando-lhes o uso da disciplina necessária em tempos de transformação significativa.

Sexta casa: reconhece-se que o nativo tem traços ou talentos bem desenvolvidos para o serviço e o dever. Ele usa isso para ajudar a encontrar saídas em tempos de crise, mas é sempre firme, rígido e exigente.

Sétima casa: o nativo tem jeito para levar os outros a ajudá-lo em seus assuntos. Essas pessoas são especialmente imperiosas nos momentos de crise ou para estimular o nativo em situações extraordinárias, nas quais a meta nunca é suficientemente clara ou bem definida. O nativo tende a depender mais de um elemento misterioso do passado.

Oitava casa: é provável que o nativo esteja permanentemente engajado numa atividade na qual, ou lida com o passado (como ocorre em escavações arqueológicas), ou está à disposição para atender chamados de emergência em tempos de necessidade ou de crise. Nessas oportunidades, o nativo será empurrado às alturas, com atos de esforço heróico.

Nona casa: o nativo tem um reconhecido senso de história, especialmente no que se refere à codificação de pensamentos, os quais se sente impelido a usar a fim de recuperar alguma coisa do passado que sente que foi perdida ou erroneamente rejeitada. Aqui se combinam uma educação excelente, um senso de história e uma preocupação com o passado ou suas relíquias.

Décima casa: o nativo persegue uma meta pessoal que, reconhecidamente, se destaca em favor de recuperar alguma coisa de importância coletiva do passado. Há compulsão para algum tipo de auto-sacrifício, que se fundamenta na culpa e que se relaciona com a transição de um estado ou condição para outro. Este é um dos padrões que as pessoas comuns dificilmente entendem, desde que a maioria das pessoas desconhece os envolvimentos dos assuntos da oitava casa.

Décima primeira casa: o nativo sacrifica suas amizades pelo seu objetivo declarado de recuperar algo de valor do passado. Às vezes, contudo, ele também tem ou pode ter o apoio da amizade e da simpatia de pessoas importantes. Trata-se de um nativo que usa seu reconhecido prestígio para saldar a culpa coletiva do passado.

Décima segunda casa: este é um padrão complexo, combinando duas áreas de escuridão: a oitava casa, da morte ou do limiar da transição de um estado para outro (não necessariamente a morte), e a área das motivações subconscientes, ou a estrutura dos valores definitivos pelos quais as nosssas ações serão julgadas. Isso dará ao nativo a inabalável convicção da justiça de sua possível culpa e da necessidade de absolver-se.

SE SATURNO ESTÁ NA NONA CASA, o nativo sente uma obrigação ou dever compulsivos de contribuir para provar ou de estabelecer a prova de certas crenças, códigos de comportamento, convicções religiosas ou sistemas de leis. Como não está seguro quanto às suas atuais conclusões ou posições, ele sente que são necessários mais dados, mais comprovação de casos, ou experiências emocionais mais profundas. A sua posição é a de um questionador profissional voltado contra os baluartes do raciocínio ritualizado. Representa o tipo que assume a religião não tanto para divulgar a palavra de Deus, mas antes para provar a si mesmo que há um Deus do qual duvida. Quanto mais duvida, mais fanático e dogmático tende a se tornar quando critica a falta de fé alheia. Essa é uma posição um tanto perigosa, bem como duvidosa, pois o nativo se preocupa com uma área de conhecimento por motivos inerentemente destrutivos, em vez de construtivos. Sociedades de pesquisa psíquica há muito vêm sendo atrasadas e incomodadas pela predominância desse tipo de atitude. A pressa de destruir obviamente é tão forte no homem como a pressa de construir. Saturno na oitava casa tende a refletir isso através das doze casas tão bem como qualquer benefício que possa fazer. O nativo muitas vezes pensará estar fazendo um bem, quando, de fato, em termos superficiais, poderá fazer mais mal do que bem. Supõe-se, entretanto, que, por fim, somente o bem provirá do mal que possa ter sido feito. Esse pode ser o modo divino de limpar a casa de tempos em tempos. Os assuntos relativos à casa de Capricórnio contribuem de modo significativo para a crítica do nativo. No fim, contudo, ele terá de curvar-se à importância sugerida pela casa que detém o regente da nona casa.

Se Capricórnio está na:

Primeira casa: o nativo leva a força reconhecida de toda a sua personalidade a responsabilizar-se pela investigação e racionalização das exigências do assuntos da nona casa (religião, lei, ou qualquer outro). Onde quer que Capricórnio caia, no horóscopo, ele sempre imprime a marca de algum grau de reconhecimento para os talentos daquela casa.

Segunda casa: o nativo usa a sua reconhecida fonte de suprimento e os seus poderes de ganhar dinheiro para endireitar as coisas. A presença de Saturno na nona casa determina que o nativo sinta que aí há algo a endireitar, reconstruir, ver realisticamente ou colocar em bases mais firmes.

Terceira casa: o nativo usa seus reconhecidos talentos de auto-expressão e comunicação para ajustar-se aos problemas da nona casa (ver acima).

Quarta casa: o nativo usa seus poderes subjetivos e seu senso de direito divino, proveniente de sua formação e herança, para resolver as questões.

Quinta casa: o nativo usa seus talentos criativos e abstém-se de prazeres mais frívolos para levar adiante as suas incumbências relativas à nona casa.

Sexta casa: o nativo dedica seu emprego e sua vocação às tarefas da nona casa.

Sétima casa: o nativo angaria a ajuda e a cooperação (ou às vezes a inimizade) dos outros ao perseguir os seus objetivos.

Oitava casa: os propósitos do nativo são auxiliados por fatos fortuitos que, repentinamente, afastam as velhas condições.

Nona casa: o nativo precisa trabalhar de forma mais independente, seja lá o que for que esteja tentando endireitar. Deve trabalhar mantendo-se dentro da estrutura reconhecida e aceita que já existe. Não há possibilidade de atacar "a comunidade" a partir do exterior.

Décima casa: o nativo tem o apoio manifesto de autoridades reconhecidas e o aparente selo de aprovação em seus esforços, porém as suas ambições não são objetivos pessoais. Esses objetivos devem estar isentos de qualquer sinal de tendência pessoal ou de benefício próprio.

Décima primeira casa: o nativo tem a simpatia interessada de outras pessoas que compartilham de suas metas e afinidades. O ponto de esforço que se sugere não é tanto a descoberta pessoal, ao contrário da versão coligida de outros que partilham de seus valores.

Décima segunda casa: o nativo está profundamente convencido da autoridade íntima de suas ações e interesses. Até certo ponto, ele pode sentir-se divinamente inspirado, embora, às vezes, essa inspiração possa estar fundamentada em informação provinda mais do demônio do que de Deus.

SE SATURNO ESTÁ NA DÉCIMA CASA, com freqüência isso indica uma grande probabilidade de a pessoa perder o renome devido a algum infortúnio pessoal. Isso de fato acontece com todas as posições de Saturno, pois este planeta nos impele continuamente a fazer uma avaliação bastante prática das bàses reais da nossa segurança.

É natural que esse seja o ponto em que nos sentimos mais vulneráveis e inseguros. Nossa segurança tem de ser cuidadosa, lenta e convincentemente construída durante muitos anos de esforço e por meio de várias tentativas. É provável que nunca fiquemos satisfeitos com o modo pelo qual resolvemos essa questão. Sempre haverá algum aspecto que nos atormente e preocupe.

Na décima casa, Saturno mostra a firme convicção e a absoluta necessidade que o nativo tem de alcançar uma posição social destacada na vida. Ele tem de alcançar essa posição, custe o que custar – ou, ao menos, é o que muitas vezes parece. Isso se torna absolutamente imperativo. A ambição sempre é desmedida e implacável. Essa determinação é nutrida e alimentada pelos assuntos relacionados com a casa de Capricórnio.

Se o signo de Capricórnio estiver na:

Primeira Casa: o nativo fará sua ascensão social graças aos próprios recursos. De início, terá de possuir um senso proporcional do seu valor, antes de empreender alguma coisa. Isso ocasionará um tipo de atitude "primeiro eu" que, no caso, é necessária para o nativo realizar o que tem de ser feito. Afinal, muito poucas pessoas, principalmente tipos que se fizeram por si mesmos, atingem altas posições sem passar por cima de inúmeros outros, durante esse processo.

Segunda Casa: para fazer o que pretende, o nativo precisará de dinheiro e de uma sólida retaguarda financeira. Terá esses recursos à sua disposição, pois de certa forma os adquiriu no passado. Entretanto, suas fontes de surpimento podem ser de difícil acesso.

Terceira Casa: o nativo necessita de um notável poder de elocução para poder transmitir sua mensagem. Poderá fazê-lo, contudo, com muito esforço.

Quarta Casa: o nativo terá de melhorar seu meio ambiente e terá de desenvolver seus métodos ao máximo. Isso demandará longas, difíceis e subjetivas experiências.

Quinta Casa: o nativo terá de desenvolver suas forças criativas e sua habilidade para ampliar de tal forma o ego, a ponto de fazer com que desperte a atenção das pessoas a quem queira impressionar. Isso exigirá uma boa dose de prática e várias tentativas malogradas.

Sexta Casa: o nativo precisa organizar melhor seus hábitos no que se refere à saúde e ao trabalho, se quiser se sobressair. Não pode permitir-se cair no desfavor dos demais.

Sétima Casa: o nativo terá de obter a pronta colaboração dos outros e minimizar qualquer possível divergência. Em última análise, falhará se perder a efetiva cooperação dos semelhantes. Não se fará por si mesmo.

Oitava Casa: o nativo terá de esperar um pouco, até que os acontecimentos fortuitos removam obstáculos de outro modo irremovíveis. Também tem de estar preparado, em qualquer ocasião, para acompanhar a maré dos acontecimentos; caso contrário, perderá as oportunidades de realização. Não tem controle da situação e, de certa forma, está preso a prováveis eventos que podem demorar a acontecer. Além disso, não há garantia de que as coisas aconteçam da forma que ele deseja. É possível que o próprio destino intervenha para ele realizar sua meta.

Nona Casa: o nativo necessita do apoio de grupos, cujas idéias e princípios coincidam e reforcem os próprios. Seu raciocínio formal precisa do apoio, durante todo o trajeto. Não deve ter idéias indefinidas ou um senso irreal da história.

Décima Casa: o resultado não depende do nativo. O julgamento final pertence ao destino. Se suas intenções forem puras e o nativo for persistente e realista, as previsões são de que receberá um quinhão justo de reconhecimento público. Ele sempre pode ter a certeza de que está no caminho certo, desde que se oriente pela disciplina que Saturno/Capricórnio impõem. Qualquer falsa orientação o fará esforçar-se em vão. No entanto, o nativo só pode levar a bola até determinada posição. Depois disso, a opinião pública o julgará por seus méritos. Sempre haverá a possibilidade de o nativo concorrer ao segundo ou terceiro lugar. No entanto, se o nativo não tiver boas intenções, também poderá arruinar-se quando menos esperar.

Décima primeira Casa: o nativo precisa da simpatia, da compreensão e do encorajamento de defensores amigáveis. Ele precisa adotar padrões tirados dos sonhos coletivos, precisa identificar-se com algum tipo de valores de grupo, a fim de projetar-se até o lugar dos vencedores.

Décima segunda Casa: o nativo precisa ter absoluta convicção íntima da correção de suas ambições. Isso pode não ser muito fácil, pois é impossível fazer de tola a própria consciência. Trata-se de algo que se sente, não de algo que se saiba ou que se possa explicar aos outros. O mais importante é estar pessoalmente convencido – no íntimo. Isso pode ocorrer muito mais tarde na vida, depois de muitos fracassos lamentáveis.

SE SATURNO ESTÁ NA DÉCIMA PRIMEIRA CASA, o nativo tanto se sente obrigado como reprimido por sua associação com grupos e por tentar servir como ponta de lança de seus sonhos coletivos. Naturalmente, o nativo terá o caloroso apoio e encorajamento de seus amigos e uma sensação de pertencer a um grupo ou ordem especial. Ele pode ser continuamente atormentado por dúvidas e ressalvas quanto ao fato de ter captado suficientemente a essência daquilo que eles têm em comum. Ao mesmo tempo, pode estar insistindo em uma qualidade apenas para descobrir que ela está em oposição a um outro grupo que deseja uma outra coisa. De algum modo, o nativo precisa ser o mediador dessas diferenças e ainda conta com uma posição positiva e de confiança. É natural que se procure por patrícios mais velhos em busca de orientação e apoio até que se esteja em condições de forjar planos por conta própria. O problema consiste em realmente fazê-lo antes que seja tarde demais para qualquer propósito eficaz. A natureza da décima primeira casa é capaz de dispersar nossos melhores esforços mais exatamente em propósitos infrutíferos, em vez de concentrá-los em um esforço na direção correta. Por estar, nesse caso, lidando com valores e simpatias de grupo, é mais difícil garantir o próprio sentimento de segurança com convicção ou firmeza. Os assuntos da casa de Capricórnio devem ajudar a resolver este dilema.

Se o signo de Capricórnio está na:

Primeira casa: o nativo precisa desenvolver ao extremo o senso de identidade própria, de modo que sua dinâmica se torne um ponto de reunião acessível aos de intenções e esperanças semelhantes. Assim ficamos mais certos de que ele é, de fato, o fiel porta-voz deles.

Segunda casa: o nativo precisa até certo ponto, comprar a sua entrada e, dessa forma, atrair o grupo que o apoiará, bem como falar por intermédio dele.

Terceira casa: o nativo deve declarar de forma autoritária a sua posição, de modo a não ficar nenhuma dúvida de onde ele se situa, e deixar que os outros afluam para o seu lado ou para a sua causa.

Quarta-casa: em primeiro lugar, o nativo precisa colocar ordem na sua casa, o que pode exigir muita pesquisa anímica e avaliação subjetiva. Somente então, depois de estar bem seguro de si mesmo, ele pode esperar reunir ou dirigir seguidores de intenção semelhante. Pode ter de entrar e sair de muitos grupos antes de encontrar o grupo certo, que verdadeiramente se harmonize com sua própria formação.

Quinta casa: o nativo precisa percorrer grandes distâncias a fim de projetar o seu ego em todas as direções, de modo a atrair suficiente atenção do grupo que o aclamará. Pode haver muita tentativa e erro, mas, se houver uma cuidadosa contabilidade em todos os níveis, o caminho se tornará evidente, por fim. Eventuais fases de diversão, exibições ou atraentes espetáculos isolados, (até mesmo os infantis) são necessários.

Sexta casa: apenas a devoção séria aos deveres rotineiros trará o nativo para diante do grupo que o reconhecerá verdadeiramente como seu porta-voz ou advogado dos seus sonhos. O caminho para o alto é longo e árduo e, uma vez iniciado, deve ser seguido com persistência. Com Saturno, é a persistência que conta, não o brilho.

Sétima casa: em primeiro lugar, o nativo precisa provar a sua habilidade de influenciar as outras pessoas, e então levá-las a projetos maiores e melhores nos quais muitos poderão tomar parte, como acontece numa coletividade ou comunidade. O nativo será logo atraente à maioria das pessoas, porque ele aponta o caminho ou sugere o poder que terão se agirem coletivamente, ao invés de agirem por conta própria. O nativo é um agente ou catalisador que integra a pequena parte na maior.

Oitava casa: o nativo pode ficar relativamente inativo até que algum acontecimento extraordinário abra ou pavimente o caminho para que ele assuma o comando repentinamente ou se apodere dele. O nativo precisa ficar de prontidão até o sinal ficar verde.

Nona casa: em primeiro lugar, o nativo precisa de uma boa educação e, em seguida, de alinhar-se em algum grupo estabelecido anteriormente; há interesses em comum. Depois, ele precisa alçar-se a uma posição na qual possa perceber as esperanças coletivas e, de certa forma, projetá-las à realidade. Eis aí um idealista, que será colocado numa posição de destaque – mas não de início.

Décima casa: esse é um padrão um tanto complicado em que, ou o nativo já alcançou uma posição de importância e prestígio, ou ao menos parece estar convencido disso. Estará pronto a juntar-se ao "grupo privilegiado" que, de certa forma, se sente destinado a melhores coisas do que apenas os valores mundanos. Isso pode acarretar um bocado de trabalho, e o nativo precisa submeter as suas ambições pessoais ou a idéia de lucro particular ao desenvolvimento de algo mais altruístico. A ambição pessoal tem de ceder lugar às esperanças coletivas.

Décima primeira casa: o grupo reconhece o nativo, fazendo com que ele se torne exatamente o que ele deve ser. Essa é uma espécie de atalho, em que, de início, começamos a sonhar e, ainda assim, de algum modo convencemos os outros de espírito semelhante de que esses sonhos são reais e enternecedores. É preciso ter em mente que a décima primeira casa não representa as ambições mundanas; de algum modo ela está além disso. Existe uma boa dose de idealismo que, no entanto, é realista e é desejado pelo coração de muitas pessoas.

Décima segunda casa: poderíamos dizer que existe, muito mais, uma aura religiosa na qual o nativo precisa assegurar-se pessoalmente do seu objetivo íntimo, do qual ainda não tem certeza. Além disso, ele precisa ser capaz de captar o entusiasmo e obter o apoio de seus companheiros. Isso pode exigir grande porção de força espiritual e criar uma situação em que o nativo não seja capaz de revelar tudo o que tem nas mãos. O seu apoio (décima segunda casa) precisa ser mantido oculto e secreto. Isso faz parte das regras do "seu" jogo. As energias da décima segunda casa não são absolutamente convincentes quando examinadas à luz dos assuntos diários mais mundanos, os quais nunca enfrentaram um colapso ou tiveram necessidade de reparos. Assim que se passar deste estado, mudam as regras do jogo. Não é possível aplicar as mesmas normas que para divulgar novas e brilhantes máquinas à medida que elas saem da linha de montagem. É necessário experimentar a vida antes de poder julgá-la. Só poderemos entender as respostas encontradas na décima segunda casa quando o jogo acabar e todas as circunstâncias tiverem sido enfrentadas. Enquanto você não passar por isso, como poderá apreciar o que significa? É por esse motivo que a décima segunda casa é um segredo. Você encontrará a resposta quando a situação assim o exigir.

SE SATURNO ESTÁ NA DÉCIMA SEGUNDA CASA, a maior carência do nativo, em sua luta, é a de uma convicção íntima firme sobre as suas motivações subconscientes. Ele sente falta de um padrão de referência para considerar a estrutura dos valores definitivos em sua própria perspectiva. Ao mesmo tempo, ele fica profundamente preocupado e secretamente perturbado com essa carência de sua natureza íntima, a qual tende a não apoiá-lo quando mais precisa dela – isto é, quando confrontado com demoras, negativas, frustrações, fracasso, perda de esperança ou uma sensação de desespero. Para lidar com as ações rotineiras da vida diária, nem todos precisam confiar em valores interiores, mas, neste caso, sempre se apresenta ao nativo a consciência de que ele apenas pode depender dos seus valores íntimos. Ele se convencerá disso, à medida que todos os outros contatos tenderem a desaparecer na hora da necessidade, deixando-lhe uma intensa sensação de isolamento e uma necessidade desesperada de desenvolver algum grau de convicção íntima. Esse padrão sugere condições tristes e até mesmo trágicas, as quais, dessa forma, forçam desesperadamente o nativo a contar com seus recursos interiores. Haverá alguma tendência para construir sobre bases falsas, superstições prediletas, até mesmo valores distorcidos, mas Saturno, na sua inevitável maneira, reduzirá essas imagens às realidades essenciais. De tempos em tempos, Saturno limpa a casa, forçando todos esses valores a enfrentarem um teste prático. É nessas ocasiões que o nativo se torna dolorosamente consciente da distorção dos seus valores. A casa de Capricórnio suportará substancialmente a batalha do nativo por segurança íntima. Talvez essa seja a posição mais difícil para Saturno em todo o horóscopo – quando ele cai na décima segunda casa. Em geral, Saturno funciona com as realidades do dia-a-dia, as verdades concretas, as bases efetivas e os valores materiais. A décima segunda casa dissolve todas as considerações materiais em favor das verdades espirituais, tornando as funções exatas de Saturno quase impossíveis.

Se o signo de Capricórnio está na:

Primeira casa: o nativo é abençoado com uma obstinação exterior e com poderes de resistência que o manterão bem nos momentos de privações. Ele será poupado dos golpes mais duros que destruiriam um tipo mais sensível de pessoa, devido a uma certa falta de sensibilidade e à sua tenaz obstinação em termos de atitude.

Segunda casa: no que se refere ao dinheiro, o nativo adota uma atitude realista. Ele sabe que, embora o dinheiro não possa comprar tudo, ajuda a resolver muitos dos seus problemas, simplesmente pelo fato de ter os recursos financeiros para compensá-los.

Terceira casa: o nativo desenvolve padrões mentais rígidos, a fim de que eles o ajudem a não vacilar nas ocasiões de crise pessoal. Os únicos pensamentos que aceitará serão as atitudes de seguir em frente.

Quarta casa: o nativo tem convicções inabaláveis sobre a sua capacidade para o trabalho e as boas condições de sua formação. Isso ajudará bastante a escudá-lo em tempos de necessidade, quando a confiança em sua atuação não for suficiente.

Quinta casa: o nativo prepara planos bem elaborados para ampliar o seu ego em esforços criativos, os quais, em geral, se mostram invencíveis. Isso reduz a área de vulnerabilidade na qual ele pode ser desafiado ou vencido.

Sexta casa: o nativo estabeleceu cuidadosamente os padrões de vocação, de saúde, de dieta e de obrigações a cumprir, que são todos perfeitos e lhe asseguram que nessas áreas ele não será vulnerável.

Sétima casa: o nativo conta com o reconhecido apoio dos outros, que advogarão a sua causa em tempos de necessidade. Ele não ficará sozinho durante a sua prova mais severa. Contudo, a presença dessas pessoas infelizmente não será aquilo de que o nativo sente necessitar.

Oitava casa: o nativo terá a habilidade de enfrentar mudanças drásticas com facilidade, visto que sempre está um tanto preparado para o pior que qualquer mudança possa trazer.

Nona casa: o nativo terá o apoio do raciocínio formalizado e das instituições que surgem a partir daí. Ele não está sujeito a cair, devido aos seus conceitos sobre religião, lei, filosofia ou qualquer área de princípios mais elevados.

Décima casa: o nativo sempre manterá a sua fama e o respeito público, além do apoio de pessoas em posição de destaque, não importa qual seja o sofrimento interior que tenha que suportar.

Décima primeira casa: o nativo sempre terá amigos e pessoas que lhe desejam sorte, os quais estenderão as suas simpatias e esperanças ao que for melhor para ele – se é que isso serve de consolo. Ele achará que não.

Décima segunda casa: o nativo terá de cavar ainda mais fundo em seus recursos, pois, ao que parece, as respostas de que precisará estão sempre presentes, se puder senti-las. Não precisará de procurar ajuda. Como foi dito acima, os assuntos que se referem à casa de Capricórnio apóiam o nativo em sua necessidade de convicção íntima, e a sua vulnerabilidade aos valores falsos não virá dessa direção em sua vida.

A vulnerabilidade aos problemas causados por Saturno (não importa a casa em que Saturno estiver) surge da casa na qual se encontra o regente do signo que está na casa de Saturno. Isso aponta a direção e a meta em que se precisará desse sentido de realidade. É aí que o nativo é mais capaz de vacilar, se não tiver o que for necessário para enfrentar essa necessidade.

Se o planeta que rege o signo da casa de Saturno é encontrado na:

Primeira casa: é o nativo que se sente frustrado. Não pode apresentar-se efetivamente a ninguém em quaisquer circunstâncias, enquanto não colocar realisticamente os seus valores em ordem.

Segunda casa: a fonte de rendimento do nativo sofrerá. Seus suprimentos podem ser colocados em risco.

Terceira casa: o seu senso de comunicação sofrerá. Ele não será capaz de fazer valer as suas idéias.

Quarta casa: toda a sua segurança emocional está ameaçada. Ele perderá a confiança em si mesmo.

Quinta casa: seu senso de criatividade lhe falhará. Não terá satisfação com seus prazeres.

Sexta-casa: sua saúde está ameaçada, seu emprego sofrerá e ele não será capaz de cumprir suas obrigações, quer para com os outros, quer para consigo mesmo, nos assuntos do dia-a-dia.

Sétima casa: as suas relações com os outros se deterioram. Diminui a cooperação e aumenta a discórdia.

Oitava casa: ele achará impossível enfrentar ou encarar as mudanças importantes. Será incapaz de aceitar as implicações psíquicas de suas ações.

Nona casa: o seu senso de princípios correrá riscos. Não Mais saberá em que acreditar.

Décima casa: sua reputação sofrerá, o seu senso de ambição desaparecerá.

Décima primeira casa: seus amigos parecerão abandoná-lo. Parecer-lhe-á que perdeu contato com o sentido de esperanças coletivas que uma vez partilhou com os outros.

Décima segunda casa: estranhamente essa posição é um pouco menos infeliz do que as outras, porque os problemas do nativo estão enterrados no subconsciente. Nos extremos, isso pode levar a alguma espécie de autonegação ou confusão desesperançada, mas, na maioria dos casos, as limitações materiais são mantidas como fundo de cena na forma de um medo obsessivo, ou como algo irreal que se pode compensar depois. Naturalmente, a força dessa realidade perturbadora varia segundo cada planeta envolvido — isto é, conforme o planeta que rege a casa de Saturno.

Se o planeta é:

Sol: afeta a integridade do nativo.

Lua: afeta as emoções do nativo.

Mercúrio: afeta o raciocínio do nativo.

Saturno: afeta o senso de realidade do nativo.

Marte: afeta o senso de ação do nativo e, também, as suas atitudes sexuais.

Vênus: afeta o senso de sentimento do nativo, a sua natureza amorosa ou afetiva (não se trata das emoções ou da sensibilidade, controlados pela Lua).

Netuno: afeta o senso de ideais do nativo.

Júpiter: afeta o senso de justiça do nativo e do que está certo ou errado.

Plutão: afeta o senso de adaptação às mudanças e a habilidade do nativo de lidar com condições novas ou movimentos progressivos.

Urano: afeta o senso de independência e possível gênio criativo do nativo.

Saturno é apoiado ou contrariado em sua função normal pelo fato de estar em aspecto (contato) com outros planetas. Isso também envolverá os assuntos das casas onde esses planetas estiverem posicionados (primariamente) e os assuntos das casas que esses planetas regem (secundariamente).

Para os relacionamentos referentes aos aspectos de Saturno e com Saturno, veja o capítulo 9, "Aspectos Entre os Planetas".

OS CICLOS DE SATURNO

Começando da posição do seu nascimento, Saturno se move, conforme o ano vai passando, no sentido anti-horário, através do horóscopo, buscando soluções de autopreservação e de segurança básica. Para completar o ciclo, retornando à sua posição original da hora do nascimento, Saturno leva aproximadamente 28 (vinte e oito) anos. Dividindo-se o horóscopo pelo eixo horizontal do ascendente e o eixo vertical do meridiano, temos quatro setores. Cada setor representa aproximadamente sete anos do tempo de Saturno.

A POSIÇÃO DE SATURNO NO MAPA ASTRAL, DEVIDO À SUA SINCRONIZAÇÃO COM OS ÂNGULOS DO HORÓSCOPO, É O FATOR MAIS IMPORTANTE NA DETERMINAÇÃO DO AUMENTO OU DECRÉSCIMO DA FORTUNA.

Saturno, "o cronômetro da vida", providencia as oportunidades de desenvolvimento, designa nossos deveres e, por fim, age como um contabilista-chefe. Dessa forma, Saturno estabelece o fluxo e refluxo do padrão de toda a nossa vida quer o nativo agarre perfeitamente a oportunidade pela crista, ou se atrapalhe desesperançadamente enquanto o melhor da vida passa por ele, devido ao fato da sua sincronização estar toda errada. Temos as nossas aberturas na vida apenas quando Saturno nos dá sinal verde. Naturalmente, com relação à nossa idade e estado de preparação, é importante o surgimento dessas aberturas, à medida que Saturno se move de um setor para outro.

Em primeiro lugar, observamos a posição de Saturno na ocasião do nascimento. Isso identifica a nossa consciência inicial sobre o significado da autopreservação para nós. Algumas pessoas sentem isso de forma muito mais pessoal do que outras, como acontece com as que nascem com Saturno no primeiro setor (primeira, segunda e terceira casas). Outras pessoas nascem com um preparo natural para assumir logo responsabilidades, como é o caso das pessoas que nascem com Saturno no segundo setor do mapa (quarta, quinta e sexta casas). Outras, ainda, parecem começar a vida com uma meta conhecida, sentindo de imediato as vantagens da orientação objetiva, como as que nascem com Saturno no terceiro setor (sétima, oitava e nona casas). E há as pessoas que parecem nascer em posições estabelecidas de antemão para elas, as quais imediatamente colhem os frutos, como acontece com quem tem Saturno no quarto setor (décima, décima primeira e décima segunda casas).

Os momentos vitais, à medida que Saturno se move ao redor do horóscopo, são os pontos em que Saturno cruza os ângulos de um setor para outro e os pontos de contato que Saturno estabelece com os outros planetas na posição de nascimento dos mesmos, inclusive o contato com a sua própria posição no nascimento.

O PRIMEIRO SETOR (primeira, segunda e terceira casas) é a PREPARAÇÃO. É o setor onde o nativo se desenvolve. Na primeira casa, o nativo examina o seu valor próprio, na medida em que esse valor está incorporado na concepção de sua personalidade. Na segunda casa, o nativo examina, ou torna a examinar pela segunda vez, se for o caso, os seus recursos e a sua fonte de abastecimento. Na terceira casa, o nativo examina ou reexamina o seu raciocínio e senso de comunicação.

O SEGUNDO SETOR (quarta, quinta e sexta casas) é o EMERGIR. É onde o nativo primeiro se objetiva para o exterior, aceitando certas responsabilidades com relação ao seu meio ambiente imediato. Na quarta casa, o nativo aceita as obrigações de sua família e herança, que também é o seu eu subjetivo. Ele formula os seus métodos e modelos técnicos. Por ocasião do trânsito de Saturno, ele se reexamina quanto a esses assuntos. Na quinta casa, o nativo se relaxa, porém busca o prazer perigoso de estender o seu ego para campos criativos, aproveitando as oportunidades, correndo riscos, gerando filhos e procurando os prazeres do amor e do sexo. Durante o trânsito de Saturno, ele se adapta à realidade quanto a esses assuntos. Na sexta casa, o nativo aceita as obrigações de serviço, os deveres, um emprego e a responsabilidade pela sua saúde e a rotina da vida diária. Durante o trânsito de Saturno, ele é forçado a corrigir quaisquer desses assuntos que não estejam fundamentalmente corretos.

O TERCEIRO SETOR (sétima, oitava e nona casas) é a ASCENSÃO. Aí o nativo se encontra preparado para sair para o mundo e juntar-se aos outros ou competir com eles em deliberações fora do âmbito do seu eu subjetivo. Chamamos essa área de um início da ORIENTAÇÃO OBJETIVA. Trata-se de um real passo adiante nos assuntos exteriores. Na sétima casa, o nativo junta-se aos outros como sócio ou compete com eles. No trânsito de Saturno, esses assuntos vêm à tona para exame e/ou correção. Na oitava casa, o nativo faz as mudanças necessárias, devido à experiência; além disso, pesa as conseqüências espirituais de suas ações. Durante o trânsito de Saturno, o nativo é forçado a reexaminar essa área de sua vida e a cuidar de tudo que ela implica. A presença de Saturno em trânsito na oitava casa tende a purificar o ar e o espírito de certas coisas que não serão mais necessárias no futuro. Na nona casa, o nativo formaliza os seus pensamentos num sistema ou código de leis geral. Esse é um estado de aprendizado avançado e envolve o simbolismo do ritual (ou o ritual do simbolismo). O trânsito de Saturno na nona casa faz com que ajustemos nossa consciência dos princípios e, possivelmente, descartemos alguns ângulos que não são realísticos ou confiáveis.

O QUARTO SETOR (décima, décima primeira e décima segunda casas) é o CLÍMAX: Aí o nativo alcança o topo de sua realização material aos olhos do mundo e recebe o reconhecimento de que venceu por si mesmo através do esforço e da aplicação. Daqui em diante, o nativo solidifica suas realizações e continua a ganhar com sua aplicação. Na décima casa, o nativo é reconhecido por si mesmo (bem ou mal) e recebe um rótulo ou classificação e uma distinção. Pode apreciar adequadamente o fato de que, de alguma forma, chegou ao auge de produção DO SEU ATUAL PROGRAMA. É a passagem de Saturno que traz essas honrarias e/ou fracassos. É nessa ocasião que o nativo é forçado a ver o que fez, para o melhor ou para o pior. Na décima primeira casa, o nativo colhe as honras e proveitos da sua decisão. Ele se regozija com amigos solidários e, juntos, constroem uma esperança ou ideal coletivo. Já que a passagem de Saturno pela décima casa traz à luz tanto a natureza das ambições do nativo (sejam elas quais forem) como o grau em que este fez qualquer progresso ou realização nesse assunto, pode bem ocorrer que seja necessária certa adaptação quanto aos amigos, relativamente ao modo como esses amigos se ajustam com seus programas. A passagem de Saturno pela décima primeira casa é a ocasião de ver os amigos de uma maneira mais realista, com a possível eliminação de alguns deles no futuro. Na décima segunda casa, o nativo tem de fazer uma revisão final e receber um julgamento definitivo do real valor ou importância, ou da implicação de valor daquilo que andou fazendo. A passagem de Saturno através da décima segunda casa traz todos esses fatores subconscientes à posição de destaque.

ANTICLÍMAX, FIM E UM NOVO COMEÇO: Há a tendência a existir um outro clímax – talvez uma estimativa final – à medida que Saturno cruza o ascendente, pondo fim ao anterior ciclo de vinte e oito anos.

Para os nativos cujo sol natal está na décima, décima primeira ou décima segunda casas, este clímax final, à medida que Saturno passa sobre o ascendente, tende a ser, de todos os modos, mais significativo do que o clímax material, na ocasião em que Saturno cruza a décima cúspide.

À medida que Saturno passa outra vez pela primeira, segunda e terceira casas, percebe-se uma nova orientação conforme as forças de autopreservação se agrupam e se aprofundam nas necessidades e exigências maduras do nativo no presente. À medida que Saturno se aproxima da quarta cúspide, preparando-se para atravessar para o segundo setor, o nativo tende, ou a desaparecer (a quarta casa também representa o túmulo e o fim da matéria física), ou a manter-se e ressurgir num novo ciclo de responsabilidade e crescimento.

Esse é o curso natural do tempo, porquanto uma semente se desenvolve numa árvore. Mas cada padrão de vida está sujeito à própria individualidade, e este ciclo pode ser interrompido a qualquer momento por outras razões, que também serão reveladas no horóscopo.

De acordo com a estrutura da sociedade de nossos dias, parece que a sincronização ideal para os ciclos de Saturno seria o nativo receber o seu primeiro grande empurrão – a oportunidade de exteriorizar sua vida – em alguma ocasião depois do décimo segundo aniversário, dependendo da quantidade de educação formal exigida para a meta pretendida. Vinte e dois anos seria a idade média para se completarem os quatro anos da Faculdade. Se alguém pretendesse sair para o mundo antes (ou mais tarde), essa seria a idade ideal para que o seu Saturno atravessasse a sétima casa, começando a escalar na direção do clímax na décima casa.

O fator decisivo é o ponto do clímax, quando Saturno cruza a décima cúspide. Se isso acontecer cedo demais – antes de o nativo ter terminado sua educação ou antes de estar maduro emocionalmente – quando estiver pronto (com a sabedoria adquirida com a idade), para sair para o mundo, ele terá chegado a um "declínio" nos negócios e oportunidades. Num certo sentido, os seus melhores momentos estarão desperdiçados. Para ele, as oportunidades cessaram e logo se verá diante da necessidade de reavaliar-se e de começar tudo outra vez, em um novo nível de realidade.*

Os contatos de Saturno com sua posição de nascimento são muito importantes – principalmente a conjunção, a quadratura e a oposição. Quando Saturno passa sobre seu próprio lugar no nascimento, um débito de longa duração é dissolvido. O nativo tem uma sensação de liberdade que advém da solução de problemas difíceis e de longo prazo. Algumas vezes, é apenas uma sensação de alívio há muito necessário, e algumas pessoas deixam esta vida. Mas também pode trazer a disposição de aceitar novos encargos e de fortalecer as convicções para atingir novas metas. Esse período tem lugar aproximadamente no vigésimo oitavo ano da vida do nativo e outra vez perto dos seus cinqüenta e seis anos. Os que tiverem a sorte de alcançar os oitenta e quatro anos geralmente estarão velhos demais para assumir seriamente uma nova direção, mas isso não é impossível.

No momento em que Saturno contata o Sol, geralmente há um período de responsabilidade, tal como fazer um balancete da situação da força do ego. Se, no todo, o nativo enfrentou a vida de frente, esses períodos de responsabilidade trazem uma recompensa e paga. Na conjunção com o Sol, não só pode ser conferida grande responsabilidade, mas também uma posição de destaque e honrarias. O presidente Franklin D. Roosevelt tornou-se presidente pela primeira vez por ocasião da conjunção de Saturno com o seu Sol.

O relacionamento de Saturno com os outros planetas depende da importância de seus relacionamentos no momento do nascimento.

Uma regra geral para o efeito de qualquer planeta transitando numa posição natal é: A POSSIBILIDADE DE HAVER ACONTECIMENTOS IMPORTANTES

* No livro de Grant Lewi, *Astrology for the Millions,* que recomendamos muitíssimo, o autor explica detalhadamente os ciclos de Saturno nas vidas de grandes homens predestinados.

DESENVOLVENDO-SE DOS ASPECTOS EM TRÂNSITO ESTÁ NA RAZÃO DIRETA DA FORÇA DE SEUS RELACIONAMENTOS NA HORA DO NASCIMENTO. Se Saturno estiver em aspecto exato na hora do nascimento, um trânsito de qualquer um dos planetas reafirmará esse relacionamento. Se dois planetas não estiverem em qualquer aspecto exato na hora do nascimento, um trânsito de qualquer um deles é consideravelmente menos importante: muitas vezes não ocasiona nada em especial.

Saturno deve ser considerado, de longe, O MAIS IMPORTANTE PLANETA A INFLUENCIAR NOSSA SORTE GERAL À MEDIDA QUE TRANSITA PELO HORÓSCOPO. Todo mundo deveria elaborar um horário dos contatos de Saturno por aspecto, em todos os pontos importantes do horóscopo, e anotar cuidadosamente o que acontece nessas ocasiões. O verdadeiro valor não está na natureza de ACONTECIMENTOS ESPECÍFICOS, mas em distinguir um possível RUMO ou PADRÃO com que esses acontecimentos se relacionam. Essa é a importância do que Saturno está tentando ensinar-nos . . .

O padrão que deveria ficar evidente é a maneira pela qual devemos tentar resolver nosso senso de autopreservação e ampliar a visão da nossa realidade, assim como ela é delineada por nosso Saturno natal. Na:

Primeira casa: através de nossa personalidade.
Segunda casa: através da habilidade de produzir rendimentos.
Terceira casa: por intermédio da solidez do nosso raciocínio.
Quarta casa: por meio da aliança conservadora com a nossa real herança.
Quinta casa: assumindo riscos, ao ampliar a influência do nosso ego.
Sexta casa: trabalhando dentro da estrutura do dever e da obrigação.
Sétima casa: recebendo orientação dos outros.
Oitava casa: mantendo a firmeza durante os tempos de grande mudança e perturbação.
Nona casa: promovendo os padrões estabelecidos de raciocínio.
Décima casa: por intermédio da estrita obediência às regras estabelecidas antes de nós, e cuidando para que elas sejam cumpridas pelos que vierem depois.
Décima primeira casa: buscando compreensão solidária somente de pessoas mais velhas e mais sábias do que nós.
Décima segunda casa: aprofundando-nos bem dentro do nosso eu subconsciente a fim de efetivar valores espirituais.

Capítulo 8

OS OUTROS PLANETAS DO SEU HORÓSCOPO

MERCÚRIO NO SEU HORÓSCOPO

Mercúrio no seu horóscopo mostra o foco da sua inteligência como um instrumento e reflexo da força do ego. Na verdade, Mercúrio nunca está muito distante do Sol – nunca está a mais do que 28° à frente ou atrás. A velocidade de movimento do Sol através do "cinturão do espaço" (chamado arbitrariamente de zodíaco) é muito constante – aproximadamente um grau por dia. Quando o movimento de Mercúrio é ligeiramente mais rápido que o do Sol, ele se move para diante e, quando esse movimento diminui um pouco, ele fica para trás do Sol.

Quando o movimento de qualquer planeta para a frente se torna menor que o da Terra, diz-se que esse planeta (comparando-o com a Terra) está em movimento RETRÓGRADO. Os astrólogos estão divididos quanto à importância (se houver alguma) que o movimento retrógrado exerce sobre o significado astrológico do planeta.

No caso de Mercúrio, é, em geral, aconselhável notar quando esse planeta retroage, o que dura de duas a três semanas de cada vez; isso pode ser verificado na efeméride do ano em curso. Nessa ocasião, qualquer comunicação tende a se deteriorar e os esforços mentais individuais têm, muitas vezes, de ser refeitos ou revistos mais tarde. Nunca se deve ser demasiado inflexível no despacho de qualquer mensagem enquanto Mercúrio estiver retrógrado.

Como mensageiro, Mercúrio recebe os estímulos sensoriais, classifica-os, comunica-os ao centro do ego, recebe de volta as instruções e comunica essas instruções aos outros centros. A função de Mercúrio deve ser diferenciada do conteúdo do pensamento, dos padrões de raciocínio e do estilo de comunicação, todos eles revelados pela condição da terceira casa. Deve-se sempre ter em mente que Mercúrio é apenas o mensageiro do ego, que reflete o que ele vê. Ele não origina o pensamento.

Se Mercúrio, como regente tanto de Gêmeos como de Virgem, se relacionar com o seu Sol, Lua ou ascendente, ele será especialmente importante para você. A sua resposta a todas essas questões (ego, emoções e personalidade) é pela abordagem mental. Se o seu Sol estiver em Gêmeos ou em Virgem, Mercúrio (que pode estar em signo e casa diversos dos do Sol) mostrará como você pode ajudar-se a cumprir o seu destino. Se a sua Lua estiver em Gêmeos ou em Virgem, Mercúrio lhe mostrará como satisfazer suas exigências emocionais. Se o seu ascendente for Gêmeos ou Virgem, Mercúrio lhe dará a chave com a qual poderá integrar a sua personalidade e controlar o seu meio ambiente imediato.

A casa em que Mercúrio cair refletirá suas capacidades mentais mais instintivas, conforme elas reúnem e assimilam os estímulos. Se Mercúrio está na:

Primeira casa: você, nesse caso, extrai os estímulos de seu ambiente imediato. Os outros sentem que você é um ser altamente perceptivo. A concepção da sua personalidade reflete uma vivacidade que é evidente para as outras pessoas. Você pode até mesmo parecer brilhante.

Segunda casa: seus processos de reflexão podem gerar idéias engenhosas de ganhar dinheiro e de aumentar suas posses. A maior parte de suas melhores idéias estarão relacionadas com esses assuntos.

Terceira casa: você deve ser notado pela qualidade de sua expressão e seu senso de estilo na comunicação. Já que essa é uma das casas naturais de Mercúrio, todas as faculdades mentais devem brilhar.

Quarta casa: você tem talentos para a auto-análise quanto à sua formação, herança e à base subjetiva para a segurança do seu lar.

Quinta casa: você tem uma abordagem mental nos esforços criativos para ampliar o seu ego, bem como um talento satisfatório com os filhos, a educação primária, o namoro romântico e o entretenimento.

Sexta casa: você tem talentos mentais para colecionar e classificar detalhes e assimilar conhecimentos sobre saúde, vocações, serviços, deveres e obrigações que são empreendidos em benefício dos outros.

Sétima casa: você tem facilidade mental para lidar com os outros, embora tenha primeiro de receber sugestão mental deles. Poderá ser capaz de ler a mente das outras pessoas e os seus pensamentos, antes que elas tenham a oportunidade de expressar os seus desejos. Essa posição sugere muitos contatos mentais com todas as espécies de pessoas. Essa é uma posição muito boa para lidar com o público.

Oitava casa: há uma vivacidade mental extraordinária nas horas de crise ou emergência. Também pode haver discernimento nas áreas que estão além da experiência comum. Pode até mesmo haver alguma sugestão de a mente deixar o corpo a fim de juntar estímulos ou colecionar dados de um estado de consciência que fica além dos limites das concepções comuns de tempo e espaço. Na linguagem do ocultismo, isso se chama projeção astral.

Nona casa: essa posição é favorecida de maneira especial para objetivos intelectuais em todos os reinos do ensino superior que lidem com princípios e códigos de pensamento, em vez de apenas formas específicas de raciocínio.

Décima casa: invariavelmente, o nativo sabe como se adaptar mentalmente às prerrogativas da autoridade administrativa e lisonjear o gosto daquelas pessoas em posição elevada. É natural que isso o coloque nas suas boas graças e que ele receba a admiração dos que lhe são superiores. Suas qualidades mentais contribuem para a sua ascensão na vida.

Décima primeira casa: o nativo tem o talento de sentir e organizar a essência das esperanças e aspirações que grupos de simpatizantes têm em comum. Esse talento será muito útil na coleta de informação política sobre um eleitorado ou para atender aos desejos dos eleitores. O nativo sentirá e expressará o que eles desejam ouvir (especialmente se Mercúrio estiver em Câncer, Libra ou Sagitário).

Décima segunda casa: as qualidades reflexivas do nativo estão sintonizadas para dentro, a fim de buscar as respostas aos "por quê" e "para quê" das mais aflitivas condições da vida. O nativo identifica-se por instinto com a vítima da injustiça social. Essa posição é favorável à pesquisa e às atitudes filosóficas muito sérias sobre os valores definitivos da vida. Para os comentários sobre o tempo de Mercúrio segundo o signo em que ele estiver, veja a página 261 do capítulo 22, "Análise Astrológica Quando se Desconhece a Hora do Nascimento".

Particularmente, visto que a função de Mercúrio é apenas uma qualidade reflexiva, muito mais do que um elemento criativo, é mais importante o modo como Mercúrio é fortalecido no horóscopo por fortes aspectos de relacionamento com outras forças planetárias. Mercúrio é encorajado pelas outras forças com as quais forma aspectos em ângulos harmônicos e facilmente assimila seus estímulos. Por outro lado, é forçado a considerar e incluir os estímulos das forças planetárias com as quais forma aspectos de ângulos desarmônicos. Para maiores detalhes sobre isso, veja o capítulo 9, "Aspectos entre os Planetas".

MARTE NO SEU HORÓSCOPO

Marte no seu horóscopo diz onde e como você iniciará a ação, improvisará medidas corretivas ou de ajustamento, irromperá na competição e lutará por aquilo que deseja de forma agressiva. Em termos sexuais, mostra onde você agirá de forma impulsiva e espontânea a fim de satisfazer os instintos naturais.

Se Marte, regente natural de Áries, se relacionar com o seu Sol, Lua ou ascendente, nesse caso ele será especialmente importante para você. Se o seu Sol estiver em Áries, Marte mostrará especificamente como você deve iniciar a requerida ação agressiva para realizar o seu destino. Marte sempre exige ação agressiva. Se a sua Lua estiver em Áries, Marte lhe mostrará como você pode satisfazer melhor as suas exigências emocionais, que são fortes e vigorosas. Se o seu ascendente for Áries, Marte lhe revelará para que direção específica você deve voltar o seu sentido de competição, com as melhores chances de vitória.

Na casa em que Marte estiver, ele disparará a ação instintiva nos negócios daquela casa e, de forma equivalente, em todos os outros setores da sua vida *depois* que ele iniciou os negócios de sua própria casa.

Se Marte está na:

Primeira casa: o nativo tem o poder de provocar uma ação correspondente, de molde a participar competitivamente de todos os fatores em seu ambiente imediato. Essa é a posição autogeradora de Marte. Todas as qualidades de Marte obviamente se concentram na personalidade.

Segunda casa: o nativo usará sua energia iniciadora para aumentar, em primeiro lugar, os seus poderes de lucro e as fontes generalizadas de suprimento. A presença de Marte na segunda casa indica que o nativo precisa lutar para obter o dinheiro que lhe é devido pelos seus trabalhos.

Terceira casa: o nativo aguçará suas qualidades mentais para obter vantagens sobre os outros em termos de raciocínio, na polêmica e na comunicação. A presença de Marte mostra que o nativo precisa, por vezes, impor as suas opiniões aos outros.

Quarta casa: o nativo começará a agir na direção do seu ser subjetivo, forçando a formulação de técnicas eficazes com as quais atacar ou desencadear projetos contra o que já está estabelecido e inevitavelmente alinhado contra ele (a quarta casa está bloqueada pela oposição da décima). O nativo precisa estar preparado para essa oposição vigorosa em tudo o que tentar fazer. O curso da ação é que o nativo precisa primeiro ficar aborrecido, a fim de se sentir agressivamente competente para lutar contra os outros com o fito de conseguir realizar o que quer.

Quinta casa: o nativo se empenha em ampliar a influência do seu ego nas metas criativas, inclusive arriscando a sorte e assumindo riscos na especulação. O nativo considera todas as pessoas da quinta casa competitivas a ele (inclusive os próprios filhos).

Sexta casa: o nativo enfrenta condições desafiadoras, sob as quais aceita e descarta deveres e obrigações. Essa posição indica agitação física quanto às condições de trabalho e às posições subservientes na vida. O nativo luta com seus colegas de trabalho e se aborrece com as limitações de seus deveres diários.

Sétima casa: o nativo sempre considera os outros uma ameaça, de algum modo. Sua reação primária ao fato é o desafio a alguma forma de competição. Essa posição seria favorável para estimular um envolvimento em competições esportivas. Esse não é um modelo para a facilidade nas relações sociais, já que os relacionamentos com as outras pessoas tendem a aborrecer o nativo. Entretanto, ele precisa sentir-se ameaçado pelos outros para que seja induzido à ação agressiva.

Oitava casa: o nativo busca, de forma enérgica, a adaptação às mudanças, transformações e desenvolvimentos importantes, em que uma situação ou atitude é inteiramente abandonada em favor de outra que acabou de surgir. O nativo tem uma sensibilidade sexual muito forte, a qual pode exigir uma certa dose de violência e excessiva intensidade. O nativo possui talento para regenerar-se e recuperar-se, o que pode ter efeito nas outras pessoas através de um incentivo do estímulo. A consciência sexual é mais intensa do que com Marte na quinta casa.

Nona casa: o nativo se põe energicamente a contestar a veracidade e a atualidade de certos códigos de pensamento ou princípios de comportamento contidos em em nossas instituições, leis ou religiões correntes. O nativo não aceita inteiramente todos os detalhes ou a base em que os seus próprios princípios se baseiam. Certos pontos o aborrecem. Ele também se disporá a lutar e a defender ativamente essas crenças contra os descrentes ou contra as pessoas de crenças ou fé contrárias. O nativo luta e defende muito mais por princípio do que por convicção pessoal e avaliação independente da correção de certos assuntos. Ele segue o que acredita ser um sentido de história ou tradição estabelecida, mesmo que isso, pelos padrões modernos, possa estar fora de moda ou não ser mais um reflexo real das necessidades que deram origem à instituição.

Décima casa: o nativo se dispõe ativamente a derrubar ou desafiar a autoridade de outras pessoas sobre ele ou o direito que possam ter de subjugar ou administrar os seus assuntos ou ambições. Ele precisa lutar por seu lugar na vida. É provável que tope com uma reputação um tanto suja que não possa evitar, e que não deve permitir que obstrua seu caminho ou o detenha em sua luta. Seja qual for a posição que o nativo deseje na vida, esta já estará ocupada por outra pessoa, que precisa ser destronada ou desacreditada. As ambições do nativo são tais que ele e a pessoa que já está recebendo a maior parte do favorecimento não podem estar ambos corretos. O nativo precisa competir vigorosamente para progredir.

Décima primeira casa: o nativo representa uma ameaça para os elos de simpatia ou as esperanças coletivas que certos grupos defendem em conjunto. Ele compete com amigos íntimos com o propósito de resolver certas esperanças e sonhos que ele tem e que lhes são caros. O nativo consideraria esse assunto ou contexto como um privilégio reservado aos amigos íntimos. Dessa forma, não se envolveria com amizades comuns, sem importância para sua vida. Entretanto, isso acarreta relacionamentos tempestuosos com bons amigos, porque, geralmente, ninguém compete dessa forma com amigos. Em geral, achamos que, com nossos bons amigos, não precisamos afirmar-nos nem sofrer desafios às nossas esperanças mais caras. O nativo troca muito de amigos. Um a um, dele os deixa de lado, à medida que, de certa forma, obtém vantagens sobre eles. Os relacionamentos de amizade duram tanto quanto demorar essa sensação de vantagem, embora o amigo possa estar inconsciente do motivo.

Décima segunda casa: o nativo é desafiado a buscar energicamente uma estrutura de valores definitivos pelos quais possam ser julgados os sucessos ou fracassos aparentes da vida. Essa é uma posição um tanto quanto inatural para Marte, desde que a força iniciadora ou o instrumento de ação instintiva é forçado para o fundo de cena, para atuar mais do interior do que contestar abertamente o objetivo do nativo.

Sexualmente, o nativo se sente atraído pelas pessoas em situações desafortunadas. A sua própria incapacidade ou fracasso o estimulam sexualmente. Ele está mais disposto a lutar pela causa ou pelos direitos daqueles do que pelos seus próprios. A ação exterior é consideravelmente retardada pela purificação através de intermináveis motivações e reflexões íntimas sobre isso.

Para comentários sobre o tempo de Marte segundo o signo em que ele estiver, veja a página 261, capítulo 22.

Marte é favoravelmente apoiado, de quando em quando por aquelas forças planetárias com as quais mantém aspectos de ângulos harmônicos. Ele é forçado à ação e às atitudes defensivas pelas forças planetárias com as quais forma aspectos em ângulos desarmônicos. Para maiores detalhes, consulte o capítulo 9.

VÊNUS NO SEU HORÓSCOPO

No seu horóscopo, Vênus, o símbolo da beleza e do sentimento de afeição, mostra onde você se descontrairá, se gratificará com sua percepção dos confortos, melhorará o ambiente com cor, ornamentação, música e romance. Onde Vênus se encontrar, há uma condição de beleza – na situação, no princípio ou no próprio nativo. Como podemos ver, esse é o tipo de vibração alegre, que em alguns casos só é atuante com a "permissão do tempo". O "brilho" ou benefícios plenos da beleza de Vênus podem depender de uma porção de outras considerações.

Se Vênus, como regente tanto de Touro como de Libra, se relacionar com o seu Sol, Lua ou ascendente, nesse caso Vênus é especialmente importante para você. A sociabilidade e a atração são a chave para o seu ego, emoções ou personalidade. Se o seu Sol estiver em Touro ou em Libra, Vênus lhe revelará especificamente como você pode realizar a beleza e as necessidades materiais que estão relacionadas com o seu destino. Se a sua Lua estiver em Touro ou em Libra, Vênus lhe mostrará como se poderão realizar melhor as suas necessidades emocionais, usando os mesmos princípios. Se o seu ascendente for Touro ou Libra, Vênus mostrará a direção e o melhor desenvolvimento de sua personalidade através do seu meio ambiente.

A casa em que Vênus está mostra onde você reage mais aos efeitos da beleza, do conforto e do sentimento afetivo. Se Vênus está na:

Primeira casa: é o nativo que é bonito, e ele sabe disso. Ele tem a faculdade de criar beleza e condições atraentes ao seu redor. Isso sempre é necessário para assegurar-lhe a reação mais desejável dos outros. O mundo tende a ver o nativo como uma coisa bela ou amorável, e as pessoas esperam isso dele, ANTES de reagirem a ele da maneira que pretendiam. A menos que, de início, o mundo receba esse tratamento ou satisfação do nativo, ele será considerado um fracasso sob TODOS os aspectos, quer isso seja verdadeiro ou não. Os nativos, que têm Vênus na primeira casa, precisam manter a beleza e a atração de sua imagem – isso sempre será importante. Essa é a "vantagem" que o destino lhe deu para melhorar a sua carteira de habilitação.

Segunda casa: o nativo detém, geralmente um agradável e estável acúmulo de bens. Essa posição é favorável para que goze dos confortos e das coisas atraentes da vida. O nativo possui algum talento para embelezar, o qual pode ser transformado em lucro.

Terceira casa: a influência agradável está no efeito calmante e na preocupação sincera que o nativo revela na fala, nos padrões mentais e no estilo de expressão. Essa posição é favorável para envolver-se socialmente de forma agradável com pessoal de mercado, irmãos e irmãs e vizinhos próximos. Essa posição é favorável para lidar com prazer com fregueses e clientes.

Quarta casa: o nativo possui talentos relativos ao lar e para melhorar quaisquer aspectos da vida familiar ou a base de sua herança de família. É no círculo familiar que o nativo floresce melhor e é mais agradável e compatível. A beleza do nativo se torna subjetiva: trata-se mais de um sentido de beleza.

Quinta casa: o nativo deve ter talentos artísticos ou musicais, que são divertidos e podem ser usados de maneira verdadeiramente criativa – especialmente com os filhos.

Sexta casa: a apreciação do nativo das coisas mais bonitas da vida tende a ser desviada para situações nas quais os deveres, as obrigações e serviços podem ser tornados mais agradáveis e convidativos. Este padrão é favorável para negócios com restaurantes e hotelaria.

Sétima casa: há encanto social na maneira como o nativo lida com as outras pessoas, o que, em geral, lhe assegura sucesso instantâneo com elas. Os outros ficam felizes em cooperar socialmente na maioria dos assuntos.

Oitava casa: os encantos do nativo são mais evidentes em épocas de crise, quando se defronta com mudanças significativas. Ele tem talento para ajudar os outros a enfrentar essas situações. O nativo se inclina a explorar sentimentos de afeto, como acontece na prostituição ou no uso da pornografia. Haverá condições pacíficas na hora da morte.

Nona casa: em geral, o nativo será bem recebido nas instituições oficiais nas quais todas as formas de ensino superior são honradas e respeitadas. Essa é uma posição muito favorável para o prazer de ensinar. O nativo pode contribuir, pela via educacional, para os princípios da arte, da decoração e para as teorias do desenho ou da música. A percepção que o nativo tem da afeição é reforçada por efeitos estranhos ou contatos com situações estranhas.

Décima casa: a ambição do nativo é favorecida nas artes que profissionalizam a decoração, a ornamentação ou a música e o embelezamento. O sentido de afeição do nativo é ampliado quando ele o dirige para as pessoas em posição elevada.

Décima primeira casa: as graças sociais do nativo são atraídas para atividades de grupo em que ele ganhe estatura e se beneficie pela identificação com as simpatias de grupo. O nativo é mais afetivo no meio de grupos do que numa base individual.

Décima segunda casa: o nativo tem a habilidade de romantizar e infundir ânimo em uma situação que a maioria das pessoas acha difícil, frustrante e deprimente. Evidentemente, isso é apreciado por aqueles que estão temporariamente por baixo e aniquilados: o nativo é sentimentalmente atraído para essas condições. Os seus sentimentos são, em geral, mantidos secretos e seu sentido de romance é melhor quando levado adiante em segredo.

Na busca de vazão para os sentimentos venusianos acima descritos, a percepção que o nativo tem da beleza é estimulada pelos assuntos das casas de Touro e de Libra. O interesse do nativo também se volta para os assuntos da casa relacionada com a casa de Vênus por meio do regente da cúspide. Isso mostra onde nossos talentos podem ser utilizados tanto de forma agradável como vantajosamente.

Para comentários sobre o tempo de Vênus segundo o signo em que ele estiver, veja a página 264, capítulo 22.

Vênus é facilmente estimulado e fortalecido pelas forças planetárias com as quais forma aspectos em ângulos harmônicos. Por outro lado, é forçado a transigir, ou abandonar alguns dos seus alegres prazeres, substituindo-os por aplicações mais práticas, pelas forças planetárias com que forma aspectos em ângulos desarmônicos. Para maiores detalhes, veja o capítulo 9.

NETUNO NO SEU HORÓSCOPO

Netuno, no seu horóscopo mostra onde e como você reagirá à instituição e à consciência espiritual. Este é o planeta do discernimento, da idealização e da inspiração. Netuno opera por sugestões sutis ou implicações misteriosas que são muito mais sentidas do que vistas ou conhecidas. Desde que o seu domínio amplia a percepção além dos cinco sentidos comuns, ele pode ser chamado de planeta da percepção extra-sensorial. Uma vez que a maioria das pessoas confiam predominantemente nas causas materiais, elas tendem a ridicularizar ou temer o que não entendem. Outras, que estão muitíssimo associadas com Netuno, sentem esse poder de forma intuitiva, com grande convicção e fé. Já que Netuno é essencialmente uma força espiritual, ele tende a parecer negativo quando defrontado com situações que exijam primariamente soluções materiais, físicas ou racionais. Assim, Netuno também pode sugerir desilusão, fraude, decepção, intriga e escândalo. A menos que seja aproveitado no seu lugar natural (que é imaterial), Netuno significa o ponto em que você pode ser feito de tolo e em que tende a decepcionar os outros.

Se Netuno, como regente de Peixes, se relacionar com o seu Sol, Lua ou ascendente, nesse caso ele é especialmente importante para você. Nos assuntos do ego, das emoções ou da personalidade, a chave é a visão inspirada. Se o seu Sol estiver em Peixes, as suas soluções importantes na vida serão essencialmente espirituais e inspiracionais. Se a sua Lua estiver em Peixes, você se sentirá emocionalmente atraído para tudo o que é misterioso, enganoso, sugestivo e idealista em Netuno. Se o seu ascendente for Peixes, o domínio completo de todas as artes netunianas que existem (inclusive a magia) é imperativo para você desenvolver a sua personalidade e magnetizar o seu ambiente imediato.

A casa em que Netuno está mostra onde as sutis forças netunianas serão mais sugestivas em seus negócios. Se Netuno está na:

Primeira casa: essa é uma das posições em que o nativo está mais sujeito à autosugestão. De um modo geral, as exigências práticas do dia-a-dia são melhor resolvidas com soluções mais concretas. Nessa posição, Netuno indica uma forte confiança nas virtudes espirituais, as quais, em geral, os outros observam com certo grau de ceticismo. O nativo tem de tomar o cuidado de ser absolutamente correto em todos os assuntos, senão será considerado imitador e farsante.

Segunda casa: desde que Netuno dissipa e dissolve, o efeito que causa nesta casa material de suprimento é, geralmente, insatisfatório. Na melhor das hipóteses, as propriedades devem vir de profissões netunianas, nas quais a imagem é vendida como realidade. Isso inclui cinema, filmagens, televisão e todas essas expressões nas quais as imagens ou máscaras são usadas para obter os efeitos.

Terceira casa: essa é uma posição mais favorável para Netuno, já que o raciocínio se inclina idealmente para a expansão dos limites ou para a dissolução de limitações ou pensamentos. O nativo pensa melhor usando da intuição e talvez de alguma forma de percepção extra-sensorial. Ele deve ser capaz de inspirar os outros por meio de seus pensamentos ou comunicação.

Quarta casa: visto que essa já é uma área subjetiva de negócios, a presença de Netuno tende a manter uma consciência realista das verdadeiras bases do nativo. O caminho está aberto a muitas auto-sugestões, o que mais dispersa do que unifica a sua resolução quanto aos assuntos que devem ser esclarecidos para que ele possa enfrentar a vida. O efeito de Netuno sobre os alicerces da vida ou sobre os métodos que são usados para perseguir objetivos talvez cause mais mal do que bem.

Quinta casa: a inspiração netuniana pode fundir-se maravilhosamente com o senso de criatividade e a técnica de espetáculo na qual às vezes é vantajoso fazer qualquer coisa parecer possível. Os aspectos materiais do jogo e da especulação criam algo que, entretanto, pode ser uma armadilha. Um toque de mágica é usado para obter qualquer um dos prazeres relativos à quinta casa.

Sexta casa: Netuno pode acarretar uma alta nos negócios que muitas vezes estão atolados em detalhes materiais e trabalho desgastante, onde existe o perigo de perder de vista o intento e motivo real da obrigação. Netuno tenderá a fortalecer nossa habilidade de continuar com encargos ou assumir novos por fazê-los parecerem mais fáceis ou menos enfadonhos do que na verdade são.

Sétima casa: essa não é uma posição afortunada para Netuno, porque ele coloca todos os relacionamentos do nativo com os outros numa base irreal e imaginária. O nativo se ilude com o que vê nos outros e estes invariavelmente fazem o nativo de tolo, de alguma maneira.

Oitava casa: Netuno age como força protetora que atenua os medos do desconhecido e amplia o discernimento até potencialidades que ficam além da aceitação comum. Esta pode ser uma posição muito feliz para o nativo; ela favorece heranças estranhas e a sorte de descobrir valores novos em objetos ou situações rejeitados.

Nona casa: o nativo será atraído por rituais religiosos ou místicos que já estão incluídos em alguma espécie de culto ou estrutura codificada de crença. O nativo tira muita inspiração do passado e do senso de história envolvido com os nossos princípios de fé.

Décima casa: o nativo adotará uma atitude espiritual quanto às concessões e ambições materiais. Indubitavelmente, rejeitará os julgamentos mais temporais da vida e, antes de tudo, encontrará satisfação na justificação de suas próprias idealizações. As suas metas são essencialmente transcendentes. O nativo tende a orientar-se por certos conceitos ou indivíduos inspirados que nas suas abordagens ou atitude não são materialistas.

Décima primeira casa: o nativo tem afinidade espiritual com outras pessoas que compartilham do mesmo ideal coletivo. Ele se sente predisposto a partilhar os seus discernimentos interiores com as pesssoas de simpatias semelhantes.

Décima segunda casa: o nativo tem um discernimento natural em vários assuntos que a maioria das pessoas considera deprimentes e sombrios. Há talento para ajudar as pessoas infelizes com um toque mágico ou pensamento inspirado que faz toda a diferença.

A importância espiritual de Netuno (seja qual for o lugar que ocupe no horóscopo), é fortalecida pelos negócios e pelas pessoas da casa de Peixes. A aplicação desejável dessa inspiração é sugerida pela casa onde se encontra o regente da casa de Netuno.

Para comentários sobre o tempo de Netuno segundo o signo em que ele estiver, veja o capítulo 22.

Netuno é estimulado pelos aspectos de ângulos harmônicos com outros planetas, que adicionam algo à sua extensão espiritual. Por outro lado, é forçado à ação pelos ângulos desarmônicos. Para Netuno, é mais importante estar associado com os planetas que realizam coisas, como o Sol, Marte e Saturno, do que com os planetas que emocionam, decoram, simpatizam ou apenas pensam sobre a questão.

JÚPITER NO SEU HORÓSCOPO

Júpiter, no seu horóscopo, mostra como você pode usar o seu senso de expansão otimista com melhor proveito. Ele também indica onde você se sentirá mais expansivo e generoso nos assuntos materiais. Em geral, ele traz prosperidade, abundância e condições frutíferas para os negócios e pessoas da casa que ocupar. Enquanto Saturno tende a fechar as portas (a fim de concentrar melhor a atenção do nativo sobre certos fundamentos de sua realidade), Júpiter tende a abrir as portas para a expansão das potencialidades materiais e a ampliar os horizontes do nativo para mais oportunidades. A maioria das pessoas dá as boas-vindas ao "sinal verde" que Júpiter parece liberar, da mesma forma que se ressente com o intervalo para exame e reabastecimento que Saturno impõe.

Se Júpiter, como regente de Sagitário, se relacionar com o seu Sol, Lua ou ascendente, nesse caso ele será particularmente importante para você. A tônica (para o ego, as emoções ou a personalidade) é a fé otimista e a inabalável convicção na retidão dos seus propósitos. Se o seu Sol estiver em Sagitário, Júpiter apontará o caminho no qual o espírito expansivo da sua natureza poderá encontrar uma saída melhor para a realização do seu destino. Se a sua Lua estiver em Sagitário, Júpiter lhe mostrará onde a sua natureza emocional encontrará alguma gratificação em tudo a que aspira sentir. Se o seu ascendente for Sagitário, Júpiter é a chave para o modo de você impressionar o seu ambiente e deixar a sua personalidade continuar a brilhar como ela anseia fazer.

Se Júpiter está na:

Primeira casa: o nativo aproveita mais ao melhorar a si mesmo e ao manter a imagem da sua personalidade tão brilhante, imaculada e receptiva quanto possível. O nativo sempre parece bem-sucedido e autoconfiante, não importa quais possam ser as suas condições materiais.

Segunda casa: esta casa é muito favorável para as posses abundantes e para que se seja bem pago por quaisquer serviços prestados. O nativo também será generoso com as suas propriedades.

Terceira casa: em todos os pensamentos, fala e comunicação do nativo são evidentes o entusiasmo e o otimismo. Irmãos e irmãs dão sorte ao nativo. Ele encontra um jeito de viver em ambientes prósperos.

Quarta casa: o nativo vem de uma formação afortunada e sempre há condições de abundância e motivo para ser grato quanto ao que se refere ao lar.

Quinta casa: esta é uma indicação muito favorável de lucro com jogo e especulações; entretanto, o nativo pode muito bem ser afortunado por natureza no aproveitar todas as oportunidades, não somente as oportunidades do esporte. As relações do nativo com os filhos são frutíferas e compensadoras.

Sexta casa: Júpiter traz condições favoráveis de trabalho e satisfações proveitosas com o cumprimento dos deveres e obrigações diários. O nativo se beneficia com sua vocação e por intermédio dos seus colegas de trabalho. Ele deverá ser muito bem gratificado materialmente por seus serviços em favor dos outros e deverá receber um título para comprovar isso.

Sétima casa: o nativo é atraído para pessoas otimistas e extrovertidas, e elas tendem a trazer-lhe prosperidade. Os lucros materiais da vida virão através dos outros.

Oitava casa: as mudanças importantes na vida do nativo sempre acabam por ser uma melhora. Há alguma indicação de herança ou ganho decorrente de propriedade anteriormente pertencente a outras pessoas.

Nona casa: o nativo abraça com entusiasmo doutrinas e princípios que ampliam o seu próprio raciocínio e que justificam os seus princípios. A publicidade e a propaganda são favorecidas para obter sucesso.

Décima casa: o nativo tem assegurado certo grau de sucesso e elevação de posição. Há ambição quanto a fama e alguma probabilidade de realização nessa direção.

Décima primeira casa: sucesso no lidar com grupos é indicado e o nativo tem uma maneira feliz de dirigir o seu entusiasmo para ideais coletivos compartilhados com os outros. Essa é uma boa posição para um político bem-sucedido ou para um representante do povo.

Décima segunda casa: o maior sucesso do nativo é reconhecido apenas particularmente pelos que estão em dificuldades e aos quais ajudou na possível reorientação de seus valores espirituais. A proteção deles pode, na hora em que precisar, ajudar a escudá-lo materialmente no mundo. O nativo sente-se muitíssimo recompensado por suas avaliações espirituais e, por sua vez, isso dota as motivações subconscientes com um senso de correção em todos os assuntos.

Ao plantar as sementes para obter a colheita que Júpiter promete, o nativo é encorajado e direcionado em seu objetivo pelos assuntos da casa de Sagitário. Ele deve usar essa fonte de abundância para fortalecer o propósito moral da casa relacionada com a casa de Júpiter pelo signo da cúspide. Este sugere o uso para o qual é dada a abundância.

Para comentários sobre o tempo de Júpiter segundo o signo em que ele estiver, veja o capítulo 22, página 261.

Júpiter é auxiliado no seu senso de expansão e de diferenciação entre o certo e o errado pelas forças planetárias com as quais forma aspectos em ângulos harmônicos. Por outro lado, é forçado a ajustar suas atitudes naturais por aqueles planetas com os quais forma aspectos em ângulos desarmônicos. Ele é, naturalmente, mais efetivo quando se relaciona com planetas que fazem as coisas acontecer, como o Sol, Marte e Saturno, e é menos eficaz com a amável persuasão exercida pelos outros planetas, os que ficam nos bastidores.

URANO NO SEU HORÓSCOPO

Urano, no seu horóscopo, mostra onde você talvez seja mais independente e se afasta de forma mais evidente do modo convencional de fazer as coisas. A posição de Urano mostra onde você precisa rebelar-se e contar consigo mesmo, devido ao forte sentimento de que só você mesmo sabe o que é melhor quanto ao assunto. Se alguma vez você tiver que desenvolver esforço individual e independente, deverá fazê-lo na área em que se encontrar Urano. Em alguns casos, esse planeta mostra a potencialidade de um gênio, o que é raro. Com mais freqüência, ele dá uma indicação de excentricidade, do que está fora de compasso com quase todas as outras pessoas. Urano se faz sentir por um marcante desvio de movimento e direção. Já que qualquer afastamento ou rompimento com o que é normal atrai a atenção para si, o nativo deve estar preparado para defender-se, ou à sua posição nessa área da vida, se quiser manter sua liberdade de escolha e a validade de seu esforço individual. O público é rápido em cerrar fileiras contra posições individuais que ameacem sua solidariedade. Em geral, o nativo de início é considerado excêntrico, e é ignorado por isso. Se, entretanto, ele persistir e mostrar méritos, as circunstâncias parecem levantar-se contra ele até que ele possa abrir uma brecha permanente e colocar-se adiante da multidão. Somente o tempo pode provar o gênio (ou impossibilidade) de sua ação ou trabalho. Há algo, quanto ao impulso de Urano, contra o que somos indefesos. Urano tende a nos empurrar inesperadamente para situações para as quais não estamos preparados. Se forem necessárias mudanças, esse é, sem dúvida, o único modo de elas acontecerem.

Se Urano, como regente de Aquário, se relaciona com o seu Sol, Lua ou ascendente, neste caso ele é especialmente importante para você. A tônica para o ego, as emoções ou a personalidade é a independência fundamentada no discernimento original. Se o seu Sol estiver em Aquário, você se torna a própria excentricidade, e Urano mostra como essa independência pode, concebivelmente, ser transformada em gênio. Se a sua Lua estiver em Aquário, as emoções caóticas podem ser melhor focalizadas na direção apontada por Urano. Se o seu ascendente for Aquário, você saberá em que sentido poderá utilizar o seu gênio (tal como ele é) de modo mais eficaz na área que se adaptar como um luva ao seu tipo de personalidade.

Sente-se a força dilaceradora de Urano quando ele está na:

Primeira casa: através da própria personalidade do nativo. Este é excêntrico e empreende repentinos e erráticos afastamentos dos moldes normais de comportamento. A maioria das pessoas nota de imediato esse aspecto inusitado de sua natureza e o trata adequadamente. Isso, em geral, não o impede nem um pouco de seguir o próprio caminho, já que é sucessivamente confrontado com desafios nada comuns do meio ambiente, que exigem de forma específica esse comportamento.

Segunda casa: pela perturbação da fonte de suprimento ou da situação das posses do nativo. Essa posição de Urano geralmente é desfavorável, já que põe o controle dos poderes de ganho nas mãos de forças inconstantes sobre as quais o nativo tem pouco controle, não importa o que ele considere ter obtido de forma justa. A presença de Urano sempre indica condições sobre as quais o nativo tem pouco controle. O efeito é o golpe ou a força das circunstâncias.

Terceira casa: através de pensamentos inusitados. O raciocínio do nativo segue os ditames excêntricos de Urano e isso o leva às vezes a estados mentais muito confusos que, entretanto, são comprovadamente brilhantes quanto a um tema especial ou à agudeza mental.

Quarta casa: pela criação de um estado estranho de subjetividade. A excentricidade em nossa vida provém da nossa formação e herança natural. Se o nativo for um "osso duro de roer", isso lhe acontece naturalmente. Um ou ambos os pais também compartilham de alguma qualidade excêntrica. Urano afeta o senso de segurança do nativo de alguma maneira – em geral, de maneira perturbadora. Pode ocorrer que o nativo invente programas engenhosos com os quais possa perseguir objetivos. Eles poderão parecer, de certa forma, impraticáveis, mas, ao mesmo tempo, poderão obter alguns resultados espantosos, se levados suficientemente longe.

Quinta casa: por meio de atitudes inusitadas quanto aos prazeres, ao namoro, às relações para fins de prole ou criativas. O elemento de inconvencionalismo está presente em todas as atitudes referentes ao romance, ao intercurso sexual e ao modo de impressionar os outros com a individualidade do ego criativo. A palavra-chave em todas essas áreas tende a ser "nada funciona".

Sexta casa: pelas condições incomuns da vocação. Os negócios cotidianos do trabalho, os deveres e os assuntos relativos à saúde estão sujeitos a mudanças drásticas e repentinas. O nativo procura uma ocupação inusitada. Ele também aceita tão subitamente como abandona os empregos. Em matéria de emprego, tende a estar num lugar hoje e ir embora amanhã, quase como se nunca tivesse estado ali, mesmo que tenha trabalhado durante anos nesse lugar. Quando alguma coisa, nessa área, termina, ela sempre termina de forma abrupta, ou até mesmo desagradável.

Sétima casa: por meio de relacionamentos inusitados com o público. O nativo sente as reações incomuns dos outros – no todo – como aparentemente não provocadas e, em geral, inesperadas. O nativo, sem ter consciência do fato, busca tipos estranhos na multidão, multiplicando esses relacionamentos inconstantes. Todos os contatos com estrangeiros tendem a arrebatar o nativo, como se ele estivesse sujeito a todos os caprichos da natureza humana. Esse tipo o atrai e ele contribui para isso com a atitude que tem para com os outros.

Oitava casa: através de repentinas e drásticas mudanças na vida do nativo. Essas mudanças importantes sempre são acompanhadas de condições estranhas, convulsões repentinas e resultados inesperados e arrasadores, que geralmente vão além de qualquer coisa prevista no início. O nativo também está sujeito a paixões arrasadoras de natureza sexual que têm conseqüências extensas. Haverá muitas mudanças violentas na vida do nativo e desmascaramentos perigosos da vida e da propriedade, mas aconselha-se ao nativo manter uma atitude muito independente e construtiva quanto a essas questões. Embora violenta na ocasião, a mudança de vida pode ser potencialmente melhor do que a vida que o nativo levava antes.

Nona casa: pela adesão a crenças, princípios e códigos de raciocínio estranhos. O nativo tem dificuldade em adaptar as suas idéias à maioria das crenças já estabelecidas ou organizadas pelos outros. Essa posição de Urano significa estar mentalmente fora de compasso na maioria das áreas de aprendizado superior. Contatos com o exterior ou viagens trazem resultados extraordinários. O nativo sente-se atraído ou tenta divulgar organizações que a maioria das pessoas considera estarem longe de ser dignas de crédito.

Décima casa: por meio de objetivos ímpares que também impõem qualificações inusitadas e condições estranhas. O nativo é atraído de forma natural para assuntos não-convencionais que o marcam como algum tipo de excêntrico. Ele precisa perseguir esses assuntos com muita independência de raciocínio. O tempo pode, eventualmente, indicar que aquilo pelo qual lutou tinha muito mais mérito e que o seu interesse simplesmente estava adiante de sua época. O nativo pode ter a satisfação de ser um pioneiro em alguma questão e é possível que alguns o reconheçam como um gênio. As chances das suas percepções obterem o *status* que merecem são muitíssimo problemáticas; dependem, em grande parte, da condição do próprio Urano (por aspecto), da casa de Aquário e do signo e regente da cúspide da casa de Urano (neste caso, a décima).

Décima primeira casa: por meio de amizades incomuns. O nativo busca amizades incomuns e também sente as reações inesperadas daqueles que selecionou como camaradas solidários. Já que a tônica dos melhores amigos do nativo e a dele em relação a estes é a de extrema independência na atitude e no comportamento, isso tende a criar relacionamentos únicos. Entre eles e no meio deles, tudo pode acontecer.

Décima segunda casa: por devastadores lampejos de discernimento sobre motivações interiores. Essa é, em geral, uma posição desafortunada para Urano, porque o nativo será repentinamente confrontado com condições violentas, para as quais precisa estar subconscientemente preparado. As defesas comuns da vida não lhe farão bem, nesse caso. A vida íntima do nativo será consideravelmente perturbada de tempos em tempos, e ele precisará de uma grande dose de recursos e de fortaleza interior para enfrentar alguma prova severa. Além disso, na décima segunda casa a incontrolável e imprevisível força uraniana é aumentada por estar escondida sob a superfície ou por vir de trás ou do setor menos suspeitado e, invariavelmente, na hora em que se está menos preparado para enfrentá-la de modo eficaz. Desgraças parecem atrair desgraças de uma maneira irresistível.

Para comentários sobre o tempo de Urano segundo o signo em que ele estiver, veja o capítulo 22, página 261.

A despeito do efeito violento e perturbador que Urano traz, o nativo será fortalecido e um tanto preparado para ele por meio da orientação da casa de Aquário. Esse apoio é mais ou menos negado quando Urano está na casa de Aquário. Nesse caso, as circunstâncias são inteiramente tiradas das mãos do nativo. Ele pode contribuir involuntariamente para isso, embora nada possa fazer. O resultado provável da independência uraniana é sugerido pela casa em que se encontrar o regente da cúspide da casa de Urano. Mais uma vez estará nas mãos do próprio destino quando Urano estiver na casa de Aquário. Nesses casos, a única resposta está na condição dos aspectos de Urano.

Urano é encorajado pelos aspectos de ângulos harmônicos e forçado a conter-ser ou modificar-se (se possível) pelos ângulos desarmônicos. Para maiores detalhes sobre isto, leia o capítulo 9.

PLUTÃO NO SEU HORÓSCOPO

Plutão, no seu horóscopo, mostra onde você resistirá com mais energia às condições que encontrar e fará qualquer esforço (inclusive revolta violenta, se necessário) para modificar as condições de acordo com a sua conveniência. A natureza de Plutão sempre envolve dois lados: um violento rompimento para livrar-se de formas ultrapassadas e um apontar para um novo potencial do qual Plutão apenas pavimenta o caminho. O processo é de mutação, transição, morte e renascimento. O método é, invariavelmente, drástico e violento. O nativo, entretanto, terá de estar intimamente associado com Plutão, para sentir isso no nível pessoal. Isso significaria ângulos bem desarmônicos com o Sol, Marte ou Saturno. Normalmente, o elemento plutoniano se manifesta em nossas vidas apenas como uma tendência social ou política mais geral.

Se Plutão, como regente de Escorpião, se relaciona com o seu Sol, Lua ou ascendente, nesse caso ele está intimamente associado com você por meio do ego, das emoções ou da imagem da personalidade. A tônica é a de uma revolução drástica e da necessidade de iniciar mudanças a partir da base. Se o seu Sol estiver em Escorpião, todas as mudanças sociais e fatos políticos assumirão uma implicação pessoal em seus negócios. A localização de Plutão mostra como você pode contribuir para o futuro tal como o vê. Se a sua Lua estiver em Escorpião, suas convulsões emocionais precisarão de objetivos em que Plutão possa focalizar os seus sentimentos. Se o seu ascendente for Escorpião, Plutão lhe mostrará como controlar as situações voláteis que sente fervilhar à sua volta. Você precisa sentir que o seu senso de identidade se torna o pivô para efetivar mudanças significativas, de preferência a ser pisoteado até a morte pela multidão, na medida em que as pessoas sentem a queda de sua situação.

O senso de revolta do nativo (tal como possa ser) está centrado no horóscopo pela posição da casa de Plutão.

Se Plutão está na:

Primeira casa: a revolta está dentro do nativo, como é evidente na sua personalidade, o que os outros podem notar. O nativo é considerado um revolucionário em potencial, quer esteja ativamente engajado no arremesso de bombas ou não. Os outros reagem a ele como se fosse um terrorista insatisfeito, e ele é forçado a ficar em guarda, para proteger-se.

Segunda casa: o nativo quer rebelar-se da pior maneira contra a situação de seus negócios financeiros, que às vezes se reduzem ao mínimo. O nativo vê nisso uma certa injustiça. Ao tentar progredir, tende a apagar tudo o que aconteceu antes, a fim de começar com um nome limpo. Às vezes parece conveniente que ele quase seja forçado a tirar dos outros para suprir suas próprias necessidades. Isso parece justificado na ocasião. Ao começar da estaca zero, suas posses materiais tendem a ser eliminadas, como se fossem muito mais um fardo adicional do que uma fonte potencial de riqueza. O impulso de Plutão sempre é justificado, na ocasião, nos termos da situação que força o indivíduo a fazer adaptações drásticas. Visto que Plutão sempre indica dois lados, o nativo deveria ter diversas fontes potenciais de ganhar dinheiro, ou duas atitudes quanto às suas propriedades. Há uma fonte de rendimento realizável a partir de algum aspecto de mudança social ou das condições dos tempos.

Terceira casa: as tendências revolucionárias aparecem na fala e na comunicação em geral, desde que o nativo se sinta impelido a explosões violentas.

Quarta casa: o nativo se volta contra a sua formação e herança e, até certo ponto, contra a sua família, como se fosse a candidata mais próxima para a desejada mudança. Ele tende a organizar o seu eu subjetivo no contexto da técnica mais desejável quanto aos princípios do "abaixo o velho e viva o novo."

Quinta casa: o nativo sente uma violenta necessidade de criar idiomas inteiramente novos, como uma extensão do indivíduo criativo. Os conceitos comuns mais facilmente reconhecíveis pela média das pessoas parecem ao nativo totalmente inadequados para a mensagem criativa que se sente compelido a expressar. Os apegos românticos e sua conseqüente expressão sexual servem especialmente para uma revisão drástica. O iconoclasmo se torna o lema de todos os assuntos da quinta casa, inclusive filhos e questões que se refiram a eles.

Sexta casa: o nativo dirige o seu sentido da necessária reforma contra os deveres e obrigações que os homens habitualmente assumem na rotina diária. Os problemas de trabalho, em geral, e a reforma social em particular, todos são de interesse. Também há evidência de atitudes radicais sobre os assuntos relativos à saúde. A própria saúde do nativo é uma questão de certa preocupação, aparentemente porque às vezes são necessários métodos muito violentos para colocá-lo outra vez em forma.

Sétima casa: o nativo tende a focalizar a sua atenção em indivíduos que ele sente que favorecem ou retardam os programas progressivos que considera necessários. Isso pode levá-lo a juntar-se a algumas pessoas num esforço de cooperação e a começar disputas e reações violentas com as outras. É inevitável algum tipo de guerra. Inicialmente o nativo é guiado ou levado para envolvimentos sociais por outros pelos quais se sente instintivamente atraído. Ele tem atitudes duais quanto aos outros indivíduos e, em troca, eles lhe mostram duas caras.

Oitava casa: o nativo vê que a mudança drástica e em grande escala é necessária e desejável, como o único modo de dar nascimento àquilo que "deve ser". Ele é um espião nato que trabalha melhor em atribuições secretas e misteriosas. A morte é considerada um acidente (e algo inevitável) nessa dedicada missão. Senão toda, pelo menos alguma parte de sua natureza tem de morrer a fim de enfrentar as emergências de sua vida.

Nona casa: as faculdades mentais mais elevadas do nativo são devotadas à publicação, propaganda ou promoção daquelas idéias revolucionárias que já estão canalizadas em movimentos e instituições formados com essa finalidade. Essas instituições estabelecidas são consideradas posições naturais das quais se podem lançar ataques reacionários.

Décima casa: a meta consciente do nativo é de natureza revolucionária. Se necessário, ele usará a força para estabeler a sua posição e autoridade sobre os outros. Também é provável que venha a ter a oposição dos que estão no controle, que procurarão anulá-lo, se necessário. Os que detêm a autoridade parecerão especialmente opressivos e intoleráveis ao nativo e às suas metas.

Décima primeira casa: o nativo se junta com outras pessoas que têm simpatias semelhantes a fim de executar seu programa, que é fundamentado numa ordem nova e desejada. O nativo sente-se naturalmente atraído a fazer amizade com revolucionários, mas também é provável que passe por experiências drásticas com esses mesmos amigos. A amizade, entre estes camaradas, é considerada um sacrifício, quando necessário.

Décima segunda casa: a preocupação do nativo está centralizada naqueles infelizes que foram vitimados pelas injustiças sociais; o nativo sentirá intensamente essas injustiças, como se ele mesmo as tivesse sofrido. O enfoque é dar apoio moral e espiritual ou ajudar nas intrigas de preferência a sofrer confrontos francos com as raízes do mal. O nativo possui uma filosofia única que o capacita a ver além dos males do presente, mas, nos bastidores, ele dá assistência a quaisquer valores que retifiquem essa triste situação. Quando se trata de motivações interiores ou subconscientes, o nativo tem uma concepção dual, ou dividida, até mesmo sobre si mesmo (quer ele reconheça ou admita isso, quer não). Isso ocasiona alguma desastrosa confusão em seus próprios negócios, já que ele pode, compreensivelmente, suportar dois programas contraditórios ao mesmo tempo. O que o subconsciente precisa é de desnudar as coisas a partir de suas bases essenciais e refundir o assunto numa base mais realista. Às vezes é necessária uma vida inteiramente nova para exprimir essas violentas adaptações.

Para comentários sobre o tempo de Plutão segundo o signo em que ele estiver, veja a página 261, capítulo 22.

O nativo é apoiado e encorajado em seu senso de rebelião pelos assuntos e pessoas da casa de Escorpião. O resultado fundamental dessas atitudes para o nativo é sugerido pelas questões e pessoas da casa em que se encontra o regente da casa de Plutão.

As forças que associam dinamicamente Plutão aos outros elementos do caráter do nativo são reveladas pelos ângulos desarmônicos que ele forma. Estes são muito mais eficazes quando ligados aos planetas de ação, o Sol, Marte e Saturno. De menor importância são os laços emocionalmente solidários mostrados pelos ângulos harmônicos. Para maiores detalhes sobre isto, veja o capítulo 9.

Capítulo 9

ASPECTOS ENTRE OS PLANETAS

Diz-se que os planetas estão em contato ativo quando ficam a certas distâncias relativas um do outro. Esses pontos determinados de contatos são chamados de ASPECTOS. Essa distância angular é medida em graus do zodíaco, a referência padronizada para todas as medidas na astrologia. Ao que parece, os pontos efetivos em que os contatos entre os planetas se dão são determinados por certas leis científicas relacionadas com outros corpos ou planos de força eletromagnética, ou seguem essas leis. L. Edward Johndro, um matemático, físico e engenheiro de rádio que mais tarde devotou sua formação científica ao campo da astrologia, determinou que o relacionamento-chave dos corpos em contato eletromagnético era o de 15° ou de seus múltiplos.

Os aspectos primários considerados neste livro são os de 0° de distância (juntos, o que se chama de CONJUNÇÃO), 60° de distância (chamado de SEXTIL), 90° de distância (chamado de QUADRATURA), 120° de distância (chamado de TRÍGONO) e 180° de distância (chamado de OPOSIÇÃO).

A diferença ou o conseqüente efeito desses vários aspectos é uma questão um tanto controvertida entre os astrólogos. Alguns astrólogos classificam os aspectos em bons e maus. Outros acham que os assim chamados maus aspectos são os únicos que devem ser considerados e que os assim chamados bons aspectos são relativamente destituídos de valor, ao se analisar um horóscopo.

A natureza dos planetas como elementos ou símbolos de força nem é positiva nem negativa, nem masculina nem feminina, nem feliz nem infeliz. É a posição dos planetas (em qualquer momento do tempo) que faz com que pareçam estar em condição afortunada ou desafortunada.

O mesmo deveria ser dito ao julgarmos os aspectos entre os planetas. É incorreto denominar certos aspectos de benéficos ou maléficos. O efeito dos aspectos deve ser a natureza dos planetas atuando no relacionamento. Se esse aspecto tende a atuar de maneira positiva, construtiva ou de maneira negativa, destrutiva, isso deveria ser determinado pela AVALIAÇÃO do horóscopo inteiro, o que determina o caráter do nativo. Os nativos de bom caráter tendem a transformar todos os aspectos em vantagens, ao passo que os de caráter instável tendem a transformar todos os aspectos em desvantagens.

Talvez uma abordagem melhor dos aspectos seja considerar TODOS OS ASPECTOS DE ÂNGULOS DESARMÔNICOS (conjunção, quadratura e oposição) como UMA COMBINAÇÃO DE DUAS OU MAIS QUALIDADES, COM OS RESULTANTES PROBLEMAS ENVOLVIDOS.

ASPECTOS DE ÂNGULOS HARMÔNICOS (sextil e trígono) devem ser considerados como UMA COMBINAÇÃO DE DUAS OU MAIS QUALIDADES QUE, GERALMENTE, NÃO CRIAM PROBLEMAS CONCOMITANTES.

ASPECTOS DE ÂNGULOS DESARMÔNICOS DIFICILMENTE ATUAM COM EFICÁCIA. Para agir, exige-se mais esforço. Diz-se que superar dificuldades desenvolve o caráter.

ASPECTOS DE ÂNGULOS HARMÔNICOS COOPERAM COM FACILIDADE. Trata-se de uma questão de sorte as coisas saírem bem com relativa facilidade. Entretanto, demasiada sorte deste tipo ou felicidade sem luta enfraquece o caráter.

Neste livro a delineação dos aspectos entre os planetas se limitará aos aspectos de ângulos harmônicos e desarmônicos. A conjunção, que é, tecnicamente, um ângulo de 0° (ou ausência de ângulo), está incluída na categoria de aspectos de ângulos desarmônicos porque seu efeito pertence ao mesmo grupo do da quadratura e da oposição – isto é, seu efeito é compulsivo. Para todos os fins práticos, as distinções (se houver alguma) ou as diferenças (que são sutis) dentro desses grupos não têm finalidade útil. De fato, há certa polêmica quanto ao fato de essas diferenças sutis poderem ser consideradas realmente eficazes. A respeitada pesquisa de certos grupos de estudos astrológicos tem confirmado que isso é verdadeiro. Por certo, não há universalidade no fato de apenas alguns aspectos causarem certos resultados, com a exclusão dos outros. Ou seja, eles descobriram que era mais significativo o fato de ocorrer um relacionamento com QUALQUER aspecto no momento de acontecimentos importantes. Também descobriram que os acontecimentos infelizes se davam com igual freqüência, tanto sob os assim chamados bons aspectos, como sob os maus, e vice-versa.

TODOS OS ASPECTOS DE ÂNGULOS DESARMÔNICOS SÃO COMPULSIVOS.

A CONJUNÇÃO: Quando dois ou mais planetas estão em conjunção, a distância angular entre eles é de 0°. Esse relacionamento deve ser considerado o mais forte de todos os possíveis aspectos. O resultado é CONJUGAR as forças planetárias para o melhor ou para o pior. O envolvimento é absoluto. Não há qualquer possibilidade de considerar uma qualidade sem a outra. O resultado dependerá da natureza individual dos planetas que estão conjuntos.

A QUADRATURA: Quando dois ou mais planetas estão em quadratura, a distância angular entre eles é de 90°. A AÇÃO DE UM PLANETA SEMPRE FORÇA UMA AÇÃO OU REAÇÃO NO OUTRO. Os planetas tendem a trabalhar com desígnios contrários, mas, de algum modo, precisam ser forçados a atuar em uníssono.

A OPOSIÇÃO: Quando dois ou mais planetas estão em oposição, eles são o oposto um do outro e a distância angular entre eles é de 180°. A AÇÃO DE UM PLANETA SEMPRE FORÇA UMA AÇÃO OU REAÇÃO DO OUTRO. Os planetas tendem a opor-se um ao outro, mas também devem ser forçados a alguma forma de harmonia.

ASPECTOS HARMÔNICOS ENCORAJAM UM AO OUTRO, MAS NÃO OBRIGAM À AÇÃO. É o fato de forçar a uma ação que torna os ângulos desarmônicos mais efetivos no julgamento do caráter do que os ângulos harmônicos. Com ângulos harmônicos, a ação de um planeta torna fácil a ação do outro, SE ELES DESEJAREM AGIR. A diferença entre o trígono e o sextil é, na verdade, muito tênue. Talvez o trígono signifique um pouco mais de facilidade (portanto, diz-se que dá mais sorte).

O SEXTIL: Quando a distância angular entre dois ou mais planetas é de 60°. Esse é o relacionamento suave que, ao que se diz, oferece oportunidades, mas não sem algum esforço da parte do nativo. Em outras palavras, ele pode projetar essas duas qualidades em sua natureza, caso se sinta predisposto, mas não sem algum esforço.

O TRÍGONO: Quando a distância angular entre dois ou mais planetas é de 120°, diz-se que esse relacionamento oferece oportunidades sem qualquer esforço da parte do nativo. O efeito é considerado afortunado, pois as duas qualidades se juntam (se for necessário) sem qualquer esforço ou resistência entre elas.

Neste ponto é bom mencionar o que é conhecido como a ORBE de influência, ou a variação permissível do aspecto exato. Na prática, os astrólogos diferem amplamente sobre esse ponto. Alguns permitem uma margem muito ampla, especificamente com o Sol e a Lua. EU RECOMENDO ESTRITAMENTE UMA ORBE MUITO ESTREITA. Na conjunção permito apenas 4° – possivelmente 6°, quando envolve o Sol. A justificativa para uma permissão maior quanto ao Sol é que a força do Sol é tão grande que atrai planetas para a sua orbe. Todos os outros aspectos devem ser restritos a não mais do que 3° ou 4°. Quanto mais próxima a orbe, tanto mais forte o efeito do aspecto em operação.

Já que a astrologia é um sistema tão complexo e intrincado, para se tirar algum sentido dela, NO INÍCIO, é necessário ater-se a algumas regras básicas ANTES de procurar uma diversificação, incluindo fatores de menor importância. Neste livro, tento enfatizar somente AS CONSIDERAÇÕES PRIMORDIAIS, de forma a haver menor probabilidade de você sair da trilha.

Se há qualquer verdade na análise astrológica, AS CONSIDERAÇÕES PRIMORDIAIS DEVEM VALER PARA O QUADRO GERAL, OU A ESTRUTURA COMPLETA. As considerações secundárias (muitas das quais nem são mencionadas neste livro) podem apenas adicionar mais detalhes ou maior substanciação à POSIÇÃO PRINCIPAL. Nenhuma consideração secundária pode modificar substancialmente a imagem básica, do contrário você avaliou mal os fatores principais.

Ao considerar os aspectos, tenha sempre em mente o seguinte: o efeito dos ASPECTOS DESARMÔNICOS é o de FORÇAR A REUNIÃO DE CERTAS QUALIDADES, o que, de forma invariável, tende a estimular nos outros uma reação negativa CONTRA O NATIVO.

No entanto, o nativo ainda é forçado desta maneira e PRECISA ACEITAR IS-

SO E TIRAR O MELHOR PARTIDO DA SITUAÇÃO, SEM CONSIDERAR A REAÇÃO QUE ISTO CAUSARÁ.

Muitos astrólogos explicam os aspectos desarmônicos (que denominam aspectos maléficos) de tal maneira que se poderia supor que o nativo faria melhor em desfazer-se de todos os padrões, devido à reação invocada. Isso é contra-senso. Somos o que somos e, quer o nativo deseje ignorá-lo ou não, AS CIRCUNSTÂNCIAS SEMPRE FORÇARÃO O NATIVO EXATAMENTE DE VOLTA PARA A POSIÇÃO QUE É NECESSÁRIA PARA CONTRABALANÇAR ESSA REAÇÃO SUPOSTAMENTE DESFAVORÁVEL.

A solução não está em DEIXAR DE SER O QUE SE É, nem em exercitar a "qualidade combinada" de tal modo que seja recebida uma reação favorável. Isso apenas seria possível por meio de um ângulo harmônico, e VOCÊ NÃO PODE TRANSFORMAR ÂNGULOS DESARMÔNICOS EM ÂNGULOS HARMÔNICOS pelo fato de usá-los de outra maneira. A única solução é aceitar AS CONSEQUÊNCIAS do seu verdadeiro talento, fazendo o melhor que pode e cuidando dos seus negócios sem se importar com a opinião ou os atos das outras pessoas.

Você está nesta vida a fim de desenvolver o seu destino único, não importa onde ele o leve.

A lição inerente aos aspectos desarmônicos é a de ENRIJECER-SE ao ser você mesmo, sem ligar para as opiniões dos outros. Se você for sincero consigo mesmo, os outros não poderão realmente impedi-lo. Entretanto, havendo aspectos desarmônicos, os outros sempre o farão passar por momentos difíceis quanto a essa questão.

ASPECTOS COM O SOL

SOL–LUA

DESARMÔNICOS: Desde que o Sol (ego) é o oposto polar magnético da Lua (emoções), ao mesmo tempo em que também simboliza as qualidades opostas típicas entre masculino e feminino, qualquer aspecto desarmônico enfatiza a dificuldade das duas qualidades DENTRO do nativo. A projeção ou gratificação de uma sempre parece ser às custas da outra. O nativo sempre está consciente de que a metade de si mesmo parece estar sendo sacrificada pela outra metade. Esse pode ser um teste severo do caráter acompanhado por muita perturbação íntima, com freqüentes resultados desastrosos sobre a saúde e a vitalidade.

HARMÔNICOS: O ego e as emoções tendem a atuar juntos com facilidade. Cada um se torna muito mais o complemento do outro do que o concorrente. Isso promove uma harmonia em tudo, o que se reflete através de todo o sistema.

SOL–MERCÚRIO

Mercúrio nunca está a mais de 28° adiante ou atrás do Sol, em seu movimento. Assim, o único aspecto efetivo que Mercúrio forma com o Sol é a conjunção exata. Talvez Mercúrio esteja melhor situado quando não em aspecto com o Sol. Isso permite alguma objetividade exterior de raciocínio.

DESARMÔNICOS: O ego sente dificuldade em expressar o que realmente quer. O nativo tende a pensar com o ego. Pode haver muita disparidade entre o que se pensa e o que se acaba fazendo. O ego é forçado a pensar sobre o que ele quer, o que significa uma interrupção da vontade.

SOL–SATURNO

DESARMÔNICOS: Saturno endurece o ego ao longo de linhas que são fixas, rígidas, inflexíveis, sérias, conservadoras, práticas e disciplinadas. Há luta dentro do eu a respeito de todos esses assuntos quando eles entram em conflito com a vontade; assim, os outros tendem a sofrer enquanto o nativo tenta controlar-se.

HARMÔNICOS: O nativo se adapta com mais facilidade para incorporar todas as qualidades de Saturno acima citadas, em suas práticas e métodos gerais. O ego não se ressente com as disciplinas impostas por Saturno.

SOL–MARTE

DESARMÔNICOS: Marte enaltece os aspectos impulsivos, agressivos, competitivos e sensoriais do ego, o que força o nativo a tiranizar as outras pessoas de uma maneira que as leva a resistir ou lutar.

HARMÔNICOS: Muito embora o nativo use todas as táticas acima, elas não parecem ofender as pessoas ou motivá-las à retaliação ou à revolta contra o nativo. Isso acontece porque ele não foi forçado a fazer coisas. Ele pôde agir à sua maneira quando se apresentou uma oportunidade, ou então nem sequer agiu. Mas eis aí a diferença típica entre a força dos ângulos desarmônicos e a fraqueza dos harmônicos. Com ângulos desarmônicos, o nativo é compelido, e disso resulta uma ação. Com ângulos harmônicos o nativo não é forçado a agir, a não ser que as oportunidades sejam ideais (o que pode não ser freqüente), e a ação não se realiza.

SOL–VÊNUS

DESARMÔNICOS: As qualidades de VÊNUS para socializar, harmonizar, desimpedir, proteger e dar colorido são reconhecidas como algo essencial para a própria projeção do nativo, ainda que tendam a não surtir o mesmo efeito com que foram intencionadas. Entretanto, o nativo é forçado pelas circunstâncias a agir dessa maneira, quer queira quer não.

HARMÔNICOS: É fácil ao nativo incorporar todos os atributos acima em seus modos e abordagem (quando se sentir disposto), o que abranda todas as relações interpessoais. Pelo fato de não ser forçado, o nativo apenas se projeta quando sente que isso é necessário, ou seja, de uma maneira socializadora, agradável. O resultado é ele se projetar menos.

SOL–NETUNO

DESARMÔNICOS: As qualidades netunianas de idealização, inspiração, visão ampliada e percepção extra-sensorial são fortes quando em aspecto desarmônico com a força egóica ou a força de vontade, embora elas pareçam, às vezes, atrapalhar a apresentação que o nativo faz de si mesmo. Isso tem a ver com a natureza do eu e dos ideais. Aqui o nativo é forçado a apresentar as duas ao mesmo tempo. A maioria das pessoas (por não estarem ligadas ao idealismo de Netuno) tende a reagir inicialmente àquele lado das qualidades netunianas em que vêem desilusão, intriga, falta de sinceridade e fraude. Por mais desafortunado que possa ser, o nativo, em alguns casos, tem de suportar isso e trazer os outros para a sua posição, que é mais o lado positivo de Netuno, que defende os ideais, a inspiração e os valores espirituais. O nativo simplesmente tem de vencer as reações negativas e defender o idealismo positivo.

HARMÔNICOS: O nativo é capaz de incorporar o lado melhor da qualidade de Netuno com um efeito inspiracional mais imediato. Isso acontece porque ele não é forçado a se apresentar de maneira inspirada; portanto, é capaz de esperar a sua ocasião até que as oportunidades se apresentem, quando isto pode ser feito de maneira mais eficaz, como acima. Enquanto isso, o nativo se ocupa fundamentalmente com aquelas imagens de si mesmo que lhe podem ter sido forçadas por quaisquer aspectos desarmônicos com o Sol.

SOL–JÚPITER

DESARMÔNICOS: As qualidades jupiterianas de otimismo, visão ampliada, esperança eterna e elevação construtiva parecem colocar o nativo num modelo não-natural, que o força a justificar-se ou a provar a sinceridade de sua intenção.

HARMÔNICOS: O nativo combina as qualidades acima citadas em sua natureza (na ocasião em que se sentir disposto) de forma tão natural que prontamente convence os outros.

SOL–PLUTÃO

DESARMÔNICOS: O nativo é forçado a incorporar as qualidades plutonianas de revolução, reforma drástica, instigação a mudanças violentas e rompimento de condições ultrapassadas, de tal maneira que enfrenta constante resistência em todos os níveis a tudo o que tenta fazer nesse sentido.

HARMÔNICOS: O nativo ainda (em ocasiões especiais, quando se sentir assim) incorpora todas as qualidades acima em sua abordagem e, em geral, escapa às piores conseqüências que poderiam ser dirigidas contra a sua pessoa. Como não é forçado por ângulos desarmônicos, ele pode incorporá-las ou deixá-las de lado, como quiser. Com ângulos desarmônicos, sempre terá de ser Sol-Plutão; com ângulos harmônicos, apenas algumas vezes, ou praticamente nunca, se as conseqüências tiverem de se voltar contra ele mesmo.

SOL–URANO

DESARMÔNICOS: O nativo é forçado a sair da linha, a afastar-se da multidão, a fim de sintonizar o seu comprimento específico de onda, o que lhe dá uma perspectiva independente. Esse ponto de vista especial geralmente está adiante de sua época, devido à sua tolerância e aos valores excepcionalmente amplos em suas bases, que as pessoas comuns podem considerar inconvencionais, excêntricos e peculiares.

HARMÔNICOS: O nativo, na ocasião em que desejar, se verá atuando de maneira fora do comum, o que parece não atrair para si uma atenção negativa.

ASPECTOS COM A LUA

LUA–MERCÚRIO

DESARMÔNICOS: O nativo é forçado a considerar constantemente as suas reações emocionais a partir de uma posição de desapego, como se ele fosse um estranho que estivesse julgando a si próprio. As emoções compreensivas da Lua são entravadas ou estorvadas por uma reação mental, às vezes indesejável, mas sempre necessária. O nativo sempre tem de perguntar-se sobre o que pensa de seus sentimentos. Ele não pode sentir de forma espontânea, sem primeiro rever as suas reações mentais.

HARMÔNICOS: A natureza emocional do nativo parece um resultado e conseqüência natural de atitudes mentais corretas ou afortunadas. Quando assim desejar, seus sentimentos são profundos, ou seus pensamentos são cheios de emoção, mas ele pode sentir algo independentemente de reações mentais, ou pensar alguma coisa independentemente de suas emoções.

LUA–SATURNO

DESARMÔNICOS: A natureza emocional do nativo é forçada a restringir-se a considerações mais sérias, o que tende a dificultar e disciplinar as emoções de forma desproporcional aos seus sentimentos normais. As outras pessoas consideram ou acham o nativo emocionalmente frio, duro e indiferente.

HARMÔNICOS: Quando quer, o nativo pode esfriar as suas emoções e mantêlas sob disciplinado controle, de modo a ficar inteiramente consciente de todas as implicações práticas envolvidas. Às vezes, ele realmente desfrutará de certa porção de negação emocional. Para ele, é fácil sentir-se favorável aos esforços árduos necessários para fazer as coisas.

LUA–MARTE

DESARMÔNICOS: A natureza emocional do nativo é forçada a sentir-se agressiva, competitiva, de temperamento forte, o que provoca reações desfavoráveis. Invariavelmente, as circunstâncias impõem ao nativo sentimentos fortes. Raramente ele pode (se é que pode) sentir alguma coisa de forma desapaixonada. Ou se trata de um sentimento intenso, ardoroso, ou de nenhum.

HARMÔNICOS: A natureza emocional do nativo pode chegar rapidamente a assomos de paixão quando ele quer, ou então ele pode endurecer o coração e deixá-los passar. Gosta de sentir-se entusiasmado pelas coisas, mas não acredita que seja sempre preciso sentir-se dessa maneira. Em geral, o nativo é admirado por seu senso emocional de competição e de excitação agressiva.

LUA–VÊNUS

DESARMÔNICOS: O nativo vê-se forçado a comprometer as suas atitudes emocionais com finalidades sociais, ou para obter mais cooperação efetiva dos outros. O nativo compreende que a cooperação social é desejável, porém muitas vezes não se sente disposto a comprometer os seus sentimentos com tal finalidade. Entretanto, ele tem talento para pôr-se em contato com os outros, embora os sentimentos públicos invariavelmente tendam a voltar-se, de início, contra ele.

HARMÔNICOS: O nativo tem facilidade para adaptar as próprias exigências emocionais ao que os outros, com os quais entra em contato, esperam dele. Raramente (se é que acontece) acha difícil ajustar-se emocionalmente às exigências sociais.

LUA–NETUNO

DESARMÔNICOS: O nativo encontra dificuldade em ajustar-se emocionalmente às atitudes inspiradoras, que sente terem a tendência de desviá-lo, em vez de aproximá-lo das coisas mais elevadas. Ele é desafiado constantemente a tornar-se ou sentir-se uma criatura melhor, a despeito de muitas falsas largadas. Ocasionalmente, isso levará a uma visão mais realista da inspiração emocional, que tenderá a ser utilizável. Do ponto de vista emocional, ele terá de sentir-se inspirado, ou não se satisfará emocionalmente.

HARMÔNICOS: Quando se sente disposto, as emoções se prestam, com bastante facilidade, a servir como uma espécie de receptáculo de inspiração. Isso não conquista para o nativo certos mal-entendidos sobre o seu idealismo emocional; eles, de preferência, tendem a esgotar-se ou dissolver-se por não serem realmente alimentados. Os aspectos harmônicos simplesmente não abastecem as emoções com a constante fonte de matéria-prima inspiradora que os desarmônicos dão. Portanto, o fato de nos sentirmos inspirados apenas quando quisermos ou quando houver ocasião não nos fornece as provas que poderiam assegurar que nossas emoções foram sinceramente inspiradas, em vez de serem lampejos de fantasia particular.

LUA–JÚPITER

DESARMÔNICOS: As emoções do nativo são estimuladas por algum tipo de fator de equilíbrio entre elementos reais e irreais, materiais e espirituais, entre o bom senso e as teorias extravagantes de elevação moral. A dificuldade surge quando o foco emocional do nativo tende a personalizar-se, em vez de considerar horizontes mais amplos e o potencial mais vasto do mundo exterior. O nativo é forçado a pôr os seus sentimentos num plano mais elevado de referência do que sua própria gratificação. Nesse caso, o problema não se resume a sentir; trata-se de sentir as coisas da maneira certa, ao invés de considerá-las de um modo errôneo. O equilíbrio de Júpiter introduz esse conceito de certo e errado no que, de outra forma, seria um senso pessoal de gratificação emocional.

HARMÔNICOS: As emoções do nativo, quando ele estiver predisposto, poderão alcançar horizontes mais amplos, o que pode ou não tirá-lo de seu meio normal. As emoções são difundidas com aspirações amplas (algumas vezes inatingíveis), que podem ser facilmente justificadas. Se o nativo fosse forçado a fazer isso o tempo todo, cada vez que reagisse emocionalmente a qualquer coisa, ele estabeleceria, por fim, um sentido de equilíbrio na sua perspectiva emocional.

LUA–PLUTÃO

DESARMÔNICOS: Os sentimentos do nativo são provocados pela necessidade de melhoria ou mudança nas situações que o cercam. Seus sentimentos entram em choque violento com os seus desejos, pois ele não consegue resistir às implicações mais amplas que colidem com a sua sensibilidade. Emocionalmente, é forçado a considerar o lado invisível das coisas, e o grau em que uma possível mudança é aconselhável. Isso sobrecarrega os sentimentos com forças psíquicas que o tornam agudamente consciente da responsabilidade espiritual de suas reações emocionais.

HARMÔNICOS: Os sentimentos do nativo são facilmente atraídos para condições desfavoráveis do mundo à sua volta, que necessitam de correção e simpatia. O nativo é emocionalmente mais solidário com as condições desfavoráveis, mas está menos preparado para fazer algo a respeito delas, a não ser oferecer-lhes sua profunda simpatia.

LUA–URANO

DESARMÔNICOS: As emoções do nativo são constantemente desarticuladas devido a algum fator que ele deixou de considerar em seus esforços para efetivar uma abordagem independente e única. Depois de muito arrependimento por causa do resultado de seu comportamento independente, para não dizer neurótico, o nativo vem a restringir a independência de sua simpatia às potencialidades mais visíveis. Ele é forçado a sentir de forma diferente dos outros. O que tem de aprender a aceitar é a conseqüência dessa independência.

HARMÔNICOS: O nativo é encorajado, com grande facilidade, a sentir de maneira inconvencional e errática. Isso pode dar-lhe gratificações pessoais, mas é bem menos provável que o leve à utilização construtiva dos vislumbres ímpares que experimenta, nos quais, entretanto, não tem confiança absoluta.

ASPECTOS COM MERCÚRIO

MERCÚRIO–SATURNO

DESARMÔNICOS: O raciocínio do nativo limita-se às soluções práticas de assuntos sérios, que tendem a ter objetivos materiais. Sempre que o seu raciocínio sai desse modelo ou padrão, surgem dificuldades e então o nativo é forçado a voltar para eles. Ele é forçado a disciplinar os seus pensamentos e a pensar de forma realista e em termos factuais.

HARMÔNICOS: O nativo sente uma inclinação natural para temas mais sérios e se disciplina com facilidade a fazer alguma espécie de abordagem científica ou análise do tipo laboratorial, até mesmo com assuntos simples. Considerar de forma séria os padrões de pensamento é mais importante do que a seriedade do seu conteúdo. O nativo gosta de pensar sobre situações e condições frustrantes, as quais mais restringem o indivíduo do que o deixam livre para tarefas mais fáceis.

MERCÚRIO–MARTE

DESARMÔNICOS: O nativo é dado a expressões explosivas, que espantam as outras pessoas e as fazem baixar a guarda para defesa imediata. De forma invariável, ele usa táticas rudes ao perseguir seus objetivos, mas esse próprio tratamento de choque é essencial para alguns propósitos importantes que, por fim, o nativo chega a reconhecer. Enquanto isso, as lutas e efeitos indiretos tornam o nativo um lutador mental, e ele é forçado a tirar vantagens mentais dessa competição. Ele precisa aceitar as conseqüências e vantagens dessa atitude.

HARMÔNICOS: O nativo é um pouco mais diplomático no emprego de expressões agressivas, as quais ainda têm o efeito de um tratamento de choque. Todavia, o nativo usa essa técnica apenas quando quer, ou quando sente que a situação enfrentada o exige. É menos provável que leve essa técnica às últimas conseqüências, já que não a usa ou testa em todas as ocasiões. Para ter uma arma aperfeiçoada em sua luta, ele precisaria testar mais reações que o orientassem do que apenas aquelas de resposta favorável.

MERCÚRIO-VÊNUS

DESARMÔNICOS: Primeiro o nativo fala e, em seguida, sente-se compelido a expressar-se de um modo mais suave e com termos mais agradáveis, eliminando desde o princípio o melhor efeito dos seus dois modos de falar. Por fim, aprenderá que os dois precisam ter um estilo tolerante desde o início e, dessa forma, desenvolve um modo de expressão eficaz, que transmite de modo conveniente os sentimentos que é forçado a expressar. O nativo é forçado a suavizar o tom de seu estilo de comunicação. O que pensa e o estilo em que isso é formulado devem ser agradavelmente combinados.

HARMÔNICOS: O nativo é dado à fala, pensamentos e expressões macios e doces, que, em geral, são agradáveis, mas podem ser logo esquecidos. A adulação raramente causa a mesma impressão duradoura dos comentários verdadeiros.

MERCÚRIO–NETUNO

DESARMÔNICOS: O nativo resiste à desejada qualidade inspiracional de sua expressão, ou então recorre a um jargão duvidoso que não engana ninguém, a não ser ele mesmo. Depois de muitas tentativas e erros, aprende a combinar as duas coisas de tal modo que os mais desejáveis e inspiradores efeitos de Netuno são agradavelmente combinados num estilo de pensamento e de expressão. O nativo é forçado a pensar de modo inspirador. Visto que a maioria das pessoas não estão associadas com Netuno, elas podem considerar essa expressão de certa forma duvidosa. O nativo deve aceitar essa reação e seguir adiante com seu próprio estilo, tentando eliminar a indeterminação ou as características irreais, bem como acentuar os ideais verdadeiros que Netuno sugere.

HARMÔNICOS: Os pensamentos do nativo vagueiam por canais inusitados, que os outros não entendem ou nem procuram entender. Há grande inclinação para atitudes extraterrenas e para vôos elevados da imaginação, de natureza mística. É menos provável que o nativo use isso numa aplicação prática ou num idealismo sadio, porque ele, em primeiro lugar, se satisfaz com sua própria gratificação. Ele não é forçado pelas circunstâncias a chegar a um acordo entre o lado verdadeiro e o lado duvidoso de Netuno.

MERCÚRIO–JÚPITER

DESARMÔNICOS: O nativo acha difícil pensar expansivamente e, ao mesmo tempo, manter algum tipo de orientação pessoal que o satisfaça. Sempre que o nativo se perde em pensamentos, estes tendem a se desequilibrar e a perder-se sem destino no selvagem azul distante. Finalmente, através de algum tipo de compromisso (pelo fato de o nativo ser suficientemente trazido de volta à realidade), ele aprende a formular sua própria posição e, ao mesmo tempo, a alinhar-se com os movimentos progressivos e em evolução, em canais estabelecidos de pensamento.

HARMÔNICOS: Os pensamentos do nativo facilmente levantam vôo e, até certo ponto, parecem bastante impressionantes; por essa razão, ele não é repreendido ou corrigido, ou aprende a ver por si mesmo como parte do seu raciocínio pode não ser fundamentado ou correto. Neste padrão, a coisa principal é que o seu estilo impressiona as outras pessoas – com facilidade quase excessiva.

MERCÚRIO–PLUTÃO

DESARMÔNICOS: O nativo deseja manifestar suas próprias tendências de raciocínio, mas, ao mesmo tempo, é constantemente levado a refletir sobre as questões que o cercam, o que requer uma violenta revisão e mudanças corretivas a partir das bases, mesmo às custas do raciocínio de certas pessoas que estão no seu caminho. O nativo é forçado a raciocínios progressivos em todas as ocasiões. Isso dá aos seus pensamentos uma consciência psíquica das condições e das potencialidades de mudança.

HARMÔNICOS: Os pensamentos do nativo fluem de forma natural para todos os tipos de esquemas irregulares e revolucionários, os quais, de alguma forma, vêm a público, sem, entretanto, virarem o mundo de cabeça para baixo ou voltá-lo contra ele. É pouco provável que o nativo aplique seus padrões de pensamento invulgarmente fortes para o bem de alguma causa, pois prefere usá-los somente quando tem vontade, ou quando as oportunidades que se apresentam não se voltem contra ele. Ela possui habilidade de dizer qualquer coisa antiga (às vezes) e sair-se bem com isso.

MERCÚRIO–URANO

DESARMÔNICOS: O raciocínio do nativo é inconstante e inconvencional, mas, como isso o coloca em situações desfavoráveis, ele luta consigo mesmo quanto ao fato de estar certo ou de ter justificativas para tal comportamento mental independente e irregular. Por fim, ele acaba por compreender que está sendo desafiado em suas posições independentes justamente para fortalecer o seu gênio criativo nesse sentido. Ele tem de achar um modo de pensar que seja singularmente original.

HARMÔNICOS: O raciocínio e a forma do nativo se expressar são, muitas vezes, erráticos, mas, por não causarem muita impressão nos outros, ele não aprende a melhorar o seu estilo e a descobrir por si mesmo, de maneira autoconsciente, exatamente por pensar de forma tão diferente dos outros. Também não aprende como tirar vantagem de alguma potencialidade de seu gênio mental. Precisa-se do valor da reação (tanto boa como má) providenciada pelos aspectos desarmônicos para aguçar qualquer ferramenta que se tenha e usá-la de modo eficaz.

Aquilo que flui com demasiada facilidade, quer seja errático ou não, está mais sujeito a cair por terra.

ASPECTOS COM SATURNO

SATURNO–MARTE

DESARMÔNICOS: O nativo é empurrado de forma consciente para dois caminhos: para a frente, rumo à ação expansiva, e para trás, para uma deliberação cuidadosa. Isso muitas vezes causa tensão interior, que acaba em algum tipo de explosão ou ACÃO QUE MACHUCA. Através de inúmeras reações infelizes dos outros, o nativo aprende como ajustar isso de tal maneira que se transforma numa ação que constrói porque é bastante realista desde o início. Qualquer coisa menor termina num fiasco, que tanto abate o nativo como os que o cercam. Esse é um padrão difícil de controlar e que requer muita habilidade para ser, por fim, acertado. Mas esse aspecto é, potencialmente, uma das mais fortes combinações de força planetária possível. Em geral, essa técnica só é aperfeiçoada tarde na vida, quando também está destinada a atuar melhor. Qualquer coisa relacionada com Saturno atua desta maneira.

HARMÔNICOS: Os impulsos do nativo facilmente cedem a forças restritivas e disciplinares que orientam o seu senso de segurança. Isso torna o nativo astuto, mas também mais inclinado a cometer atos cruéis contra os outros, porque as circunstâncias a seu favor constantemente lhe permitem levar a melhor. Nesse caso, poder-se-ia dizer que ele tem a sorte de levar a melhor em muitos atos mesquinhos que restringem ou tolhem as outras pessoas.

SATURNO–VÊNUS

DESARMÔNICOS: A natureza sentimental do nativo é endurecida por sua incapacidade de atingir uma certa maturidade de sentimento. O nativo tende a ser excessivamente amável e, em seguida, excessivamente áspero. Como isso provoca muitas reações desfavoráveis, ele aprende a temperar os seus sentimentos até que eles possam ser manifestados de maneira madura ou expressos para um indivíduo maduro que possa entender a profundidade e a seriedade daquilo que o nativo realmente sente. Os sentimentos afetivos do nativo são forçosamente realistas e sérios.

HARMÔNICOS: Os sentimentos do nativo facilmente se inclinam para assuntos que estão além da sua idade e se voltam para as pessoas mais velhas, que parecem entender melhor as suas intenções e o apreciam de forma mais gratificante. Isso tende, de preferência, a conduzi-lo para o que é meramente antigo e estreito, em vez de levá-lo a descobrir novas profundezas de sentimento em assuntos que sejam menos facilmente sufocados ou mais rigidamente determinados. Com aspectos desarmônicos, busca-se uma recepção mais sábia, e não necessariamente padrões mais velhos.

SATURNO–NETUNO

DESARMÔNICOS: Este é um padrão complexo que envolve duas características que, em geral, têm pouco a ver uma com a outra. Saturno envolve planos cuidadosamente elaborados, bases firmes, medidas exatas, atitudes sadias e objetivos materiais práticos. Netuno, por outro lado, sugere limites e linhas de separação indefinidas, o descaso das medidas, a adoção de assuntos espirituais, em vez de materiais, e a introdução da inspiração como orientadora, em vez das considerações práticas, mais limitadoras. O nativo é desafiado a combinar os dois, Saturno e Netuno, de uma maneira que torne inspiracionais os princípios concretos, que insufle esperança na realidade, que reelabore as coisas práticas de modo que sejam mais adaptáveis e menos opressivas. É sugerida a arte da alquimia, que, ao que se diz, transforma os metais básicos em ouro. Sempre que o nativo se propõe a fazer alguma coisa prática, seu curso é dirigido para alguma coisa mais inspiradora. E sempre que resolve fazer algo de inspirador, ele é lembrado dos valores práticos. Essa frustração deve ser utilizada para mantê-lo tentando até que encontre uma solução ideal que satisfaça ambos os lados e até que O IDEAL SEJÁ EXEQÜÍVEL. O nativo é forçado a ser realista quanto aos seus ideais. Essa é uma solução fortemente construtiva para Netuno, sempre que ele estiver relacionado com um dos planetas de ação como o Sol, Marte e Saturno.

HARMÔNICOS: O nativo não é confrontado com um conflito entre o ideal e o prático, já que vê todos os assuntos práticos como ideais e todos os ideais como práticos. Isso o destaca como alguém que enxerga mais longe do que os outros. Em síntese, ele pode obter algum progresso, mas perde colaboradores que poderiam, por fim, ampliar tanto o lado prático como a forma ideal daquilo pelo que ele luta. O nativo se move num círculo de idéias positivas, em vez de lucrar também com o valor subjetivo de idéias reacionárias.

SATURNO–JÚPITER

DESARMÔNICOS: O nativo é confrontado com a aplicação, ao mesmo tempo, da expansão e da contração. Uma voz lhe diz para elevar as suas esperanças e ter fé (não no valor espiritual, como com Netuno), mas no equilíbrio ideal que está na própria natureza. E a outra voz lhe diz para deter-se, reexaminar e agir com cautela, mantendo os olhos no chão. Isso tende a provocar reações explosivas por parte do nativo, estranhamente abrindo caminho nas duas direções ao mesmo tempo. O nativo pisa chão mais firme e também obtém algum reconhecimento ou penetração em um propósito mais elevado. As recompensas e a admissão de considerações fundamentais andam lado a lado, como as boas e as más notícias, mas, de alguma forma, ambas são bem-vindas. A ambivalência do nativo, indo primeiro numa direção e voltando-se em seguida para outra, não agrada aos que o cercam. Cada passo para a frente acontece às custas de meio passo para trás, o que é uma maneira muito fatigante e difícil de avançar. Isso pode produzir um progresso sólido, mas dolorosamente lento. O nativo é forçado a alcançar a realidade e a elevar as suas percepções, ao mesmo tempo.

HARMÔNICOS: Já que Saturno é muito mais rigoroso do que Júpiter, nossas atitudes expansivas ficam, habitualmente, comprometidas pelas exigências de assuntos mais práticos e fundamentais. O nativo se acostuma a retrair-se e a aceitar isso de boa vontade. Entretanto, o nativo está, ao mesmo tempo, mais disposto a seguir em frente com procedimentos sadios de trabalho constante do que a frustrar-se por ter de refazer seus passos. Essa posição é favorável, mas é menos provável que leve à "grande oportunidade", porque cabe aos explosivos reveses forçarem o nativo para o alto e fazê-lo abrir caminho como um vencedor óbvio. Para isso, os aspectos desarmônicos, num longo percurso, são melhores.

SATURNO–PLUTÃO

DESARMÔNICOS: Os melhores esforços do nativo e, especificamente, o seu próprio senso de segurança são forçados para questões que lidam com situações sociais que exigem revisão e mudança. Há muito debate íntimo sobre até que ponto o nativo sente que pode arriscar sua própria segurança a fim de instigar reformas sociais que se destinam a beneficiar ou que beneficiam muitas outras pessoas além dele próprio. Por fim, o nativo sente que não tem escolha. Ele tem de seguir jogando com as questões mais amplas, não importa quanto isso lhe custe pessoalmente. Isso pode não lhe assegurar um lugar totalmente favorável, mas providencia um meio de aplicação que é, de longe, muito mais importante do que os meros direitos individuais ou as atitudes egoístas. O nativo é forçado a adaptar o seu senso de realidade às necessidades de mudanças psíquicas.

HARMÔNICOS: O nativo tem facilidade em dirigir os seus esforços de trabalho para causas que algumas pessoas considerariam destrutivas ou socialmente indesejáveis, simplesmente porque buscam mudança, em vez do *status quo*. É menos provável o nativo inovar nas abordagens do que fazer esforços práticos para promover algo que já funciona, porque ele nao é desafiado a examinar as suas intenções ou a aguçar as suas atitudes, ou, especificamente, a sacrificar o seu senso de segurança em função daquilo com que está envolvido. Quando somos continuamente desafiados a cada passo do caminho, tendemos a ser mais cautelosos e, por fim, a participar de uma causa que talvez seja mais sadia e desejável, em vez de apenas sermos loucamente reacionários.

SATURNO–URANO

DESARMÔNICOS: O nativo é desafiado a ser progressista, independente, realista e prático ao mesmo tempo. Essa não é uma habilidade pequena. Por fim, o nativo chega a perceber que a sua única chance de abrir caminho, e que afeta toda a estrutura da sua segurança, é proceder de forma independente e elaborar para si próprio alguma abordagem engenhosa que responda a todas as exigências de uma só vez. O nativo procede consigo mesmo de forma lenta, para aprender habilidades que, por fim, lhe darão alguma abordagem inteiramente nova para algum assunto de extrema importância. A maior dificuldade do nativo consiste em começar por conta própria, pois que os outros acham que ele está começando pela extremidade errada. Ele tem de confiar na própria intuição quanto ao lugar por onde começar e terminar, e isso exige uma boa dose de auto-afirmação e independência. O nativo é forçado a ser realista e engenhoso ao mesmo tempo.

HARMÔNICOS: O nativo parece começar facilmente a fazer coisas importantes de maneira estranha, o que lhe permite avançar bastante e deixar todas as outras pessoas para trás, antes que saibam o que ele pretende. Isso, em geral, funciona maravilhosamente enquanto o nativo tiver outras virtudes que o mantenham num nível operacional sadio; caso contrário, estará sujeito a deixar as coisas se descontrolarem, e será menos capaz de permanecer incólume, porque os outros não o desafiam nem o forçam a fazer um inventário do que está fazendo.

ASPECTOS COM MARTE

MARTE–VÊNUS

DESARMÔNICOS: O nativo tem dificuldade em satisfazer adequadamente seus interesses de amor sexual. Ou esse amor é físico demais ou é demasiado sentimental. Visto que isso representa um problema para ele, para que possa encontrar uma solução satisfatória é necessária uma dose considerável de tempo e esforço. Atitudes românticas acerca de assuntos sexuais dominam as suas motivações. Ele tem de ser forçado a combinar a paixão com os sentimentos de afeição. Isso pode não parecer problemático para algumas pessoas, mas o é para este nativo.

HARMÔNICOS: O relacionamento sexual vem facilmente para o nativo e, de modo geral, ele se satisfaz e aos outros, a esse respeito. Como conseqüência, sua atividade não toma uma parte desproporcional do seu tempo ou interesse. Ele não tem hesitações quanto a isso. Esse é o modelo de um amante ativo.

MARTE–NETUNO

DESARMÔNICOS: As energias do nativo são difusas, alteradas ou, de alguma forma, pervertidas, deslocando-se de uma base física para uma motivação idealista ou irreal. O nativo age de uma maneira estranha e um tanto antinatural. Desvios sexuais podem ser um problema ou motivo de preocupação. O impulso de um dos planetas sempre força o outro para dentro do quadro. O nativo não pode ignorar este padrão ou essa manifestação de comportamento na sua vida ou em seus negócios. De alguma maneira, ele precisa resolver isso, para que as duas necessidades sejam atendidas. O nativo é forçado a colocar as suas paixões num plano mais espiritual, o que, ao mesmo tempo, lhes nega uma certa aplicação física.

HARMÔNICOS: O nativo acha justo, bem como natural, adotar modos indiretos de expressão, em vez de métodos diretos. Usa os dois métodos com facilidade. Não há inclinação psicológica, como haveria no caso dos aspectos desarmônicos. O desvio de energia acontece naturalmente para o nativo. Há certa sugestão de bissexualidade ou de considerar-se a bissexualidade perfeitamente natural.

MARTE–JÚPITER

DESARMÔNICOS: O nativo acha difícil iniciar uma ação que seja ao mesmo tempo justa, agradável e que leve todos os fatores desejáveis em consideração. Falta equilíbrio às suas ações e uma intenção adequada. Como isso lhe causa muitos problemas, ele por fim aprende a concentrar-se apenas naquelas atividades que são produtivas e desejáveis. Em suas ações, o nativo é forçado a fazer o que é tradicionalmente certo.

HARMÔNICOS: O nativo, por natureza, age de modo a parecer que deve ser bem-sucedido desde o início, mas o peso de sua correção em seus programas depende por inteiro de sua própria fé. Ele carecerá do benefício da experiência e do questionamento dos outros quanto à eficácia dos seus esquemas, com os quais poderia aperfeiçoar melhor os seus métodos e a sua média de atuação sem ter que recorrer ao exame de sua própria fé. A fé é grande, mas o exame das reações e dos verdadeiros resultados é melhor para ver se a pessoa está realmente seguindo o programa certo. Com aspectos desarmônicos, o nativo verá de imediato se não está seguindo o programa certo e será forçado a fazer as necessárias correções. Com aspectos harmônicos, a fé do nativo leva-o a supor que está certo e ele segue em frente a despeito dos resultados. A realidade não lhe impõe esses resultados. Os atos ásperos e impulsivos podem tender a estar certos, mas os resultados poderão ser bem diferentes.

MARTE–PLUTÃO

DESARMÔNICOS: O nativo sente dificuldade em começar qualquer coisa que não cause encrencas ou estoure na sua cara, porque é demasiado controvertido para os que o cercam. Isso força o nativo a ser mais cuidadoso e discreto quanto ao que está para fazer. As melhores ações do nativo serão, afinal, as que desimpedem o caminho para novos projetos ou asseguram que quaisquer projetos atuais que não sirvam mais aos seus pretensos propósitos (na opinião do nativo) sejam postos à prova. O nativo é forçado a uma ação que é progressiva.

HARMÔNICOS: O nativo dirige com facilidade sua iniciativa e suas energias para atividades que são reacionárias ao interesse público (estando o interesse público invariavelmente alinhado com instituições estabelecidas atuantes que cobrem a maioria dos casos). O nativo fica mais intensamente consciente do que a maioria das pessoas do verdadeiro relacionamento entre os programas públicos e as reais necessidades humanas. Isso lhe abre o caminho para realizar quaisquer mudanças desejadas, tais como as vê. Desde que esses envolvimentos geralmente sofrem pouca resistência por parte dos outros, ele é capaz de envolver-se com uma aplicação mais pessoal das mudanças que acha desejáveis. Um aspecto desarmônico o forçaria a ater-se a realizações mais fundamentais, em vez de apenas se satisfazer com seu próprio senso de que a reforma é necessária. Esse é um relacionamento forte para Plutão em ambos os casos, pois ele vem associado com um dos planetas de ação.

MARTE–URANO

DESARMÔNICOS: O nativo tem dificuldde em sentir-se independentemente seguro de sua própria abordagem engenhosa à ação enérgica, para que esta se inicie de forma eficaz. Inicialmente ele se move aos arrancos, vindo a interromper-se de repente, e então começa de novo em uma direção inteiramente nova e sem relação com a primeira ação. Ocasionalmente, devido ao fato de ser repreendido constantemente pela aparente loucura do seu comportamento, ele aprende a confiar no seu "gênio" e a agir do seu modo singular, mandando o que os outros pensam para o inferno. Ele é forçado a mostrar energia subitamente e sem qualquer provocação ou razão aparente. O melhor que se pode esperar é uma ação engenhosa efêmera.

HARMÔNICOS: O nativo tende naturalmente a comportar-se de maneira estranha e a fazer coisas malucas que despertam seu interesse na ocasião. Ele tem menos consciência da possível falta de vantagens em não se concentrar em programas mais empreendedores, em vez de apenas fazer tudo de forma diferente. Como de costume, o desafio do aspecto desarmônico tem uma maior potencialidade para a produção de soluções corretas do que aquela do estímulo inicial dado pelo harmônico, que agrada fundamentalmente ao nativo mas está menos interessado nos resultados que se obtêm com os outros. Com aspectos desarmônicos, o nativo é forçado a tornar engenhosas todas as suas ações. Com aspectos harmônicos, ele precisa agir dessa maneira apenas quando se sente disposto.

ASPECTOS COM VÊNUS

VÊNUS–NETUNO

DESARMÔNICOS: O nativo tem dificuldade em ajustar a sua natureza afetiva e seu sentimento de amor aos objetos que são autênticos e, ao mesmo tempo, verdadeiramente ricos de intenção espiritual. Pelo fato de tantas vezes se apegar a algo que resulta duvidoso ou então que explode na sua cara, o nativo adquire gradativamente uma maturidade suficiente para alinhar-se com os objetos realmente mais finos da vida (pessoas ou situações). Os sentimentos do nativo são forçados a concentrar-se num plano mais elevado, o que, ao mesmo tempo, nega um certo elemento físico de expressão.

HARMÔNICOS: O nativo facilmente busca objetos de afeição que o inspirem; quer se trate de uma substância espiritual perfeita ou não, ela satisfaz o nativo. A fascinação dos aspectos harmônicos, devido ao fato de carecer dos exemplos e das provas concretas forçadas pelos aspectos desarmônicos, está mais sujeita a ser menos efetiva e um tanto mais duvidosa, pois a satisfação do nativo é o único padrão utilizado.

VÊNUS–JÚPITER

DESARMÔNICOS: A natureza amorosa do nativo parece constantemente desequilibrada porque ele não considera suficientemente as vantagens fecundas de uma abordagem mais moderada. Os sentimentos são desafiados a ser mais expansivos e a considerar todas as possibilidades que estão à disposição, bastando o nativo procurá-las. O nativo estabelece continuamente uma gratificação imediata apenas para tornar-se consciente da pobreza de sua escolha. Essa consciência logo empana o brilho do romance, e o nativo é forçado a olhar além, para uma solução melhor e mais enaltecedora. Os mais fundamentais instintos do nativo, ao condescender com o desejo de sentimentos de amor, são gradativamente purificados e melhorados por meio da tentativa e de muitos erros. O nativo é forçado a combinar sentimento e elevação em seu senso de afeição.

HARMÔNICOS: A confiança do nativo em sua própria infalibilidade, ao cultivar rosas em canteiros de cinzas, sustenta-o excessivamente além do ponto em que ainda é possível ser um pouco mais realista quanto aos sentimentos afetivos. O nativo estabelece alguma coisa acima da média, mas atrai invariavelmente menos do que, de outra forma, atrairia para si mesmo, se tentasse com mais afinco. Os aspectos harmônicos não o forçam a tentar com mais afinco.

VÊNUS–PLUTÃO

DESARMÔNICOS: A natureza amorosa do nativo é desafiada a ajudar de modo mais prático as necessidades insatisfeitas dos infelizes que têm menos vantagens do que ele. O nativo está tão intensamente consciente das armadilhas dos sentimentos amorosos que dificilmente será capaz de se satisfazer de maneira pessoal. A satisfação em grande escala ou as carências afetivas se tornam uma pendência que o nativo é desafiado a resolver. Por fim, isso deve levar a algum tipo de solução ou concentração extensiva no assunto. O nativo é induzido a considerar os sentimentos amorosos no mesmo contexto que as potencialidades psíquicas de mudança rejuvenescedora. Uma solução é abrir mão das gratificações pessoais em favor de sentimentos calorosos pelas pessoas apanhadas na teia das transformações sociais.

HARMÔNICOS: O nativo sente-se naturalmente atraído por tornar-se sentimental e afetivamente apegado aos que estão situados na vida de forma peculiar devido a alguma desvantagem, limitação ou prejuízo de algum tipo. O nativo é mais estimulado a satisfazer as suas próprias necessidades de sacrifício do que a fazer alguma coisa sobre as pessoas infelizes, a não ser usá-las como objeto de sua afeição individual – isto é, amá-las.

VÊNUS–URANO

DESARMÔNICOS: O nativo tem dificuldade em controlar as tendências inconvencionais de suas afeições e sentimentos. Ele adota uma visão muito independente e única sobre o assunto, o que o separa dos outros e acarreta problemas. Isso apenas provoca mais comportamento estranho por parte do nativo. Por fim, ele vê seu direito de satisfazer suas afeições relacionado com uma nova atitude de comportamento ou código moral que precisa primeiro ser estabelecido, de modo a que os outros que compartilham dos seus sentimentos possam aproveitar o mesmo para si. A natureza dos seus afetos torna-se uma causa a ser ganha para casos semelhantes ao seu. O nativo é forçado a passar por cima de gratificações pessoais de natureza afetiva, a fim de favorecer alguma forma de liberação ao longo de linhas inusitadas.

HARMÔNICOS: O nativo simplesmente satisfaz sua natureza amorosa de modos não convencionais, que os outros não parecem notar ou ressentir. Isso desenvolve um tipo especial de egoísmo na natureza do nativo, porque o comportamento errático de suas afeições dificilmente pode levar às satisfações pretendidas pelos outros. Isso, entretanto, não impede o nativo de satisfazer-se tão independentemente como deseja.

ASPECTOS COM NETUNO

NETUNO–JÚPITER

DESARMÔNICOS: O nativo tem dificuldade em ajustar seu senso de inspiração ao longo de linhas que seguem os padrões da sensibilidade de outros que já foram confrontados de fato com muito do mesmo material. O caminho de Júpiter segue sempre linhas estabelecidas por outros de tal maneira que é estabelecido um código ou lei que representa o modo formal de muitas contribuições. Cada vez que o nativo se sente em estado de inspiração ou divinamente inspirado, ele parece correr de encontro a formas ou códigos estabelecidos de convicções religiosas firmemente fortificadas. Por fim, o nativo chega a perceber que o que ele sente não é fundamentalmente diferente do que algumas outras pessoas também sentem e, assim, a intensidade do seu idealismo (pelo fato de ter sido detido por tanto tempo) faz uma contribuição real. O nativo é forçado a ajustar o seu idealismo a certos princípios de elevação moral.

HARMÔNICOS: A consciência do nativo quanto aos valores espirituais facilmente segue as linhas de expressão já pregadas por seitas estabelecidas, tais como ordens religiosas. Ele não tem consciência de que o que sente é diferente do que outros igualmente inspirados também sentem. Isso leva a uma originalidade de visão consideravelmente menor ou a uma maior carência de intensidade espiritual, do que aquela que o fato de estar fora de compasso cria sob um aspecto desarmônico.

NETUNO–PLUTÃO

DESARMÔNICOS: O nativo experimenta muita dificuldade em reconciliar os vislumbres espirituais com as condições desafortunadas em que os outros parecem viver nas trevas espirituais. O nativo não pode perseguir livremente os seus ideais sem levar em conta os ideais dos outros e também por eles não estarem tão livres para sentir ou experimentar as coisas da mesma maneira que ele. Finalmente, o nativo é inspirado a advogar atitudes que trazem ajuda para modificar as condições que obscurecem as qualidades espirituais na vida das outras pessoas. O nativo é forçado a canalizar seu próprio sentido de espiritualidade por linhas de força espiritual que estimulem ou acarretem mudanças sociais significativas e de grande alcance.

HARMÔNICOS: O nativo identifica naturalmente sua própria espiritualidade como a de todos aqueles infelizes que parecem perdidos, derrotados ou prejudicados de alguma forma. Seu interesse é mais o de partilhar dos seus fardos do que o de concentrar a sua inspiração em fazer alguma coisa mais drástica acerca de suas condições.

NETUNO–URANO

DESARMÔNICOS: Sempre que o nativo se entrega a vôos espirituais de inspiração, ele se sente singularmente isolado devido à qualidade ímpar e estranhamente perturbadora dessa inspiração. Conquanto deseje aprofundar-se no tema, um fator errático e incontrolável de sua natureza parece proibi-lo de chegar mais perto da situação. Seu senso de inspiração (tal como é) é arrastado para dentro e para fora de sua consciência, de modo perturbador. Ele se torna fisicamente agitado e um tanto esquisito em seu comportamento. De alguma forma, o nativo precisa vir a acreditar na autoridade de seus próprios discernimentos e a não se confundir ao compará-los com outros que não estejam sintonizados com a sua inspiração. O nativo é forçado a ter inspiração de modos que diferem muitíssimo dos canais comuns de sensação.

HARMÔNICOS: O sentido de idealismo do nativo passa naturalmente de contexto para contexto e mantém todos os tipos de proposições irregulares, as quais ele acha estimulantes. A probabilidade desse senso enaltecido de consciência levar a lampejos válidos é consideravelmente diminuída pelas qualidades erráticas e incontroláveis de Urano que despertam a sua atenção, mas a perdem depressa demais.

ASPECTOS COM JÚPITER

JÚPITER–PLUTÃO

DESARMÔNICOS: O nativo acha difícil ajustar a sua consciência sobre a desejabilidade de mudanças em certas condições que o cercam a crenças codificadas que também tenta seguir. Aparentemente, os princípios que em geral o orientam não consideram ou suprem adequadamente o amplo descrédito entre as condições existentes e as tradições das quais eles são, supostamente, um pálido reflexo. Isso perturba profundamente o nativo, até o ponto em que ele contesta esses princípios por não refletirem de forma adequada as condições ou necessidades como elas são de fato.

HARMÔNICOS: O nativo segue naturalmente princípios e códigos que têm objetivos reacionários ou revolucionários. O grau em que isso isola o nativo ou interfere com o resto de seus negócios é uma outra coisa.

JÚPITER–URANO

DESARMÔNICOS: O nativo tem dificuldade em ajustar o seu sentido de expansão certo e desejável com sua inclinação ímpar e independente, que os outros consideram excêntricas e inconvencional. De certo modo, ele sente que seus melhores esforços devem ser canalizados para a promoção de certas verdades que acha engenhosas. Embora ele tente a cada vez realizar algo progressivo nesse sentido, sempre acaba quebrando a cara. É necessário que acredite mais firmemente que suas opiniões são únicas e individuais, juntamente com a inquestionável legitimidade de seu direito de pensar dessa maneira – uma espécie de auto-afirmação, quase uma fé religiosa.

HARMÔNICOS: O nativo de repente segue programas expansivos com absoluta convicção e ação positiva. O fato de que este programa possa estar inteiramente fora de compasso com outros ou possa mesmo estar destinado ao fracasso não desvia o nativo do seu objetivo. Sua perseguição do inatingível é um tanto quanto destinada à fé equivocada e às imperfeições descuidadas.

ASPECTOS COM PLUTÃO

PLUTÃO–URANO

DESARMÔNICOS: O nativo é forçado a conciliar sua inclinação única e independente com a execução de mudanças desejáveis em condições existentes que não mais refletem as necessidades ou circunstâncias que lhes deram nascimento. Isso representa a consciência de uma combinação de forças sociais que são essencialmente reacionárias e revolucionárias e, ao mesmo tempo, ocupam, repentina e inesperadamente, um lugar de destaque nos negócios do nativo. Este está sujeito a ser arrebatado por problemas sociais que influenciam o curso inteiro de sua vida. Ele é forçado a combinar seu potencial de originalidade habilidosa com as forças e a desejabilidade da mudança social.

HARMÔNICOS: O senso que o nativo possui das necessidades sociais assume de modo natural formas inusitadas de ajustamento que, embora naturais ao nativo, tornam-no inadaptável ao resto da sociedade. Sua capacidade de perceber as necessidades de transformação social assume uma forma inconvencional.

Capítulo 10

A FONTE DO DINHEIRO EM SUA VIDA

A SEGUNDA, QUARTA, QUINTA, OITAVA E DÉCIMA PRIMEIRA CASAS: OS SIGNOS EM SUAS CÚSPIDES E OS SEUS PLANETAS

O nativo tem cinco fontes de dinheiro na vida. O que ganha por si mesmo é revelado pela condição da segunda casa. A quarta casa mostra o que ele recebe como parte de sua herança – normalmente, herança vinda de parentes. A quinta casa mostra o que obtém com o jogo, a especulação financeira e a busca de outros prazeres. O que recebe por acaso (como ao encontrar alguma coisa), ou uma herança deixada por sócios ou amigos, é revelado pela condição da oitava casa. A décima primeira casa revela o que receberá como presente ou na forma de honras devidas à profissão ou ao seu estado de vida.

A segunda, quinta, oitava e décima primeira casas ocupam posições fixas, sendo conseqüências inevitáveis de algum aspecto das casas angulares que as antecedem. Os rendimentos da segunda casa resultam da capitalização da personalidade na primeira. Os lucros com a especulação financeira da quinta resultam do compromisso de assumir riscos seguindo a aceitação subjetiva de sua própria segurança real, na quarta casa. Alguns relacionamentos com as outras pessoas, na sétima casa, ocasionam uma herança na oitava. Os benefícios da décima primeira são o resultado da realização reconhecida da personalidade na décima.

Seja qual for a herança que recebermos da formação familiar na quarta casa, ela sempre terá algo de diferente. Será considerada nossa desde o início; não se trata do resultado de alguma coisa que tenhamos feito.

ÁRIES em qualquer das casas de potencial financeiro não é favorável para a riqueza. Isso se deve ao fato de que Áries vem depois de Peixes – o signo do desapontamento – nas casas angulares. Os resultados, em Áries, provavelmente partirão do nada. Desde que Áries é regido por Marte, até certo ponto estamos mais sujeitos a perder dinheiro do que a ganhá-lo, devido ao comportamento impetuoso. Pode ser necessáro, com freqüência, cobrar à força o dinheiro que nos é devido. Para os arianos, a identidade da personalidade é mais importante do que os lucros financeiros, e o orgulho do nativo o impede de pedir, mesmo que esteja precisando. Na segunda casa, Áries mostra que os recursos financeiros do nativo se devem, em grande escala, à sua própria iniciativa. Ele terá de lutar por eles. Na quarta, o nativo descende de uma raça de pioneiros para a qual o que conta é o esforço. Mesmo que haja dinheiro no ambiente familiar, raras vezes está à disposição do nativo quando este quer. Ao contrário, ele é estimulado a ganhar o seu. Na quinta, o nativo é ousado por natureza, mas raramente é afortunado nas aventuras especulativas. Todos os jogos financeiros devem ser evitados. Na oitava, o nativo é considerado auto-suficiente demais para que os outros lhe provenham a subsistência. Há muita dúvida quanto a receber heranças. Na décima primeira casa, por ser um líder de grupos sociais, considera-se que o nativo está acima da necessidade de auxílio. Áries é orgulhoso demais para aceitar presentes. Ele os entregará para algum amigo que, na sua opinião, precise mais do que ele.

Em qualquer das cinco casas das finanças, TOURO sempre é favorável para a obtenção de alguma espécie de benefícios materiais. Touro é o signo natural do dinheiro no zodíaco e ele é talentoso para contabilizar confortos. Seguindo os ângulos da personalidade de Áries, ele certamente terá algo de notável para capitalizar ou a que recorrer. Touro na segunda casa deve dar a percepção natural de como ganhar dinheiro e cuidar-se. Na quarta, o nativo é criado num ambiente consciente do dinheiro. Isso, por certo, o deixará finalmente com uma herança confortável. Touro na quinta casa canalizará até mesmo os prazeres para linhas lucrativas. Na oitava, sugere a contabilidade dos fundos de participação, que pressupõem fundos a contabilizar. Na décima primeira casa, Touro predispõe às amizades com pessoas que têm meios e recursos.

GÊMEOS não é favorável para atrair dinheiro. De preferência a ser ricos em dinheiro, os nativos são ricos em espírito. Seguindo os ângulos do signo fixo de Touro, não lhe foi deixada muita coisa de onde expandir-se. Na segunda casa, Gêmeos significa que precisamos buscar dinheiro por meio de nossa sagacidade, e não se tratará da mais estável das comodidades, ou da mais fácil de vender. Na quarta, a nossa herança pode ser mais espiritual, ou pode estar no modo como a consideramos. Na quinta, Gêmeos é muito suspeito como vencedor certo do jogo. O que está na superfície pode ser mais impressionante do que o que está escondido. Na oitava, o nativo faz muitos contatos com o além, porém principalmente para satisfazer a sua curiosidade. Essa casa não é favorável para lucro material. Na décima primeira, há muitos contatos com amigos estimulantes, os quais transmitem principalmente idéias uns aos outros, mais do que vantagens materiais.

CÂNCER é muito fértil sempre que se relaciona com dinheiro. O instinto maternal dá um sexto sentido quanto aos métodos financeiros para aumentar a segurança e proteger as propriedades da família. Seguindo os ângulos de Gêmeos, que atrai a atenção devido à exibição, os cancerianos se ocupam juntando dinheiro para entrarem no espetáculo. Câncer na segunda torna o nativo sensível ao que o público necessita, deseja, ou pelo que pagará. Na quarta, o nativo nutre cuidadosamente o seu direito natural e observa-o multiplicar-se. Na quinta, não perde tempo com esforços naquilo em que a sua sensibilidade ao público lhe assegura um mercado ou audiência até mesmo antes que comece a desenvolver-se criativamente. Na oitava, seu senso de proteção e de conservação é recompensado pelos que ele "adotou". Na décima primeira casa, reconhece-se a qualidade de coesão tão necessária para manter os grupos receptíveis às simpatias comuns. Algumas pessoas buscam na amizade um substituto para os pais, e estão dispostas a pagar por ela.

LEÃO é um virtual signo do dinheiro no qual se pressupõe um abundante tesouro destinado a impressionar os outros com sua generosidade e régia ostentação. O dinheiro deve vir de algum lugar, a fim de que o leonino o gaste de forma tão pródiga, porém na maioria das vezes ele não pertence ao próprio nativo. Seguindo os ângulos de Câncer, o protetor, o seu senso de segurança se centraliza mais em sua visão de identidade do que na sensibilidade às finanças. Leão na segunda casa torna a pessoa pródiga e egocêntrica no modo de esbanjar seus recursos. Na quarta, torna o nativo muitíssimo consciente das vantagens de uma experiência em grande escala. Um forte senso de orgulho imperial sempre temperará a atmosfera do lar, mas o dinheiro para pagar por ele terá de provir, geralmente, de alguma fonte alheia ao próprio nativo. Refletindo as condições gerais do fim da vida, a quarta casa sugere, entretanto, que uma certa "posição" é obtida e mantida nos anos de maturidade. Na quinta, há muito de ego e auto-afirmação envolvidos com os jogos de azar e com o fato de assumir riscos para garantir nem que seja uma chance mínima de sorte no jogo. Na oitava, Leão é um tanto favorável para receber heranças devido à gratidão dos príncipes. Na décima primeira, ele também é favorável para o privilégio da amizade com personalidades fortes que são naturalmente generosas.

VIRGEM é, no todo, um signo desfavorável para a riqueza produtiva, a não ser como uma oportunidade para trabalho árduo e serviços de amor. Seguindo os ângulos do orgulhoso Leão, houve poucas providências para abundância material, desde que em Leão a personalidade estava ocupada demais em criar uma imagem imponente. Na segunda casa, Virgem indica rendimentos através de serviços subordinados ou empregos de rotina. É pouco provável que o nativo seja extravagante com o dinheiro que ganha. De fato, ele será muito exigente, nervoso e minucioso. Na quarta casa, a formação é limitada devido à pressão de muitas obrigações e responsabilidades. Na quinta, o ego é crítico e objetivo demais para poder ser puramente especulativo e encontrar prazer no jogo. Na oitava, o nativo raras vezes encontra na vida alguém que lhe possa legar algo de bom. Seguindo Leão na sétima, os que ele encontra estão preocupados demais com a sua própria vaidade para recompensar os que os servem bem. Na décima primeira, nossos amigos são críticos e econômicos demais para gostarem de ser expansivos. O melhor que podemos esperar desses amigos é um outro fardo para carregar ou uma obra-prima de conselho construtivo.

LIBRA é outro signo aparentemente rico, desde que implica segurança, conforto e uma facilidade geral em termos de condições financeiras. Entretanto, de preferência ao nativo, favorece os outros como fonte de recursos financeiros. Seguindo os ângulos do limitado horizonte de Virgem, a individualidade, que é humilde em espírito, não se inclina a produzir riquezas, em termos de recursos. Com Libra na segunda casa, o nativo deve ser capaz de viver com um rendimento confortável, como resultado de trabalhos persistentes, mas alguma ajuda é indicada por meio de herança deixada pelos pais (Sagitário na quarta) ou da generosidade de amigos (Câncer na décima primeira). Na quarta, pode-se esperar alguma herança dos pais, desde que a formação recebida sugere conforto e ambientes atraentes. Na quinta, há sorte mediana no jogo e na especulação, mas não de forma abundante – não suficiente, por certo, para que se possa confiar nela. Nesse sentido, o nativo está mais apto a dar sorte aos outros. Na oitava, são indicadas somente heranças pequenas, as quais confortam mas não garantem a independência. Na décima primeira, embora Libra seja favorável para a popularidade social, é duvidoso que essas amizades possam vir a tornar-se uma fonte de dádivas em dinheiro.

ESCORPIÃO é um bom signo para dinheiro, geralmente dinheiro ganho ou fornecido por outra pessoa. É de especial importância o proveito tirado da restauração de objetos ou situações que outras pessoas consideraram irremediáveis. Isso implica a busca ou o comércio de antigüidades, artefatos, sucata, propriedades perdidas ou negócios relativos a uma pessoa falecida. Seguindo os ângulos de Libra, o nativo já estabeleceu um elo de ligação com outras pessoas que conduzem a essas restaurações em potencial. Com Escorpião na segunda casa, o nativo tem muitas fontes misteriosas de recursos, que às vezes podem não estar em evidência. Pode ser que o nativo tenha, algumas vezes, de retomar o que ganhou legitimamente. Na quarta, o nativo teve uma formação interessante, repleta de muitos valores potenciais que algum dia lhe serão proveitosos. Pode haver problemas relativos à herança familiar; o nativo raras vezes obtém uma parte justa desse legado. Ou ele receberá menos, ou poderá receber mais. Na quinta, existe uma certa perspicácia inata para o jogo e para correr riscos, a qual, porém, geralmente é lucrativa. Poderia ser aconselhável o nativo dedicar-se ao negócio do jogo em vez de preferir ser um jogador contumaz. A oitava é favorável para uma herança inusitada que talvez tenha de ser desviada dos herdeiros originariamente pretendidos. O nativo geralmente não se opõe a isso, se tiver Áries – "primeiro eu" – como ascendente. Na décima primeira, há alguma possibilidade de honrarias que decorrem de ampla participação na vida social. Essas honrarias podem transformar-se rapidamente em dinheiro. Essa é uma posição provável para políticos.

SAGITÁRIO é outro signo virtualmente afortunado, que nem sempre é associado com a riqueza material, como o povo presume devido ao seu relacionamento com Júpiter. O princípio envolvido com Sagitário e Júpiter é o da riqueza espiritual, que provém do harmonioso equilíbrio entre os valores materiais e os princípios mais elevados. Isso causa alívio, alegria, entusiasmo e fé otimista, mas não traz necessariamente abundância material. Os sagitarianos são, em geral, pessoas cuja fé se contenta em encontrar sua abundância no céu. Como os leoninos, eles aceitam o afluxo da riqueza, mas por uma razão diferente. Seguindo os ângulos de Escorpião (AO CONSIDERAR CADA CASA DA FORTUNA, PRECISAMOS LEMBRAR QUAL O SIGNO QUE ESTÁ NA CASA ANGULAR IMEDIATAMENTE PRECEDENTE), o magnetismo pessoal não se concentra nos recursos financeiros, mas em algum aspecto importante da individualidade. Na segunda casa, Sagitário deve providenciar uma fonte de rendimentos acima da média, ou ao menos, o nativo será capaz de viver como se fosse rico. Na quarta, a melhor fonte de dinheiro do nativo seria aquilo que ele pode herdar de sua família. Na quinta, Sagitário será favorável para a sorte no jogo, se o nativo fizer especulações. Em geral, o nativo prefere fazer apostas que não envolvam riscos de qualquer tipo, o que exclui o caráter de especulação. Na oitava, Júpiter favorece a obtenção de heranças, mas deve haver um acaso feliz, pois talvez essa herança não lhe fosse destinada. Por exemplo, alguém que recebe uma herança e a transfere para o nativo. Na décima primeira, em geral é improvável que Júpiter provoque o recebimento de presentes valiosos, mas ele fará com que haja amizades estimulantes.

CAPRICÓRNIO deve ser considerado um signo do dinheiro, desde que, inevitavelmente, de uma forma ou de outra, vence devido à persistência e ao fato de perseverar nas coisas até o amargo fim. Nessas circunstâncias, é muito difícil ao nativo deixar de obter algum tipo de retorno lucrativo dos seus investimentos. Seguindo os ângulos de Sagitário, a boa vontade já se estabeleceu, havendo, portanto, muitas oportunidades para o resgate de dívidas. Na segunda casa, são indicados ganhos estáveis, que podem ser demorados ou limitados, a princípio, mas que aumentarão definitivamente com o tempo. Na quarta, o nativo teve uma formação estável que não pode deixar de incluir propriedades substanciais de alguma espécie. O nativo pode demorar bastante a receber sua herança de família, pois os pais devem viver até idade avançada. Na quinta casa, Capricórnio pode favorecer situações instáveis, propensas a rápidas reviravoltas. Na oitava, haverá ocasional herança, que talvez não seja bastante grande, mas que poderá ser providencial na ocasião. Na décima primeira, há honrarias de valor financeiro durante a vida, mas não são suficientes para garantir o contentamento do nativo.

AQUÁRIO deve ser favorável ao dinheiro, a despeito de seu comportamento errático e incerto. Seguindo os ângulos de Capricórnio, não pode deixar de haver algo de substancial e de característico a respeito do nativo, apesar dos aspectos inesperados e sensacionais ligados aos seus negócios financeiros. Mesmo que não precisemos dele, Aquário, no horóscopo, mostra onde devemos comportar-nos com maior senso de independência. Conquanto essa exibição de independência possa deixar-nos, de vez em quando, sobre brasas, somente a total confiança no espírito dessa independência resolverá o desafio desse setor de nossa vida. Com Aquário na segunda casa, há muita insegurança nos negócios financeiros. Os rendimentos às vezes estão sujeitos a todos os caprichos do destino, mas devemos continuar com persistência no nosso curso (com ascendente Capricórnio), independentemente do estado de nossas finanças. Na quarta casa (o precedente, Capricórnio, não está em aspecto, neste caso), há tendência a haver algo de inusitado na formação familiar, e é pouco provável que isso se refira ao dinheiro. Isso, sem dúvida, estimulará os aspectos predatórios do ascendente Escorpião. Há pouca probabilidade de uma herança familiar. Na quinta, o nativo não deve jogar ou especular, mas, vez ou outra, quando se sentir seguro de si mesmo, ele correrá grandes riscos, que poderão, por fim, valer a pena. Os resultados tendem a ser surpreendentes. Na oitava, está favorecida uma herança insuspeitada. A ocasião e a quantia são muito imprevisíveis. Na décima primeira casa, também pode haver benefícios inesperados resultantes de amizades inusitadas. Os amigos são atraídos por esse destino afortunado.

PEIXES, como Aquário, cujos ângulos segue, pode providenciar condições financeiras inesperadas. Pelo menos, deve haver uma ilusão de riqueza, mesmo que ela não seja inteiramente real. Assim como precisamos ser independentes, no que se refere a Aquário, precisamos seguir em frente com perfeita confiança, no que se refere a Peixes. As pessoas que estão intimamente associadas a Netuno se comportam com uma convicção interior que, muitas vezes, se transforma em realidade. Devemos agir com confiança: é o único modo de fazê-lo. Peixes na segunda casa mostra que há algo de inusitado ou de diferente na maneira como o nativo ganha a vida. Requer-se algum grau de magia ou de ilusão manipulada, pois o nativo capitaliza sobre a imagem, em vez de fazê-lo sobre a realidade material. Na quarta, o nativo é abençoado com uma espécie de proteção divina, que também deve, se for necessário, abastecê-lo com alguns recursos financeiros. O importante é que o que FOR REALMENTE NECESSÁRIO será o que o nativo receberá como herança familiar. Na quinta casa, Peixes fará com que o nativo tenha sorte incomum no jogo e na especulação financeira, mas ele não deve confiar demais na sorte; além disso, deve orientar-se exclusivamente por sua própria intuição, e não pelo conselho dos outros. Na oitava, há possibilidade de receber uma herança que também ocasionará uma elevação espiritual. Na décima primeira, pode haver benefícios financeiros através da intervenção dos amigos, mesmo que isso aconteça sem que eles percebam ou pretendam especificamente fazê-lo.

Como sempre, ao sintetizarmos os fatores do horóscopo, precisamos observar a condição da chave, ou seja, o planeta regente que revela o signo que está na casa em que você está interessado. A localização dos regentes planetários pela posição das casas é descrita em termos gerais no capítulo 4, página 65.

Em seguida, devemos observar quaisquer planetas que estejam nas casas das finanças e as suas condições, na medida em que se relacionarem com outros planetas por aspectos.

O SOL NA CASA estabelece uma preocupação essencial com os negócios dessa casa, porque isso envolve o próprio caráter do destino do nativo. De modo geral, a presença do Sol indica que a pessoa terá de lutar de alguma maneira, durante toda a vida. O que se exige é individualidade de esforço e dedicação à meta. Para mais detalhes, veja o capítulo 4: "O Caráter do Seu Destino".

A LUA NA CASA aponta para o fato de que aí está o foco de todas as reações emocionais. Ela não é especialmente favorável para resultados financeiros, porque o nativo muda demais de atitude, o que causa tensão e cansaço. O nativo se anima e desanima com os assuntos relativos a essa casa. Há demasiada sensibilidade, mas pouca ou nenhuma consistência. Os benefícios financeiros que poderão surgir estão relacionados com alguma ação ou contato com o público, ou com mulheres e com seus assuntos. Para maiores detalhes, veja o capítulo 5: "O Foco de Suas Emoções".

MERCÚRIO NA CASA não é tão favorável, embora mostre que esse tema ocupa grande parte dos pensamentos e interesses do nativo. Este precisa usar sua habilidade para obter lucro. Pode desenvolver algumas boas idéias sobre o tema, o que, no entanto, não significa pagamento imediato. Muita coisa depende dos aspectos relativos a Mercúrio. Na segunda ou na quinta casas, Mercúrio indica que a comunicação ou o ato de escrever podem ser fonte possível de rendimentos.

SATURNO NA CASA mostra imediatamente limitações materiais que, nesse caso, tornam o nativo muitíssimo sensível à falta de dinheiro. Também mostra como isso atrasa gravemente os outros setores de sua vida. No início da vida, haverá dificuldades relativas ao dinheiro. Isso deixará uma cicatriz definitiva na personalidade do nativo – especialmente se Saturno estiver na segunda ou na quarta casas. Entretanto, as condições financeiras tendem a melhorar com a idade. Com a maturidade e o bom senso obtido, também haverá a disponibilidade de mais dinheiro – especialmente com Saturno na segunda casa. Para mais detalhes, veja o capítulo 7: "Saturno em Seu Horóscopo".

MARTE NA CASA imediatamente indica que são necessários lutas e esforços competitivos. Os assuntos financeiros não estão estabelecidos em bases pacíficas, para dizer o mínimo. Em geral, o nativo é quem deve gerar os seus recursos financeiros. Há indicação de desperdício ou de uso imprevidente do dinheiro, devido à influência de Marte.

VÊNUS NA CASA é sinal de sorte. Este planeta atenua as coisas e, embora isso não signifique grande riqueza, ao menos haverá dinheiro suficiente para garantir o conforto do nativo e para ele tornar as coisas atraentes.

NETUNO NA CASA assinala um problema. Pode haver aparência de riqueza, conquanto não haja dinheiro real. Pode haver fraude em questões monetárias. O nativo pode ser lesado, ou então será ele quem lesará os outros. De alguma forma, estarão presentes práticas duvidosas, quer ostensivamente, quer às ocultas. Haverá uma estranha flutuação do dinheiro e este pode diminuir graças à dissipação, ou então pela queda de valores na Bolsa. Depende muito dos relacionamentos de Netuno em termos de aspectos.

JÚPITER NA CASA é favorável. Indica, geralmente, algum tipo de abundância, que pode não ser de todo material. Aconteça o que acontecer, haverá dinheiro bastante para que definamos a situação do nativo como próspera. Ou as condições financeiras são fáceis, ou estão associadas com honrarias que são acumuladas sobre o nativo ou sobre seu título. Teríamos de examinar os aspectos para ver a verdadeira essência dessa aparente fartura.

PLUTÃO NA CASA não é de todo desfavorável. Há certa sugestão de luta pelo poder que nos favorece e desfavorece. Visto que há uma intensidade elevada e uma consciência aguda de todos os ângulos envolvidos, é pouco provável que o nativo deixe escapar pelos dedos as oportunidades douradas relacionadas com dinheiro. Há algo acontecendo que é inteiramente proveitoso. O nativo precisará aprender a adequar o seu código moral, a fim de tirar vantagem do que for possível. A presença de Plutão sempre indica um padrão duplo ou dinheiro proveniente de duas ou mais fontes que se relacionam entre si.

URANO NA CASA representa condições inesperadas, geralmente além do controle do nativo. Urano numa casa do dinheiro significa o proverbial escorregão numa casca de banana. É necessário que o nativo observe seus passos. Mas isso também pode indicar uma súbita tempestade. O importante é que o nativo nunca deverá parecer muito ansioso quanto ao dinheiro, no que se refere a essa casa. Ele deve sempre manter a aparência de alguém que realmente não precisa desse fator. Quanto mais independente se tornar, maiores serão as probabilidades de que o dinheiro lhe caia no regaço por meio de um PORTADOR URANIANO. Entretanto, isso não deve aplicar-se indiscriminadamente a outras considerações nesta casa do dinheiro, as quais podem requerer táticas diferentes. Isso se aplicará apenas à parte uraniana do negócio, que sempre age de forma independente ou de outra maneira qualquer. Nada que se refira a Urano pode ser caracterizado como "intervenção do destino".

Capítulo 11

A EXPRESSÃO CRIATIVA EM SUA VIDA

A TERCEIRA, QUINTA E NONA CASAS E OS SIGNOS EM SUAS CÚSPIDES

O seu esforço criativo e a sua força de expressão são mostrados em diferentes casas do seu horóscopo, segundo o seu tipo e constituição.

A terceira casa revela o modo de o nativo falar, pensar e escrever, bem como o seu estilo geral de comunicação direta com as outras pessoas. A terceira casa é o instrumento da expressão e da comunicação.

Na quinta casa encontramos o tipo de criatividade que se transforma numa extensão da força egóica. Aí o nativo pode expressar-se artisticamente por meio da música, da arte, do entretenimento, ou apenas porque isso lhe dá prazer. A criatividade da quinta casa faz com que, em geral, haja um objeto criado que é distinto e separado do nativo.

A projeção, promoção e publicação de idéias, princípios, códigos e rituais são revelados pela nona casa.

Os pensamentos do nativo se refletem na terceira, suas criações, na quinta e os princípios essenciais, na nona.

A nona casa envolve a publicação ou a publicidade relacionada com estruturas perfeitas de pensamento. Trata-se da intelectualização ou de padrões formais de raciocínio superior que se transformaram num código, numa lei ou, às vezes, até mesmo numa religião. Na nona casa, o nosso pensamento associa-se aos mesmos canais de raciocínio de outras pessoas no passado. É isso que estabelece um padrão de raciocínio ou um princípio essencial.

A terceira casa implica uma audiência imediata ao que se fala ou se escreve diretamente para os outros – uma troca de comunicação NO MERCADO. Na quinta casa, o nativo cria alguma coisa que se mantém por si mesma – uma nova entidade – um filho, um trabalho artístico, uma composição musical ou, ainda, um roteiro teatral. Na nona casa, os nossos pensamentos evoluíram para um estado de intelectualidade no qual eles se fundem com todo um sistema de raciocínio e se tornam parte de uma estrutura mais ampla de significado e referência. Isso pode relacionar-se com a doutrinação ou promoção de idéias, ou com material editorial destinado a um público mais amplo, possivelmente desconhecido ou do exterior.

A nossa criatividade tende a seguir em uma dessas três direções, embora uma possa conduzir à outra ou cada uma delas possa ser independente.

Se o nativo tiver uma terceira casa forte, desde cedo ele aprenderá a lidar efetivamente com os que lhe estiverem mais próximos e a permutar novidades e pontos de vista com eles. A princípio, isso é feito com os irmãos e irmãs, porém logo se estende para outros âmbitos – o escritório, a loja ou o lugar de trabalho. O nativo, com freqüência, não sente necessidade de ir além desse contato imediato. Ele não sente necessidade de criar nada de novo ou de dar conselhos aos que não vivem em contato direto com ele. Se alguém pretende lidar com clientes de modo direto – não importa o que esteja vendendo ou expressando – é imperativo ter uma boa terceira casa. Com uma terceira casa fraca, nunca teremos um bom afluxo de clientes no mercado. Isso também vale para conferencistas e para vendedores.

Se a quinta casa do nativo for forte, ele necessitará de um público maior do que o das pessoas que o cercam. Ele tem de alcançar grupos e estranhos. Não é preciso que se torne íntimo da audiência. Ele pode senti-la de forma artística, impessoal. A quinta casa revela as nossas chaves prováveis de sucesso em alguma das artes e nos campos do entretenimento.

Quando falamos da nona casa, o nativo precisa de um público ainda maior. É provável que ele se tenha envolvido com os princípios e teorias universais que estão por trás do que tenta expressar. Isso muitas vezes leva à publicação de livros, à propaganda, a cátedra em instituições de ensino superior e de oratória, todas empenhadas em evidenciar a conveniência de certas posições no quadro geral.

Para que o nativo tenha um verdadeiro interesse criativo, é essencial que a casa em questão seja ocupada por um ou mais planetas. A casa também pode ser importante para o nativo (como, digamos, a casa de Capricórnio, que sempre é importante na vida de todas as pessoas), mas essa importância não será evidente para ele, a menos que haja planetas para torná-la assim. Fatores de importância serão o Sol, Marte ou Saturno (planetas de ação), o regente do ascendente (que revela a personalidade do nativo) ou o regente da décima casa (que mostra as ambições do nativo ou a probabilidade de reconhecimento e sucesso). A Lua dá apoio emocional, mas pode restringir-se a isso. Para que as casas sejam de fato importantes para o nativo, deve haver uma grande concentração de forças planetárias incidindo diretamente sobre essas casas, de preferência , o Sol ou a Lua e alguns outros planetas.

Se a casa de interesse estiver desocupada, os assuntos relativos a ela não são essencialmente importantes na vida do nativo.

A natureza do signo que estiver na casa em questão influi na atitude do nativo no que diz respeito aos negócios e às pessoas dessa casa.

Se o signo for:

ÁRIES: O nativo fica mais propenso a usar os assuntos dessa casa como um apoio muito convincente para as características persuasivas de sua personalidade ou para impressionar os outros com a individualidade única de seus esforços. É provável que os seus envolvimentos sejam pioneiros e, por certo, fará bem em trabalhar por conta própria, em vez de associar-se aos outros. O nativo precisa, com freqüência, encontrar-se através do esforço despendido no sentido de resolver os assuntos dessa casa. Não é sempre que temos tempo para nos integrarmos suficientemente, ao ponto de produzir algo digno de nota. O ego terá de ser bastante fortalecido para nos empurrar para além da autoconsciência. Em geral, isso se dá quando acontece de o Sol estar em Áries.

TOURO: O nativo não é especificamente criativo, embora possa aproveitar-se dos resultados dos esforços sedutores. Touro não é um inovador; ele está mais interessado nas vantagens materiais e no conforto físico que essa casa fornece. Touro está interessado em contar com essas vantagens e em procurar ver que tudo esteja em ordem e a contento para as convenientes atribuições. Quaisquer trabalhos criativos que o talento Touro/Vênus produza serão para sua própria conveniência e se limitarão a isso.

GÊMEOS: Este é um signo favorável para a comunicação e que reflete uma variedade de ângulos que podem coexistir simultaneamente. Trata-se de um movimento ideal para uma pincelada rápida. Não é favorável para trabalhos prolongados ou para aprofundar-se. Gêmeos está sempre interessado em cobrir a mais extensa área, em vez de realizar uma penetração concentrada num campo restrito. Gêmeos sempre pressupõe um público ou uma situação de intercâmbio. Isso será mais eficaz na terceira casa (sua casa natural), um pouco menos na quinta (que tem demasiadas características de vaidade superficial) e menos desejável ainda na nona casa, em que é necessária a força da substância para suportar o grande esforço exigido por públicos maiores, com os quais, em geral, há pouco ou nenhum contato possível. Por outro lado, Gêmeos precisa desse estímulo sensório personalizado que falta na nona casa.

CÂNCER: Este é um signo fértil e produtivo que está bem posicionado quanto à questão da criatividade. A sensibilidade canceriana mostra a resposta potencial do público, talento valioso quando se tenta ser criativo. O reconhecimento e aprovação do público é o melhor encorajamento para continuar e fazer algo ainda melhor. Também há uma percepção de sincronização que é muito importante quando o nativo se preocupa com a reação que a sua criação provocará. Câncer produz o mesmo efeito na terceira, na quinta e na nona casas. Há certa tendência às manifestações temperamentais e a cortar a sintonia com uma situação antes que o trabalho esteja concluído. Muita coisa dependerá da condição da Lua.

LEÃO: Trata-se, sem dúvida, de um signo criativo, pois Leão é o regente natural da quinta casa. O nativo fará bem em proceder como se lhe pertencesse o direito de empreender o que quer que tente fazer quanto à criatividade. Não pode haver indecisão nem relutância quando inicia algo. O nativo precisa começar do início e levar a tarefa a cabo com majestosa prerrogativa. Raras vezes ele estará disposto a voltar atrás em qualquer dos assuntos concernentes à casa de Leão, pois é nessa casa que ele tem o direito natural e inato tanto de reger como a SER ACATADO. Ele defenderá suas prerrogativas com toda a força de sua integridade. O resultado final pode ser decepcionante, mas você pode ter a certeza de que o nativo fará tudo o que puder e impressionará algumas pessoas.

VIRGEM: Este não é um signo criativo, mas em certos trabalhos mentais ele dá a capacidade da infinita paciência e uma paixão inusitada pelos detalhes e aprimoramentos esmerados. Isso é excelente para a pesquisa e as aplicações científicas, que não pertencem tecnicamente à categoria da criatividade como tal. A casa de Virgem será aquela em que o nativo trabalhará arduamente e se esforçará diligentemente, mesmo que não haja compensação ou reconhecimento.

LIBRA: Este é um signo criativo e que envolve imediatamente os outros com algumas possibilidades de prazeres e satisfações. Na mente libriana a maior importância está em "agradar" e "conquistar". A casa de Libra sempre mostra algum talento especial que o nativo tem para lidar com as outras pessoas. Portanto, sempre é bom ter Libra em posição evidente numa casa importante, e não em posição menos relevante, como a quarta, a sexta, a oitava ou a décima segunda casas. A presença desse signo indica que as outras pessoas, de alguma maneira, formam o conteúdo ou o material com o qual o nativo elabora seu produto. Essas pessoas podem não estar conscientes da utilidade que têm para o nativo. E isso de fato, não importa. Mas, para resolver os assuntos da casa de Libra, o nativo depende dos outros.

ESCORPIÃO: Trata-se de um signo criativo. Em primeiro lugar, está sempre sugerindo mobilidade e potenciais ocultos de mudanças e da misteriosa fascinação exercida pelo desconhecido. Entretanto, é um tanto imperativo que o nativo use uma máscara ao lidar com os assuntos e negócios relativos a essa casa. Ele nunca será eficaz sem algum escudo ou uma parede que se interponha entre ele e os outros. Ele necessita particularmente dessa fortificação nos assuntos da casa de Escorpião. A atitude escorpiana sempre pisa em chão um tanto quanto perigoso e qualquer deslize poderá destruir todo o efeito. A dinâmica de Escorpião é melhor quando o público é cercado por todos os lados de uma vez e quando não há a possibilidade de a sua reação atingir o nativo. Escorpião sempre sugere mais do que está correntemente disponível, e ninguém sabe melhor disso do que o nativo, quando se trata dos negócios e das pessoas dessa casa. Ele deve permitir-se rotas alternadas de fuga em casos de emergência.

SAGITÁRIO: Este é muito mais um signo promocional do que criativo. Ele apanha e promove o que aconteceu antes, o que pode justamente coincidir com o que o nativo teria feito. Nesse caso, poupa-se ao nativo certa dose de trabalho essencial e ele fica feliz em dar o empurrão adicional com o seu caloroso apoio. Ele sempre aprova sem reservas os assuntos e pessoas da sua casa de Sagitário, e gosta de convencer os outros das vantagens óbvias de eles verem as coisas através das suas convicções pessoais. Sagitário será mais favorecido em sua própria casa, a nona. É menos favorecido na terceira, que pode tender ao dogmatismo e a uma menor independência de raciocínio. É menos favorecido ainda na quinta, onde fica disposto demais a deslizar para os prazeres instáveis da vida.

CAPRICÓRNIO: Este não é um signo criativo. É favorável para a luta persistente na direção de uma meta material, contudo, os próprios fatores que isolam e disciplinam o nativo para atingir sua meta eliminam, ao mesmo tempo, os lampejos verdadeiros da expressão criativa. Capricórnio será favorável para entrar num negócio lucrativo e organizá-lo, depois que o produto criativo já surgiu. Capricórnio geralmente não sabe de que modo começar a fabricar algo a partir da inspiração, da imaginação e dos efeitos repletos de colorido. O nativo somente adota as atitudes mais compenetradas quanto aos negócios e às pessoas da sua casa de Capricórnio, pois de início não confia neles, nos termos de qualquer lucro pessoal. Por fim, verá que, de algum modo, terá de chegar a termos com as realidades dessa casa, se quiser desenvolver um sentido de autopreservação e se quiser firmar sua segurança emocional, de modo a poder lidar com os assuntos da vida. A casa de Capricórnio sempre é de importância vital, pois suporta o efeito disciplinador de Saturno no horóscopo. Contudo, o nativo sempre reluta em lidar eficazmente ou mesmo até em começar os negócios dessa casa, até quando alcança uma certa maturidade e compreende sua importância para os alicerces de sua vida. Algumas vezes, isso só acontece muito tarde na vida, depois de muitos falsos inícios e de patéticos retrocessos. Isso acontece quando finalmente ele chega a um acordo com essas realidades. A casa de Capricórnio sempre é inevitável, mas pode levar anos para o nativo se dar conta dos seus assuntos. Isso é especialmente verdadeiro se a casa de Capricórnio estiver desocupada, ou se o nativo não tiver planetas (ou talentos conscientes) em Capricórnio.

AQUÁRIO: Essa é uma casa quase criativa, pois vive de revelações e de verdades interiores inusitadas que podem começar e terminar no âmbito da vida privada do nativo. A menos que o nativo seja orientado de forma diferente, ele pode não sentir necessidade de revelar nada do que percebe aos outros. Para ele, basta ter feito a descoberta. E essa descoberta pode não se relacionar com as outras coisas de sua vida, sem falar da necessidade de transmiti-la aos outros. As forças erráticas de Urano estão muito mais familiarizadas com os campos da ciência, ou em lidar com questões impessoais, do que em concentrar e filtrar os trabalhos criativos pessoais do nativo. O movimento é mais o do tratamento de choque, que é mais uma técnica do que um assunto criativo. Seu valor reside na instrumentalidade ou função do que eles fazem, em vez de residir na própria coisa. Para mim isso não é criatividade no sentido artístico, embora seja assim considerada pelo nativo.

PEIXES: Este é um signo criativo que requer certa formação ou lentes especiais, a fim de ler nas entrelinhas do que se pretende fazer. O observador também tem de estar ligado a este idioma especial para poder receber a mensagem. Isso eleva a qualidade ou o tom da criatividade, mas limita a audiência e os campos de aplicação nos quais o produto pode ser apreciado. A exclusividade é obtida às custas da circulação geral. O nativo está disposto a aceitar por fé e convicção íntima os assuntos e as pessoas da sua casa de Peixes. Ele não considera esta área aberta para exame ou discussão geral, pois é guiado pelas suas motivações subconscientes, em vez de sê-lo pela lógica ou pelas considerações práticas. Em geral, é impossível abalar as atitudes assumidas pelo nativo nessa área. Ele considera isso fora dos limites, e assunto de preocupação particular. Enquanto isso estiver de acordo com as suas exigências íntimas, será o bastante. Do ponto de vista estritamente comercial ou de mercado imediato, a eficácia do nativo não é tão criativa como inspiracional. Ele usa o pincel Netuno/Peixes antes por razões espirituais do que para efeitos artísticos. Isso pode ser até mais premente, mas, com todas as qualificações acima, Peixes será mais eficaz na quinta casa, onde há maior liberdade para a sugestionabilidade. Será menos eficaz na terceira ou nona casa, em que Peixes estará mais apto a aprimorar as idéias e princípios do nativo além do alcance normal.

Para os fatores que contribuem para a localização do regente do signo na cúspide da casa da criatividade veja a página 65, capítulo 4.

Qualquer planeta na casa é estimulado pelos aspectos harmônicos, mas é forçado a ajustar-se pelos aspectos desarmônicos. Para maiores detalhes sobre isso, veja o capítulo 9, "Aspectos Entre os Planetas".

Capítulo 12

O FATOR SEGURANÇA: O SEU EU SUBJETIVO

A QUARTA CASA

A quarta casa do horóscopo reflete o MODO COMO O NATIVO VÊ A SI MESMO. É natural que essa avaliação seja subjetiva, e nós nos vemos como intimamente imaginamos ser. Habitualmente, achamos que isso é mais importante do que qualquer impressão superficial que possamos causar através da imagem da nossa personalidade (revelada na primeira casa).

O modo como nos avaliamos se transforma no eixo de nossa segurança emocional. Quando essa segurança é perturbada nós nos sentimos em perigo. É nessas ocasiões que achamos necessário lançar mão de todos os recursos da nossa formação, hereditariedade e modo atual de vida, a fim de enfrentar esse desafio.

O modo como nos ocupamos com os objetivos de segurança depende da maneira como nos avaliamos – como uma CRIATURA QUE REAGE buscando alcançar algo. Ao que parece, tornamo-nos conscientes dessas reações pela primeira vez quando lidamos com o foco de nossa formação por meio de nossos pais e da reação que manifestam quanto aos nossos padrões de comportamento. A quarta casa, portanto, também representa o lar e os nossos relacionamentos com os nossos pais. Isso tende a desenvolver-se em torno do pai que domina esse relacionamento pai/filho.

A quarta casa representa também o lar do nativo depois que este se estabelece. Nisso estão incluídos os procedimentos rotineiros dos membros mais próximos da família que também vivam na casa. O parceiro, como indivíduo, é representado pela sétima casa e os filhos, como individualidades, são representados pela quinta casa. Como unidade familiar, eles são revelados nas condições apresentadas na quarta casa.

Como um setor dos assuntos materiais, a quarta casa também representa as propriedades e posses estáveis. As propriedades móveis, o dinheiro em espécie e os recursos em geral são revelados na segunda casa.

Também se diz que a quarta casa simboliza as condições gerais do fim da vida do nativo – os anos de maturidade – e o túmulo, após sua morte.

As condições e o caráter da quarta casa dizem respeito a assuntos particulares do nativo. Em geral, o público não tem consciência do que aí se passa.

Se não houver planetas na quarta casa, o nativo não tem problemas no modo pelo qual se vê e se aceita. Ele cuida dos negócios e o seu eu subjetivo permanece oculto, mas imperturbável. Não há problemas específicos com os pais ou com outros membros da própria família. Embora as suas técnicas de ação possam não ser as melhores, o nativo não vê nada de errado com elas e, em geral, obtém delas o que pretende. Não existem problemas psicológicos que motivem uma análise introspectiva. O ritmo geral dessa reação subjetiva ao eu superior é revelado pelo signo que estiver na cúspide. Se esse signo for:

ÁRIES: O nativo se considera um individualista obstinado, cuja identidade e senso de valor pessoal nunca deverão ser vencidos. Mas é provável que seja muitas vezes desafiado. O nativo tende a ver-se como uma pessoa que se fez por si, que tem de lutar agressivamente por tudo o que deseja. Aprecia a competição e a oportunidade de testar a sua coragem e de levar a melhor com alguém ou alguma coisa. Esse nativo quase não tem tempo para analisar os outros, uma vez que está tão preocupado consigo mesmo. Para ele, este é o único modo natural de ser. É provável que provenha de uma formação de pessoas fortemente individualistas e que tenha sido encorajado por seus pais a adotar, desde cedo, a filosofia do "primeiro eu". Sua maior virtude é o seu senso de integridade pessoal. Ele valoriza a sua habilidade de dominar os outros e considera-se ardente no amor e valente na guerra. Sua vida no lar poderá ser conflitante, na medida em que tentar impor a sua vontade à unidade familiar. Todos têm de brincar de seguir o "chefe", ou então haverá guerra e vociferações. Ele tenta ser justo e amável, mas só consegue ver as coisas a seu modo. Pode ser que tenha uma visão melhor das coisas do que a de algumas pessoas, mas o resto da família tem de dançar conforme a sua música. A única segurança com a qual ele sente ou sabe que pode de fato contar é a que cria para si mesmo. Nunca se satisfará com a que os outros possam providenciar-lhe. Com Libra na décima casa, as suas ambições conscientes (fora do lar, no mundo, distante da família) são as de ser muito apreciado e de tomar parte no cenário social. Esse nativo não é um solitário. Começa tudo com ímpeto, mas faz isso apenas para obter um quinhão maior de amor e de afeição. A apreciação subjetiva de Áries é mais conveniente para um horóscopo masculino do que para um feminino, embora, atualmente, as mulheres pareçam assumir cada vez mais atitudes agressivas e tomar a dianteira. A mulher com Áries na quarta casa sempre achará os seus esforços mais importantes, independentemente do tipo de cônjuge que tiver. Na verdade, o nativo precisa de uma boa contenda para se sentir realmente vivo. Nos anos de maturidade ainda será capaz de ser esforçado e ativo, com bastante ânimo para a luta. As condições do fim de sua vida serão exigentes, e o seu túmulo poderá ficar solitário e em posição de destaque.

TOURO: O nativo se considera digno de confiança, competente, concreto, realista, prático e, em geral, capaz de enfrentar todas as situações da vida. Ele sempre terá tempo de sobra, ou fará por ter, para buscar os confortos da vida e embelezar o ambiente em que vive. Sua formação é feita de paz e de confortos estáveis, e o lar que construir também será assim. O tópico principal de interesse quanto ao lar se centralizará em considerações de ordem prática e em como tornar a vida mais confortável para todos os membros da família. Há uma forte qualidade mundana em seus relacionamentos familiares, com uma saudável apreciação das atitudes prosaicas. A busca da contabilização do dinheiro é a consideração principal, pois o nativo se vê como uma pessoa financeiramente consciente. No fim da vida, as condições serão confortáveis e serenas. O túmulo deverá ser um objeto de beleza.

GÊMEOS: O nativo se considera uma pessoa bem informada sobre quase tudo o que desperta o seu interesse. As técnicas que vier a usar deverão ser versáteis, adaptáveis, francas e formuladas em termos que os outros possam entender prontamente. Ele tende a considerar quase tudo na vida como um problema de comunicação que, quando resolvido, automaticamente solucionará tudo. Para ele, é natural reunir as outras pessoas à sua volta e envolvê-las em seus projetos. O lar será um centro de atividade, de idas e vindas, de novos eventos e um mercado de informações. Um dos pais, ou ambos, são talentosos, expressivos e mantêm boas ligações com fregueses e clientes. As condições do fim da vida poderão ser alegres, fugazes, efetivas (mas não necessariamente substanciais). O túmulo seguirá a moda do momento e será acessível à visão de todos. A inscrição deverá revelar mais do que simples fatos.

CÂNCER: O nativo tem profundos e sensíveis humores subjetivos que são altamente suscetíveis às reações do público. Ele não tem uma consciência independente quanto ao seu eu subjetivo. Ele está consciente do seu eu básico pela maneira como o público reage a ele. Essa é a parte da sua natureza que ele vem a considerar como o seu eu principal ou melhor. Ele descartará ou ignorará quaisquer elementos de sua natureza dos quais se ache incapaz de obter uma reação ou resposta pública significativa. Este tipo de atitude (especialmente sobre si mesmo) o manterá sensível e atento às mudanças de cenário ao seu redor, e aos potenciais para trabalhar antes a favor da maré dos negócios do que contra ela, de alguma maneira. A sintonização canceriana parte das condições exteriores e constrói a partir dessas qualidades, adicionando-as ao que já possui para atender às suas necessidades correntes. No fim da vida, as condições serão saudáveis e o nativo estará bem protegido. De modo geral, eles o proverão de todo o sustento de que ele precise para o que quer que tencione fazer. O túmulo deverá exibir algum tipo de distinção ou de título público, além e acima do círculo privado de sua família.

LEÃO: O nativo se vê como uma personalidade cheia de recursos, de indomável força de vontade que, inicialmente, acredita que pode provocar as coisas somente por desejá-las. Isso pode evidenciar-se como verdadeiro enquanto o ego for bem apoiado e favoravelmente abençoado com vantagens materiais que possam comprar aquilo que deseja. Se a posição do nativo na vida não for favorável e se ele não dispuser dos recursos materiais para pagar por seus projetos, poderá haver dificuldades cada vez maiores na plena efetivação da escala que o nativo considera imperativa para seus melhores esforços. O nativo se vê como o único qualificado para tomar as próprias decisões, e essa prerrogativa se relaciona diretamente com o seu ego. A integridade pessoal e o caráter imaculado pertencem à estrutura geral na qual o nativo concebe todos os seus programas. A localização e condição do Sol é muitíssimo importante para ver o que mantém o eu subjetivo do nativo e o modo como ele o focalizará melhor na operação efetiva.

As condições gerais do fim de vida podem ser marcadas por certa nobreza e o meio em que o nativo morre tende a ser um tanto impressionante.O seu túmulo terá de ser diferente e de estilo consideravelmente superior ao do túmulo dos demais mortais.

VIRGEM: O nativo é humilde diante da vida, pois sente a necessidade de cumprir, de algum modo, um dever de serviço aos outros. Se isso é verdadeiro ou não, está além de cogitações, pois é o modo como o nativo vê as coisas. Ele é meticuloso, exagerado e cuida excessivamente dos detalhes em todos os seus empreendimentos. Vem de uma formação exigente, na qual os padrões de perfeição estavam muito em evidência, tanto do lado materno como do paterno. As condições gerais do fim da vida serão muito bem organizadas, nada ou quase nada será deixado ao acaso. Haverá um lugar e um tempo determinado para todas as coisas. Algumas pessoas podem achar que esse quadro rígido oferece uma limitação e um confinamento, mas o nativo se sentirá feliz em trabalhar dentro dos planos que elaborou. O túmulo será simples, modesto e, de preferência, mais retirado, em vez de ocupar lugar de destaque.

LIBRA: O nativo sente que os outros representam um papel importante na formação do seu caráter. Até certo ponto, ele tenta acatar-lhes os desejos e torná-los os próprios, se possível. Não tentará tomar resoluções sozinho, mas estará disposto a descobrir e considerar a reação dos demais, antes de reagir por sua vez. Será um tanto difícil fazê-lo resolver-se por si mesmo, pois é dado à procrastinação – em especial, no que se refere a si mesmo. Muitas vezes, passará a ação decisiva para os outros, a fim de poder reunir opiniões, e, em seguida, falhará em assumir qualquer tipo de posição. A procrastinação e a excessiva complacência em envolvimentos sociais tendem a retardar o caráter do nativo. Seus métodos tornam-se um conglomerado de todas as pessoas às quais reage. Ele se vê como um árbitro de diferenças, em vez de apreciar-se como um campeão de qualquer das suas próprias diferenças. O nativo é um pacifista nato. As condições do fim da vida serão agradáveis, amigáveis, confortáveis e atraentes. O túmulo deverá ser um objeto de beleza.

ESCORPIÃO: O nativo preocupa-se em descobrir novas profundezas e possibilidades em sua própria natureza. Na maioria das vezes, achará as condições que o cercam insuficientes para justificar os seus melhores esforços e, portanto, isso o deixa livre para procurar e comprazer-se com as próprias gratificações. Ele tende a ser um solitário e a permanecer isolado da multidão. Pode interessar-se por uma causa ou movimento reacionário. Para ele, todos têm o direito natural de discordar. Sempre se achará em condições de resolver até mesmo as mais extraordinárias situações se as condições assim o exigirem – o que raras vezes acontece. Ele prefere a abordagem independente e remexer nas coisas em lugares retirados, como se procurasse por algo perdido no passado. O nativo não tem certeza do que procura e, no momento, a sua curiosidade é justificativa suficiente para o que quer que esteja fazendo. Deseja manter sua vida particular para si mesmo e, seja o que for que descubra, é pouco provável que o divulgue. As condições do fim da vida podem vir a ser incertas e diferentes de todo o resto de sua existência. O nativo desejará essas mudanças. O túmulo pode ficar oculto, perdido ou ser difícil de encontrar.

SAGITÁRIO: O nativo se considera, de um modo natural, um eterno otimista com uma mensagem urgente para transmitir a qualquer pessoa que queira ouvi-lo. Ele se vê como o guardião do seu irmão e igualmente responsável por suas faltas e virtudes. Isso o torna um tanto abelhudo ou um ingênuo benfeitor que está convencido de que somente o seu modo de agir funcionará adequadamente. Seu senso de confiança pessoal é enorme e é improvável que a sua fé seja abalada pelos fatos ou pela persuasão alheia. O nativo vem de uma família de pessoas que pensam de forma positiva, que resolveram endireitar o mundo em certos aspectos. A abordagem é, essencialmente, mental e intelectual e ligada a códigos estabelecidos de comportamento que foram repetidamente experimentados. O nativo encontra um lugar para si próprio na longa linha de caminhantes que estão bem organizados e que já realizam coisas. As condições do fim da vida podem vir a ser de isolamento e inteiramente construídas ao redor do seu próprio código de comportamento. Sem tomar conhecimento de que a tendência geral esteja em maré baixa ou alta, o nativo assumirá um ar entusiasta e de sucesso que sente ser incontestável. O túmulo terá de ser rico e impressionante.

CAPRICÓRNIO: O nativo seguirá seu caminho com obstinação e será dado à autodisciplina desde a mais tenra infância. Ele se considera como um mouro que está teimosamente determinado a fazer algo de sua vida; está preparado para o trabalho árduo e para fazer qualquer sacrifício pessoal que possa ser necessário. Ele vem de uma família cujos membros estão acostumados a cuidar de si mesmos de mangas arregaçadas. O nativo exige muito de si próprio, visto que foi escolado nas atitudes realistas desde a primeira infância. Será também muito firme junto à própria família e exigirá disciplina e métodos práticos de ação. Há um estável senso de ambição na raiz de todos os esforços e o nativo acha que é seu dever deixar uma marca no mundo. No fim da vida as condições provavelmente serão melhores do que as da infância, mas o nativo está tão acostumado às rudes disciplinas que é muito duvidoso que esses hábitos econômicos e de renúncia de toda uma vida lhe permitam usufruir muito de qualquer sucesso material que por certo terá adquirido.

AQUÁRIO: O nativo não se vê como um vínculo direto com a tradição do seu passado. É mais provável que se considere radicalmente isolado dessas limitações, com a liberdade de perseguir suas próprias inclinações de uma maneira engenhosa e independente. Os seus relacionamentos com os pais e a família tenderão a ser excêntricos e baseados em alguma estrutura avançada de raciocínio que garanta considerável liberdade e direitos individuais. Pode haver certa falta de consistência, embora o nativo não a sinta. Ele está destinado a ser especialmente talentoso, de alguma maneira especial. Cabe-lhe descobrir isso por si mesmo e explorá-lo da melhor forma que puder. Com Leão na décima casa, há uma boa dose de ambição, onde a originalidade e o gênio inventivo do nativo serão imperativos para o que ele pretenda fazer. As condições do final de vida podem ser inusitadas e, em geral, desproporcionais com que os outros esperavam para o nativo. Seja quais forem essas condições únicas, é improvável que o nativo se aborreça, visto que tem um modo de se concentrar em assuntos de maior importância (para ele). Algo em seu túmulo pode consistir em surpresa. De fato, pode não haver um túmulo real, pois o nativo é capaz de preferir que suas cinzas sejam espalhadas ao vento, ou no azul infinito do céu. Sua morte também pode ser de forma extravagante.

PEIXES: O nativo é abençoado com certo discernimento intuitivo introspectivo que lhe permite ficar mais consciente das motivações interiores que estão por trás de seu propósito e de seus métodos de ação. Ele se considera uma pessoa que tem uma missão – um destino especial – que aceita com certo desapego filosófico. Não espera da vida os costumeiros objetivos materiais. Embora possa ser aquinhoado com a abundância material, considerará essa riqueza como uma ferramenta ou objeto para alcançar algum propósito espiritual ou caritativo. O nativo terá certa maturidade espiritual e emocional e um modo idealista de considerar as coisas. É improvável que se desequilibre por qualquer falta de método específico, pois sente que, de alguma forma (como que pelo destino), sempre que precisar fazer alguma coisa lhe serão mostrados ou providenciados os devidos cursos de ação. Ele aceita isso sem quaisquer problemas e acredita que qualquer pessoa pode fazer a mesma coisa por si própria, bastando sentir-se como ele se sente. É evidente que isso não é verdade, pois o método da abordagem pisciana é muito especializado e precisa da mágica de Netuno para se concretizar. As condições do final de vida deste nativo serão tais que o encontrem consideravelmente desapegado das principais correntes da vida material. É provável que esteja satisfeito com essas condições, mesmo que causem estranheza aos outros. O túmulo deve ser inspirado e ter um tipo sutil e etérico de beleza. Deve ser simples e modesto, mas visto de certos ângulos, sob determinada luz ou em certas horas do dia deve causar uma impressão muito especial de calma e de paz.

Examine a seção no final do capítulo 4, página 65, para ver como os fatores de apoio do eu subjetivo são revelados pela posição da casa do regente da cúspide.

Se houver um ou mais planetas na quarta casa, o nativo terá motivos para preocupar-se com a maneira pela qual vê a si próprio. Terá razões para refletir subjetivamente sobre a diferença que o marca ou distingue de sua formação, legado hereditário ou influência paterna. Pelo fato de ser subjetivamente diferente, precisará primeiro testar a validade e a confiabilidade dessa diferença, de modo a poder usá-la como uma vantagem, em vez de deixar que o frustre por assumir a forma de uma obrigação. Seja o que for que apareça na quarta casa, é algo que o nativo, mais do que sua família imediata (especialmente os seus pais), antecipou. As circunstâncias exigirão que o nativo use essas forças planetárias especiais ao lidar com os problemas relativos à quarta casa, inclusive os relacionamentos com a sua família. Cabe-lhe tirar o melhor proveito do que possui. Por se tratar de uma diferença familiar, isso pode torná-lo mais próximo (e mais amado), ou então mantê-lo separado (como crítica e desaprovação) do cenário familiar. Não se trata de um problema fácil de resolver, porque o nativo tanto precisa avaliar como valorizar o potencial do que lhe é dado, como um talento especial a ser usado na formulação de suas técnicas contra o mundo (suas ambições mundanas da décima casa). A despeito da opinião dos outros (em especial a da família), o nativo precisa incorporar todas as forças planetárias que tiver na quarta casa, como o único caminho correto para assegurar-lhe aquilo que mais deseja na décima casa, bem como para lidar efetivamente com os relacionamentos com a própria família. Lembre-se que a localização de uma força planetária (ou talento) é uma rua de mão dupla. O nativo tanto recebe como manifesta experiências nesse movimento.

Se esse planeta é o:

SOL: todo o destino do nativo gira em torno de alguma solução dentro da personalidade subjetiva. Ele está destinado a esparramar luz sobre tudo o que nos faz palpitar e sobre o modo de o espírito humano se adaptar melhor, no confronto com os problemas mundanos. Nesse caso, o Sol mostra que haverá um problema que durará a vida inteira. Para maiores detalhes, veja o capítulo 4, "O Caráter do Seu Destino" – Sol na quarta casa.

LUA: o nativo é abençoado com uma certa relação intuitiva com a sua personalidade subjetiva que lhe dá o talento de atrair a atenção e a compreensão do público no que se refere à formulação de caminhos e modos pelos quais os indivíduos podem apresentar-se de maneira mais eficaz para o mundo. Para maiores detalhes sobre esse padrão, veja o capítulo 5, "O Foco de Suas Emoções" – Lua na quarta casa.

MERCÚRIO: o nativo é aquinhoado com vivacidade mental e com a habilidade de compreender e comunicar a importância que atribui à sua personalidade subjetiva em relação aos outros setores da vida. O nativo pensa melhor quando se aplica à auto-análise. Os resultados de seu profundo estudo podem ser transmitidos aos outros para ajudá-los em seus problemas subjetivos.

SATURNO: o nativo, de início, está deprimido e restringido por alguma condição material ou física que concentra todo o seu senso de autopreservação nessa avaliação subjetiva. Por fim, ele descobrirá uma solução que lhe trará definitivamente lucro e prestígio, mas isso acontecerá depois de longo e árduo esforço e laboriosa autodisciplina. As condições de vida são árduas, mas isso parece ser necessário para levar o nativo ao seu mais elevado potencial.

MARTE: o nativo é impulsivo e áspero nos meios que usa para alcançar seus objetivos. É inevitável que isso atraia reações antagônicas por parte daqueles que detêm a autoridade, que consideram o nativo uma pessoa arrogante e agressiva. Entretanto, para o que o nativo pretende na vida (revelado pela décima casa), somente por esses meios agressivos ele será capaz de vencer. Seria fatal iniciar qualquer programa sem o ímpeto marciano ou uma confiança cega. O nativo precisa convencer-se de que esse é o seu direito de nascimento, a despeito de quaisquer problemas familiares que esses procedimentos possam ter causado no passado ou no presente. O nativo terá de lutar para vencer, e terá de aceitar a implicação de que tudo o que fizer para elevar-se no mundo provocará atrito em alguns setores. Com esse padrão, ele primeiro terá de lutar consigo mesmo, a fim de convencer-se a ir à luta para assegurar o seu patrimônio hereditário.

VÊNUS: o nativo deve empregar a suavidade e um interesse afetivo pelas outras pessoas em todas as suas técnicas para assegurar as suas metas objetivas. O nativo mantém com o seu círculo familiar relações estreitas e afetuosas. Será relativamente menos amoroso e terno nos relacionamentos com pessoas que não pertençam ao círculo familiar, exceto como meio impessoal de realizar as suas ambições. O que tivermos por meio de planetas que estejam na quarta casa será usado com o círculo familiar, a fim de proteger e garantir segurança emocional, em sentido oposto ao do eu subjetivo e para impulsionar programas que assegurem a realização de nossas ambições na décima casa.

NETUNO: o nativo não é realista e é um visionário quando se trata de avaliar-se, de lidar com o círculo familiar, de avaliar sua segurança emocional e de assegurar a realização de suas ambições na vida. Contudo, ele também tem um raro dom de magia inspirada, que pode mover montanhas na hora certa; isso, por fim, será mais eficaz do que todos os esforços físicos e materiais do mundo. O nativo precisa julgar com base em seus sentimentos, e não no efeito que as suas atitudes visionárias causam nos outros. Isto é muito importante, tanto ao considerar a condição e apoio que Netuno recebe de outros fatores do horóscopo como a respeito de quão exatamente eficaz ou duvidosa a magina de Netuno será. O nativo pode tornar-se algum tipo de embusteiro a fim de cumprir as exigências subjetivas da quarta casa. É difícil, para os outros, julgar convenientemente a propriedade disso, porque as situações e as pessoas que ele encontra na vida aparentemente procuram por este toque netuniano.

JÚPITER: o nativo tem uma riqueza de fé e uma abundância de otimismo positivo aos quais precisa ater-se a fim de persuadir os outros e assegurar todas as funções de sua quarta casa. O nativo encontra, em seu interior e no seio de seu círculo familiar, riquezas que incorpora a suas atitudes quanto às metas da décima casa. Ao mesmo tempo, devemos considerar que essa posição geralmente lhe nega riquezas de outras fontes. Sua abundância na vida se torna um assunto particular.

PLUTÃO: o nativo é forçado a buscar um afastamento radical de sua formação, de seu patrimônio hereditário e, possivelmente, até mesmo de seus pais e de sua família. Sentirá que é necessário destruir ou anular algo e, ao mesmo tempo, trazer à vida um outro lado de si mesmo que está em pleno desacordo com tudo o mais. É provável que o nativo passe por mudanças arrasadoras – em especial na sua personalidade subjetiva íntima e nos relacionamentos familiares. Há a presença de uma natureza dual – uma atitude dupla que, devido às circunstâncias, se impõe, e que somente o nativo conhece bem. Os esforços do nativo para realizar suas ambições com certeza sofrerão problemas e desentendimentos. Algum grau de sentido violento também é possível. Certas coisas têm de morrer a fim de outras serem forçadas à vida. A vida particular do nativo é tempestuosa e incerta.

URANO: há uma característica imprevisível que pode destruir muitos planos cuidadosamente elaborados, mas o resultado final, surpreendentemente, só será encontrado mediante essas técnicas imprevisíveis. O nativo nunca está certo do que esperar – ou de si mesmo ou daqueles que o devem apoiar dentro do círculo familiar. Técnicas padronizadas nunca darão certo para ele. Ele poderá partir delas, porém, mais cedo ou mais tarde, terá de assumir uma posição independente e inventar algum método engenhoso de surpreender os outros. Acima de tudo, o nativo precisa ver as coisas de modo independente – em especial no que se refere às suas avaliações subjetivas.

Naturalmente, a assim chamada essência pura de qualquer das forças planetarias que estejam na quarta casa poderá ser consideravelmente alterada ou qualificada pelos aspectos significativos que cada planeta faça com os outros no horóscopo. Para essas possíveis modificações, veja o capítulo 9, "Aspectos Entre os Planetas".

Talvez devamos comentar, embora isso deva estar claro, que se a casa em questão tiver alguns planetas (que não podem estar ligados por nenhum aspecto angular exceto a conjunção), o seu efeito nos assuntos dessa casa deve ser levado em conta, mesmo que seja contraditório. Visto que cada planeta rege ou controla a própria casa, é melhor assinalarmos que seu relacionamento com os assuntos da casa em que recai, será apoiado ou influenciado por diferentes setores da vida e experiência (mais exatamente, os da casa que reger).

Capítulo 13

OS FILHOS, A ESPECULAÇÃO E O JOGO

A QUINTA CASA

A quinta casa do horóscopo é, essencialmente, a área na qual o ego SE EXPANDE NO ESFORÇO CRIATIVO. Essas atividades incluem os assim chamados propósitos prazerosos. Em condições normais, esse será um período de descontração durante o qual o nativo procurará de alguma maneira ampliar a sua esfera de influência. Ela segue a quarta casa, supostamente depois que o nativo obteve algum grau de segurança emocional por ter aceitado a sua personalidade subjetiva e resolveu por quais técnicas ou métodos perseguirá seus objetivos na décima casa, a da ambição.

Os primeiros esforços envolvem certa forma de romantismo, a paixão e o lado sexual do namoro. A área de prazer é ampliada e inclui o entretenimento, os jogos de azar, as aventuras especulativas e a projeção do ego de alguma maneira objetiva, como acontece na criação de formas artísticas – objetos de arte, linguagem musical, escrita imaginativa e procriação de filhos. Também inclui a educação primária do nativo, em oposição ao seu estudo superior, na nona casa.

Supõe-se que tanto a criatividade nesses assuntos, como a sua apreciação gratifiquem sensualmente o nativo. Essa é uma área em que há domínio da individualidade do ego e, esse domínio, é aceito e mesclado com a satisfação dos outros, o que resulta numa extensão ou projeção da imagem do ego do nativo.

Como implicação da quinta casa, diz-se também que ela inclui a educação primária do nativo e a introdução inicial deste às ferramentas disponíveis na vida.

Todas as casas representam áreas de atividade e interesse, bem como as pessoas ou objetos relacionados com esses interesses. Visto que a quarta casa representa o lar, ela também representa os aspectos paternos ou maternos do lar. A décima casa habitualmente representa o pai, a terceira casa, os irmãos e irmãs, a sétima, o parceiro, a quinta, os filhos, e assim por diante.

Um fator muito interessante que diz respeito às casas, ainda não mencionado, é o relacionamento que elas mantêm umas com as outras, quando qualquer uma delas é considerada como estando na primeira posição ou na posição ascendente.

Exemplificando: se alguém quer estudar mais detalhadamente o efeito exercido pela mãe SOBRE O NATIVO (assunto de quarta casa), deve posicionar ou considerar a quarta casa na posição do ascendente. A quinta casa então se transforma na segunda casa, a das posses da mãe; a sexta casa transforma-se na terceira casa, a dos irmãos e irmãs da mãe; a sétima casa torna-se a quarta casa, a da personalidade reflexiva, subjetiva da mãe e da sua própria mãe, e assim por diante.

Qualquer pessoa simbolizada por uma casa pode ser estudada desta maneira. Mas deve-se destacar que essa informação é filtrada pelo próprio nativo. Trata-se do efeito que essa pessoa exerce sobre esses assuntos, à medida que eles se relacionam com a vida do nativo ou a atingem. Isso não serve para negar o fato de que a pessoa em estudo tenha uma condição um tanto diferente, na medida em que toca a vida de outra pessoa. Até onde for o relacionamento do nativo com a sua mãe, a mãe tenderá (aos olhos dele) a se ver dessa maneira ou a reagir a qualquer dos setores de sua vida à medida que afetem a vida do nativo. Um outro filho, na mesma família, pode ver e sentir sua mãe de um modo inteiramente diferente, assim como a mãe reage de modo diferente a cada uma das pessoas de sua vida.

Visto que a quinta casa representa os filhos do nativo, se posicionarmos ou considerarmos a quinta casa ocupando a primeira posição, a nona casa representará o modo pelo qual os filhos, como um todo, verão esse pai (o nativo), não importa se esse nativo é o pai ou a mãe da criança. O outro progenitor, fazendo a mesma coisa com o seu horóscopo, poderá ver como os filhos o julgam.

Como se poderia supor, todos os tipos de verdades fascinantes podem ser obtidas desta maneira através do horóscopo.

Um dos problemas com o qual a maioria das pessoas parece estar obcecada é o seu potencial de jogar e vencer. O desejo de obter algo de graça é fascinante. A resposta a isso é definitivamente mostrada na condição da quinta casa: o signo, a condição do regente e quaisquer planetas que estejam na casa. A quinta casa mostra, não só as atitudes do nativo quanto aos riscos especulativos, mas também a probabilidade dos resultados.

SE O NATIVO NÃO TIVER UMA QUINTA CASA MUITO FAVORÁVEL, FARÁ BEM EM EVITAR TODOS OS JOGOS; PROVAVELMENTE, JOGARÁ PARA PERDER. Essa é uma bem conhecida condição psicológica encontrada entre muitos jogadores compulsivos. Jogar no sentido de perder tem muito de um complexo de culpa e de um sentido de autodestruição. Eles fazem isso porque sentem prazer em punir-se, como ocorreria com qualquer atividade ou complacência da quinta casa.

Se não houver planetas na quinta casa, podemos presumir que nenhum assunto dessa casa representa um problema especial para o nativo. Isso não quer dizer que tais prazeres não aconteçam na vida diária do nativo, mas eles não têm nenhum LUGAR ESPECIAL em sua perspectiva global.

O caráter geral dos assuntos da quinta casa na vida do nativo é estabelecido pelo signo da cúspide. Se esse signo for:

ÁRIES: o nativo obterá satisfação das questões da quinta casa, nas quais tem a tendência de entrar de modo impetuoso, precipitado e com certo abandono temerário. No início de seus movimentos sempre está, de certa forma, o prazer. Os prazeres tendem a vir primeiro, mas aparentemente isso é necessário e desejável (no seu caso) para encaminhá-lo para projetos construtivos de trabalho. Num sentido físico e competitivo, todas as pessoas estão um tanto melhores quando engajadas em projetos Áries/Marte, pois é nesse caso que o ímpeto de Marte atua e a ação física enérgica tende a formular-se em seus negócios segundo linhas originais. Entretanto, esse é apenas um ponto de partida, e o nativo precisa continuar daí para confrontar qualquer que seja o seu desafio particular. As relações com os filhos são enérgicas, competitivas, animadas e tempestuosas.

TOURO: há um aspecto financeiro ou uma fonte potencial de confortos materiais que se pode materializar a partir de algum aspecto relativo às questões da quinta casa para o nativo. É necessário olhar além, a fim de ver como isso se relaciona com o FOCO DE SUAS FONTES DE DINHEIRO. Este signo, regido por Vênus, mostra principalmente uma condição de bem-estar, de conforto e de satisfação com os prazeres mundanos e um acréscimo de sedução à própria formação. As relações com os filhos deverão ser gratificantes, sensíveis, regulares e bem organizadas. Há um sentimento de mútua responsabilidade.

GÊMEOS: a abordagem do nativo é, fundamentalmente, mental e comunicativa. Ele pensa e fala bastante sobre os assuntos da quinta casa, mas não participa necessariamente tanto deles quanto se possa supor. Em geral, basta-lhe estar mentalmente ocupado. Isso pode evidenciar-se como muito produtivo, se essa área se destacar no horóscopo. Mas, com Gêmeos, nenhuma área específica de prazer ocupará durante muito tempo os seus pensamentos. O nativo perde logo o interesse e deseja empreender algo novo e diferente. As relações com os filhos são estimulantes, barulhentas e superficiais.

CÂNCER: o nativo tem grande sensibilidade e harmonia emocional nas questões relativas à quinta casa. Tem certo talento para antecipar a provável atração ou reação pública aos objetos que a sua criatividade possa produzir. Seu senso de sincronização é muito bom, o que é um fator favorável para quaisquer aventuras especulativas. O nativo naturalmente será cauteloso e conservador no que se refere às especulações, mas a sua intuição também lhe dirá quando a situação está tanto perfeita como madura para ser trabalhada. Seu interesse nos assuntos da quinta casa não será estável ou constante, pois ele é dado a depressões e períodos em que se sente definitivamente desinteressado dessas questões. Muita coisa depende da condição da Lua, no que diz respeito a quanto lucro ou potencial verdadeiros o nativo obterá nessa direção. Os relacionamentos com os filhos são tensos, exigentes, excessivamente possessivos e protetores e altamente emocionais. Entretanto, essa mesma combinação de atitudes também tende a um íntimo e profundo entendimento de ambas as partes.

LEÃO: o nativo será confiante e presunçoso demais para tornar-se realmente consciente de todas as armadilhas que podem resultar da superexaltação do ego. Ele se sente naturalmente autoconfiante em todas as questões relativas à quinta casa e não se inclina a aceitar o conselho de ninguém, a não ser o seu próprio. Isso se torna para ele uma questão de orgulho e de integridade pessoal. Esse padrão é favorável para empreendimentos arriscados e corajosos, mas pode ser temerário e não há garantias em certas áreas de especulação e jogo de alto risco. As relações com os filhos são autoritárias, generosas, orgulhosas, racionalizadoras, excessivamente sensíveis à crítica de estranhos; não são objetivas, mas são intensamente leais.

VIRGEM: as características de perfeição crítica e dos detalhes excessivamente sutis estão um tanto fora de lugar na área generalizada do prazer, do entretenimento e das aventuras especulativas. Os relacionamentos do nativo com seus filhos tendem a ser desconfortáveis, fatigantes, além de não serem gratificantes. O nativo é crítico demais e exige perfeição, o que pode tornar a convivência com os outros muito difícil. É pouco provável que encontre grande prazer no jogo, mesmo que venha a ganhar. A preocupação e a ansiedade não compensariam qualquer lucro que viesse a ter. Qualquer esforço criativo será altamente detalhado, exato e especializado. Os relacionamentos com os filhos serão exigentes de ambas as partes. O pai poderá muito bem esperar demais da criança, pois esses são os seus padrões e eles podem estar longe dos talentos do filho.

LIBRA: esse padrão é muito favorável para ligações românticas e para o lado social do prazer, embora haja tendência a entregar o controle aos outros. As satisfações da outra parte se tornam mais importantes do que as do nativo. Isso não é especialmente favorável para jogos especulativos, exceto os casos em que eles se desenvolverem através de contatos com outras pessoas ou como um produto derivado desses envolvimentos sociais. As relações com os filhos são satisfatórias e confortáveis. Há uma real cordialidade no entendimento entre todas as partes envolvidas. O nativo é naturalmente afetivo e compreensivo com os outros, mas também é suscetível a uma variedade de pessoas – não apenas a algumas.

ESCORPIÃO: todos os envolvimentos do nativo com situações da quinta casa são sobrecarregadas com uma corrente oculta de sexualidade e de implicações secretas. Sempre há problemas em potencial relativos aos assuntos da 5ª casa do nativo. Se os considerarmos com certa deliberação predatória, em geral poderão ser proveitosos para o nativo, seja qual for o resultado para os demais envolvidos. O nativo pode ter de aceitar ou resolver os assuntos de quinta casa por si mesmo, de um ponto de vista um tanto egoísta, a fim de que funcionem em sua vida. É imprescindível descartar-se de todas as superficialidades e adotar assim uma atitude realista. Supõe-se que o nativo enfrentará vigorosamente as situações da quinta casa, fará o seu jogo ocultando as cartas e manterá secretos os seus reais objetivos. Poderíamos dizer que, ao se envolverem, os outros estão pedindo o que acabam recebendo. Essa não é uma área favorável para lidar com filhos, pois o que se exige é sofisticado demais para que as crianças o possam manejar eficientemente.

SAGITÁRIO: o nativo enfrenta as questões da quinta casa com natural otimismo e eterno entusiasmo, o que tanto pode ser impressionante como estimulante. Se as posições do nativo forem bem estabelecidas e se Júpiter estiver bem situado no horóscopo, ele terá a possibilidade de achar todos os assuntos da quinta casa proveitosos; estes comprovam o seu entusiasmo. Ele tende a seguir padrões estabelecidos de raciocínio e de comportamento quanto a esses assuntos; será, portanto, difícil ele sair da linha ou introduzir considerações mundanas no quadro. O lugar em que Sagitário estiver é onde o nativo terá a cabeça nas nuvens e será antes espiritual, e não especificamente físico. Os relacionamentos com os filhos são comoventes e enaltecedores.

CAPRICÓRNIO: O nativo assumirá atitudes muito sérias a respeito dos assuntos da quinta casa, visto que os considera uma coisa que não pode ser encarada de modo leviano ou descuidado. Com efeito, o nativo sente, de certo modo, que a sua atuação nas questões da quinta casa afeta de alguma maneira o seu senso básico de autopreservação. Isso pode tornar-se uma questão de vida ou morte. A sua posição geral e a fama que adquire dependem de como se conduzir nessa área. As condições, em geral, são mais favoráveis perto do final da vida do que na mocidade, quando as coisas são limitadoras e restritivas. Os relacionamentos com os filhos podem muito bem ser opressivos e tornar-se uma pesada responsabilidade, mas também uma necessidade material que, por fim, exerce enorme influência na vida do nativo.

AQUÁRIO: A atitude do nativo é inconvencional, talvez previdente, mas definitivamente fora de compasso com a opinião da maioria das pessoas quanto aos assuntos da quinta casa. Esse padrão indica uma real liberdade no que diz respeito aos prazeres da quinta casa. A responsabilidade está longe de ser uma controvérsia, e a independência e o comportamento excêntrico são muito mais favorecidos. Os relacionamentos com os filhos podem causar muitas preocupações e provocar condições na vida do nativo que resultem nas maiores reviravoltas.

PEIXES: o nativo ou será excessivamente inspirado e capaz de magia nos assuntos da quinta casa, ou estará em situação crítica e será insincero ao ponto da impostura. Mesmo na pior das hipóteses, entretanto, o nativo poderá ter algum tipo de discernimento intuitivo valioso em questões subconscientes, e de valor duradouro. Há fatores implicados ou sugeridos que não alcançam a superfície. Muita coisa do que há de melhor está, possivelmente, submersa e envolta em misticismo ou estranha simbologia. O nativo pode não ter confiança (ou mesmo desejar tê-la) em suas reais intenções. É provável que as suas relações com os filhos sejam idealistas, irreais e que reaja a eles como se fossem fantasias, em vez de realidades concretas. Isso não significa que esses relacionamentos sejam menos satisfatórios do que qualquer outro tipo de relacionamento, mas torna-os diferentes. Há um raro fator de sorte que pode ser favorável ao jogo, em circunstâncias especiais.

Para o lucro potencial que se pode obter dos assuntos relativos à quinta casa, observamos a posição do regente da cúspide. Para isso, veja a seção no final do capítulo 4, página 65.

Se a casa está ocupada por um ou mais planetas, isso acrescenta importância aos assuntos desta casa e às pessoas que se relacionarem com ela. Se o planeta é:

SOL: este planeta é de importância essencial e o nativo precisa desenvolver o padrão do seu destino dentro da estrutura dos assuntos da quinta casa. Para maiores detalhes sobre esses padrões, veja o capítulo 4, "O Caráter do Seu Destino" – Sol na quinta casa.

LUA: ela se torna o foco das emoções do nativo e este possui grande sensibilidade e harmonia com todos os assuntos da quinta casa, embora não se empenhe de fato fisicamente neles. Seus sentimentos são volúveis e, em geral, por demais inconsistentes e temperamentais para que ele possa depender sempre deles. Para maiores detalhes sobre esse padrão, veja o capítulo 5, "O Foco de Suas Emoções" – Lua na quinta casa.

MERCÚRIO: o nativo tem muitas idéias boas relacionadas com os assuntos da quinta casa, o que contribui para a criatividade expressiva e fornece as ferramentas para a comunicação em geral. Deve haver talento para observações espirituosas que tanto são divertidas como também persuasivas. Na especulação, isso favorece as situações "ora sim, ora não" com rápidas reviravoltas e cuja prática não se prende a ações com hora e lugar determinados.

SATURNO: há responsabilidades contínuas que oneram e limitam o nativo; por essa razão, ele obtém pouco prazer real com os assuntos da quinta casa. No entanto, ele está ligado a esses assuntos de uma maneira significativa, visto que todo o seu senso de autopreservação se prende à habilidade de lidar com eles de modo a obter sucesso e à firme determinação de acompanhar esses assuntos relativos à quinta casa até o amargo fim dos mesmos. Para maiores detalhes sobre esse padrão, veja o capítulo 7, "Saturno no Seu Horóscopo" – Saturno na quinta casa.

MARTE: esse padrão é favorável à participação ativa em todas as fases dos negócios com entretenimentos, inclusive jogos decorativos e carnavais. Caso se envolva com o jogo, o nativo fará bem em pertencer ao ramo, em vez de ser apenas um cliente ou jogador. Para o nativo, jogar é natural, porém arriscado. Muita coisa depende da condição de Marte (por relação de aspecto) e da casa de Áries, além de outras condições da própria quinta casa (signo e regente).

VÊNUS: é favorável para a boa sorte e os benefícios artísticos relativos aos assuntos da quinta casa. O nativo sente um calor e afeição natural por todas as pessoas em sua quinta casa, e estas, por sua vez, o confortam.

NETUNO: eis uma advertência para uma pausa e cautela. As aparências podem enganar, tanto o nativo como os outros que se envolverem com ele em assuntos relativos `a quinta casa. Alguém pode ser feito de tolo ou enganado. Outros, entretanto, podem ser altamente inspirados e salvos por essa força planetária. Muita coisa depende da condição de Netuno e de outros fatores, tais como a casa de Peixes e o signo que está na cúspide da quinta casa e seu regente.

JÚPITER: este é um padrão dos mais favoráveis para benefícios e lucros, se estes forem perseguidos com um senso de proporção maduro e uma cuidadosa atenção a todas as regras de propriedade e tradição. A pessoa terá de estar espiritualmente certa de seus objetivos, a fim de colher a abundância de Júpiter, pois aqui nenhum lucro é material. O nativo será defendido com freqüência por sua correção, embora isso nem sempre signifique dinheiro no bolso. O sentimento de convicção maior deve ser considerado mais importante. De maneira generalizada, o nativo deve ter a sensação de uma luz verde que se acende para dar-lhe passagem quando está no caminho correto do esforço criativo. O sentimento de seguir avante e de se expandir nessa direção é muito forte. O nativo deve estar disposto a se arriscar em todos os assuntos – não somente nos jogos financeiros. Ele deve dar mais sorte para os outros do que para si mesmo.

PLUTÃO: este é, de certo modo, um sinal de perigo quando encontrado na quinta casa. Em geral há problemas à vista, e o nativo é forçado a assumir um padrão duplo ou a usar uma espada de dois gumes quando se trata de lidar com os objetivos de sua quinta casa. Há também uma implicação social em todos os esforços criativos e um senso tenaz de retribuição que pode ser forte demais para o sentido de romantismo da maioria das pessoas. O fator é muito mais o de um grande drama ou de uma arrasadora destruição de circunstâncias que forçam e compelem o nativo a fazer coisas que nunca faria por si mesmo. Plutão representa o foco das forças psíquicas que podem ser necessárias para lidar com este setor da vida. Os resultados podem ser devastadores e requerer um novo começo, em uma nova direção.

URANO: este também é um elemento perturbador na situação romântica, introduzindo o inesperado e uma sugestão de destino. O nativo precisa pensar e agir independentemente do que esperam dele as outras pessoas dessa área. Ele precisa atuar de acordo com alguma abordagem engenhosa que se antecipe à da multidão. A abordagem inconvencional é muito mais favorecida do que o seguir as passadas dos outros.

Observe sempre de que modo essas concentrações planetárias são fortalecidas ou desafiadas por outros planetas, na medida em que afetem os potenciais de negócios especulativos relativos à quinta casa.

Capítulo 14

O SEU TRABALHO, A SUA SAÚDE E OUTROS DEVERES
A SEXTA CASA

As suas obrigações, incluindo-se aquelas que deve a si mesmo ou as que os outros lhe devem, são reveladas pela condição da sexta casa. As responsabilidades para consigo mesmo incluem o cuidado e a manutenção do corpo. As suas obrigações para com os outros podem assumir a forma de um serviço ou de um trabalho que você empreende em benefício deles.

Se a casa está desocupada, isso significa essencialmente que você não está conscientemente onerado por qualquer desses problemas. Aceita o que vem e faz o que precisa quando a situação assim o exige, sem qualquer dependência emocional. Se você deve algo a alguém, você paga. Se alguém lhe deve algo, você cobrará a dívida. Se tiver um trabalho a fazer, você o faz. O estabelecimento de débitos que surgem da rotina diária não está entre as perspectivas mais importantes em torno das quais o significado de sua vida se molda.

A condição natural do corpo, como constituição básica – saudável ou doentia – é revelada na primeira casa. As condições de doenças ou disfunções que se desenvolvem ao longo do caminho são reveladas pela sexta casa, como assuntos rotineiros de saúde.

O caráter geral de todos esses assuntos é mostrado pelo signo da cúspide. Se esse signo for:

ÁRIES: o nativo precisa tomar a iniciativa de corrigir ou restaurar ativamente certos fatores que se introduzem de forma agressiva em sua rotina diária. Há muitas personalidades envolvidas na sua vocação. Será necessário, com freqüência, descartar à força (ao modo de Marte) certas intrusões ou transgressões que parecerão intimidá-lo ou desafiar a sua identidade. O fato de você precisar impor-se em todos os assuntos relacionados com as obrigações que assumir é evidente. Nada que pertencer a esse setor de sua vida transcorrerá com facilidade. Serão necessárias medidas enérgicas que, sem dúvida alguma, causarão atritos, coisa que não poderá evitar.

TOURO: o dinheiro e a rotina doméstica perfeita são os fatores de importância. Visto que este signo de Vênus tende aos confortos e à vida mansa, pode haver certa necessidade de zelar para não ser estragado com excesso de mimos, inclusive nas atitudes para consigo mesmo. A rotina e um ambiente agradável garantem uma boa saúde e eficiência no trabalho.

GÊMEOS: os fatores-chave para dar conta das rotinas do dia-a-dia são as idéias e as atitudes mentais. Não desperdice tempo demais com qualquer fator. Empreenda a escalada para o topo escolhendo as coisas relevantes e cubra tanto terreno quanto for possível e tão depressa quanto puder. Nada será tão mau que o raciocínio correto não possa resolver o problema principal. Fale com os outros sobre os problemas, principalmente com os colegas de trabalho. Peça conselhos e troque opiniões e pontos de vista. O seu problema relativo à sexta casa será resolvido dessa forma.

CÂNCER: é indicado o envolvimento com o público – situações em que as pessoas constantemente vêm e se vão, especialmente mulheres e tipos sensíveis que estejam em busca de proteção, de apoio subjetivo, de uma palavra gentil, de um pensamento confortador e de um GESTO MATERNAL de sua parte. Na rotina diária, o nativo é procurado para representar um papel maternal junto aos outros. Há muita sensibilidade quanto às necessidades das outras pessoas e, especificamente, para os seus desejos diários. Este signo é favorável para a enfermagem ou qualquer função que se torne um SUBSTITUTO MATERNO. Algumas vezes, o nativo precisa conscientemente "desligar-se" para se isolar e conservar as suas energias psíquicas, bem como as físicas. Trata-se de um signo muito produtivo para realizações perfeitas nessa área da vida.

LEÃO: o que é necessário é uma completa auto-afirmação, e mesmo certa arrogância e presunção de prerrogativas imperiais. Mesmo se não se sentir inteiramente preparado para aquilo que sempre se exige de você (deveres, trabalhos, obrigações e rotinas de saúde), terá de pegar o touro à unha e agir como se fosse de fato uma autoridade em todas essas questões. Não hesite e não se esquive: simplesmente ataque com energia e pense sobre o fato posteriormente.

VIRGEM: aqui aparecem, naturalmente, detalhes ilimitados, esforços árduos, crítica severa, tarefas ingratas, aprimoramentos excessivamente sutis e mil outros detalhes que surgem à superfície. Cuidado extremo e medidas deliberadas, além de conceitos de perfeição, são as metas que se tem em mente em todos os assuntos relativos à sexta casa. Com Virgem, você estará bem preparado para fazê-lo sem se importar com isso. De fato, apreciará fazer todas essas coisas em seu trabalho rotineiro.

LIBRA: procurar os outros e fazer com que se envolvam no que pretende fazer é a solução. De certa maneira, as pessoas se tornam o material com o qual você supostamente trabalhará. Isso pode não significar necessariamente a pessoa física real, mas trata-se de algo que tem relação com as pessoas, com o que elas representam, ou com o modo como figuram em alguma equação com a qual você se defronta. Sendo de um signo de Vênus, você precisa de ambientes atraentes e de atitudes pacíficas para fazer qualquer coisa. Precisa sentir-se feliz e amado. Também é importante que aprecie o seu trabalho diário, ou não será capaz de realizá-lo. Deverá evitar quaisquer tarefas de que não goste, pois elas o tornarão doente. Há uma porção de empregos que são agradáveis; por que, então, preocupar-se com algo que seja desagradável? Esse nativo habitualmente tem Touro no ascendente; há, portanto, muitos talentos para escrever disponíveis, que sempre são muito procurados. Com Libra na sexta casa, você deverá manter-se sempre na busca – virando a moeda para ver a outra face. Para o temperamento, a vida social é benéfica.

ESCORPIÃO: em primeiro lugar, você deve buscar uma situação que desperte a sua curiosidade. Muitas vezes se verá atirado em situações pela força das circunstâncias – habitualmente favoráveis para você, embora possam significar o infortúnio para alguma outra pessoa. Você deve evitar a rotina e, em vez disso, buscar uma situação que lhe proporcione uma boa dose de liberdade. Nada deve ser considerado fixo ou inflexível. A rara boa sorte que pode resultar deste padrão está no potencial de mudança e na sua boa vontade em aproveitar as oportunidades na crista da onda, em vez de esperar até que as vantagens sejam evidentes para todo mundo. É aconselhável, em especial, evitar aquilo que a maior parte das pessoas estiver explorando no momento e buscar a própria fortuna em soluções abandonadas. Você tem talento para redescobrir ou restaurar o valor de situações estagnadas.

SAGITÁRIO: você deve procurar os valores tradicionais e desenvolver um senso de história que parecerá alinhá-lo com o líder corrente de uma situação estabelecida. Grandes negócios, corporações e instituições maiores, originados da contribuição de muitos indivíduos, são indicados. O desafio de que dispõe não consiste em arriscar-se por conta própria, mas, de preferência, em alinhar-se atrás de alguma coisa já bem estabelecida, de eficácia comprovada. A tarefa em mãos não é a de criticar ou abrigar dúvidas pessoais, mas é, antes, a de seguir em frente e colher a abundância enquanto esta durar.

CAPRICÓRNIO: selecionar cuidadosamente uma meta ambiciosa de uma vez por todas e persegui-la até o último extremo terá mais valor do que todos os avanços e recuos, ou do que as tentações que ocasionalmente o possam atrair. Na vida, as suas oportunidades são um tanto limitadas e, uma vez oferecidas, raras vezes se repetem. O desafio, para você, é estreito e direto, árduo e rude, com pouco tempo para autopiedade ou distrações sentimentais. Felizmente, ou você tem uma constituição sólida para a tarefa a enfrentar, ou tem a força de vontade e a disciplina que o levarão a vencer o obstáculo. Há muitos empecilhos a superar. Você pode ter uma condição crônica de saúde que, de certa forma, o limitará, mas essa mesma limitação é necessária para mantê-lo na direção que for melhor para você. Na juventude, poderá relutar em ver as coisas por esse prisma, porém, finalmente, com a maturidade, passará a enxergar que isso, no seu caso, é verdadeiro. Todas as condições da sexta casa, em geral, são insatisfatórias na mocidade, mas melhoram com o passar dos anos. O que lhe parecer impossível na juventude não só será possível, mas também desejável, quando estiver maduro.

AQUÁRIO: o que é necessário é uma atitude de completa independência e a confiança na ingenuidade de suas próprias soluções para qualquer coisa que se apresente como sendo assunto da sexta casa. Com muita freqüência, você será vítima de circunstâncias que estão além de seu controle. Você não deve considerar isso como um sinal de má sorte, ou perder tempo culpando o destino pelo que lhe aconteceu. Será naturalmente atraído para situações nas quais a independência de raciocínio – se não o talento de um gênio – pode ser necessária para elevá-lo e colocá-lo outra vez em ação. Seja o que for que lhe aconteça nesse setor da vida, acontecerá inesperadamente – tanto as coisas boas como as más. Embora possa ser rudemente atingido num dia, no dia seguinte poderá ser elevado aos céus. Esse é o setor de sua vida em que quase nada funciona e no qual a abordagem inconvencional é sempre aconselhável, ao invés de métodos comuns.

PEIXES: você é divinamente orientado para aquelas obrigações e situações em que tem de trabalhar. A questão é que você terá de seguir a sua intuição e permitir-se ser guiado, em vez de forçar os assuntos ou ditar os próprios termos. O ditado "Os que param e esperam também são servidos" diz respeito a Peixes na sexta casa. O desafio não consiste tanto numa questão de fé, mas em abrir a sensibilidade, de forma a sentir realmente o que é melhor para você. Esse guia intuitivo nunca lhe falhará. Com Áries na sétima casa e Libra no ascendente, essa orientação pode muito bem envolver um indivíduo de destaque que sairá do próprio caminho a fim de ajudá-lo. Você pode ter a certeza de abundantes contatos sociais a fim de encontrar esse indivíduo. Cabe a você concordar em seguir esse caminho.

Para saber de detalhes sobre o regente da casa relativa ao signo que está na cúspide, procure a seção no final do capítulo 4, na página 65 – neste caso, a sexta casa.

Se a casa está ocupada por um ou mais planetas, as questões da sexta casa naturalmente ganham importância e destaque. Se esse planeta é:

SOL: evidentemente, é estabelecida a sexta casa como a estrutura através da qual você terá de desenvolver o caráter do seu destino. Terá uma porção definida de resolução íntima a ser considerada em todos os assuntos da sexta casa. O Sol indica uma luta ou preocupação com esses assuntos que durará a vida inteira. Você será apoiado em suas tarefas e esforços pelos negócios e pelas pessoas da casa de Leão. O propósito ou direção desses esforços é indicado pela localização do planeta que rege a cúspide da sexta casa. Para maiores detalhes sobre essa posição do Sol, veja o capítulo 4, "O Caráter do Seu Destino" – Sol na sexta casa.

LUA: a sexta casa torna-se o foco de suas reações emocionais. Você sofre muito com a tensão e com os tumultos íntimos relativos aos assuntos e pessoas desta casa. Você é apoiado e fortificado em suas ansiedades pelos assuntos e pessoas de sua casa de Câncer. A vantagem emocional deste envolvimento nas obrigações da sexta casa é indicada pela localização do regente da sexta cúspide. Para mais detalhes, veja o capítulo 5, "O Foco de Suas Emoções" – Lua na sexta casa.

MERCÚRIO: você tem muitas idéias originais de como enfrentar e lidar com todos os assuntos da sexta casa. Basicamente, considera todos os problemas dessa área como um desafio mental que requer raciocínio claro e opiniões corretas. Você tem muitas contribuições mentais a dar sobre esses assuntos, e seus primeiros pensamentos sempre surgem de alguma conexão nessa área. Algum aspecto de sua vocação ideal tem a ver com a escrita ou a expressão ou comunicação de idéias. Para encontrar a fonte sustentadora de seus estímulos mentais, verifique os assuntos e pessoas de suas casas de Gêmeos e Virgem. Para uma aplicação mais útil dessas idéias, veja onde se localiza o regente da sexta cúspide.

SATURNO: você tem muitas considerações graves a fazer sobre os assuntos da sexta casa, que são essencialmente vitais para o seu completo bem-estar. Nenhum dos assuntos dessa casa deve ser encarado de forma leviana. Na verdade, o próprio desenvolvimento do seu senso de autopreservação precisa surgir de tarefas e deveres que resultam de assuntos da sexta casa. As condições do início da vida tendem a ser difíceis, mas sempre melhoram com a idade. Os assuntos relativos à saúde podem tornar-se um problema permanente. Onde quer que Saturno caia, ele cria, em maior ou menor grau, problemas permanentes ou condições crônicas. Mesmo depois que os problemas tiverem deixado de ser tão opressivos, você nunca se sentirá seguro sobre essas questões; além disso, os longos anos de medo formaram hábitos básicos de parcimônia que são difíceis de superar ou deixar de lado. Você deve observar os negócios e as pessoas relacionados com a sua casa de Capricórnio, a fim de saber quem ou o que melhor o ajudará a enfrentar o desafio que há na sexta casa, a do dever. Para a orientação sobre o passo seguinte, depois de você ter resolvido seus problemas de segurança, observe a localização do regente da sexta cúspide. Para maiores detalhes sobre Saturno na sexta casa, veja o capítulo 7, "Saturno no Seu Horóscopo".

MARTE: você é muito impulsivo e rude na maneira de lidar com os assuntos referentes à sexta casa, o que dá ocasião para mal-entendidos, disputas e problemas. É inevitável que você enfrente algum tipo de competição agressiva de situações e de pessoas da sexta casa (criados, colegas de trabalho, os seus empregados, administradores de saúde etc.), e você precisa, de algum modo, mostrar-lhes o seu lado competitivo a fim de resolver o problema. Terá de lutar para manter o que é seu. Terá bons poderes de regeneração, mas é aconselhável tranqüilizar-se de vez em quando, para recarregar as baterias, pois você não pode incitar Marte a cada minuto. Saturno é o impulsionador constante; Marte é apenas o gatilho. A força de Marte é ENERGIA EXTRA, quando você precisa exatamente de um pouco mais de impulso para atravessar a linha.

VÊNUS: este é um posicionamento muito favorável, que assegura que o seu emprego, os seus deveres e negócios cotidianos são, habitualmente, agradáveis, atraentes e gratificantes. A tônica para Vênus é a condição de cooperação e daquilo que é prazerosamente adequado. Deve haver possibilidades sociais relacionadas com o trabalho, e você está destinado a encontrar paz e contentamento em sua vocação. Os assuntos e as pessoas de suas casas de Touro e de Libra sempre podem ajudar nisso. A razão pela qual lhe é dado esse agradável impulso em seus esforços é indicada pela localização do regente da cúspide da sexta casa.

NETUNO: ele introduz certas condições ou atitudes que não são de todo realistas. Pode ser necessário fingir ser outra pessoa ou estar em outro lugar, ou usar uma máscara, ou, ainda, assumir uma imagem cuidadosamente inventada do que se espera de você, a fim de que possa enfrentar esses problemas. Visto que a sexta casa é a área da rotina cotidiana, isso significa que você não pode permitir que as outras pessoas vejam a sua real natureza nos assuntos do dia-a-dia. Isso também pode sugerir que a sua vida cotidiana gira em torno de condições nas quais a imagem é considerada real e a realidade lida com imagens inventadas. É o que acontece no cinema, na televisão e no teatro. Muita coisa depende de quão bem Netuno estiver fortalecido (por estar associado com planetas de ação, como o Sol, Marte e Saturno), de modo a determinar qual será a sua inspiração pessoal. Neste caso, o desafio, evidentemente, é ser inspirado e idealista em todos os assuntos relativos à sexta casa, e não falso ou enganador. Observe os assuntos e as pessoas de sua casa de Peixes para ver que orientação espiritual eles lhe podem dar para resolver as tarefas da sexta casa. Essa seria a fonte de "magia" a ser utilizada por você. O objetivo construtivo desse toque de mágica (que pode precisar ser aprendido) é mostrado pela localização do regente da cúspide da sexta casa.

JÚPITER: este planeta sempre traz alguns benefícios materiais e alivia os fardos, de modo que você pode sentir-se entusiasmado, otimista e muito seguro quanto às rotinas de sua sexta casa. Esse pode não ser um fluxo estável, ou talvez não seja a abundância que você gostaria de ter, mas você nunca será inteiramente carente ou completamente desmotivado e desencorajado quanto a ter esperanças nos assuntos dessa casa. Os assuntos e as pessoas de sua casa de Sagitário sempre confirmarão essa boa sorte para você. A razão ou possível aplicação dessa boa sorte (tal como é) é indicada pela localização do regente da cúspide da sexta casa.

PLUTÃO: este é um elemento dilacerador na condução de seus deveres e responsabilidades. As condições da sexta casa podem, em algumas ocasiões, chegar até o ponto mais baixo antes de poder mostrar qualquer evolução, e é provável, então, que uma série de eventos mude tudo tão completamente que você se tornará uma pessoa inteiramente nova. Essa evolução pode ser difícil, mas o resultado pode ser espantoso. Quando Plutão faz alguma coisa, ele começa das bases, transformando as pessoas em novos caracteres. Pode até parecer que o passado não tem nenhuma relação com os potenciais da nova situação. É bom você se preparar para mudanças arrasadoras durante toda a sua vida, em todos os assuntos referentes à sexta casa. Em empregos, isso exigirá recomeçar tudo desde o início, ou será necessário fazer dois trabalhos de uma só vez. Quanto à saúde, significa confrontos drásticos com a morte, embora eles não sejam necessariamente fatais. Isso pode significar a morte de velhas condições. Nos relacionamentos com os colegas de trabalho, criados, empregados e os que estão cumprindo obrigações para você, ou vice-versa, isso significa reações violentas e mudanças regeneradoras. Se Plutão estiver na sexta casa, você terá consciência dessa potencial ameaça e, instintivamente, admitirá as conseqüências. Os assuntos e as pessoas de sua casa de Escorpião contribuirão para essas mudanças e implicações sociais nas suas obrigações. Os resultados desejáveis desse ajustamento à mudança são mostrados pela localização do regente da cúspide da sexta casa.

URANO: este elemento errático produz repentinos e inesperados eventos ou condições. Você já se preparou para isso, assumindo um ar de independência e permissibilidade para que haja a intervenção do próprio destino. Poderá ter algum talento inusitado que, se estiver bem apoiado no caráter, poderá aproximar-se da qualidade do gênio. Você terá a tendência a se comportar de modo estranho na vida cotidiana e os colegas podem achá-lo um tanto esquisito. A fonte deste talento vem dos assuntos e pessoas de sua casa de Aquário, que se constitui no armazém de seus pensamentos avançados, os quais entram em foco através de Urano na sexta casa, a dos trabalhos e da rotina. A melhor direção em que essa genialidade potencial pode ser usada ou projetada é revelada pela localização do regente da cúspide da sexta casa.

Capítulo 15

AS OUTRAS PESSOAS NA SUA VIDA

A SÉTIMA CASA

A importância das outras pessoas na sua vida é revelada no horóscopo pela condição da sétima casa. O mundo, naturalmente, é um gigantesco complexo de infinita variedade. Mas, cada um de nós, à medida que observa o seu mundo exterior, está aparelhado para selecionar e concentrar-se no tipo específico que nos interessa mais. O tipo ou a característica sugerida é identificada pelo signo da nossa sétima casa.

Quando dizemos "tipo" estamos nos referindo à característica que esse tipo sugere, quer seja encontrada na concepção da personalidade (impressão superficial), nas mais íntimas manifestações do impulso do ego (relacionadas com o Sol) ou no foco emocional (relacionado com a Lua). A nossa sensibilidade é capaz de detectar essa característica, não importa qual força planetária a reflita.

Estas são as características gerais que nos chamam a atenção e prendem o nosso interesse:

ÁRIES: Nós sempre notamos os proeminentes individualistas que estão forçando passagem acima da multidão, através de alguma característica notável. O que vemos primeiro nas outras pessoas quando observamos nossos arredores são as características arianas. As pessoas que, de alguma forma, não tiverem características arianas não chamam a nossa atenção da mesma maneira. Temos tendência a passar por elas, já que não as incluímos como um potencial nem para uma sociedade cooperativa nem para competirmos com elas.

TOURO: O tipo que notamos é físico, mundano, prático, mal-humorado, dependente e gravita ao redor de condições de conforto e de ambientes atraentes.

GÊMEOS: Este tipo é divertido, encantador, mentalmente estimulante, rico de idéias e de opiniões, extrovertido em sua crítica – e voa de um assunto para outro.

CÂNCER: Este tipo é amante do lar, gentil, protetor, maternal, sensível, solidário e parece consciente de grandes potencialidades se conseguirmos captar sua atenção.

LEÃO: Este tipo é brilhante, impressionante, estimulante, autoconfiante, alegre, divertido, entusiástico e automotivado.

VIRGEM: Este tipo tem muito de perfeccionista em tudo, gosta de coisas refinadas, de distinções excessivamente sutis, e de uma cuidadosa escolha de detalhes; é meticuloso no modo de falar e de agir, um tanto subserviente ou condescendente e humilde, não particularmente interessado em evoluir; está mais ansioso por fazer as coisas de modo correto do que por impressionar os outros com os seus talentos.

LIBRA: Este tipo é sociável; ele sempre busca os outros ou tenta estimulá-los para examinar suas opiniões e reações e, se possível, orientá-los de modo a que eles se vejam sob uma nova luz. Os librianos fazem com que nos sintamos bem, porque se interessam por nós.

ESCORPIÃO: Este tipo é misterioso, mas altamente sugestivo de profundezas e possibilidades ocultas. Há sempre uma sugestão de sexualidade e a possibilidade de um rápido restabelecimento ou de uma agressão ao entrarmos em contato com este tipo. Há também certa sugestão de perigo à espreita, e de arrepio do desconhecido.

SAGITÁRIO: Este tipo tem a cabeça nas nuvens e fala com toda a segurança e autoridade de um mensageiro escolhido por Deus. Os sagitarianos são grandes pregadores e, muitas vezes, convencem os outros com seu entusiasmo arrasador e suas opiniões otimistas. Parecem ter vias interiores para descobrir todas as vantagens óbvias que qualquer pessoa em são juízo gostaria de ter. Eles querem ver você observar o mundo através dos olhos deles.

CAPRICÓRNIO: Este tipo é lento, maduro, sereno, obstinadamente persistente; tem a aparência de ser seu próprio mestre, fazendo as próprias leis e estando absolutamente seguro do que quer e de como obtê-lo.

AQUÁRIO: Este é um tipo amigável, embora desligado, e parece abrir as portas dos relacionamentos, ampliar os limites do nosso raciocínio, sugerir novas possibilidades ou melhorar os métodos de fazer as coisas. Os aquarianos parecem estar em contato com toda sorte de possibilidades maravilhosas que existem, se tivermos discernimento para ver as coisas de modo diferente, como eles fazem.

PEIXES: Este tipo é, de preferência, quieto, despretensioso, do tipo que prefere ficar nos bastidores observando os outros. Quando abordados, eles sempre são calorosos, confortantes e desejosos de convidá-lo para partilhar de sua posição especial. Mas você terá de olhar bem para ver se são reais ou apenas um sonho, pois as coisas que fazem ou dizem sugerem algum tipo de irrealidade, ou parecem estar em contato com coisas que as pessoas comuns não vêem.

Observamos, em seguida, quais os planetas que estão na sétima casa. Se não houver planetas na sétima casa, as outras pessoas geralmente não desempenharão um papel importante em sua vida. Você pode interessar-se por elas ou deixá-las de lado. A importância delas em seus negócios aumenta e diminui segundo as circunstâncias do momento. Você não se orienta no dia-a-dia pelo contato com os outros. As outras pessoas não controlam ou dominam os seus assuntos. É mais provável que você, ao contrário, domine os outros – um ou muitos, conforme o caso.

Se houver um ou mais planetas na sétima casa, as outras pessoas, na sua vida, se tornam respectivamente mais importantes nos seus negócios do dia-a-dia. Cada planeta da sétima casa se refere a alguma deixa que os outros lhe dão sobre aquela qualidade de sua natureza. Se esse planeta é:

SOL: isso, evidentemente, é da maior importância. Outras pessoas dominam o seu ego, mas é apenas através dos outros que você pode realizar-se ou cumprir o seu destino. A presença do Sol indica um problema de adequação à interferência dos outros em seus negócios, o qual dura a vida inteira. Para maiores detalhes sobre a importância deste padrão, veja o capítulo 4, "O Caráter do Seu Destino" – Sol na sétima casa.

LUA: suas emoções são inteiramente focalizadas pelos outros e eles têm o poder de sintonizar e de desligar os seus sentimentos como quiserem. Em termos emocionais, nada cabe por completo a você. Suas emoções, quanto à conveniência de cooperar em sociedades ou de contestar abertamente os outros numa competição são instáveis. Para maiores detalhes sobre este padrão, veja o capítulo 5, "O Foco de Suas Emoções" – Lua na sétima casa.

MERCÚRIO: quanto à estimulação de sua expressão e a qualquer oportunidade de você se expressar, seu raciocínio está ligado aos outros. Você precisa das outras pessoas para concentrar e reunir os seus pensamentos e dar-lhe sentido e objetivo. Essa posição assegura grande intercâmbio mental com os outros sobre todos os assuntos. Não é, entretanto, uma posição muito independente ou desejável para nossa "caixa pensante". As contribuições mentais que você dá aos outros são reveladas pelas casas de Gêmeos e de Virgem. A apresentação eficaz dessa expressão conjunta ou debate competitivo é revelada pela posição do regente da sétima casa.

SATURNO: o seu senso de segurança vem dos outros. Em geral, você acha os outros opressivos ou limitadores, e eles inibem o desenvolvimento de sua personalidade. Nesta posição, Saturno inclina você a aceitar certa dose de disciplina e/ou castigo das outras pessoas. O que, na sua natureza, necessita dessa disciplina e orientação é revelado pela sua casa de Capricórnio. O primeiro passo para a cooperação realista é mostrado pela localização do regente de sua sétima casa.

MARTE: torna você muito competitivo com qualquer pessoa. Isto cria relacionamentos bastante agressivos e questionadores, mesmo ao nível do casual. Os relacionamentos nunca são regulares ou iguais. Um ou outro parece ser avaro de posição ou de dominação agressiva. Entretanto, os outros estão favorecidos para vencê-lo, para o que você está secretamente preparado e, na verdade, até aprecia. As relações com os outros sempre implicam contato físico, ou mesmo sexual, embora, naturalmente, isso possa não se consumar. A razão pela qual você se sente impelido a lutar com os outros é firmar os assuntos de sua casa de Áries, o que necessita de um empurrão agressivo a fim de formular a individualidade de seu caráter. O objetivo que este esforço pioneiro pode ter no resto de sua vida é revelado onde estiver o regente da sétima casa.

VÊNUS: esse planeta produz relacionamentos muito afetuosos com os outros, porque, inicialmente, você sente afeição por eles e, em troca, eles parecem corresponder a essa calorosa afeição. Você é extremamente dependente dos outros para qualquer expressão ou equilíbrio emocional. Há pouca possibilidade de equilíbrio emocional que não seja apoiado pelos outros. Este não é um padrão muito saudável. O senso de felicidade e contentamento, não sendo auto-suficiente, é demasiado vulnerável. As características de sua natureza que o tornam tão afeiçoado aos outros são reveladas pelas casa de Libra e de Touro. O contentamento que daqui pode espalhar-se para outras áreas de sua vida é revelado pela posição do regente de sua sétima casa.

NETUNO: há certa porção de decepção envolvida em seus relacionamentos com os outros. Em alguns casos, dependendo da importância do eixo Peixes/Netuno em sua vida, isso pode ser considerado uma fonte de inspiração. Na maioria dos casos, envolverá alguma forma de representação, de atitudes pretensiosas ou condições exageradas de imaginação. As suas relações com os outros tenderão a desintegrar-se sob as pressões do cotidiano. Você idealizará os outros de tal maneira que tornará quase impossível vê-los claramente como de fato são. Todos os seus relacionamentos com os outros tenderão a tornar-se decepcionantes se tiverem de enfrentar algum tipo de teste prático. Você é encorajado pela sua casa de Peixes a assumir essa posição imaginativa. As conseqüências desse relacionamento mágico são sugeridas pela posição do regente da sua sétima casa.

JÚPITER: as outras pessoas estimulam a sua convicção e respectivo espírito de otimismo expansivo. Os seus relacionamentos com elas tenderão a expressar o que você tem de melhor, o que fará com que a todos aprecie com boa vontade. Essa é uma posição muito favorável para Júpiter no horóscopo, pois dá equilíbrio a todos os relacionamentos interpessoais. A convicção para esse sentimento de justiça ao lidar com os outros é apoiada pela casa de Sagitário. A extensão dessa associação de boa vontade é sugerida pela localização do regente da sétima casa.

PLUTÃO: você tem a tendência a se defrontar com o lado pior das outras pessoas, ou, ao menos, a apanhá-las desprevenidas. Você experimenta, invariavelmente, os dois lados da natureza das outras pessoas, ou seja, uma divisão, ou uma atitude dupla da parte delas. Você também mostra dois lados aos outros. Eles produzem em você o efeito de apagar certas realizações do passado, gerando a necessidade de você começar tudo outra vez. Você será atraído para implicações sociais ou colocado diante delas pelo contato com as outras pessoas. Um elemento potencialmente violento e destruidor em seu caráter virá à luz quando você se relacionar com os outros.

URANO: este padrão, à semelhança de Plutão, gera condições caóticas ou dilacerantes que transtornam as reações normais dos outros. Em primeiro lugar, você tem uma opinião muito independente e única sobre os outros, e qualquer influência que eles tenham ou possam vir a ter em seus negócios tende a produzir resultados inconvencionais. Qualquer contato começa e termina repentinamente, sem qualquer explicação, o que, em geral, se deve a circunstâncias incertas que estão além do seu controle. As outras pessoas exercem um efeito estranho sobre você porque as reações em cadeia que elas provocam parecem alcançar o contrário do que pretendiam. A fonte dessa atitude independente com relação aos outros é encontrada nos assuntos da casa de Aquário. O efeito explosivo que isso provavelmente tenha em outros setores de sua vida é revelado pela localização do regente da sétima casa.

O foco desses pontos-chaves pelos quais você recebe o sinal verde dos outros é ainda mais modificado por aspectos fortes que esses planetas da sétima casa possam ter com outras forças planetárias. Para maiores detalhes sobre isso, veja o capítulo 9. "Aspectos Entre os Planetas".

COMPARAÇÃO DE HORÓSCOPOS

A comparação de horóscopos, para ver como uma pessoa se relaciona com a outra, é fascinante e envolve muitos fatores sutis. Por fim (se autorizado), cada elemento principal deve ser levado em conta por sua vez. Isso é especialmente verdadeiro quando se lida com membros da mesma família, que já estão ligados por vínculos de responsabilidade.

A CONSIDERAÇÃO SOBRE O RELACIONAMENTO ENTRE OS DOIS EGOS deverá ser a estrutura básica sobre a qual podem ser desenvolvidos os outros detalhes. Como o Sol é o símbolo da força egóica, em primeiro lugar estude as implicações reveladas PELA CASA QUE O SOL DA OUTRA PESSOA OCUPAR NO SEU HORÓSCOPO. Isso indicará a PRINCIPAL INFLUÊNCIA QUE ELA EXERCERÁ SOBRE VOCÊ. Para aprimorar esse exame, também é válido examinar onde o seu Sol cai no horóscopo dessa pessoa, para ver o efeito que você, potencialmente, exercerá sobre ela.

Entretanto, antes de fazer esse teste é essencial que você conheça a importância que os assuntos de CADA UMA DAS SUAS CASAS têm em sua própria vida.

Nesse estudo, um fator de grande valia – cuja importância óbvia nem sempre é reconhecida – É O SIGNIFICADO QUE A CASA INDICADA PELA ORDEM NATURAL DO SEU SIGNO ASCENDENTE TEM NOS SEUS NEGÓCIOS. Por exemplo, se Libra (sétimo signo do Zodíaco) for seu ascendente, isso indica que a sétima casa é a área em que relacionamentos significativos serão muito importantes para você. Se o décimo signo, Capricórnio, estiver no ascendente, esse fato apontará para a sua décima casa. Se Touro, o segundo signo, for seu ascendente, isso indicará a importância em sua vida das pessoas cujo Sol cair nessa sua segunda casa. Quando pensar sobre isto, o fato se tornará mais evidente, visto que o signo do ascendente tem tudo a ver com a maneira pela qual o nativo aperfeiçoa o desenvolvimento de sua personalidade e faz o contato inicial com os outros. E a natureza básica deste signo está relacionada com a casa que ele rege naturalmente – isto é, a sua ordem no zodíaco. O que não se aprecia totalmente são as demais implicações que esse aperfeiçoamento da personalidade tem ao fazer florescer outros setores da sua vida.

Para analisar esse relacionamento do ego, nós giramos o próprio horóscopo, a fim de trazer a casa em questão à posição do ascendente. Isso coloca os assuntos dessa casa no foco do ambiente imediato, que é o assunto que você e a outra pessoa têm em comum. Agora você verá que, entre vocês dois, isso coloca TODOS OS ASSUNTOS DE AMBOS NUMA PERSPECTIVA INTEIRAMENTE DIFERENTE. Por exemplo, se o Sol dessa pessoa cair na sua quinta casa, giramos o seu horóscopo de modo que a sua quinta casa ocupe a posição do ascendente. A sua sexta casa agora ocupará a posição da segunda casa. A sua oitava casa agora será a quarta, e assim por diante. Quando o Sol dessa pessoa cair na sua primeira casa, não haverá necessidade de mover o seu horóscopo. O efeito que ela exercerá sobre você não alterará a perspectiva que os seus negócios terão.

É preciso dizer algo sobre o fato de você não gostar de pessoas cujo Sol caia em determinados signos do Zodíaco. A menos que, em seu horóscopo, cada signo que estiver na cúspide das casas esteja a zero graus, é mais correto compreender que não é de certos signos que você não gosta em sua totalidade, mas antes de certos setores do zodíaco. Você pode ter notado que, de forma invariável, não gosta dos tipos arianos ou virginianos etc. Se for esse o caso, a razão para isso deve ser encontrada pelo método acima, girando determinadas partes daquele signo para a posição do seu ascendente. Por exemplo, se você tiver 10° de Escorpião em sua quinta casa e se mover essa posição para a posição do ascendente, apenas 20° de Escorpião cairão nessa categoria e os primeiro 10° de Escorpião cairão na categoria anterior (nesse exemplo, uma influência de quarta casa).

QUANTA COMPETIÇÃO VOCÊ CONSEGUIRÁ SUPORTAR?

Se o Sol da outra pessoa cair na sua PRIMEIRA CASA, isso introduzirá um elemento de competição em todos os seus negócios, por causa dos seus respectivos egos. Dependendo da força das exigências do seu próprio ego, esse elemento de competição poderá ser aceitável ou, então, inteiramente intolerável para você. Se você for do tipo que não se importa em submeter-se aos outros (sendo o exemplo extremo o seu Sol na sua sétima casa), você aceitará essa pessoa de forma bastante natural. Poderá, em muitas ocasiões, sentir que alguém consegue fazer as coisas muito melhor do que você mesmo e ficar agradecido, ao invés de se ressentir. É-lhe impossível ignorar essa pessoa quando ela está por perto. O perigo é que estará predisposto a valorizá-la demais. Você encara com excessiva seriedade o que os outros dizem ou fazem, ou então dá muito valor a isso, como se fosse algum tipo de desafio pessoal. Dessa pessoa, você sempre poderá aprender algo que pode fortalecer o seu próprio senso de valor pessoal, mas isso poderá ocorrer às custas da tranqüilidade e da cordialidade de suas relações sociais. Sua presença deveria forçá-lo a melhorar para superá-la. Em geral, é impossível para você aceitar completamente essa razão sem algumas reservas. A coisa mais importante, ao lidar com essa pessoa, é não lhe contar os seus problemas ou lhe dar motivos para qualquer eventual indecisão. Ela sempre o aceitará pelo seu valor aparente; portanto, é importante manter a "aparência", seja o que for que se estiver passando no seu íntimo. Trata-se de um relacionamento inteiramente franco, "de homem para homem". Essa pessoa pode ajudá-lo ou forçá-lo a melhorar, de alguma forma, A SUA PERSONALIDADE. Infelizmente, ela não está em condições de ajudar ou modificar qualquer de seus outros negócios, visto que a sua perspectiva quanto a essas questões é a mesma, com ou sem a influência dela. Aquelas áreas de sua vida que se constituem num problema continuarão sendo um problema e os setores para os quais tem talento e sucesso também não mudarão.

VOCÊ GOSTARIA DE UMA PEQUENA AJUDA?

Se o Sol do outro cair na sua SEGUNDA CASA, ele, de alguma maneira, ajudará a melhorar a sua fonte de suprimento ou poder de obter ganhos. Em alguns casos, e em certas ocasiões, essa pessoa poderá ser um escoadouro de seus recursos, mas, por fim, estará em situação de contribuir substancialmente para o seu bem-estar financeiro. Essa é uma das mais favoráveis posições para calorosos relacionamentos humanos. Você – de alguma maneira e sem saber por que – é capaz de abrir alguma possibilidade para a outra parte que, de outra forma, nunca teria sido possível. E essa outra pessoa sempre desejará ajudá-lo de todas as formas que puder para melhorá-lo e fazê-lo compreender todo o seu potencial, especialmente para que lhe seja dado o seu real valor. Aos olhos dela, você não faz nada errado. Com a sua primeira casa na décima segunda posição, ELA CONHECE TODAS AS SUAS FALHAS SECRETAS, MAS ISSO NÃO FAZ NENHUMA DIFERENÇA. Nada que você diga ou faça a colocará contra você. Ela sempre estará pronta para ajudá-lo a aperfeiçoar alguma habilidade pessoal que possa ter. Com a sua décima segunda casa na posição de décima primeira, AS SUAS MOTIVAÇÕES SUBCONSCIENTES TORNAM-SE UMA ESPERANÇA. Com a sua décima primeira na posição da décima, É POSSÍVEL QUE AS SUAS ESPERANÇAS SEJAM RECONHECIDAS. Com a sua décima na posição de nona, SUAS AMBIÇÕES SE TRANSFORMAM EM LEI. Com a sua nona na oitava posição, OS SEUS PRINCÍPIOS SE TORNAM FLEXÍVEIS. Com a sua oitava como sétima, OS OUTROS AJUDAM VOCÊ A FAZER MUDANÇAS. Com a sua sétima casa no lugar da sexta, OS OUTROS SE TORNAM OS SEUS SERVIDORES. Com a sexta como quinta, OS SEUS DEVERES SE TORNAM PRAZEROSOS E CRIATIVOS. Com a sua quinta casa no lugar da quarta, OS SEUS ESFORÇOS PARA AMPLIAR O SEU EGO TORNAM-SE CRIATIVAMENTE PARTE DE SUA TÉCNICA NATURAL. Com a quarta no lugar da terceira, O SEU EGO SUBJETIVO PODE SER FRANCAMENTE REVISTO EM CONVERSA AMIGÁVEL. Com sua terceira no lugar da segunda, AS SUAS IDÉIAS SE TORNAM LUCRATIVAS.

O PROBLEMA COM IRMÃOS E IRMÃS É . . .

Se o Sol da outra pessoa cai na sua TERCEIRA CASA, vocês podem gozar de uma harmonia mental congênita. Cada um se mostrará mentalmente estimulante para o outro. Isso será como se houvesse um relacionamento fraterno que se desfizesse com o tempo, à medida que cada um se tornasse maduro e seguisse a sua própria vida. Ao girar o seu horóscopo, encontramos: com a segunda no lugar da décima segunda casa, É MELHOR MANTER OS SEUS RECURSOS PARA VOCÊ MESMO. Com a sua primeira como décima primeira, A SUA IDENTIDADE, EM VEZ DE ESTAR SOZINHA, TORNA-SE PARTE DE UM GRUPO. Com a sua décima segunda no lugar da décima, OS SEUS SEGREDOS VÊM A PÚBLICO. Com a décima primeira no lugar da nona, OS SEUS SONHOS PARTICULARES PARECEM EMBARAÇADOS POR CÓDIGOS E PRINCÍPIOS. Com a sua décima como oitava casa, HÁ A TENDÊNCIA A ELIMINAR AS SUAS AMBIÇÕES OU A SER FORÇADO A AJUSTÁ-LAS. Com a sua nona na posição da sétima casa, AS OUTRAS PESSOAS DITAM OS PRINCÍPIOS NOS QUAIS VOCÊ DEVE ACREDITAR. Com a sua oitava casa na posição da sexta, AS IMPLICAÇÕES ESPIRITUAIS DO QUE VOCÊ FAZ SE TRANSFORMAM EM UMA QUESTÃO DE DEVER. Com a sua sétima casa como quinta, A SUA

CRIATIVIDADE E ATÉ MESMO OS SEUS PRAZERES SÃO CONTROLADOS PELOS OUTROS. Com a sua sexta casa na posição de quarta, O SEU DEVER PARA COM A FAMÍLIA E O LEGADO HEREDITÁRIO ESTÁ PESADAMENTE ONERADO EM TODAS AS OCASIÕES. Com a sua quinta casa como terceira, OS SEUS PRAZERES E PROPÓSITOS ROMÂNTICOS SÃO MUITO DISCUTIDOS ENTRE VOCÊS. Com a sua quarta casa na posição de segunda, A SUA LEALDADE PARA COM A FAMÍLIA SE TORNA UMA QUESTÃO DE DÓLARES E CENTAVOS.

QUEM PRECISA DE OUTRO PAI?

Se o Sol da outra pessoa cair em sua QUARTA CASA, o relacionamento é definitivamente aquele "dela" como seu pai ou como guardião para "você". O relacionamento será como quando você era criança. Assim como todos os pais, as outras pessoas devem ser obedecidas, e o que elas consideram melhor para o seu próprio bem é aceito sem questionamento, ou então haverá problemas. Enquanto você estiver disposto a aceitar essa autoridade paterna, as coisas correrão a contento. E você descobrirá que sempre poderá obter mais dessas pessoas do que das outras. O laço é íntimo, mas, como acontece com os pais, pode tornar-se opressivo e sufocante. À medida que se amadurece, a pessoa deve ser capaz de viver por si mesma, sem ter o pai vigiando constantemente os seus passos. De vez em quando, podemos sentir-nos indulgentes, como faríamos no interesse de um dos pais, mas no decorrer do tempo essa é uma posição que tem muito de uma alternância entre a posição de "ficar sob o seu domínio" e "Olhe, mamãe, de preferência vou fazê-lo sozinho". É interessante como isso é válido para pessoas mais velhas que permitem que certas pessoas mais jovens as dominem, para o homem jovem que pode sentir-se atraído por uma mulher muito mais velha (dominação materna). Com a sua terceira casa como décima segunda, VOCÊ FARÁ MELHOR EM MANTER PARA SI MESMO O QUE PENSA. Com a segunda casa na décima primeira, A SUA HABILIDADE DE GANHAR DINHEIRO É CONSIDERADA UMA ESPERANÇA DE PRIMORDIAL IMPORTÂNCIA ENTRE VOCÊS. Com a sua primeira na décima, O SEU VALOR PESSOAL É AUTOMATICAMENTE ACEITO COMO UM VALOR ÓBVIO, INDISCUTÍVEL. Com sua décima segunda na nona, AS SUAS MOTIVAÇÕES INTERIORES PRECISAM APOIAR OS SEUS PRINCÍPIOS, QUER ESTES POSSAM SER PROVADOS QUER NÃO. Com a sua décima primeira na posição da oitava, AS SUAS ESPERANÇAS PESSOAIS SÃO CONSIDERADAS AS COISAS EM QUE VOCÊ MAIS PRECISA DE UMA MUDANÇA. Com a sua décima como sétima, A SUA AMBIÇÃO E POSIÇÃO NA VIDA PARECEM INTEIRAMENTE DOMINADAS PELO QUE AS OUTRAS PESSOAS QUEREM. Com a sua nona na sexta, OS SEUS PRINCÍPIOS PRECISAM CEDER LUGAR AO DEVER. Com a sua oitava como quinta, A SUA PRÓPRIA FONTE DE REJUVENESCIMENTO PARECE ESTAR EM BUSCAR PRAZERES OU EM ASSUMIR GRANDES RISCOS. Com a sua sétima na quarta, A INFLUÊNCIA E A CONVENIÊNCIA DE OUTRAS PESSOAS PARECEM SUJEITAS À APROVAÇÃO PATERNA. Com a sua sexta casa na terceira, SEU SENSO DE DEVER ESTÁ CONSTANTEMENTE EM DISCUSSÃO. Com a sua quinta casa como segunda, VOCÊ DEVE SER

LEMBRADO DE QUE AS BUSCAS OCIOSAS DE RELAXAMENTO PARA O PRAZER DEVERIAM DAR LUGAR AOS ESFORÇOS PARA DINHEIRO.

OS PRAZERES DA VIDA

Se o Sol da outra pessoa cair em sua QUINTA CASA, isso geralmente ocasiona um relacionamento dos mais felizes, embora não inteiramente livre de armadilhas. Pode ocorrer que você queira sentir prazer na companhia dessa pessoa e muitas considerações graves o impeçam de fazê-lo. O perigo consiste em que demasiadas dessas considerações importantes terão de ser deixadas de lado para essa relação. O seu desejo é o de protegê-la, como se faz com uma criança de quem se gosta. No entanto, qualquer sensação verdadeira de responsabilidade entre vocês apenas serviria para estragar o prazer. Para obter o melhor deste relacionamento, você deverá ser indulgente e, às vezes, infantil e brincalhão. Com a sua quarta casa na décima segunda, AS RESTRIÇÕES PATERNAS SÃO PASSADAS PARA O SEGUNDO PLANO. Com a sua terceira como décima primeira, VOCÊ FALA BASTANTE SOBRE OS SONHOS QUE VOCÊS TÊM EM COMUM. Com a sua segunda na décima, SUA MAIS QUERIDA AMBIÇÃO É POSSUIR MAIS A FIM DE PODER DAR MAIS. Com a sua primeira casa no lugar da nona, A SUA PERSONALIDADE ESTÁ FIRME, EM VEZ DE DESAFIADA. Com a sua décima segunda na oitava, SUAS REAIS MOTIVAÇÕES SÃO MANTIDAS EM SEGREDO, OU ATÉ MESMO MODIFICADAS. Com a sua décima primeira na sétima, VOCÊ PERMITE QUE OS SEUS SONHOS SEJAM DITADOS OU CONTROLADOS PELOS OUTROS. Com sua décima na posição da sexta, SUAS PRÓPRIAS AMBIÇÕES SÃO DEIXADAS DE LADO PELOS DEVERES AOS OUTROS. Com a sua nona na quinta, TODOS OS SEUS PRINCÍPIOS PARECEM CRIATIVOS. Com sua oitava na quarta, MUDANÇAS PARECEM POSSÍVEIS EM TODAS AS COISAS QUE ERAM ANTERIORMENTE CONSIDERADAS FIXAS E IRREVOGÁVEIS. Com a sua sétima no lugar da terceira, TODOS PARECEM ESTIMULÁ-LO. Com a sua sexta na segunda, ATÉ MESMO AS SUAS OBRIGAÇÕES PARECEM LUCRATIVAS.

A ESCRAVIDÃO DA DEVOÇÃO

Se o Sol da outra pessoa cair na sua SEXTA CASA, isso é semelhante a dois navios que se cruzam à noite. Pela manhã podem estar fora de vista. O único propósito é pagar um serviço ou débito de algum tipo. O fator controlador é o senso de obrigação, que um ou o outro parece sentir sem saber exatamente por quê. Ao mesmo tempo, o encontro é um tanto inevitável. Se você aceitar a assistência dessa pessoa, ela terá, por fim, de ser paga POR INTEIRO. Você pode ser bem amado e bem servido, mas pagará por isso de alguma forma, e somente você saberá o preço. Serviço e desencargo de obrigação são as coisas que ligam vocês. Com a sua quinta na décima segunda, OS PRAZERES E ALEGRIAS SERÃO MÍNIMOS OU FRUSTRANTES. Com a sua quarta na décima primeira, A FORÇA DE SUA PERSONALIDADE SUBJETIVA SE TORNA UM LAÇO DE MÚTUO APOIO. Com sua terceira como décima, O SEU PENSAMENTO TORNA-SE ORDEM PARA A OUTRA PESSOA. Com a sua segunda como nona, AS SUAS

POSSES SE TORNAM SAGRADAS. Com sua primeira na oitava, A SUA IDENTIDADE PESSOAL É FORÇADA A MUDAR DE MANEIRAS SUTIS. Com a sua décima segunda na sétima, OS SEUS FARDOS SECRETOS SÃO AO MENOS PARCIALMENTE COMPARTILHADOS POR UMA OUTRA PESSOA. Com a sua décima primeira na sexta, AS SUAS ESPERANÇAS TORNAM-SE O DEVER DA OUTRA PESSOA. Com a sua décima na quinta, A SUA AMBIÇÃO É POSTA DE LADO EM FAVOR DO PRAZER E DO ROMANCE. Com a sua nona na quarta, OS SEUS PRINCÍPIOS POR VEZES PARECEM MAIS IMPORTANTES DO QUE VOCÊ. Com sua oitava na terceira, OS SEUS PENSAMENTOS BUSCAM UMA MUDANÇA. Com a sua sexta na segunda, OS SEUS DEVERES PARECEM SER FINANCEIROS EM SUA TOTALIDADE.

AS ARMADILHAS DA ASSOCIAÇÃO, OU DUAS ALMAS NUMA SÓ

Se o Sol do seu parceiro cair na sua SÉTIMA CASA, ou você terá de cooperar inteiramente com ele, ou então terá de ir por caminhos separados para evitar que se tornem inimigos. Neste relacionamento não há meios termos. Parece haver certo ideal e vantagens óbvias em se tornarem sócios. Mas também parece haver certa antipatia natural de atitudes, que podem levar a desacordos totais. Sempre haverá a tendência a puxar em direções opostas, o que precisa ser superado, se a associação tiver que perdurar. Em todas as ocasiões o lema mais importante deverá ser: para o bem de ambos. Como notará ao girar o seu horóscopo, o fato de colocar a sua sétima casa no lugar da primeira, inverte toda a ordem natural de seu próprio horóscopo, o que, em certo sentido, o deixará totalmente sob o controle alheio. Com a sua sétima no lugar da primeira, AS OUTRAS PESSOAS TORNAM-SE MAIS IMPORTANTES DO QUE VOCÊ MESMO. Com a sexta como décima segunda, TODOS OS SEUS DEVERES E OBRIGAÇÕES SE TORNAM PROFUNDAMENTE ARRAIGADOS EM SEU SUBCONSCIENTE. Com sua quinta no lugar da décima primeira, QUALQUER PENSAMENTO PRAZEROSO PRECISA SER CONSIDERADO COMO ALGO COMPARTILHADO. Com sua quarta como décima, AS BASES EM QUE ESTÁ SÃO POSTAS SOBRE A MESA, PARA O MELHOR OU PARA O PIOR. Com a sua terceira como nona, O SEU RACIOCÍNIO PESSOAL PRECISA, DE CERTA FORMA, ASSUMIR O *STATUS* DE UM CÓDIGO OU PRINCÍPIO GERAL. Com a sua segunda como oitava, OS SEUS LUCROS SE TORNAM PROPRIEDADE COMUM. Com sua primeira como sétima, A SUA IDENTIDADE ESTÁ IRREVOGAVELMENTE LIGADA À DO OUTRO. Com sua décima segunda na posição da sexta, OS SEUS MOTIVOS ÍNTIMOS SE TORNAM UM DÉBITO. Com sua décima primeira na quinta, OS SONHOS QUE VOCÊ PARTILHA COM OS OUTROS TRANSFORMAM-SE NUMA FONTE DE PRAZER E CRIATIVIDADE. Com a sua décima na quarta casa, A SUA REPUTAÇÃO, AO INVÉS DE SER O RESULTADO DO SEU MÉTODO, TORNA-SE O MÉTODO PARA VOCÊ ALCANÇAR UMA POSIÇÃO. Com a nona na terceira, VOCÊ TENDE A INVENTAR SEUS PRÓPRIOS PRINCÍPIOS. Com a oitava na segunda, A PROPRIEDADE COMUM LHE É CONFIADA.

AQUELE PASSO MAIS ALÉM

Se o Sol da outra pessoa cair na sua OITAVA CASA, esse será um relacionamento comovente e com muitos tons de mistério. Essa pessoa será capaz de modificá-lo bastante ou de ajudá-lo a descobrir coisas significativas a seu próprio respeito. Seja como for, raramente você será o mesmo de novo. A primeira coisa que os una talvez seja a necessidade ou o desejo independente de mudança, que você pode achar algo exagerado. A oitava é a casa das implicações secretas, e haverá muitas delas em seu relacionamento com essa pessoa. O quanto você será capaz de lidar com esse tipo de coisa depende do seu próprio mapa astral, da mesma forma que o fato de você poder envolver-se ou não com essa pessoa. Ela se dedicará a modificá-lo de alguma maneira para a qual você não está preparado. A melhor coisa que ela poderá fazer é reviver ou reanimar algo de que você já tenha desistido. Com a sua sétima na décima segunda, O QUE OS OUTROS PENSAM DE VOCÊ, OU AS REAÇÕES GENERALIZADAS DELES A VOCÊ, SERÃO PROVENIENTES DO SEU PENSAMENTO CONSCIENTE. Com a sua sexta na décima primeira, VOCÊ REEXAMINARÁ SEUS DEVERES E OBRIGAÇÕES E VERÁ COMO SE ADAPTAM AOS SEUS SONHOS E ESPERANÇAS. Com a sua quinta na décima, VOCÊ TENDE A TORNAR-SE MAIS AMBICIOSO A RESPEITO DE SEU SENSO DE CRIATIVIDADE E DE SUAS CHANCES DE VENCER. Com a sua quarta na nona, VOCÊ TENDE A RECONHECER COM MAIOR EFICÁCIA EXATAMENTE COMO A SUA PRÓPRIA SUBJETIVIDADE SE AMOLDA AOS CÓDIGOS ESTABELECIDOS PELOS OUTROS. Com a sua terceira na oitava, VOCÊ HESITARÁ MUITO MENOS QUANTO AO FATO DE MODIFICAR O SEU RACIOCÍNIO, EXPLORANDO NOVAS POSSIBILIDADES E REVENDO ALGUMAS ANTIGAS IDÉIAS QUE AGORA PARECEM VIÁVEIS. Com a sua segunda na sétima, AS OUTRAS PESSOAS PARECEM MAIS DISPOSTAS A CONTRIBUIR PARA O SEU BEM-ESTAR FINANCEIRO E A PAGAR-LHE POR SUAS REAIS CONTRIBUIÇÕES. Com sua primeira na sexta, VOCÊ SE DEDICARÁ COM MAIS ENTUSIASMO ÀS SUAS OBRIGAÇÕES, QUE LHE PARECERÃO IMPORTANTES DE UMA MANEIRA NOVA. Agora você pode observar os seus deveres sob uma nova luz. Com a sua décima segunda na quinta, VOCÊ ALINHA MELHOR AS SUAS MOTIVAÇÕES INTERIORES COM QUALQUER ESFORÇO CRIATIVO DO SEU EGO. Com sua décima primeira na quarta, OS SEUS SONHOS E ESPERANÇAS TORNAM-SE MAIS INTIMAMENTE ASSOCIADOS COM OS MÉTODOS E TÉCNICAS QUE VOCÊ PRATICA. Com sua décima na terceira, VOCÊ É CAPAZ DE VER E DE FALAR COM MAIS CLAREZA SOBRE O QUE AS SUAS VERDADEIRAS AMBIÇÕES SÃO OU COSTUMAVAM SER. Com a sua nona na segunda, VOCÊ TEM UMA MAIOR CAPACIDADE DE ESTRUTURAR OS SEUS PENSAMENTOS MAIS ELEVADOS EM CANAIS MAIS PRODUTIVOS E LUCRATIVOS.

O SEU MELHOR CONSELHEIRO

Se o Sol da outra pessoa estiver na sua NONA CASA, essa pessoa sempre o promoverá e defenderá os seus pensamentos como se fossem os próprios. Essa pessoa lhe dará conselhos e divulgará as suas virtudes para o mundo. Ela gosta de você e deseja ajudá-lo de todos os modos possíveis. O relacionamento se manterá melhor num nível sublime, de inspiração. Não é inteiramente destinado às exigências da rotina diária. Depois que ela lhe mostrou a sua boa vontade, você terá facilidade em permitir que se transforme em seu professor. Com a sua oitava na décima segunda, PENSAMENTOS DE MUDANÇA OU O SENTIMENTO DE FAZER NOVAS MUDANÇAS SÃO MANIFESTADOS POR SUA MENTE CONSCIENTE. Com a sua sétima na décima primeira, VOCÊ ESTÁ DISPOSTO A FUNDIR OS SEUS SONHOS E ESPERANÇAS COM OS DESSA PESSOA. Com a sua sexta na décima, VOCÊ EXPERIMENTA UM NOVO SENTIDO DE DEVER PARA REALIZAR AS SUAS MELHORES AMBIÇÕES. Com a sua quinta na nona, PARECE QUE O SENSO DE CRIATIVIDADE ENCONTROU INDICADORES NO CAMINHO QUE LHE FACILITARÃO AS COISAS. Com a quarta na oitava, O LEGADO IRREVOGÁVEL DO SEU PASSADO DE ALGUMA FORMA NÃO PARECE TÃO DETERMINADO; DE FATO, UMA MUDANÇA DE TÔNICA, E ALGUMAS COISAS PODEM PARECER INTEIRAMENTE DIFERENTES. Com sua terceira na sétima, O SEU SENSO DE COMUNICAÇÃO PARECE ENCONTRAR UM NOVO PÚBLICO. Com sua segunda na sexta, VOCÊ ACEITA UMA RESPONSABILIDADE MAIOR NO SENTIDO DE REALIZAR O VERDADEIRO VALOR DE SEUS ESFORÇOS. Com sua primeira na quinta, O SEU VALOR PRÓPRIO PARECE MAIS DIFÍCIL DE VENCER E DIGNO DE SEUS ESFORÇOS CRIATIVOS. Com a sua décima segunda na quarta, VOCÊ É CAPAZ DE VOLTAR A EXAMINAR AS SUAS MOTIVAÇÕES ÍNTIMAS E DE ACHAR QUE ELAS ESTÃO MAIS DE ACORDO COM A SUA FORMAÇÃO DO QUE VOCÊ IMAGINAVA. O que você é parece mais estar na linha de um desenvolvimento natural do que ser um passo fora da linha. Com sua décima primeira na terceira, VOCÊ SERÁ MAIS CAPAZ DE EXPRESSAR AS SUAS ESPERANÇAS E SONHOS. Com sua décima na segunda, AS SUAS AMBIÇÕES PARECEM RENDER COMO NUNCA RENDERAM ANTES.

O PESO DA AUTORIDADE

Se o Sol da outra pessoa estiver na sua DÉCIMA CASA, isso, como ocorre em todas as posições angulares, cria um relacionamento suscetível. Sem dúvida, essa pessoa poderá fazer muito por sua reputação e posição na vida, SE REALMENTE DESEJAR FAZÊ-LO. Infelizmente, nem sempre desejará isso. Muitas delas preferem mantê-lo numa posição subordinada, de forma a permanecerem como patrão ou oficial comandante. Essa pessoa detém o poder sobre você no que se refere à posição que gostaria de assumir. Essa pessoa o inveja, de certa forma; quanto a você, ou esquecerá o fato ou terá de questioná-la sobre o assunto. Em geral, não é favorável ter o Sol de outra pessoa localizado na décima casa, a da ambição, O EGO DESSAS PESSOAS DESAFIA O SEU DIREITO DE SER RECONHECIDO. O melhor que se pode afirmar a respeito disso é que o fato delas o desafiarem podem ajudá-lo a esforçar-se mais para obter o que REALMENTE DESEJA.

Com a sua nona na décima segunda, OS SEUS PRINCÍPIOS DEVEM SER DIRIGIDOS SUBTERRANEAMENTE E MANTIDOS EM SEGREDO. Com sua oitava na décima primeira, TALVEZ PRECISE MUDAR O APOIO AMIGÁVEL DOS OUTROS A FIM DE EFETUAR AS MUDANÇAS QUE CONSIDERE NECESSÁRIAS. Com sua sétima na décima, OS OUTROS PARECEM ESTAR DITANDO PESSOALMENTE OS SEUS OBJETIVOS E CONTROLANDO A QUANTIDADE DE RECONHECIMENTO QUE VOCÊ DEVE RECEBER. Com a sua sexta na nona, O SEU SENSO DE DEVER E RESPONSABILIDADE FORÇOSAMENTE SERÁ CONSIDERADO LEI. Com a sua quinta na oitava, AS SUAS IDÉIAS SOBRE PRAZER E LUGAR DO ROMANCE TERÃO DE SER MUDADAS DE ALGUMA MANEIRA. Com sua quarta na sétima, VOCÊ E O QUE ESTÁ POR TRÁS DE VOCÊ SERÃO O TEMA DO EXAME DE OUTRAS PESSOAS E/OU SEU JULGAMENTO. Com sua terceira na sexta, A LIBERDADE DE SUA EXPRESSÃO PRECISA FICAR AO LADO DO DEVER E DA OBRIGAÇÃO. Com sua segunda na quinta, OS SEUS GANHOS REAIS PARECEM ARRISCADOS E CORREM O PERIGO DE SOFRER ESPECULAÇÃO OU DE SEREM DISSIPADOS DE ALGUMA MANEIRA. Com sua primeira na quarta, A SUA IDENTIDADE CONTINUA A SER-LHE IMPOSTA. Isso o faz perguntar: "Eu sou realmente eu, ou quem sou eu?" Com a sua décima segunda na terceira, AS SUAS MOTIVAÇÕES ÍNTIMAS TENDEM A VIR À LUZ E A SER DISCUTIDAS. Essa é uma indicação de insegurança e de tentativas de reconciliar o que se sente interiormente com o modo como a situação parece desenvolver-se. Com a sua décima primeira na segunda, AS SUAS FONTES DE GANHO PARECEM SER SEUS ÚNICOS SONHOS E ESPERANÇAS.

O ESPÍRITO DA AMIZADE

Se o Sol da outra pessoa estiver na sua DÉCIMA PRIMEIRA CASA, vocês têm muitos sonhos em comum. Há um elo muito forte de simpatia entre vocês e podem tornar-se amigos. Esta é uma posição estimulante. Contudo, até mesmo a melhor das amizades não dura para sempre. A outra pessoa pode modificar-se e não mais desejar partilhar consigo a parte de sua personalidade que antes a atraiu. As amizades de fato estão destinadas a prestar ajuda ou a encorajar-nos EM CONDIÇÕES OU SITUAÇÕES DE CRISE. Assim que pudermos resolver os próprios problemas, deixa de existir o motivo para a existência de tais amizades. Uma lei da amizade é a de que para se ter um amigo é necessário que sejamos amigos. Essa lei atua reciprocamente. Mas o sentimento de uma bela amizade é caloroso, bom e confortador e a maioria das pessoas gosta de entesourá-lo durante o maior tempo possível. O valor, a importância e a duração de amizades significativas em sua vida, depende da sua décima primeira casa – quanto ao lugar de onde elas surgem e o motivo por que se afastam. Com a sua décima na décima segunda, AS SUAS AMBIÇÕES DEVEM SOFRER UM POUCO POR SEREM EMPURRADAS PARA O FUNDO DE CENA SEM SEREM DISCUTIDAS FRANCAMENTE. Com sua nona na décima primeira, HÁ MUITA CONVERSA ENTRE VOCÊS, POIS COMPARTILHAM IDÉIAS E HÁ PARTICIPAÇÃO AUTÊNTICA EM PRINCÍPIOS SEMELHANTES (como por certo acontece entre amigos íntimos). Com sua oitava na décima, HÁ ESTÍMULO PARA DESENVOLVER E EXPLORAR CERTOS ASPECTOS SECRETOS DA SUA PERSONALIDADE, OS QUAIS SEU AMIGO O ENCORAJA A TORNAR MENOS SECRETOS. Como se poderá ver pelo ângulo misterioso da décima na décima segunda e da oitava na décima, as motivações subconscientes se tornam mais fundamentais às custas dos objetivos materiais que normalmente almejamos alcançar. Também nos será mais fácil resolver não só aceitarmos a mudança mas sim procurarmos por ela. Com a sua sétima na nona, VOCÊ ESTÁ MAIS AGUDAMENTE CONSCIENTE DO PAPEL QUE AS OUTRAS PESSOAS REPRESENTAM OU DE COMO ELAS CONTRIBUEM PARA OS PRINCÍPIOS NOS QUAIS VOCÊ ACREDITA. Com a sua sexta na oitava, VOCÊ SE TORNA MAIS FLEXÍVEL NO QUE SE REFERE AOS DEVERES E OBRIGAÇÕES, QUE PASSA A ACEITAR COMO SE FOSSEM SUA ESCOLHA CORRETA. Com a sua quinta na sétima, O SEU SENSO DE PRAZER E ALEGRIA ESTÁ DIRETAMENTE RELACIONADO COM OS OUTROS E VOCÊ DEPENDE DE SUA COMPANHIA PARA SENTIR-SE FELIZ. Com a sua quarta na sexta, VOCÊ SENTE UMA OBRIGAÇÃO EXACERBADA PARA COM O SEU *SELF* SUBJETIVO, O CONTROLE CUIDADOSO DE SEUS FATORES DE SEGURANÇA, ALÉM DE UMA LEALDADE DEVOTADA À PARTE MAIS CRIATIVA DOS SEUS PENSAMENTOS. Com a sua segunda na quarta, VOCÊ SE TORNA MAIS CONSERVADOR NO QUE DIZ RESPEITO ÀS SUAS POSSES. Com a sua primeira na terceira, VOCÊ FALA DE MODO MAIS FRANCO, TORNANDO-SE MAIS ANSIOSO E LIVRE POR REVELAR O SEU VERDADEIRO CARÁTER. Com a sua décima segunda na segunda, SUAS MOTIVAÇÕES INTERIORES PROVIDENCIAM UMA FONTE ATIVA DE SUPRIMENTO, NUTRIÇÃO E ATÉ MESMO DE LUCROS FINANCEIROS.

ALGUÉM SURGE DO PASSADO

Se o Sol da outra pessoa estiver na sua DÉCIMA SEGUNDA CASA, isso em geral é uma indicação de algum tipo de vínculo cármico com o seu passado. Você pode, de fato, sentir um parentesco muito íntimo, mas deve, normalmente, evitar qualquer espécie de intimidade física, pois há algo ligeiramente não natural nessa posição para você. Trata-se de algo como ter um caso amoroso com um parente próximo. Às vezes, você terá a sensação de que essa pessoa sabe mais sobre você do que você mesmo é capaz de entender. Isso muitas vezes acarreta um sentimento de mal-estar e é vagamente aborrecido. É verdade que ela pode entendê-lo melhor do que você mesmo, o que lhe dará certa vantagem, se você deixar que perceba isso. Há, com maior freqüência, a tendência a não constatar o fato, mas, sim a negá-lo. Isso leva a certo ressentimento da parte dessa pessoa, o que pode levá-la a dar uns puxões nas rédeas, apenas para lembrá-lo de quão bem ela conhece as suas motivações. Isso lhe parece, muitas vezes, algum tipo de ameaça. Em muitos casos a intenção foi a de ameaçá-lo. Essa pessoa pretende ajudá-lo em caso de fracasso agudo de sua parte ou de colapso, mas você terá de atingir esse estado antes de reconhecer isso inteiramente. Você também pode sentir que em certas ocasiões ela prefere vê-lo nessa situação a fim de justificar o seu discernimento quanto aos seus negócios. QUALQUER contato com essa pessoa sempre o deixa aborrecido, de alguma forma. Com a sua décima primeira na décima segunda, AS SUAS ESPERANÇAS E SONHOS SÃO CONSIDERAVELMENTE DESALENTADOS, SUBJUGADOS E DEPRIMIDOS. Aquilo que, na sua natureza, deve ser exposto e alegremente expresso é suprimido de propósito e tirado da mente. Com a sua décima na décima primeira, O TIPO DE AMBIÇÕES QUE VOCÊ TEM E A ACEITAÇÃO GERAL DOS OUTROS QUANTO A ELAS É ALGO QUE VOCÊS TÊM EM COMUM. Você descobrirá que a possibilidade geral ou a probabilidade de cada um de vocês obter os respectivos objetivos na vida é quase a mesma. Se o seu objetivo for improvável, impopular e assediado por dificuldades, essa pessoa sentirá a mesma coisa quanto ao dela própria. Trata-se de um elo muito íntimo de solidariedade. Com a sua nona na décima, VOCÊ TERÁ DE LUTAR E TRABALHAR COM AFINCO PARA ESTABELECER OS SEUS PRINCÍPIOS. Com sua oitava na nona, OS SEUS VERDADEIROS PRINCÍPIOS PARECEM SER IMPOPULARES E CONTROVERTIDOS E ALGO QUE VOCÊ DEVERIA GUARDAR PARA SI MESMO. Com a sua sétima na oitava, AS OUTRAS PESSOAS PARECEM TENTAR MINÁ-LO OU FORÇÁ-LO A FAZER MUDANÇAS QUE PODE NÃO DESEJAR OU QUERER. Com a sua sexta na sétima, AS OUTRAS PESSOAS PARECEM DITAR-LHE OS SEUS DEVERES. Com a sua quinta na sexta, OS ÚNICOS PRAZERES QUE SE DEVE PERMITIR TENDEM A TORNAR-SE DEVERES E OBRIGAÇÕES. Com a sua quarta na quinta, VOCÊ É ENCORAJADO A ASSUMIR RISCOS COM AS BASES DE SEU LEGADO HEREDITÁRIO – PERMITINDO QUE O SEU EGO DOMINE O SEU PASSADO. Com a sua terceira na quarta, VOCÊ É ESTIMULADO A AGIR DE FORMA INDEPENDENTE E A CONCEBER UMA ASSOCIAÇÃO LIVRE PELA QUAL VOCÊ FICA VINCULADO A UMA TRADIÇÃO DO PASSADO – SE ESTIVER. Com a sua segunda na terceira, GRANDE PARTE DO SEU RACIOCÍNIO ESTÁ LIGADO A COMO AUMENTAR AS SUAS FONTES DE SUPRIMENTO E DINHEIRO. Com a sua primeira na segunda, A SUA PERSONALIDADE É DOMINADA POR PROBLEMAS FINANCEIROS E OS MEIOS POSSÍVEIS DE ESCAPAR A ESSES PROBLEMAS.

DEPOIS que você estabeleceu a estrutura básica, pelo FOCO DE SEU HORÓSCOPO ATRAVÉS DO EGO DA OUTRA PESSOA, poderá levar a comparação ainda mais longe.

Uma consideração de alguma importância é o modo como você reage ao planeta que rege o seu ascendente. Isso é importante, porque esse é o fator que aciona a sua personalidade – LIGA e controla os detalhes de sua vida diária. O modo como você reage a um planeta está determinado por todos os fatores que envolvem a condição desse planeta em seu horóscopo. Como você reage, por exemplo, se Marte é determinado pela localização de Marte em seu horóscopo, pelos assuntos de sua casa de Áries e pelos outros planetas em forte aspecto com Marte. Se, no todo, Marte estiver mal posicionado em seu horóscopo (o que requer um julgamento de todos os fatores envolvidos), é muito pouco provável que você possa sustentar ou tolerar qualquer associação mais duradoura com pessoas cujo ascendente seja Áries.

De todos os outros planetas do horóscopo da outra pessoa (além do Sol, que já vimos, e do regente de seu ascendente), é especialmente importante o modo como o seu Saturno afeta você. Isso mostra como essa pessoa o dominará para proteger-se e preservar-se. Trata-se de puro instinto natural, que não pode ser deixado de lado, não importam as circunstâncias. Os fatores que é importante considerar são os aspectos próximos com o seu Sol (ego) ou sua Lua (emoções) – especialmente a conjunção (que pesará em você), a quadratura (que forçará você a alinhar-se com o Saturno da pessoa), ou a oposição (que o bloqueará ou se oporá a você com toda a força do princípio de autopreservação dessa pessoa).

Uma conjunção exata do Júpiter do outro com o seu Sol ou Lua fará com que ele queira ajudá-lo, a despeito de si próprio. Fugindo um pouco do assunto, um exemplo interessante disso é o que acontece com animais de estimação quando o seu Júpiter cai no Sol do animal: isso fará com que você seja paciente e gentil com esse animal, mesmo que não goste especialmente dele, ou mesmo da espécie, em outras circunstâncias. Tratando-se de um gato, talvez, você o adote como bichinho de estimação ou o acaricie, embora, em geral, deteste gatos. Se você tiver Touro ou Libra na sexta casa, a dos pequenos animais, e o regente, Vênus, for angular (na primeira, quarta, sétima ou décima casas), você sentirá uma grande familiaridade com todos os animais pequenos.

Na teoria astrológica dos PONTOS CENTRAIS, que é um estudo completo em si mesmo, um ponto especialmente sensível é o ponto central de seu Sol e de sua Lua. Ele é calculado tomando-se o ponto igualmente distante de ambos os planetas. Este pode ser considerado O SEU PONTO DE INTEIRA VULNERABILIDADE, ENVOLVENDO A SUA POLARIDADE TOTAL (EGO E EMOÇÕES). Se o Sol ou a Lua de outra pessoa cair sobre este ponto (em alguns sistemas de raciocínio astrológico, ele é igualmente eficaz se o Sol e a Lua dessa pessoa estiver em quadratura ou em oposição com esse ponto), EXISTE UMA CONDIÇÃO DEFINIDA QUE PODE CAUSAR UMA PAIXÃO OU ATRAÇÃO MÚTUA ENTRE VOCÊS. Isso será potencialmente verdadeiro, a despeito de todas as outras condições que possam tornar esse relacionamento desaconselhável, impraticável, ilegal ou inevitavelmente desastroso.

Como sabemos, as pessoas mais improváveis tendem a apaixonar-se instantaneamente, e pelas razões mais improváveis. Acontece a toda hora, e, quando acontece, de forma invariável esse ponto central Sol/Lua de um foi oportunamente provocado pelo Sol ou pela Lua da outra pessoa. Muitas vezes descobrimos também que o Sol ou a Lua de cada uma delas cai nesse padrão para a outra. Isso provoca uma atração magnética muito forte.

Esse relacionamento do Sol ou da Lua do horóscopo de uma pessoa com o ponto central Sol/Lua de outra (com relação às quais é sabido e comprovado estarem sinceramente apaixonadas) é uma forma valiosa e confiável de descobrir a posição natal da Lua no horóscopo, no caso de não se estar seguro quanto à hora em que se nasceu. O movimento da Lua varia de 12 a 15 graus a cada vinte e quatro horas. Através de cálculos matemáticos você determina o ponto central que está em conjunção, quadratura ou oposição com a posição conhecida do Sol ou da Lua do horóscopo da outra pessoa, e isso sugere a Lua desconhecida. Em seguida, tomando essa provável posição da Lua, você poderá calcular a hora do nascimento. Na minha experiência profissional, descobri que isso é bastante confiável. Não se trata de uma retificação (através de fatos), que não confirmo profissionalmente. O requisito-chave é que deve haver uma sincera e premente atração magnética, não apenas uma amizade, respeito ou outro substituto. Isso está, geralmente, presente em muitos casamentos, não importa como as coisas venham depois a se desenvolver. No momento, há uma entrega total que cada uma das partes reconhece na outra.

Como você pode imaginar, há muitas pessoas cujos horóscopos se relacionariam maravilhosamente com o seu. Então, naturalmente, você tem de entrar em contato com esses indivíduos para que esses relacionamentos atuem. Certas forças psíquicas podem influenciar pessoas que se encontram pela primeira vez, mas o que acontece depois depende da mecânica do horóscopo.

O que a astrologia nos revela é o seguinte: sob dada série de condições, certos fatores conhecidos reagirão de maneiras previsíveis e produzirão resultados que podem ser antecipados.

Para reafirmar a minha posição original sobre a comparação de horóscopos: você não terá de traçar TODOS os relacionamentos intrincados que existem entre um horóscopo e outro. Isso é extremamente difícil e sem significado.

A principal preocupação deve ser a de observar como certos fatores-chave, tais como os RESPECTIVOS EGOS, se relacionam um com o outro. Então, todos os outros fatores tendem a se alinhar por si mesmos e, dessa forma, ou consolidam ou dissolvem o relacionamento.

O relacionamento mais favorável que pode existir entre duas pessoas é ter o Sol do outro NUMA POSIÇÃO FAVORÁVEL DE CASA no seu horóscopo e, também, o Sol ou a Lua de um (ou de ambos) caindo no ponto central Sol/Lua do outro.

Capítulo 16

OS LIMIARES DE MUDANÇAS

A OITAVA CASA

Na astrologia, olhamos para as condições da oitava casa para verificar a possibilidade e o efeito de mudanças extraordinárias que se podem introduzir e influenciar a vida do nativo. Mudanças extraordinárias envolvem fatos arrasadores pelos quais a vida do nativo é inteira e significativamente alterada de alguma forma. As condições existentes podem ser totalmente transformadas, e o nativo será desafiado a começar uma nova vida, como uma pessoa diferente. Isso não deve, de forma alguma, ser considerado indesejável demais ou sempre desafortunado. Na verdade, o contrário é que pode ser verdadeiro. O nativo pode ser arrastado para uma situação nova e feliz, como resultado da sorte na noite anterior. Se estiverem envolvidos acontecimentos trágicos, talvez estes sejam desafortunados para os outros apenas, e talvez sejam, comprovadamente, um lance de boa sorte para o nativo. A programação da função da oitava casa tende a tomar valores de um e dá-los a outro – ou passar a ênfase de uma para outra situação.

A capacidade do nativo de lidar de modo eficaz com as alterações demasiado arrasadoras e significativas das condições primárias de sua vida, seja qual for a exigência, também é revelada pela oitava casa.

A morte natural, que é a maior mudança (inclusive a morte do próprio nativo), e os assuntos relacionados com ela também são questões concernentes a essa casa. Na astrologia (bem como na maioria das religiões), a morte não é considerada o término total, mas, antes, uma transição de um estado "psíquico para outro". Há muitos tipos de morte que podem afetar a vida do nativo. As mudanças importantes muitas vezes envolvem um tipo de morte no qual situações e associados passam por alterações tais que a antiga condição de fato morreu e nasceu ou tomou seu lugar uma condição nova.

Visto que essas transições radicais em geral são desenvolvimentos que se introduzem no quadro, os talentos que se relacionam com um ajustamento efetivo, apesar de despreparados, no início, são de natureza extraordinária e manifestam reservas ocultas e profundidades ainda não examinadas de fortaleza. A capacidade do nativo de atender a essas exigências repentinas não pode ser avaliada antes, visto que raras vezes se sabe o que será exigido dele. Habitualmente, nessas ocasiões, as meras capacidades físicas e materiais têm de ser aumentadas ou temperadas com energias psíquicas que, por curtos períodos de tempo, darão uma força e resistência quase sobre-humana ao nativo. Nem todas as pessoas podem enfrentar condições tão devastadoras, e muitas são aniquiladas como vítimas de alguma tragédia. Outras, entretanto, alcançam alturas insuspeitadas de realização e tornam-se heróis ou senhores de sua época.

É importante notar que a reserva secreta de força e de capacidade provém de uma fonte psíquica que não está disponível para o uso cotidiano. As pessoas podem ter essa reserva e, ainda assim, estarem inconscientes disso, a não ser quando são forçadas a usá-la, em circunstâncias inusitadas. Nunca se sabe, até que se passe por tal experiência, o que se será capaz de fazer. Muitas pessoas têm mais reservas de energias do que imaginam, visto que todos nós temos algum grau de força psíquica. O simples fato de termos nascido já nos revela isso.

As três casas psíquicas do horóscopo que lidam com temas subjetivos são a quarta, a oitava e a décima segunda, cada qual regida por um dos signos da ÁGUA: Câncer, Escorpião e Peixes, respectivamente. O verdadeiro caráter dessas casas (e a natureza de seus signos correspondentes) é um tanto quanto secreto, oculto, intuitivo e misterioso. O nativo está mais consciente do fator canceriano da quarta casa, porque se trata do modo COMO ELE VÊ A SI MESMO pelo lado íntimo, subjetivo. Ele está menos consciente do fator pisciano da décima segunda casa, que representa suas motivações interiores e a estrutura final de valor de suas realidades espirituais. Ele tem menos consciência ainda dos poderes da sua oitava casa, a de Escorpião, os quais reagem num nível instintivo (quase animal) e fornecem voltagem restauradora para este plano psíquico. Qualquer nativo pode ser sensível a uma dessas casas, o que lhe dará mais consciência desses assuntos, mas não necessariamente a familiaridade da plena consciência. Pode-se dizer que as pessoas altamente ligadas aos assuntos relativos à oitava casa entram livremente em estados de consciência que vão muito além dos que são gozados por pessoas comuns. Essas extravagâncias psíquicas não se dão num nível inteiramente consciente. É possível que certas pessoas favorecidas sejam capazes de experimentar um estado inusitado de consciência no qual o espírito deixa o corpo físico e viaja por aí. Isso é chamado de PROJEÇÃO ASTRAL, o que significa projetar-se no plano astral de consciência. A percepção extra-sensorial, a clarividência e a precognição são todas variantes de fenômenos da oitava casa; estes fenômenos podem representar um papel significativo na vida de certas pessoas.

Quaisquer planetas que o nativo possa ter no signo de Escorpião participam em algum grau dessa inusitada energia psíquica ou transferência espiritual. Também a casa em que Plutão (regente natural de Escorpião) cair estará associada, para o melhor e para o pior, com algum tipo de força psíquica. Pode ser necessário usar energia psíquica, a única que transtorna e libera as condições desejáveis para que o nativo possa agir livremente nos assuntos da casa em que Plutão cair. E a casa que tiver Escorpião na cúspide pode exigir toda a força psíquica que o nativo consiga dominar, para enfrentar os assuntos dessa casa.

Se a oitava casa estiver desocupada, é pouco provável que quaisquer condições da natureza da oitava casa que venham a surgir na vida do nativo superem a sua capacidade de lidar com elas. A ausência de planetas mostra que o nativo não precisa dar atenção consciente a essas questões e, seja o que for que ocorra nessa área, se acomodará naturalmente, sem maiores alterações em sua perspectiva.

O ritmo geral dos assuntos relativos à oitava casa do nativo é determinado pelo signo que estiver na cúspide. Se este signo é:

ÁRIES: o nativo está fadado a enfrentar algumas mudanças estafantes durante a sua vida, as quais desafiarão a sua identidade pessoal, mas oferecerão uma oportunidade de compreender o valor próprio e realizar um novo começo. O nativo será obrigado, de vez em quando, a fazer verdadeiro esforço físico para afastar situações agressivas que ameaçam destruí-lo. Visto que Áries é regido por Marte, o nativo poderá ser atraído para lutas que não lhe dizem respeito, mas, dada a vantagem oportuna que Marte pode oferecer, ele será, de certo modo, capaz de tirar proveito de alguma situação e obter lucro. As oportunidades do nativo estão um tanto ligadas aos azares ou às quedas acidentais dos outros. O nativo precisa estar alerta para aproveitar qualquer vantagem que a oportunidade súbita oferecer. Em geral, ele busca e bendiz a mudança como uma oportunidade de vantagem e de evolução da personalidade. Ele pode até mesmo provocar, impetuosamente, mudanças arrasadoras apenas para obter tais vantagens, na medida em que elas surgem por encontrarem as pessoas desprevenidas. É possível que a morte do nativo ocorra sob condições de luta e de contestação, inclusive guerra e acidente.

TOURO: o nativo deve lucrar materialmente com todas as principais mudanças de sua vida. Visto que Touro é o chefe de família ideal e a oitava casa se relaciona com assuntos relativos à morte, o nativo é favorecido no sentido de cuidar da propriedade de outras pessoas quanto ao aspecto fiduciário. Esse signo, regido por Vênus, em geral deve proteger o nativo de todos os danos materiais da natureza da oitava casa. O nativo não busca a mudança e só aceitará as conseqüências dessas intrusões depois de avaliar as vantagens materiais que possa obter. A morte do nativo deverá ocorrer em condições que, geralmente, serão de proteção, conforto e simpatia.

GÊMEOS: os pensamentos do nativo tendem a refletir naturalmente os assuntos da oitava casa como uma questão de curiosidade e de conversa estimulante. Ele gostará de falar na morte e de reunir as idéias e opiniões de outras pessoas sobre o assunto. Em geral, aquilo com que se pode lidar no plano mental (em oposição ao plano físico, material ou espiritual) apresenta menos temor pessoal para o nativo, visto que ele o considera uma atitude mental, ao invés de uma realidade física ou espiritual. Seus pensamentos tendem a ser ingênuos. Achará a vida depois da morte como uma reunião familiar, ou um piquenique da comunidade religiosa à moda antiga, em que renovamos conhecimentos e trocamos reminiscências. Gêmeos indica uma curiosidade mental quanto a esses assuntos, mas não necessariamente profundeza de discernimento. Em geral, o nativo dá as boas-vindas a todas as mudanças como a uma variedade de estimulação mental, visto que já abriga muitas idéias fantásticas. É provável que a morte nada tenha de espetacular ou de dramático – nada mais é do que passar de um pensamento para outro, ou é apenas como dormir.

CÂNCER: a presença de um signo psíquico (da água) na oitava casa sugere uma certa penetração psíquica dos mistérios daquilo que jaz além da fronteira invisível, ao redor da curva do tempo, ou da precognição de um evento futuro. O nativo é duplamente sensível a todos os assuntos relativos à oitava casa. Qualquer tipo de morte, notícias sobre ela ou medo da morte causam tensão e ansiedade. O nativo pode sintonizar-se nesses assuntos ameaçadores que desafiam a sua vida do dia-a-dia, ou desligar-se deles. Esse padrão também sugere contatos espirituais com os espíritos dos mortos. O nativo poderá ser um médium e receber mensagens ou contatos de fontes impossíveis de identificar ou explicar da forma regular ou normal. Tudo isso poderá ser mais aborrecido do que confortador para o nativo, desde que ele está sendo usado como uma mesa de som ou de comunicação, mesmo contra a sua vontade. Qualquer excentricidade pronunciada nessa direção por certo separará o nativo das pessoas que não estejam associadas a esse procedimento. Isso poderá acrescentar problemas ao nativo, mas, pelo lado construtivo, ele está destinado a ajudar outras pessoas que estejam ansiosas por obter o tipo de informação que ele é capaz de fornecer. Se essas pessoas poderão usar com algum lucro o que lhes é transmitido, isso é outro assunto. Em alguma ocasião de sua vida, sem dúvida, o nativo sentirá que está em contato com algo além dos limites dos nossos cinco sentidos comuns. Se isso o ajuda (ou aos outros) ou o abate, dependerá de alguma forma, de outros julgamentos do horóscopo. Com certeza, ele está agudamente consciente de mudanças iminentes (tanto para si como para os outros), mas se as aceita ou não com impaciência é outra coisa. Ele estará mais propenso a ficar nervoso com elas e até mesmo amedrontado, a menos que possa desligar-se quando quiser, como deve ocorrer com a maioria das condições de Câncer; a morte deverá vir repentina e abruptamente, como quando uma onda inunda tudo ou uma batida cardíaca muda de direção – sem esforço, serenamente e tão natural como o ritmo da vida.

LEÃO: no todo, este é um ponto desfavorável para assuntos relacionados com a oitava casa. O impulso leonino é o de controlar a direção e forçar a situação, a fim de justificar o ego. As condições da oitava casa são inevitáveis e, em geral, estão fora do controle do nativo; para que se entendam as forças psíquicas, são necessários discernimento e penetração espirituais, ao invés de qualquer exploração do interesse próprio. Em conseqüência, o ego do nativo estará essencialmente fora de sintonia com quaisquer condições de mudança que encontrar; ele estará obcecado por obstruir essas mudanças ou mudar a maré dos acontecimentos para beneficiar-se, ou aos outros. O nativo estará bastante sujeito a ser arrasado nesse processo, mas não necessariamente até que tenha feito uma parada heróica no interesse de algum propósito. Essa parada pode, de certa forma, ajudar ou inspirar os demais, mas há grande chance de que se comprove, por fim, como fatal para o nativo. Geralmente, é desfavorável, para o espírito do ego – o princípio da força vital – o ser encerrado na casa da morte, onde a vida depois da morte ou a transição para isso é mais importante do que quaisquer condições temporais do momento. De alguma maneira, o nativo precisa lidar com esses assuntos e impor sua vontade durante o processo. Ele se identifica ativamente com a mudança, mais do ponto de vista de uma oposição ou alteração da inevitabilidade dos fatos do que de uma adaptação à maré dos acontecimentos e, possível destruição do presente. É provável que a morte seja espontânea, como conseqüência de alguma ação voluntariosa na qual o nativo é vencido por uma força superior à de seu ego.

VIRGEM: esse padrão combina uma abordagem mental com um sentido de dever, obrigação e serviço. O nativo quer ajudar os outros em épocas de acontecimentos extraordinários que envolvam mudanças arrasadoras e condições devastadoras. Seria aconselhável que procurasse uma saída vocacional que beneficiasse as outras pessoas em tempos como esses. Ele experimenta, especificamente, uma sensação de confiança ao cuidar dos assuntos relativos aos mortos, às suas propriedades, ou aos seus desejos. Não se pode dizer que o nativo evite as conseqüências ou implicações de mudanças importantes, visto que ele logo assume a obrigação ou o dever de recolher e arrumar os efeitos dessa mudança – sejam eles quais forem. A morte poderá ocorrer em condições esforçadas de trabalho ou ajudando os outros a enfrentar as obrigações diárias. É provável que seja simples, que não seja divulgada, nem dramática ou importante – uma camada de terra que cobre tudo, como se nunca tivesse existido.

LIBRA: o nativo, invariavelmente, considera muito mais importantes as reações das outras pessoas às mudanças ou transições ameaçadoras do que as suas próprias. O nativo tem mais consciência da mudança na vida das outras pessoas do que na sua própria vida. A razão disso é que ele está envolvido com muitas outras pessoas na ocasião em que ele mesmo enfrenta mudanças significativas. O que lhe acontece não está acontecendo apenas com ele, mas com alguém entre muitas outras pessoas que também são afetadas ao mesmo tempo. Isso sugere amplas revoluções de grupo, como guerras, migrações em massa e desastres comuns. As mudanças importantes na vida do nativo surgem através dos interesses de outras pessoas. O nativo deve seguir adiante e tirar o melhor partido da situação. Em geral, ele é despertado e entusiasmado pela importância social dessas ocasiões. Não se pode concluir daí que o nativo procure mudar, porque ele tem pouco a ver com a provocação de mudança em sua vida. O que deve fazer depois que aconteceu a mudança é reconhecer os valores que resultam dos contatos exteriores que surgem nessa época. A morte será causada, direta ou indiretamente, por outra pessoa. As funções corporais do nativo não são responsáveis pela sua morte e nem têm controle sobre ela.

ESCORPIÃO: esse padrão imprime um ar de mistério nessa área da vida do nativo, o que pode ou não ter importância. Quaisquer que sejam as suas experiências ou atitudes quanto a assuntos da oitava casa, são atuantes ao nível instintivo. Ele reage de forma inconsciente, como se estivesse sempre preparado ou soubesse exatamente o que fazer. Faz isso com tanta naturalidade que não reflete sobre a conseqüência ou a importância de suas ações. O nativo nem busca nem evita a mudança. Tende a aceitar o que vier. A morte é vivenciada com a mesma atitude de inevitabilidade. O espírito, ou a consciência psíquica, está apto a sair do corpo até mesmo antes do momento da morte física; portanto, a morte material encontra apenas uma concha vazia. Isso sugere estados inusitados de consciência antes da morte. Na hora da morte, o nativo estará bem preparado e não terá receio, visto que, em certo sentido, já abandonou a concha do seu corpo.

SAGITÁRIO: o nativo tende a considerar a mudança, a morte e tudo o que ficar além dos limites usuais da consciência como uma extensão posterior do raciocínio individual. Mudança e morte são para ele um princípio de uma organização ou reorganização cheia de maestria em que as mínimas diferenças se resolvem por si mesmas, porque cada uma encontra seu próprio lugar num esquema magistral. A organização é um princípio semelhante a uma equação matemática, ou a uma fórmula bioquímica ou da física molecular. Algumas pessoas podem entender tal equação, outras não. Esses nativos não acham importante que você entenda uma equação específica. É mais importante que você acredite que em algum lugar do universo há uma equação que se adapta perfeitamente a cada exemplo ou padrão específico. Eles aceitam isso por fé, e estão convencidos de que isso é desejável. Nada em contrário abalará essa convicção, que é meio material e meio espiritual. O nativo sempre encontra provas suficientes em bastantes casos, e acredita firmemente que qualquer prova que ainda falte aparecerá no devido tempo. No todo, o nativo busca a mudança porque aceita que a diferença entre o que é e o que não é vem a ser apenas a diferença entre a luz e a sombra, num plano magistral que suplanta qualquer opinião particular ou egoísta. Ele se dedica à retidão espiritual do plano ou destino magistral. Tende a ser um tanto intolerante com os que não vêem a luz da mesma forma que ele o faz. Pode ser espiritualmente confortador, mas no nível físico é insensível às mudanças arrasadoras. A morte deverá ser agradável, quase bem-vinda, como mais uma prova do que já sente ser verdadeiro. Deve haver um sorriso de triunfo pessoal ou um senso de convicção absoluta no momento da morte, pois o nativo sente que está passando para uma glória maior e para a mais magnífica abundância.

CAPRICÓRNIO: é provável que o nativo seja altamente resistente à mudança e às implicações do valor temporal de seus esforços pessoais. Capricórnio não se presta para ver qualquer valor como mais significativo do que o seu próprio, especialmente valores não-materiais, tais como os implicados na oitava casa, a psíquica. O caráter Capricórnio/Saturno é ideal para soluções materiais em situações físicas. Não se adapta bem às soluções psíquicas da experiência espiritual. Ao que parece, nesse padrão é desaconselhável que o nativo use qualquer coisa que não sejam atitudes materiais contra a força arrasadora das circunstâncias. Há a sugestão de circunstâncias dificultosas nas quais o nativo será derrubado ao solo e forçado a reconstruir seus esforços materiais apenas para entender a imaterialidade de seu destino. Essa pode não ser uma lição fácil de aceitar, porque repetidas vezes ele poderá ter de começar de novo, com uma nova imagem ou forma. O lugar em que Capricórnio cair no horóscopo tende a ser um setor em que o nativo por fim vencerá, mas somente depois de muitas tentativas repetidas e de muitos erros. Neste caso, desde que a morte é uma realidade, é positivamente assegurada ao nativo uma vida longa em que o corpo continua a viver – passando quase a uma condição de granito ou de pedra antes que, por fim, a morte sobrevenha. O nativo pode adquirir um caráter de fixidez na idade avançada e pode tornar-se, da mesma forma, uma pessoa inalterável – na qual a forma física ou material parece ser tudo o que resta. Ele pode apenas aceitar essa fatalidade, à luz de Saturno, como o fator tempo, e, como tal, a morte não virá senão no momento oportuno.

AQUÁRIO: o nativo precisa adotar e manter uma atitude de independência (quase indiferença) quanto às implicações das questões da oitava casa, ou então tenderá a tornar-se inteiramente perdido e desorientado quanto a esses assuntos.

É provável que tenha algumas opiniões inusitadas e surpreendentes sobre mudança, transições, morte, implicações espirituais etc. No entanto, a seu ver, elas servem a alguma finalidade, visto que, em virtude do padrão Aquário/Urano, é pouco provável que experimente algumas condições muito extravagantes nesse setor. A total implicação dessas experiências da oitava casa pode não ser visível aos outros. Esse padrão sugere os mais radicais efeitos de mudança, pelos quais ele se encontra num nível totalmente diferente – como que por milagre, ou pela intervenção do destino. Para o nativo, isso deve ser considerado uma condição de rara sorte que nunca poderia ter acontecido de outra forma. Em geral, ele está preparado para o tipo mais absurdo de mudança, visto estar fortalecido pelo fato de ver além do que as outras pessoas vêem. Para a atitude aquariana, o potencial do futuro é sempre mais importante do que as condições do presente, o qual, em comparação, é limitador e restritivo. A morte deve sobrevir de repente, e até mesmo de forma dramática, como que por um ato do destino. Deverá haver, por ocasião da morte, uma impressão, que sugere ou implica uma justificação das atitudes do nativo, juntamente com um possível vínculo com o futuro.

PEIXES: neste caso temos outro signo psíquico (água) nessa oitava casa espiritual, que sugere uma profunda penetração nos mistérios desse setor. Isso, naturalmente, traria a tendência a isolar o nativo, pois ele pode sentir e vivenciar mais sobre assuntos que a maioria das pessoas receia. Com Leão habitualmente no ascendente, o nativo se inclina a manter a maior parte desses vislumbres para si mesmo, visto que está mais interessado em promover a sua personalidade de maneira corajosa e ousada. Intimamente, entretanto, ele confia em sua fé espiritual nas forças psíquicas, para lhe darem essa ousada coragem que lhe permite ir além de onde as outras pessoas ousariam chegar. As atitudes do nativo quanto aos assuntos da oitava casa são altamente idealizadas, e ele contará com a inspiração do momento para enfrentar quaisquer mudanças que essa oitava casa venha a trazer. Em geral, essas mudanças, com Peixes, ficarão confinadas aos bastidores e bem ilhadas no subconsciente. Interiormente o nativo as enfrentará, mas isso não será percebido no exterior. De modo geral, o nativo apreciará as mudanças, já que elas refletem o potencial de futuros vislumbres e do aprofundamento dos seus valores íntimos; contudo, ele sempre será menos afetado pela mudança, do ponto de vista da aparência exterior. A morte pode estar relacionada com algum tipo de experiência mística em que o nativo gradualmente é arrastado para longe pela correnteza. É pouco provável que tenha consciência de transição, visto que todas as considerações mundanas terão desaparecido da vista e da mente.

Ao enfrentar as exigências dos eventos arrasadores que se intrometem na vida do nativo, sua resolução interior, em tempos de mudança, deve provir das características do signo que ocupar a oitava casa. Se este signo for:

ÁRIES: sua força interior vem da sua própria coragem.

TOURO: sua força interior vem das boas condições de seus recursos materiais.

GÊMEOS: sua força interior vem da adaptabilidade de suas reações mentais.

CÂNCER: sua força interior vem da sensibilidade de sua percepção intuitiva para fazer a coisa certa no momento certo.

LEÃO: sua força interior vem do vigor de suas idéias para impressionar os outros com a sua invencibilidade.

VIRGEM: sua força interior vem da sua disposição de submeter-se e de organizar observações detalhadas, mais um inerente senso da perfeição de suas soluções.

LIBRA: sua força interior vem da inclusão dos outros em qualquer plano que fizer para si mesmo.

ESCORPIÃO: sua força interior vem da sua habilidade de avançar sozinho e de enfrentar o que está além de sua experiência.

SAGITÁRIO: sua força interior vem de sua fé na excelência dos códigos estabelecidos de comportamento – não para justificar as próprias idéias, mas para vincular as leis que regeram tais assuntos no passado. Ele faz isso melhor em virtude de um senso vivo da importância histórica da ocasião.

CAPRICÓRNIO: sua força interior vem de sua obstinada determinação em prosseguir como se nada tivesse acontecido, sabendo que ao menos a sua parte deve permanecer imutável. Ele precisa estabelecer uma base para o futuro com recursos do passado.

AQUÁRIO: sua força interior vem de sua capacidade de conceber com independência algumas atitudes engenhosas que podem (por mais estranhas e excêntricas que possam parecer aos outros) ser a única solução possível. Nada do passado ajudará a resolver o futuro desse desafio. Esse dia só poderá ser enfrentado com alguma coisa totalmente nova e visionária.

PEIXES: sua força interior vem do fato de recorrer a valores invisíveis que subitamente fazem sentido. O nativo tem de observar cuidadosamente as implicações espirituais e fazer, não aquilo que é conveniente de imediato, mas o que, por fim, refletirá a substância real do desafio. É necessária uma solução espiritual, mais do que material.

Consulte a seção no final do capítulo 4 para um delineamento geral do regente do signo que está na cúspide da oitava casa.

Se a oitava casa estiver ocupada por um ou mais planetas, isso dará importância aos assuntos dessa casa na perspectiva global do nativo.

Se esse planeta for o:

SOL: a oitava casa reflete o caráter do destino do nativo. Somente através do trabalho com as condições da oitava casa o nativo poderá resolver sua identidade e finalidade pessoal. O nativo está destinado a algumas mudanças sérias ou a condições significativas de mudança nas quais passa por uma forma importante de renascimento. Para maiores detalhes sobre esse padrão, veja o capítulo 4, "O Caráter do Seu Destino" – Sol na oitava casa.

LUA: as implicações da mudança e os efeitos que elas têm na vida do nativo tornam-se o foco de todas as suas emoções. O nativo possui grande discernimento quanto a tais assuntos, mas também sofre muita tensão e ansiedade provenientes de sua sensibilidade e adaptação aos acontecimentos drásticos. Para maiores detalhes sobre este padrão, consulte o capítulo 5, "O Foco de Suas Emoções" – Lua na oitava casa.

MERCÚRIO: o melhor raciocínio do nativo está direcionado ou centralizado em produtos que as outras pessoas negligenciaram como superadas, fora de moda ou destituídos de valor corrente. Cabe ao nativo reavivar certas idéias que, em tempos de necessidade, ainda têm uso imediato ou poder regenerativo. De vez em quando, os pensamentos podem seguir por linhas mórbidas, mas o nativo achará essas questões fascinantes e proveitosas.

SATURNO: o sentido de autopreservação do nativo está, de certa forma, ligado às mudanças importantes que alteram as condições presentes de forma drástica. É aconselhável que o nativo se firme e apegue ao que os outros possam estar jogando fora. Há uma obsessão quanto a culpa pessoal devido a uma razão coletiva. Para maiores detalhes sobre essa padrão, veja o capítulo 7, "Saturno em Seu Horóscopo" – Saturno na oitava casa.

MARTE: a presença deste símbolo de força energizante mostra grande preocupação com assuntos de natureza sexual e um senso de competição durante acontecimentos extraordinários que transtornam a vida das pessoas. O nativo tem talento para agir sobre os outros como uma força regeneradora, extraindo-lhes suas reservas ocultas. Ele, com freqüência, é bem-vindo como um rápido estimulante dos espíritos e atitudes das pessoas que estão perdidas ou que sentem que estão sendo arrastadas por circunstâncias além do seu controle. O nativo se envolve com empreendimentos arriscados nos quais a morte final parece possível. Cabe ao nativo manter-se um passo à frente de tais realidades.

VÊNUS: esta força pacífica, amorosa e sentimental dá proteção ao nativo nas situações difíceis. Seu sentido de estima e o foco de suas afeições são voltados para um lado da vida (e as pessoas com ele relacionadas) que, em geral, é explorado como último recurso ou mecanismo de escape quando se está perdendo o senso da realidade. As exigências do momento levarão essas pessoas a ações desesperadas, violentas, para poder agüentar ou continuar depois que alguma coisa mudou significativamente em suas vidas. As afeições do nativo são estimuladas e intensificadas por essas condições. Este padrão é favorecido com as vantagens e privilégios provenientes de tais atividades variadas, como cuidar dos negócios de pessoas mortas, fazer reviver condições emocionalmente paralisadas (inclusive a prostituição e a exploração da pornografia), a venda ou a restauração de sucata, antigüidades, artefatos e a realização de explorações arqueológicas.

NETUNO: o nativo possui penetração psíquica em assuntos incomuns ligados à separação do mundo espiritual do mundo das realidades materiais. Ele está sujeito a equivocar-se ou desiludir-se com algumas de suas idealizações. Entretanto, também será capaz de acertar em cheio com alguns de seus vislumbres. Todos os assuntos da oitava casa se evidenciam como uma fonte de inspiração para o nativo, embora ele talvez não seja capaz de comunicar essas intenções aos outros com muito sucesso. O nativo tende a usar os potenciais da oitava casa como uma válvula de escape para as realidades do dia-a-dia. Pode haver o uso de drogas e de outros manipuladores sensoriais a fim de induzir estados incomuns de consciência.

JÚPITER: este padrão revela que o nativo está seguindo certas tradições ou códigos de comportamento que foram testados por outros no passado, quanto aos assuntos da oitava casa. Longe de temer esses assuntos, o nativo experimentará alívio e uma sensação de poderosa expansão em qualquer objetivo nesse campo. De modo geral, Júpiter é protetor, benéfico e emprestará um senso de convicção moral a tudo que aconteça na vida do nativo que seja da natureza da oitava casa; os resultados, com toda a certeza, serão os melhores. Em geral, os lucros do nativo virão, de certo modo, de produtos estagnados, do infortúnio de outras pessoas e de reviravoltas súbitas do destino.

PLUTÃO: o nativo poderá ser atraído para condições drásticas que levarão a um rompimento ou transformação total em seu padrão de vida. A situação poderá estar inteiramente além do controle do nativo – tal como condições de guerra ou tragédias em grande escala. A vida do nativo poderá enfrentar considerável perigo, mas, se ele se dispuser a romper definitivamente com o passado e a assumir uma direção totalmente nova, poderá obter controle sobre a situação. O nativo será, muitas vezes, desafiado a passar por uma espécie de renascimento espiritual que poderá ser muito exigente. Este padrão é altamente sugestivo de uma vida dupla em assuntos ligados ao sexo, ou de benefícios regenerativos provindos de assuntos que convém não sejam do conhecimento público.

URANO: o nativo pode contar com o fato de que as mais inesperadas situações de sua vida surjam de assuntos relativos à oitava casa. Talvez isso seja mais um fator de rara sorte do que de singular infortúnio. Até certo ponto, ambos podem combinar-se, se de início o nativo considerar essas intrusões de mudanças como desafortunadas, mas chegar mais tarde à conclusão de que elas foram desejáveis. Ele estará sempre preparado para uma série inesperada de eventos, e adotará uma atitude de indiferença quanto a esses assuntos, visto que talvez se julgue bastante engenhoso no lidar com as potencialidades de mudança.

Procure o capítulo 9 para verificar o significado e a importância de quaisquer aspectos fortes entre esses planetas na oitava casa, os quais, pelos relacionamentos, implicam outras condições e pessoas nos assuntos relativos à oitava casa do nativo.

O nativo sempre será fortalecido pelos assuntos e pessoas regidos por qualquer planeta que esteja na oitava casa, quando enfrenta as arrasadoras exigências dessa casa. A meta construtiva que sua vida poderá tomar depois que se ajustar às exigências e mudanças da oitava casa é sugerida pela localização do regente da oitava cúspide.

Capítulo 17

VIAGENS E EDUCAÇÃO

A NONA CASA

Ambos esses assuntos pertencem à nona casa do horóscopo. Em essência, a nona casa representa uma área – especialmente em nosso raciocínio mais elevado – que, de início, nos é estranha, porque primeiro temos de alcançar certo nível de entendimento e de treinamento. Por fim, acabamos por aceitar os princípios envolvidos, em virtude de termos chegado a uma certa elevação em nosso desenvolvimento. Isso nos afina e nos traz um sentido de tradição ou história dos que se foram antes de nós, sobre o mesmo assunto. Em nossa atividade mental, a nona casa representa o pensamento mais elevado e a educação formal, em que nossas opiniões são moldadas e COMPARTILHAM COM OS OUTROS DE UMA CODIFICAÇÃO OU RITUAL DE PENSAMENTO. Na prática, isso assume a forma de leis, religião, princípios universais, abstrações, fórmulas ou equações. Torna-se uma linguagem universal, com a qual as pessoas de todos os lugares e condições de vida se tornam como que uma só, porque compartilham dessa convicção de princípio. O código estabelecido desta maneira transcende a contribuição individual. A educação formal, o ensino superior, a linguagem ou o ritual do simbolismo, além de um estado avançado de fraternidade, estão representados no estágio intelectual do desenvolvimento humano. Essa não é uma área para pessoas destreinadas, subdesenvolvidas, ou para o mero nível físico da vida. Ela requer um bilhete de ingresso e certos credenciais de entrada para a participação e apreciação do que está ocorrendo – da conferência que está sendo pronunciada ou do sermão que está sendo pregado. Pessoas cujo Sol cai na nossa própria nona casa representam os nossos mestres especiais ou os guias designados para nos iniciar nos mistérios e nas soluções intelectuais da vida. O resultado é sempre alguma forma de intelectualização que não é exatamente uma conclusão, mas uma atitude, uma técnica ou uma série aprimorada de instrumentos mentais. Supõe-se que é justamente essa série de atitudes que é necessária para nos aventurarmos em setores estranhos, sem nos sentirmos perdidos, abatidos ou vencidos. Antes, o contrário é que é verdadeiro: uma sensação de familiaridade e de estar em casa, mesmo entre estrangeiros, em razão de uma base comum de entendimento, independentemente de qualquer assunto específico envolvido.

A ênfase na nona casa faz com que o indivíduo se extroverta e focalize o seu ponto de orientação em assuntos que não mais requerem prova individual ou gratificações pessoais. Isso é verdadeiro em todas as casas e signos, de Libra e a sétima casa até Peixes e a décima segunda. É um pouco menos verdadeiro para Libra e a sétima casa, porque esse é o início da nova orientação do nativo e há muita preocupação em aprender a aceitar essa mudança de tônica do plano subjetivo para o plano objetivo.

Se não houver planetas na nona casa, os assuntos referentes a ela não preocuparão ESPECIALMENTE o nativo. Ele poderá aceitá-los ou não, mas não representarão problema ou conflito. Seja qual for sua abordagem dessa área, ela está baseada numa fé inata que pode ser simples e ingênua ou complexa e sofisticada, dependendo da natureza do signo na cúspide.

Se esse signo for:

ÁRIES: o nativo tem uma identificação pessoal simples e direta com os princípios mais elevados de pensamento. De alguma maneira, ele poderá ser capaz de fazer uma contribuição original nessa direção, dependendo da condição de Marte e de outros fatores do horóscopo. Não se trata, contudo, de uma necessidade virtual, porque, com Libra na terceira casa, os seus próprios pensamentos tendem na direção das opiniões alheias, em vez de serem mais decididos e originais. Na nona casa (com Áries nela), ele procura um líder que comande e um mestre corajoso que o orientará e lhe dará a direção e a forma principal que deve seguir. A nona casa tem um significado além do comum para esse nativo, porque os melhores de seus esforços iniciais para controlar qualquer fator de sua vida começam com princípios da nona casa. O fator decisivo é a fé na identificação pessoal pela qual o nativo imediata e até mesmo impetuosamente se alinha com o que esses princípios representam para ele. Ele não será apenas um dos porta-bandeiras, mas um dos militantes da linha de frente, preparado para lutar por aquilo em que acredita. Mas aquilo em que ele pensa que acredita, fato bastante curioso, não é necessariamente uma evolução do seu próprio pensamento. É mais provável que ele seja um tipo de porta-estandarte de algum líder proeminente de um círculo de militantes. Envolvimentos nessas causas fazem o nativo sentir-se vivo e dão origem a muitos pensamentos que o fortalecem no seu caminho. É nesse setor que o nativo se sentirá como um pioneiro em espírito e o mais autoconfiante em dedicação.

TOURO: o nativo é, de preferência, realista em seus princípios. Ele sempre espera algum lucro material, uma prova pragmática ou uma gratificação emocional, bem como confortos que o mantenham de modo atrativo e adequado. As idéias mais avançadas do nativo têm uma aplicação material da qual ele depende consideravelmente para sentir-se calorosamente afeiçoado às outras pessoas. Se seus princípios materiais lhe faltarem, isso abafará de forma considerável a sua natureza afetiva. Ele deixará até mesmo de gostar de si próprio. Todo o seu raciocínio tende a ser coerente como o maquinismo de um relógio ou as peças de uma gigantesca equação, em que tudo está em seu lugar, em boa ordem e confortável. É pouco provável que o nativo mude radicalmente os seus princípios. Ele pode sentir-se intimamente perturbado quando alguma coisa sai errado na nona casa, mas tenderá a adaptar as condições externas aos seus princípios, ao invés de ajustar os seus princípios para que estes reflitam condições mais contemporâneas. O nativo é fixo e rígido na maior parte de seu raciocínio – especialmente nos princípios que parecem ter nascido com ele. Com Escorpião na sua terceira casa, a da reflexão individual, ele tanto suspeita naturalmente dos que o cercam, como é aquinhoado com um senso de insegurança temporal em que tudo pode refletir algo mais, dependendo da motivação. Com Touro na nona casa, suas próprias motivações no campo do ensino superior são materiais.

GÊMEOS: esse padrão é quase o oposto do quadro anterior de Touro. O nativo é adaptável e flexível em princípio e os seus pensamentos são de longo alcance e questionadores, com Sagitário na terceira casa. Ela anseia por saber mais e, portanto, pode ampliar os seus princípios com tantos compartimentos quantos forem possíveis. Ele aspira ao ensinamento superior e reflete um certo brilho de comunicação, que impressiona bastante. Esse padrão é muito favorável para professores talentosos no ensino superior. Eles podem ser verdadeiros magos da palavra com seus alunos. Seriam também fáceis e agradáveis de ser seguidos tendo Libra na concepção de sua personalidade (AC).

CÂNCER: este signo sempre dá discernimento especial ao lidar com o público variado, com seu temperamento espirituoso e seus modos sentimentais. Entretanto, o nativo é mais sensível a quaisquer reações possíveis do público do que à percepção de seu próprio lugar na linha de frente. O lugar que ele assume será modelado para adaptar-se às complexidades do que possa estar no ar, ou do que quer que atraia a opinião pública no momento. Essa pode ser uma tendência geral lucrativa a ser adotada, mas produz uma estrutura de princípios que não é exatamente aquela em que o nativo acredita, mas, antes, aquela em que sente que deveria acreditar por pura necessidade de proteção. Com Capricórnio na sua terceira casa, o seu próprio raciocínio é estreito, restritivo, inflexível, persistente e excessivamente dogmático. Não é, com certeza, muito imaginativo ou inspirado. Este padrão é mais favorável para a edição ou publicação de ensaios técnicos e científicos, de recomendações disciplinares na esfera da lei ou de normas de comportamento consagradas.

LEÃO: o nativo cria, de preferência, os próprios princípios, que adapta para agradarem ao seu ego num dado momento. Ele pode confirmar ou patrocinar programas, mas somente no caso de se ver numa posição de proeminência em promovê-los. A estrutura reguladora, quando se trata de princípios orientadores, é excessivamente autocentralizada, motivada de modo pessoal, não-objetiva e sustentadora do ego para poder ser tratada como universalmente aceitável ou até mesmo parcialmente correta ou justa. O nativo pode ser um líder em alguma nova corrente de pensamento, mas é pouco provável que este pensamento esteja dentro das tradições estabelecidas ou que possua uma força de apelo universal. Pode, entretanto, naquele momento, ter grande dose de carisma e de valor de exploração pessoal. Com Aquário na terceira casa, o nativo é engenhoso e inventivo, na independência de seu pensamento. Muita coisa depende de outros fatores, como, por exemplo, até que ponto ele pode conduzir a individualidade do seu raciocínio.

VIRGEM: esse padrão é favorável para o trabalho científico onde é exigida uma detalhada e cuidadosa observação de especificações minuciosas. Há muita dedicação, esforço e senso de dever quanto à exatidão de todas as questões relativas aos assuntos da nona casa. Um interesse duradouro na educação superior está indicado, juntamente com um senso de dever com o qual o próprio nativo deve contribuir para este trabalho. Com Peixes na terceira casa, o nativo tem um toque de magia na ordenação de seus pensamentos e na percepção (através da intuição) dos pontos de organização necessários para desincumbir-se da elaborada economia doméstica requerida pela nona casa.

LIBRA: o nativo confia antes nos princípios dos outros do que nos próprios para encontrar a estrutura ao redor da qual tece as suas crenças. Paradoxalmente, com Áries na sua terceira casa, ele tem muitas idéias originais e empreendedoras: as melhores ele desvia para aplicações sociais e para testar as outras pessoas quanto ao valor de sua reação. Ele possui o dom da comunicação dos princípios da nona casa, visto relacionar-se de forma tão natural com a estrutura dos pensamentos mais elevados das outras pessoas. Libra é favorável tanto para o ensino como para a publicação, e para servir como mediador entre as diferenças das pessoas através da aplicação da lei ou do estabelecimento de normas de comportamento. Esse é o padrão ideal para um advogado ou defensor das leis.

ESCORPIÃO: o pensamento superior do nativo flui por canais nem sempre prontamente acessíveis, ou gira em torno de temas inadequados para discussão diária. Os princípios do nativo são excessivamente abertos à mudança e aos potenciais de mudança. Com efeito, eles se estruturam de modo a exaltar essa mudança, na medida em que se opõem ao valor temporal de uma situação imediata. O nativo vê seu trabalho em qualquer direção da nona casa mais como instrumento para reformas do que como mantenedor de tradições. É provável que ele seja um reformador e um inovador, nesse campo. Com Touro na terceira casa, suas idéias são, geralmente, práticas e, acima de tudo, inclinadas aos valores materiais.

SAGITÁRIO: naturalmente, como regente da nona casa este signo está favoravelmente posicionado, embora focalize a atenção no tipo de princípios "uma torta no céu". O nativo está inteiramente convencido da conveniência de promover movimentos de elevação e de pregar sobre a abundância e as potencialidades inerentes a cada situação. Com Gêmeos na terceira casa, há muita força de idéias e de opiniões ao nível da comunicação de mercado; o nativo está, portanto, razoavelmente consciente do que se passa na rua, a despeito de suas altas aspirações sobre o que deve ser um princípio. O que é aceito como princípio orientador é essencialmente aceito devido à fé inata e à convicção inerente, mais do que por ser um teste real e uma correção automática das injustiças, se elas ocorrerem ao longo do caminho.

CAPRICÓRNIO: os princípios em que o nativo acredita como se fossem seus são reconhecidamente sadios, corretos e úteis, e provados pelo esforço e por métodos testados pelo tempo. O guia é o pragmatismo (ou o critério de que o que é verdadeiro é aquilo que funciona). Quando algo não funciona mais ou muda de função, devem-se efetuar mudanças em sua base. Com Câncer na terceira casa, o nativo é dotado de um antena interior, que serve para levantar as probabilidades de comprovação ou a confiabilidade da substância. O nativo está profunda e intuitivamente sintonizado para detectar idéias e reações correntes no mercado, muito antes que elas venham a desafiar a eficácia dos seus princípios orientadores. Os pensamentos do nativo são mais flexíveis, ao passo que seus princípios tendem a ser rigidamente consistentes. No todo, esse padrão é muito mais satisfatório do que o oposto, com Câncer na nona e Capricórnio na terceira.

AQUÁRIO: essa é uma posição favorável para os aquarianos, porque qualquer abertura de fronteiras e extensões de visão é altamente produtiva no domínio do pensamento, dos princípios superiores e dos códigos universais. O nativo pode ser considerado como pertencente a uma panelinha favorecida de seguidores de princípios cuja visão está além das limitações comuns. O grau de gênio potencial (ou de excentricidade) depende de outros fatores, tais como as condições de Urano como regente da cúspide e seus relacionamentos por aspecto com outros fatores-chave do horóscopo. Com Leão na terceira casa, o nativo é dado a expor suas opiniões e visões, que podem ser ou não profundamente originais, mas que são, com certeza, pessoais e poderosas.

PEIXES: o nativo possui uma crença inabalável em seus princípios, que são baseados em leis espirituais mais elevadas do que aqueles que em geral orientam os outros nos caminhos mais mundanos da vida. O materialismo raramente é um critério para a verdade, visto que as crenças do nativo estão centralizadas nos valores espirituais supremos que transcendem todas as condições temporais. O nativo não sente a necessidade de fazer pregações a respeito de suas crenças, mas está disposto a partilhá-las com quem tiver interesse e procurá-lo. O conceito do nativo sobre seus princípios é o de que eles transcendem todas as considerações práticas que possam ou não corresponder à situação que ele, eventualmente, esteja tentando solucionar. Com Virgem na terceira casa, seu raciocínio é muito preciso e exato, bem mais do que seus princípios, que tendem a permanecer vagos, indefinidos e que sempre são considerados como uma lei mais elevada, mas nunca forçados a adaptar-se à realidade.

Há a tendência a uma sutil contradição entre o que o nativo diz ou pensa (que é concreto e factual, na terceira) e aquilo em que acredita (que é vago e indefinido, na nona).

Para as condições gerais da chave que controla a natureza dos princípios da nona casa, veja a seção do final do capítulo 4, página 65.

Se a casa estiver ocupada por um ou mais planetas, os princípios da nona casa se tornarão um assunto de preocupação mais ou menos consciente e de aplicação direta. Se esse planeta for:

SOL: isto é de importância primordial, na medida em que a nona casa se torna a estrutura em torno da qual todo o destino do nativo deverá desenvolver-se. Sua integridade básica e seu orgulho quanto a seus propósitos estão inteiramente envolvidos nisso. O Sol indica uma preocupação com esse assunto durante toda a vida. Para mais detalhes sobre esse padrão, veja o capítulo 4, "O Caráter do Seu Destino" – Sol na nona casa.

LUA: o nativo sente-se emocionalmente atraído para essa área, mas, quanto ao fato de estar na posição de fazer algo a respeito ou de apenas manisfestar suas simpatias emocionais, isso depende de outros fatores do horóscopo. O nativo se exalta quanto àquilo em que realmente acredita, mesmo que isso lhe cause tensão e esforço e a despeito de seu discernimento quanto aos princípios. Para mais detalhes sobre este padrão, veja o capítulo 5, "O Foco de Suas Emoções" – Lua na nona casa.

MERCÚRIO: esta é uma posição muito favorável para Mercúrio, pois ele nos sintoniza com a estrutura mais ampla de referência e com os princípios estabelecidos, que prevalecem sobre a individualidade de pensamento ou das opiniões mais pessoais ou prejudiciais.

SATURNO: este depressor realista está, na nona casa, desfavoravelmente localizado, visto que ele acentua o olhar para trás para corrigir, ao invés do olhar para a frente visando a expansão nos princípios que orientam a vida dos homens. Além disso, sugere que o nativo possui uma dificuldade inicial para formular seus princípios numa base inteiramente realista. Isso terá, por fim, de ser suplantado para que o nativo possa chegar a um acordo com o seu senso básico de autopreservação. Falando em linguagem comum, nosso senso de autopreservação tem mais a ver com os assuntos materiais do dia-a-dia do que com os princípios intelectualizados ou os códigos do pensamento formalizado. Ter este signo rígido e materialista como marca em áreas tais como princípios e códigos de pensamento elevado sempre significa, de preferência, um atraso. Ao que parece, o fracasso em aceitar isso desequilibra a segurança básica do nativo. Para mais detalhes sobre este padrão, veja o capítulo 7, "Saturno no Seu Horóscopo" – Saturno na nona casa.

MARTE: este impulsivo energizador não está bem posicionado na nona casa, na qual ele argumenta, contesta e disputa aquilo que já está estabelecido e é atuante, em vez de empurrar o nativo para a originalidade de pensamento. O nativo tende a aderir a princípios que forçosamente atacam outros princípios competitivos ou sistemas de pensamento. O objetivo (com Marte) é obter vantagem (mesmo que injusta), o que está um tanto fora de lugar neste domínio de justiça teórica. O nativo gosta de defender agressivamente os seus princípios, com energia e com medidas bombásticas. Argumentação, discernimento e penetração hábil seriam ferramentas mais adequadas do que o impetuoso, físico e sexualmente intimidativo Marte.

VÊNUS: essa é uma posição feliz para Vênus, porque traz a paz ao invés de condições perturbadoras a uma área de realização intelectual e de tradição estabelecida pelos esforços de muitas mentes. O nativo abraça um certo senso de tradição que o conforta, em vez de opor-se a ele, e isso se reflete por todo o seu pensamento mais elevado como um talento benéfico e um entendimento mais compreensivo daquilo que está envolvido. O nativo está capacitado a restaurar uma certa atenção cheia de afeto e uma apreciação apaixonada de certos fundamentos que se podem ter tornado ásperos e carentes de significado em sua aplicação arbitrária contemporânea. Isso fica especialmente visível ao lidar com o meio artístico e com os princípios criativos, no que o nativo se destaca de modo especial. Este padrão é favorável para o ensino das artes e sua relação ou função na vida cotidiana.

NETUNO: este planeta, o da inspiração, talvez esteja melhor colocado na terceira casa, a da aplicação pessoal, do que na nona casa, a do ritual formalizado e do princípio estabelecido. Na nona, ele tende a dissolver ou ignorar os limites, as definições ou os orientadores que originalmente mantêm os princípios em sua posição. A finalidade para a qual estes princípios foram criados se perde, desaparece ou é descartada. Na melhor das hipóteses, este toque mágico pode redescobrir ou trazer à luz algum sistema há muito esquecido que, devido a sua longa ausência do domínio do pensamento corrente do homem, poderá ser mal recebido, criar confusão, perplexidade e defraudará ou empanará uma crença corrente. O efeito e a finalidade é sugerir alguma coisa diferente ou contraditória daquilo em que se acredita normalmente. A importância do assunto está, definitivamente, do lado do valor netuniano, visto que o eixo Netuno/Peixes se relaciona com nossas estruturas definidas de valor, na medida em que se opõem a nossas instituições mais temporais. Pode, entretanto, causar muita ansiedade e inquietação antes que essa nova idealização seja aceita e vista em sua correta perspectiva.

JÚPITER: o nativo é abençoado com um modo feliz de manifestar as idéias ou princípios importantes que intensificam a presente linha de conduta, em vez de se opor a ela. Aquilo com que o nativo é capaz de contribuir já está bem estabelecido e sugere um valor permanente. Assim, o nativo lucra com isso e é honrado por seus esforços, visto que está contribuindo para a aparente abundância, em vez de aproveitar-se dela. Júpiter sempre tende a multiplicar o bem que já existe.

PLUTÃO: esse encrenqueiro, na nona casa, é capaz de causar atrito, na medida em que tenta deslocar a oposição. O nativo sente a necessidade de um exame drástico em alguns dos princípios orientadores correntemente aceitos como válidos. Nas situações em que ao nativo se sente pessoalmente envolvido, ele acredita que o que está estabelecido é muito mais uma injustiça, nas presentes condições. Ele é forçado a adotar atitudes duplas (uma das quais pode ser conhecida e a outra forçada a permanecer oculta). O nativo definitivamente vê dois lados em coisas que muitas pessoas consideram fora de questão ou irrevogáveis. Quaisquer esforços relativos aos assuntos da nona casa que o nativo tenha de fazer podem atrair problemas, ressentimento e represálias da oposição. As causas em que o nativo acredita tendem a ser causas de revolução e de subversão. Muita coisa depende dos relacionamentos de Plutão por aspecto, para se ver quanto dessa força revolucionária tem aplicação pessoal na vida do nativo. É bem possível que isso esteja revelado na nona casa, visto que envolve comunicação e transmissão de todos os seus princípios superiores. E, naturalmente, as características de Plutão são mais personalizadas quando em aspecto com planetas de ação (como o Sol, Marte e Saturno).

URANO: a perspectiva do pensamento do nativo está sujeita a ser consideravelmente confundida por súbitas intrusões que modificam inteiramente e corrompem certas coisas em que ele acreditava. Em certo sentido, o nativo tem a mente aberta e preparada para acreditar em quase tudo, desde que isso esteja entre suas próprias visões e perspectivas independentes, para não dizer estranhas. Os princípios do nativo são tudo, menos consistentes, e às vezes podem tender para o inconvencional, o extravagante, o maluco e o exótico. Esta não é uma localização especialmente favorável para Urano, que está melhor posicionado na terceira casa, a do pensamento individual, do que como força destruidora nas estruturas acabadas de pensamento. Na terceira casa, as idéias "estranhas" seriam apagadas antes de desafiar princípios mais amplos. Na nona, a qualidade destruidora e instável de novas divisas, que sempre suplantam as atuais, tende a desorganizar tudo – mesmo o gênio de um pensamento novo.

Na nona casa, esses planetas-chave, que dão a tônica e a finalidade aos princípios da nona casa, são fortalecidos ou restringidos por seus aspectos com outros planetas. Para entender isso, consulte o capítulo 9, "Aspectos Entre os Planetas".

Capítulo 18

AMBIÇÃO, RECONHECIMENTO E SUCESSO MUNDANO

A DÉCIMA CASA

Seja qual for a ambição do nativo, a quantidade e o tipo de reconhecimento que ele receberá e o grau de sucesso mundano que é provável que obtenha, tudo isso é revelado no horóscopo pela condição da décima casa.

Se a décima casa estiver desocupada, nenhum desses assuntos representa uma preocupação ESSENCIAL para o nativo. Ele considera que tem uma dose normal de ambição e que deve ter uma chance justa de alcançar uma dose correspondente de sucesso. Ele não vai fazer estardalhaço quanto a isso, de um ou de outro modo.

Ao avaliar a condição da décima casa, considere primeiro o signo que está na cúspide. Ele indica o tipo de ambição, reconhecimento ou sucesso. De Áries até Virgem as ambições são mais pessoais e servem para o nativo provar algo para si mesmo. Se o signo da cúspide for:

ÁRIES: o nativo é agressivamente ambicioso, com o desejo de exibir a sua personalidade diante do público; o seu êxito na vida sempre dependerá de sua iniciativa e empreendimento. Muita coisa depende da condição de Marte.

TOURO: o nativo sente-se mais atraído pelo lado financeiro do sucesso e os prováveis confortos que este trará. O fator êxito depende, em grande parte, da condição afortunada ou desafortunada de Vênus. Ter um Vênus de sorte é decisivo. Determinar se Vênus é afortunado é uma questão de julgar todos os fatores envolvidos em sua condição.

GÊMEOS: o nativo quer ser conhecido por seus talentos mentais e por seu estilo de expressão. Ter um Mercúrio afortunado é decisivo quanto ao provável resultado das ambições mentais do nativo.

CÂNCER: o nativo quer ser notado por sua lealdade aos valores do lar e pela correção dos métodos que ele cria para desenvolver seus projetos. Sob Câncer, é assegurada ao nativo justa atenção pública, independentemente do que ele fizer. Se afortunada ou infeliz, isso depende da condição da Lua.

LEÃO: o nativo tem a ambição de formar seu ego de tal maneira que ele se destaque da multidão por sua individualidade impressionante. Sob Leão, o nativo com certeza causará algum tipo de impressão. Se ela será afortunada ou não, isso dependerá da condição do Sol.

VIRGEM: o nativo quer dedicar-se a um tipo de serviço que considera útil e necessário. O desejo é menos o de destacar-se que o de contribuir com algo de valor. O grau de importância associado às responsabilidades que o nativo eventualmente assumirá é indicado pela condição de Mercúrio.

De Libra até Peixes, as ambições são mais objetivas e focalizam-se em assuntos exteriores às necessidades pessoais do nativo. Se o signo é:

LIBRA: o nativo tem uma maior ambição de ver as outras pessoas obterem reconhecimento de alguma forma. O grau em que seus esforços nesse sentido são eficazes depende da condição de Vênus.

ESCORPIÃO: o nativo não tem certeza daquilo que quer exatamente ou de como entrar no jogo da vida. Em geral, ele possui a capacidade de ir vivendo até que alguma situação extraordinária faça surgir aquilo de que ele necessita. Este fato ou conjuntura exterior torna-se o foco de suas ambições. Muita coisa depende da condição de Plutão.

SAGITÁRIO: o nativo nasce com enérgicas convicções entusiásticas sobre certos princípios, os quais ele divulga no intuito de converter os outros, mostrando-lhes suas vantagens. Se estes prestam atenção ao que diz, ou se seus esforços são baldados, isso depende da condição de Júpiter.

CAPRICÓRNIO: o nativo tem fortes convicções sobre a vantagem dos valores aceitos em sociedade e que ele persistente e teimosamente persegue. Visto que muitas realizações podem ser creditadas à persistência, muito mais do que ao talento, fica assegurado a este nativo que ele, na maior parte das vezes, se adaptará ao esforço de ascensão e, por fim, obterá uma justa recompensa. As dificuldades desse caminho serão reveladas pela condição de Saturno.

AQUÁRIO: o nativo é naturalmente atraído para metas inconvencionais que, em geral, estão fora de compasso ou adiante do tempo. É mais provável que seja rotulado como maluco pela maioria das pessoas; algumas, entretanto, o considerarão um gênio. Como acontece com a ambição de Escorpião, regida por Plutão, o resultado da ambição aquariana está além do controle do nativo, dependendo do alinhamento ocasional das circunstâncias. Grande parte depende da força da capacidade do nativo de agir de forma independente, conforme revelada pela condição de Urano.

PEIXES: o nativo prefere permanecer nos bastidores dos negócios, fazendo pesquisas ou desenvolvendo uma filosofia de valores definitivos que explicará as experiências mais infelizes da vida. O foco de seu interesse será revelado pela condição de Netuno.

Para determinar o ângulo ou foco de influência POR CASA mostrado pelo planeta que rege o signo que está na décima casa, consulte o capítulo 4, página 65.

Quando se considera a décima casa, qualquer planeta que esteja nela revela mais sobre o resultado dessa casa do que o signo nela posicionado. Se a décima casa estiver ocupada por um ou mais planetas, o nativo terá de travar alguma luta consciente, tanto para formular suas ambições como para exibi-las aos olhos do mundo. Os assuntos referentes a outras áreas e as pessoas relacionadas com aquelas áreas regidas por planetas que estejam na décima casa contribuem diretamente para a posição do nativo.

A presença de Urano ou Plutão na décima casa indica condições sociais sobre as quais o nativo tem pouco ou nenhum controle, mas que exercem uma forte influência no resultado final de sua vida. As forças da sorte ou do destino estão intimamente ligadas aos resultados obtidos pelo nativo. Pode-se dizer que, definitivamente, o nativo é uma pessoa marcada pelo destino.

Se a décima casa está ocupada por:

SOL: o principal propósito do nativo é ser identificado por realizações notáveis. O Sol indica que essa área será uma luta de toda uma vida. Para maiores detalhes sobre este padrão, veja o capítulo 4, "O Cárater do Seu Destino" – Sol na décima casa.

LUA: ela atrai naturalmente o nativo para o contato direto com o público. O foco de suas emoções parece estar diretamente ligado a assuntos ou interesses públicos que forçam o nativo a se destacar na opinião pública. Para maiores detalhes sobre este padrão, veja o capítulo 5, "O Foco de Suas Emoções" – Lua na décima casa.

MERCÚRIO: o pensamento e o estilo de expressão do nativo chamam a atenção porque a sua principal preocupação – mentalmente – são os assuntos de interesse público. O nativo é mentalmente ambicioso e, quanto à sua posição na vida, algo da mesma depende de como ele expressa seus pensamentos e opiniões. A escrita e a expressão pessoal de suas idéias são favorecidas. Veja o capítulo 8, "Os Outros Planetas do Seu Horóscopo".

SATURNO: o senso de autopreservação e de segurança básica do nativo depende diretamente da quantidade e do caráter do reconhecimento público de que ele possa assegurar-se. No começo, há uma negação daquilo que o nativo acha que mais necessita. Mais tarde, depois de muita luta, ele encontra uma maneira de se promover diante do público, mas essa posição está sempre correndo o risco de se perder, visto que tem bases irreais. Para mais detalhes sobre esse padrão, consulte o capítulo 7, "Saturno em Seu Horóscopo" – Saturno na décima casa.

MARTE: o nativo precisa lutar para obter uma posição justa. Os outros sempre contestarão o nativo ou se oporão ao seu direito a qualquer reconhecimento que lhe seja devido. Veja o capítulo 8.

VÊNUS: o nativo será reconhecido por um certo talento de tornar as coisas bonitas, atraentes e agradáveis. Ele se sente satisfeito em criar esses efeitos para a atenção pública. Isso indica recompensas moderadas ou acima da média para uma realização bem-sucedida. Veja o capítulo 8.

NETUNO: o nativo alimenta muitos ideais incomuns quanto às suas ambições, os quais podem não ser realistas ou adequados às soluções práticas. O público rotulará o nativo de sonhador e visionário, ou o achará essencialmente distante da realidade e, possivelmente, um impostor. Para realizar suas ambições, ele terá de recorrer a um toque de mágica. Veja o capítulo 8.

JÚPITER: o nativo habitualmente é favorecido com certo tipo de sucesso e com um título, quer seja ou não merecedor aos olhos de alguns. O nativo tenderá a ser um tanto quanto superestimado ou supercompensado em termos de valor pessoal. A abundância que Júpiter distribui na décima casa está invariavelmente fora de proporção para qualquer coisa que tenha sido obtida, pela maioria dos padrões. Veja o capítulo 8.

PLUTÃO: o nativo é arrastado para mudanças revolucionárias e para condições sociais que, ou o colocam em evidência, ou lhe tiram essa condição. As forças que acarretam essas condições estão um tanto além do seu controle. Consulte o capítulo 8.

URANO: o nativo será considerado excêntrico (ou gênio, possivelmente, para alguns), devido a alguma posição extremamente independente. Sua ascensão e queda acontecerão de forma repentina e, até certo ponto, não dependem do seu controle, da sua intenção ou dos seus erros. Veja o capítulo 8.

Visto que muita coisa do resultado da décima casa depende da condição, não só de seu regente, mas também dos planetas que nela estiverem, para determinarmos os fatores que fortalecem ou debilitam sua posição, devemos verificar o capítulo 9, "Aspectos Entre os Planetas".

Capítulo 19

O SIGNIFICADO DAS AMIZADES

A DÉCIMA PRIMEIRA CASA

A capacidade e a necessidade de fazer amigos, bem como a inclinação de compartilharmos nossos mais íntimos desejos com outras pessoas, são reveladas no horóscopo pela condição da décima primeira casa. As pessoas que têm uma décima primeira casa forte necessitam encontrar pessoas com quem tenham afinidade e com as quais possam conviver, havendo entre elas um encorajamento mútuo numa base impessoal. A décima primeira casa não é a área dos relacionamentos íntimos ou interpessoais, mas, antes, a da reunião de grupos de pessoas de mesma intenção que desejam expressar os seus sentimentos de forma coletiva.

Sempre que as coisas são polarizadas num denominador comum, há uma correspondente perda de individualidade em favor de um ideal coletivo. Para algumas pessoas isso representará uma perda; para outras, será lucro.

É muito pouco provável que tipos altamente individualizados submetam prontamente suas mais caras esperanças e desejos – que são, geralmente, embora não sempre, um assunto particular – a um processo nivelador coletivo, em que o bem de todos é mais favorecido do que os benefícios individuais.

Quase todos, em uma ou outra ocasião, necessitam do encorajamento solidário das amizades. É bom recordar que para ter e manter um amigo, é necessário que sejamos amigos e que cultivemos a amizade. Parece ser fato comprovado que as amizades raramente sobrevivem ao propósito que reuniu os indivíduos em primeiro lugar. Em alguns casos raros, as amizades duram toda a vida, mas estamos sempre lidando com um relacionamento que é mais do que uma simples amizade. Para maiores detalhes sobre esse relacionamento entre amigos, veja, nos comentários do capítulo 15, "O Espírito da Amizade", que mostra o efeito das amizades em nossas perspectivas.

Se não há planetas na décima primeira casa, as amizades surgem e desaparecem no curso normal dos acontecimentos. Não há necessidade de consideração especial ou alteração maior na perspectiva do nativo devido às amizades ou às decisões coletivas. As amizades que o nativo faz destinam-se ao propósito exclusivo mostrado pela localização do planeta que rege a décima primeira casa.

Se o signo da décima primeira casa é:

ÁRIES: as amizades são importantes para o nativo, mesmo que ele não tenha planetas na décima primeira casa, porque é através do contato de amizade e da participação em grupos que o nativo vem a sentir sua identidade e a ver-se como realmente é. A interação de amizade com as outras pessoas (não apenas os contatos impessoais com o público, que são revelados pela sétima casa) parece dar-lhe um sentido de finalidade. Sem essa interação, o nativo fica inclinado a mergulhar num círculo de mesmice, em que nada parece diferenciar-se. Verifique sempre a casa de Marte para observar como esse elevado senso de identidade é usado ou forçado para propósitos construtivos.

TOURO: as amizades são consideradas uma vantagem material, uma fonte de conforto e um acréscimo à atração geral do nosso meio ambiente. Um aspecto prático entra em todos os relacionamentos de amizade, e os amigos são avaliados pela gratificação e pela contribuição em termos de encanto que possam dar ao nativo ou receber dele. Todos os relacionamentos íntimos passam pelo teste da atração física, da realidade prática e da fonte de onde se derivem confortos e satisfações. Para a focalização dessa necessidade, verifique o posicionamento de Vênus no horóscopo.

GÊMEOS: os amigos geralmente são escolhidos com base em seu talento de prover estímulo mental. Há intenso e vívido intercâmbio entre o nativo e seus amigos. A variedade e a versatilidade são mais favorecidas do que a profundidade. Todos os amigos parecerão especialmente talentosos e persuasivos na habilidade comercial. Para a utilização desse estímulo, veja a chave fornecida por Mercúrio.

CÂNCER: o nativo será muito sensível e protegerá seus amigos. Câncer é indicador de muitos amigos, todos eles com alguma associação subjetiva para o nativo. A posição é favorável para a amizade com mulheres, e um amplo setor do público será, por vezes, considerado numa base de semi-amizade (como os fãs de uma celebridade). O nativo terá acessos de mau humor e haverá períodos em que sentirá vontade de mudar de cenário, dar as costas a seus amigos e injuriá-los. Os amigos criam tensão, mas o nativo geralmente se adapta. A localização da Lua ilumina profusamente a visão intuitiva e o valor emocional que o nativo apreende de seus amigos.

LEÃO: é mais favorável para as amizades com homens ou com tipos de personalidade forte que tendem a dominar as pessoas à sua volta. A lisonja e a ostentação são mais importantes do que a substância ou a durabilidade. Os amigos são procurados como fonte de entretenimento ou puramente por prazer, ou, ainda, como pretexto para ampliar a influência do próprio ego. Quanto a esses relacionamentos, as responsabilidades estariam fora de cogitação. O nativo e seus amigos tentarão superar-se uns aos outros. A localização do Sol mostra em que ponto é necessário esse apoio do ego com base na amizade.

VIRGEM: é favorável para fazer amigos entre pessoas conscienciosas e criticamente orientadas, que assumam seus deveres com bastante seriedade. Às vezes, quando se trata de bons amigos a intenção demasiado séria e o exagero quanto aos detalhes, obrigações e deveres estão fora de lugar. Há muita troca de críticas de uma e de outra parte. O lugar que Mercúrio ocupa no mapa mostra como esse conhecimento obtido dos amigos pode tornar-se útil.

LIBRA: esse talvez seja o signo mais favorável para amplos relacionamentos sociais e amizades entre pessoas talentosas e com dons artísticos. O nativo sempre se preocupa com o ponto de vista da outra pessoa e, em geral, não é egoísta e deseja dar e receber prazer em grupos sociais. A localização de Vênus mostrará o benefício específico que o nativo pode esperar de todos esses amplos contatos sociais.

ESCORPIÃO: esse não é um signo muito fértil em amizades, visto que o nativo e aqueles que ele escolhe para amigos íntimos são misteriosos quanto às suas intenções uns para com os outros. O mais forte vínculo nesses relacionamentos é uma curiosidade ingênua sobre a personalidade e os assuntos íntimos da outra pessoa. Sempre há uma indicação de sexualidade nesses relacionamentos, quer seja reconhecida quer fique oculta. A força das circunstâncias cria relacionamentos fortes, intensos, mas também os põe de lado de forma arrasadora quando muda a ocasião. Há sempre uma certa intensidade de sentimentos e um exacerbado senso de urgência com essas ligações, como quando a pessoa precisa tomar o último ônibus. Verifique a localização de Plutão no horóscopo para ver o significado ou a intenção real dessas pessoas na sua vida.

SAGITÁRIO: é muito favorável para as amizades, em especial aquelas que compartilham da mesma convicção de princípios ou código ético. Há um caloroso espírito de camaradagem, sempre jovial, algumas vezes ingênuo, cheio de alegria otimista, mas que pode estar fora de alcance e de lugar com relação a outras considerações. Às vezes, é difícil (com Sagitário) fazer novos amigos quando os velhos colegas de escola se afastaram, porque os lemas e as divisas que pareciam tão cheios de significado se tornaram insinceros para a outra geração. O nativo preferirá os velhos amigos, que foram testados e são verdadeiros. A caridade e a tolerância nunca são tão evidentes como quando dois códigos diferentes de leis ou de comportamento estão envolvidos (com Sagitário). O propósito, em geral, é defender o justo sentido da fé de cada uma das partes. Observe a posição de Júpiter para ver por que esta prova material de nossos princípios é necessária.

CAPRICÓRNIO: este não é um signo favorável para as amizades em geral. É difícil fazer amigos, embora, uma vez tendo-os feito, eles, muitas vezes, durem mais do que as amizades formadas sob outros signos. Essas amizades têm uma conotação do tipo "até que a morte nos separe". O nativo sente-se atraído naturalmente por pessoas mais velhas e maduras e estas, por sua vez, estão mais preparadas para ver o nativo sob uma luz de benevolência. As amizades serão, em geral, mais gratificantes nos anos da maturidade, depois que cada um dos amigos passou por um teste de caráter e uma prova de constância e de êxito financeiro. O nativo, a despeito de sua lentidão em fazer amigos, sempre valorizará a associação, porque ela está vinculada a algum aspecto de seu instinto de autopreservação. Procure sempre a posição que Saturno ocupa no horóscopo para verificar como relacionamentos maduros com os outros podem deveras contribuir para a segurança emocional e financeira do nativo.

AQUÁRIO: este é um signo muito favorável para amizades com todos os tipos de pessoas, as quais, entretanto, terão todas elas alguma característica que as destaca, nem que seja apenas sua excentricidade. Todas tendem a ser únicas na opinião do nativo. Há um espírito de tolerância mútua e de ausência de críticas, que é o correto para condições de amizade íntima. Não convém ter de defender-nos ou aos nossos princípios entre as pessoas que escolhemos como amigos. Esses relacionamentos estão sujeitos a desenvolvimentos inesperados e a inícios, términos ou mudanças de interesses repentinos. Todas as partes mantêm certa independencia de atitude e auto-suficiência que devem ser respeitadas pelos outros. A localização de Urano mostrará com maior clareza o valor e a finalidade desses interessantes envolvimentos.

PEIXES: este é um signo favorável para calorosos relacionamentos quando há contato íntimo, mas vale o ditado: "longe dos olhos, longe do coração". A imagem é mais importante do que a realidade, e as amizades podem ser formadas pelo que cada um imagina ou idealiza da outra pessoa – não pela realidade do que ela é. Se o relacionamento resultar diferente do que se esperou, nesse caso cada um segue seu caminho sem recriminações e sem olhar para trás. Relembrar um amigo pode ser mais agradável do que a sua real presença, o que pode ser uma incongruência ou estar em desacordo com as qualidades pelas quais o nativo gosta dele. O sentimento de amizade entra e sai da mente consciente do nativo na medida da sua inclinação ou vontade. O que se busca na amizade é uma fonte de inspiração ou uma chave que descerre o que já se tem dentro de si mesmo. Uma vez usada a chave, ela tende a ser esquecida, mas não sem que seja apreciada. O lugar que Netuno ocupa no horóscopo mostrará a importância ou a utilização da inspiração que se recebe de amigos especiais.

Para mais detalhes sobre como interpretar o foco da amizade através da localização do regente da cúspide, veja a seção do final do capítulo 4, na página 65.

Se a décima primeira casa for acentuada por um ou mais planetas, especialmente planetas-chave, como o Sol, a Lua, Marte ou Saturno, os assuntos dessa casa assumirão uma dimensão mais ampla na vida diária do nativo.

Se esse planeta for:

SOL: obviamente, toda a resolução do nativo acontece pela união com outros de intenção solidária quanto a um propósito coletivo. O nativo é incapaz de resolver seu destino sem compartilhá-lo com os outros. O Sol na décima primeira casa mostra que se trata de um envolvimento com a duração de uma vida, que pode dizer respeito a muitos grupos e tipos de filiação. Para mais detalhes sobre esse padrão, veja o capítulo 4, "O Caráter do Seu Destino" – Sol na décima primeira casa.

LUA: o nativo é temperamental no que se refere aos amigos e ao relacionamento destes para com ele. Algumas vezes é excessivamente entusiasmado; outras vezes fica ressentido com os amigos. Eles, invariavelmente, o deixam nervoso com suas exigências, mas ele, da mesma forma, também cria tensão com eles. O nativo é um tanto inclinado a considerar o público como amigo, sem proceder a uma escolha. Com quase todo mundo ele adota uma maneira calorosa e enganosamente íntima que não significa o que parece. A Lua na décima primeira casa indica muitas amizades com mulheres e com pessoas sensíveis. O nativo não é estável: ele tanto é caloroso como indiferente em seus relacionamentos íntimos. Para maiores detalhes sobre esse padrão, verifique o capítulo 5, "O Foco de Suas Emoções" – Lua na décima primeira casa.

MERCÚRIO: os amigos do nativo são importantes para estimular seu raciocínio e para influenciar seu estilo de comunicação, visto que ele, inconscientemente, tenta imitar os outros. Há grande troca mental cheia de cordialidade entre os amigos, o que é importante para o nativo.

SATURNO: para desenvolver seu senso de autopreservação, o nativo precisa cultivar ativamente o valor coletivo da psicologia de grupo. De ínico, ele reluta em dedicar-se integralmente às associações de grupo, mas, por fim, vem a perceber a conveniência dessas associações para ele próprio. Esse padrão é favorável para amizades duradouras, visto que o nativo sente a necessidade de apegar-se à vida, que lhe é cara. Não é tão favorável para relacionamentos súbitos ou casuais, sem um propósito sério na vida do nativo. As amizades que se formam dificilmente podem ser chamadas sociais, ou mesmo essencialmente prazerosas. O nativo tende a encarar os relacionamentos em grupo como negócios, o que, para ele, é imperativo. É apenas através da amizade que esse nativo é capaz de alcançar os fundamentos da realidade. Para mais detalhes sobre este padrão, veja o capítulo 7, "Saturno no Seu Horóscopo".

MARTE: este padrão indica relacionamentos tempestuosos com os amigos, alterações súbitas, desacordos e sempre uma certa dose de competição, quer seja ou não reconhecida como tal. Assim que o nativo ou o amigo sente que, de certa forma, tirou o melhor de uma situação, seus pensamentos e interesses se voltam em outra direção, em busca de novos campos de competição ativa. Com Marte, sempre existe alguma sugestão sutil de que entrará sexo nos relacionamentos, quer isso seja adequado ou não. Com muita freqüência, o matiz sexual se manifesta apenas na resistência enérgica ou na troca acalorada de palavras. Há a tendência de um irritar o outro o que o força a tomar medidas de ajustamento ou de proteção. O nativo considerará essas medidas uma honra, caso goste do amigo o suficiente para contestá-lo. Se não se importar com o valor de sua resistência, não se incomodará em esperar pela ocasião, com seu espírito competitivo.

VÊNUS: é favorável para relacionamentos calorosos, gentis e compensadores com muitos amigos. Cada um apóia e complementa o outro de uma maneira afetiva que sugere sentimentos autênticos. O nativo é um bom amigo e tem bons amigos. Essas amizades geralmente têm mais substância do que as outras, porque há um profundo sentido de compatibilidade. O nativo e seus amigos são ideais uns para os outros. Se algum mal for causado ao nativo, nunca será através de um amigo.

NETUNO: é favorável para inspiração incomum dada ou recebida de amigos, mas não é tão favorável para amizades duradouras, persistentes ou muito verdadeiras. A força dos laços pode ser mais imaginária do que real. Esses relacionamentos podem aparecer e desaparecer da noite para o dia pela razões mais vagas, ou por nenhuma razão. Cada um tende a imaginar o outro em seu próprio esquema de referência, cuja imagem pode ser uma mera semelhança fantasmagórica da realidade. O nativo tende a ver nos outros o que quer e a ignorar o que não lhe convém. Há um alto grau de decepção, propositado ou acidental, que envolve ambos os lados. Um ilude o outro, mas isso não impede a amizade enquanto ela durar. Com efeito, pode aumentar sua suposta conveniência porque o que um não disfarça o outro assume inteiramente. Sempre é melhor usar uma máscara quando se lida com esses relacionamentos. Nunca é aconselhável revelar-se – especialmente com nossos amigos. É muito mais possível compartilhar os segredos do que os assuntos ou realidades concretas do dia-a-dia.

JÚPITER: o nativo lucra com as amizades de maneira notável. Ele procura para amigos os membros bem-sucedidos e influentes da sociedade, assumindo também um ar de importância quando está lidando com eles. O otimismo, a fé e o compartilhar da velha tradição escolar de maneira jovial estão indicados. O sentido de relacionamento surge de uma crença comum em princípios ou códigos de comportamento, muito mais do que da semelhança de identidades pessoais de natureza mais íntima. O nativo precisa de seus amigos para provar alguma coisa. Quando encontradas, e se forem recíprocas, essas amizades o tornam expansivo, justificando e confirmando que tudo está certo no mundo. Por sua vez, o nativo faz o mesmo pelos amigos; desta forma, obtêm êxito ou se arruínam juntos.

PLUTÃO: este padrão é desfavorável para relacionamentos sociais, exceto os casos em que as pessoas compartilham de um sentido de reação revolucionária contra a sociedade ou contra a ordem social. Isso pode gerar um espírito de camaradagem, que existirá somente enquanto as pessoas estiverem marchando juntas na direção de alguma mudança significativa. Os amigos do nativo desviam-no para esforços mais violentos, fazendo-o trabalhar por mudanças ou para provocar ajustamentos sociais. Isso pode permanecer como se fosse apenas um tópico de troca social entre associados próximos, a menos que Plutão esteja associado a elementos primários do caráter do nativo (tais como planetas de ação, como o Sol, Marte ou Saturno). Sempre verifique a localização da casa de Escorpião, a fim de verificar qual a essência da atitude de reação que o nativo compartilha com os outros. Naturalmente, o nativo escolhe os amigos entre aqueles que, de alguma forma, se dedicam à rebelião.

URANO: esse padrão indica amigos incomuns e excêntricos, bem como circunstâncias inusitadas que envolvem esses relacionamentos. O nativo também é excêntrico na seleção dos amigos. Urano, na melhor das hipóteses, gera alguma centelha de gênio em potencial. Nesse caso, a essa parte do caráter do nativo revelada pela casa de Aquário é dado um enfoque coletivo, através de associações com pessoas igualmente incomuns. O nativo parece ter de insinuar-se de alguma maneira aos amigos, e estes gravitam em torno dele por razões muito especiais. Ele ilumina a vida deles de uma maneira que ninguém mais pode fazê-lo. Em questões de amizade, o nativo fará bem em manter uma atitude inteiramente independente, que poderá parecer inconstante ou excêntrica aos outros, mas nunca aos que se qualificam como seus amigos íntimos. Os amigos do nativo causam um efeito inesperado sobre ele, que se relaciona de alguma forma com os assuntos concernentes à sua casa de Aquário.

Capítulo 20

O LADO LUMINOSO DO DESESPERO

A DÉCIMA SEGUNDA CASA

A maioria de nós, em uma ou outra ocasião, somos forçados a lidar com algum aspecto da suprema realidade numa base totalmente pessoal – isto é, o que ela significa para nós, individualmente. O modo exato como enfrentamos este teste é revelado pela condição da décima segunda casa.

A décima segunda casa do horóscopo tem sido descrita muitas vezes neste livro como a área dos valores definitivos e da preocupação com aqueles que durante a luta da vida caíram à beira do caminho. O interesse se volta para problemas de evidente fracasso, solidão, rejeição e para o sentimento de desespero. Essa área da experiência humana é de particular importância e preocupação consciente somente para aqueles que têm planetas predominantemente associados, de alguma forma, com Peixes/Netuno, o signo e o regente naturais da décima segunda casa.

Se você não tiver planetas na décima segunda casa, as questões dessa casa não figurarão em sua vida cotidiana. Isso não significa necessariamente que você não esteja consciente dos valores interiores ou das motivações subconscientes, mas que pode aceitar esses fatores sem depender deles. Em geral, pode aceitar e enfrentar o que precisa ser feito quando se trata de examinar esses valores. Seja qual for o signo que apareça em sua décima segunda casa, seus valores subconscientes suportam as questões e as pessoas reveladas na sua vida pela localização do regente da sua décima segunda casa.

Como já mencionamos antes, nossas ambições são identificadas na décima casa junto com o julgamento que os outros geralmente fazem de nós, na forma de nossas reputações.

A décima segunda casa sugere, de formas e meios inesperados, que o julgamento da décima casa é apenas a resposta material, e não a valorização final, a qual se encontra na décima segunda casa.

Felizmente, nem todos são confrontados na vida com essa etapa final. Muitas pessoas de fato passam pela vida enfrentando somente as conseqüências materiais de suas ambições conscientes e a reputação que isso lhes granjeia. Nem todos têm de avançar um passo mais além e enfrentar as conseqüências filosóficas e espirituais da vida. Mas, se o fizerem, isso é revelado na décima segunda casa.

O signo da cúspide da décima segunda casa mostra o caráter geral dos assuntos íntimos espirituais na vida do nativo. Se o signo for:

ÁRIES: o nativo enfrenta os assuntos da décima segunda casa com a máxima autoconfiança, visto que ela supre o nativo com a situação ideal para mostrar a individualidade de seu esforço e, ao mesmo tempo, lhe dá um senso mais profundo de valor pessoal. Todas as suas ações mostram preocupação e interesse por esses assuntos e ele lutará primeiro por esses valores. Com Touro no ascendente, os resultados sempre serão realistas e práticos.

TOURO: A atitude taurina é a de um prático guarda-livros que age para garantir o máximo de conforto e de condições agradáveis. Na décima segunda casa, o nativo tende a ter uma atitude saudável, direta, prática e dependente quanto a todos os valores interiores, exatamente como se eles fossem claramente evidentes. É pouco provável que ele os supere ou esqueça, visto que, para ele, são uma fonte sadia de satisfação prática e adicionam profundezas a qualquer situação material. Com ascendente Gêmeos, você pode estar certo de que o nativo empresta a tudo um exame ligeiro.

GÊMEOS: Os valores ocultos são assunto de curiosidade mental, bem como um tema fascinante até mesmo para conversas casuais. O nativo fala e pensa sobre essas motivações subconscientes. Ele tende a algumas opiniões originais e inovadoras e a manter o interesse das outras pessoas aceso em todas essas questões. Com ascendente Câncer, o nativo está muito consciente de todas as questões de interesse público, e as motivações secretas parecem-lhe ainda mais visíveis ao nível mental.

CÂNCER: o nativo tende a tornar-se profundamente perturbado por condições infelizes e frustrações íntimas do momento, mas, ao mesmo tempo, guardará seus sentimentos para si mesmo. Com Leão no ascendente, o nativo se compraz numa grande exibição exterior de sua importância, o que desmente a profunda sensibilidade de sua natureza interior, por mais que seja secreta. Felizmente para o nativo, com Câncer na décima segunda casa, ele pode desligar-se quando as condições excedem o que ele pode enfrentar ou aceitar. Mas o público sempre tem um certo acesso às suas motivações, e ele se ajusta mais aos seus desejos do que pode parecer. O "rei ideal" possui uma sensibilidade solidária para com os que estão nos bastidores.

LEÃO: o nativo assume uma certa prerrogativa egoísta no que se refere às suas motivações interiores e/ou valores subjetivos, a respeito dos quais se sente orgulhoso e expansivo. Ele tende a fazer um espetáculo ou exposição de tais questões importantes sempre que alguma oportunidade de se expandir de forma criativa aparecer. É natural que os valores que o nativo abraça apaixonadamente sejam aqueles que se relacionam perfeitamente com as exigências do seu ego. O nativo mostra-se singularmente despreocupado com os valores desta casa, ou talvez sinta curiosidade quanto a eles na medida em que os outros os julgem importantes, mas é incapaz de relacioná-los com sua própria vida. Com Virgem no ascendente, mesmo que o nativo sinta esta força íntima por trás de si, ele ainda se inclina a discordar dos outros em assuntos rotineiros ou a hesitar com timidez quanto a uma exibição franca demais de suas motivações íntimas.

VIRGEM: o nativo tem um desejo verdadeiro de servir e de ajudar fisicamente os que são menos afortunados. O lugar em que Virgem cair mostrará sempre um envolvimento prático que estimula o nativo a assumir responsabilidades e obrigações de trabalho para que certa obra seja levada a cabo. Com ascendente Libra, o nativo está bem consciente de seu companheiro em todas as situações.

LIBRA: o nativo está um tanto inclinado a atribuir o azar ao erro de outra pessoa e acha pouco provável que o mesmo aconteça com ele próprio. Com o predatório Escorpião no ascendente, seus sentimentos são encorajados por razões egoístas. A atitude libriana na décima segunda casa também tende a passar a responsabilidade para os outros ou a olhar para o outro lado quando as cartas estão viradas para baixo. Também há uma tendência, até mesmo em assuntos espirituais, a fazer da conveniência a regra. Libra na décima segunda casa não é favorável para atingir a raiz do problema ou, em especial, para buscar uma solução a nível pessoal. O nativo pode, contudo, concordar em entrar no mérito da questão, se for acompanhado por um grupo.

ESCORPIÃO: ao nativo são dadas percepções incomuns, e ele tem grandes talentos ocultos para lidar com todas as condições difíceis da décima segunda casa. Com ascendente Sagitário, ele tende a trazer esperanças a todas as situações que exijam cuidado e otimismo. Escorpião, na décima segunda casa, adiciona uma profundidade com a qual essas dificuldades podem ser penetradas num grau superior ao que comumente se poderia esperar desse nativo dado a abdicar.

SAGITÁRIO: o nativo possui uma natural riqueza de espírito e uma grande abundância de fé pessoal, embora não possua necessariamente a familiaridade prática para lidar com as mais difíceis causas da aflição. Com Capricórnio no ascendente, o nativo é naturalmente traído pela autodisciplina e por uma orientação material que tende a igualar todos os problemas que forem mal administrados em termos materiais. Isso resulta em certa pobreza espiritual, que é encoberta por um entusiasmo ingênuo quanto a questões concernentes à décima segunda casa. Este nativo está bem preparado para lidar com ajustes materiais, porém mal preparado para lidar com todos os problemas da vida – especialmente com os mais profundos.

CAPRICÓRNIO: o nativo encontra soluções mais adequadas para as questões relativas à décima segunda casa do que o padrão anterior, porque a disciplina e obstinada determinação se voltam para o interior, para os recursos íntimos do nativo, muito mais do que para o exterior, com seus assuntos cotidianos. Com Aquário no ascendente, o nativo é dado aos sonhos cheios de fantasia e a uma imaginação independente, os quais são supreendentemente fortalecidos por uma certa resolução íntima de natureza prática. Entretanto, como Capricórnio limita bastante o material a ser considerado e coloca tudo o que seleciona para consideração em bases práticas, as preocupações espirituais do nativo com o mundo são limitadas de forma considerável. Isso, sem dúvida, dá ao nativo mais liberdade para satisfazer seu potencial de gênio individual (indicado pelo ascendente Aquário).

AQUÁRIO: o nativo é atraído somente para aquelas situações e pessoas que demonstram alguma característica notável e qualidade ímpar, quanto à condição espiritual. Ele é altamente seletivo e independente com relação ao que sintoniza ou ao que está decidido a deixar penetrar em suas simpatias interiores. Com ascendente Peixes, a sua cabeça está nas nuvens, de modo que poderá desistir da maioria dos casos comuns em favor de alguma missão especial para a qual se sinta divinamente orientado. A atitude aquariana é independente, seletiva e determinada.

PEIXES: por mais estranho que possa parecer a sensibilidade pisciana em sua própria casa, é mais desapegada e friamente imparcial do que poderíamos supor. Isto, sem dúvida, prepara-o melhor para uma perspectiva mais abrangente e compreensiva dos males e sofrimentos da vida, mas não dá àquele que necessita exatamente o calor e a compreensão que ele poderia desejar. A atitude pisciana é inteiramente espiritual e idealizada; portanto, se você não perceber a idéia, não a entenderá. Há, de preferência, um mínimo de atenção física em prol das promessas celestiais, o que se constitui exatamente na crítica da maioria das organizações religiosas dos nossos tempos. Com ascendente Áries, o nativo é dado à atitude de "primeiro eu" na maior parte das coisas, que, na sua opinião, põe a luz da espiritualidade em seu lugar – no céu, apenas para ser contemplada aos domingos.

Para maiores referências quanto à capacidade do nativo de enfrentar a realidade da décima segunda casa, devemos observar a posição da casa do regente da cúspide. Isso mostrará o propósito de vida para o qual qualquer conhecimento da décima segunda casa é imprescindível. Para detalhes sobre isso, veja a seção do final do capítulo 4, página 65.

Se a décima segunda casa contiver um ou mais planetas, o conhecimento desta implicação espiritual se torna assunto de algum interesse pessoal. A medida desse interesse depende de como os planetas se dispõem nessa área. Se o planeta for:

SOL: este é o mais importante, pois mostra que o caráter do destino do nativo apenas se desenvolverá no padrão dos interesses e soluções da décima segunda casa. O Sol mostra uma luta vitalícia com esses problemas. Para mais detalhes sobre esse padrão, veja o capítulo 4, "O Caráter do Seu Destino" – Sol na décima segunda casa.

LUA: o nativo é emocionalmente atraído para os bastidores, a fim de refletir e sentir mais profundamente as implicações espirituais de nossa vida do dia-a-dia. O nativo sente uma carga de tristeza e é emocionalmente atraído por todos os que precisam de proteção, ajuda, compreensão, compaixão e perdão. O nativo tem vislumbres e revelações, além de uma sensibilidade específica sobre as necessidades de certos indivíduos ou segmentos incompreendidos da sociedade. Isso pode criar muita tensão no íntimo do nativo; ele terá muitas mudanças de atitude e de estado de humor por causa dessas questões. Para mais detalhes sobre esse padrão, consulte o capítulo 5, "O Foco de Suas Emoções" – Lua na décima segunda casa.

MERCÚRIO: o raciocínio do nativo é naturalmente atraído para todas as questões relacionadas com condições desafortunadas e com suas causas e soluções possíveis. Seus melhores pensamentos são de natureza subconsciente, o que mede as profundidades ocultas e as implicações misteriosas.

SATURNO: o senso de autopreservação do nativo se centraliza em soluções para condições infelizes por meio de sua fortaleza interior. Trata-se de um problema de difícil solução e de um posicionamento desafortunado para Saturno, que atua melhor em problemas de natureza prática, através de soluções materiais, muito mais do que com atitudes espirituais. Neste caso, suas soluções materiais podem ser dadas apenas por atitudes espirituais. O nativo precisa desenvolver um senso básico da realidade das motivações subconscientes. Para mais detalhes sobre este padrão, veja o capítulo 7, "Saturno no Seu Horóscopo" – Saturno na décima segunda casa.

MARTE: o padrão natural do nativo, de iniciar a ação e pressionar, é desviado da confrontação franca e direta, em favor da confrontação indireta, da atividade por trás dos bastidores, o que sugere intriga, complôs e subterfúgios. O nativo é mais fisicamente vivaz e dinâmico quando se ocupa com questões secretas ou lida com pessoas cujas vidas estão envoltas em mistério. A pessoa sente atração sexual pelos infelizes; a compaixão desperta sentimentos de natureza sexual.

VÊNUS: o senso de romance do nativo é atraído por condições e por pessoas que talvez, por sua própria culpa, tenham sido negligenciadas ou desprezadas pelos demais. O nativo é capaz de gerar felicidade e de sentir-se gratificado com os que precisam dele. Ele se sentirá atraído para assuntos que tenham beleza espiritual, de preferência a definições mais prosaicas de conforto e gratificação. O seu senso de beleza é dirigido para a imagem irreal ou idealizada, ou para a empatia que se pode projetar em situações sugestivas.

NETUNO: o nativo goza de uma fonte inusitada de inspiração nos assuntos que deprimiriam as demais pessoas. Ele não vê as condições exteriores desafortunadas, mas o maravilhoso potencial interior, que, na sua opinião, transforma até mesmo as mais difíceis situações ou pessoas. Para esse nativo, a contemplação íntima é muito importante, e ele tem quase uma maneira divina de ver além das condições comuns, especificamente além das que são frustrantes ou desesperadoras para os outros.

JÚPITER: o nativo possui uma riqueza espiritual que confere otimismo, esperança e fé declarada nas questões que abalariam a maioria das pessoas. Ele recebe benefícios particulares ou ajuda material daqueles que percebem o valor da sua contribuição em assuntos de importância espiritual. Isso ajuda a manter sua fé; que ele se sente justificado em depositá-la no aspecto imaterial da vida. Sua fé é realmente traduzida repetidas vezes em bênçãos materiais.

PLUTÃO: o nativo tende a se envolver ou ser arrastado para condições sociais significativas que trarão mudanças devastadoras para sua vida íntima. Ele se torna profundamente consciente de amplos fatores de importância que antes limitavam seus recursos interiores, mas que, por fim, ampliam os limites a fim de incluir possibilidades que considerava remotas. As manifestações de mudança são, de início, íntimas e subconscientes, mas, por fim, tendem, de fato, a se refletir em todos os outros setores da vida deste nativo. A necessidade de enfrentar as dificuldades e as situações lamentáveis traz para a luz do dia profundezas ocultas e desconhecidas do caráter do nativo.

URANO: o nativo corre o risco inesperado de ter de expor suas estruturas ocultas de valores, quer em situações de crise, quer diante de pessoas nessas condições infelizes. É provável que o nativo seja posto diante de situações que, de alguma maneira, estão gritantemente além de suas pretensas capacidades de enfrentar tais emergências. Até que ponto está preparado para enfrentá-las, depende das condições de Urano, da casa de Aquário e do relacionamento com outros planetas-chave. Urano sempre introduz o inesperado, que pode ou não ser vencido no momento pelo nativo, segundo suas predisposições. Neste padrão, o inesperado apresenta-se na área menos provável de ser vista e na mais difícil de ser avaliada ou solucionada por outros meios que não sejam os valores espirituais.

Havendo planetas na décima segunda casa, devemos verificar também as casas que eles regem, pois essas casas dão apoio e força secreta para a obtenção dos valores da décima segunda casa.

Quaisquer planetas que estejam na décima segunda casa são forçados à ação por planetas com que formam aspectos de ângulos desarmônicos. São encorajados por planetas através dos ângulos harmônicos. Consulte o capítulo 9, "Aspectos Entre os Planetas".

Capítulo 21

DESENVOLVIMENTOS E TENDÊNCIAS PROFÉTICAS NO HORÓCOPO

Há uma regra absoluta na interpretação astrológica: NADA OCORRERÁ NA VIDA DO NATIVO QUE NÃO SEJA PROMETIDO OU NEGADO NO HORÓSCOPO NATAL.

Portanto, qualquer tendência profética se torna uma questão de sincronização dessas promessas natais. Se dois planetas não estiverem relativamente conectados na hora do nascimento, a importância de qualquer contato futuro (por progressão ou aspecto de trânsito) será relativamente nula.

Pergunta-se muito se o horóscopo muda, de alguma maneira. A resposta é sim, mas a mudança é mínima. Essa mudança é denominada PROGRESSÃO. Fundamenta-se no conceito de que um dia da vida do nativo de alguma forma se reflete um ano depois.

Por exemplo, se o nativo nasceu em 4 de junho de 1926, a posição do planeta em 5 de junho de 1926, na mesma época, refletirá o horóscopo do nativo com progressão um ano depois. O dia 24 de junho de 1926 se refletirá em sua vida vinte anos depois.

Os ângulos ou a estrutura do horóscopo não mudam, embora alguns astrólogos gostem de fazer experiências com isso quando, por exemplo, o nativo se muda de um lugar para outro. Isso pode dar uma nova perspectiva a certos fatores do horóscopo, mas de forma nenhuma poderá ser considerado uma recolocação da condição natal. Basicamente, apenas os planetas se movem para a frente e para trás através das casas, por essa progressão.

Esse movimento de um dia por um ano não acarreta tantas mudanças como se poderia supor. Alguns planetas mal se movem durante o período inteiro de uma vida. Apenas a Lua, Mercúrio, Marte e Vênus se movem com suficiente rapidez para causar alguma diferença. A modificação mais importante ocorreria se o planeta mudasse de casa. Isso pode acontecer com qualquer planeta, porque ele pode estar quase pronto a trocar de casa na ocasião do nascimento. A posição do nascimento predomina, ao lermos o horóscopo. Alguma qualificação pode ser devida à passagem do tempo, mas apenas como acréscimo à interpretação básica.

Uma regra ou atitude geral, mas não universalmente aceita por todos os astrólogos, é: A promessa é feita por ocasião do nascimento, a progressão ARMA O PALCO e os trânsitos que ocorrem SINCRONIZAM O REAL EVENTO. Assim esses três indicadores estarão presentes na ocasião do evento.

Uma advertência deve ser feita, a esta altura, sobre o significado dos eventos na medida em que são prenunciados no horóscopo. A interpretação astrológica revela o SIGNIFICADO DOS EVENTOS. Ela não especifica os FATOS EXATOS DOS EVENTOS. Através de poderes intuitivos, um astrólogo pode especular sobre os fatos dos eventos, mas isso será uma coincidência. Não surge APENAS dos fatores astrológicos. Isso é importante, porque devemos ser perfeitamente claros e honestos quanto ao que esperamos da astrologia.

Como afirmei em outro ponto neste livro, a astrologia é uma linguagem simbólica e reflete a sintonia e a harmonia intuitiva do intérprete, no sentido de filtrar a mensagem que está estruturada no horóscopo. Não se trata de matéria exata. Não há uma interpretação exata e inflexível dos fatos que seja definitivamente detalhada, com a exclusão de determinadas outras possibilidades. O valor está no que ela sugere para os que estão estudando o assunto. E esse potencial sugestivo não deve, de forma alguma, ser ignorado ou desacreditado, porque OS PODERES PSÍQUICOS DEPENDEM DESTES CANAIS DE INSPIRAÇÃO.

É minha opinião formada que os trânsitos correntes, à medida que se relacionam com o horóscopo natal, são os mais importantes elementos de previsão, na sincronização do horóscopo. E os trânsitos do planeta Saturno, como descritos no capítulo 7, ultrapassam, de longe, o valor de qualquer outro movimento planetário no horóscopo.

Capítulo 22

ANÁLISE ASTROLÓGICA QUANDO SE DESCONHECE A HORA DO NASCIMENTO

Freqüentemente surge a questão: o que fazer, se é que é possível fazer alguma coisa, quando não se conhece a hora exata do nascimento?

Visto que a Terra se move em seu eixo um grau a cada quatro minutos, a hora do nascimento precisa ser conhecida com a maior exatidão possível, ou resultarão sérios erros ao se levantar o mapa natal – aparecerão os signos errados nas casas e os planetas cairão na casa errada. Qualquer horóscopo montado para um horário que não seja o REAL MOMENTO DO NASCIMENTO será inteiramente especulativo.

A mais especulativa arte nos procedimentos astrológicos é uma prática denominada RETIFICAÇÃO. Trata-se de um procedimento usado para aproximar o verdadeiro momento do nascimento pela retificação de um horóscopo, no intuito de ligar certos EVENTOS conhecidos a padrões hipotéticos. Na retificação, o erro se baseia na controvertida suposição de que eventos específicos (com a exclusão de outros eventos específicos) SEMPRE PODEM SER DEDUZIDOS DE UM PADRÃO PLANETÁRIO FIXO. Isso não é tão simples assim e, de fato, foi provado que é falso por pesquisa astrológica reconhecida.

Não existem eventos específicos que possam estar absolutamente ligados a um padrão planetário único. Visto que o horóscopo individual constitui o único padrão planetário pessoal, não se pode deduzir qual será o efeito – digamos, da morte de um pai ou do nascimento de uma criança, ou, ainda, da perda de um companheiro – na vida do nativo ATÉ QUE VOCÊ TENHA O VERDADEIRO HORÓSCOPO NATAL. Você não pode PREDETERMINAR ou generalizar qual o efeito que pode existir e, em seguida, elaborar um horóscopo provável em torno daquele evento (ou mesmo séries de eventos) para que corresponda à nossa racionalização. A racionalização como tal (ou qualquer outra forma padronizada de raciocínio lógico) não tem lugar no conhecimento astrológico. O CONHECIMENTO ASTROLÓGICO É A CONSCIÊNCIA INTUITIVA DE UM PADRÃO

DIVINO QUE EXISTE E É VERDADEIRO PARA DETERMINADO NATIVO. Você não pode ficar revirando horóscopos a fim de adaptar algum de que goste para manter uma teoria ou formar uma bela equação, como o conteúdo molecular da água.

A morte de um dos pais, por exemplo, afeta a vida do nativo de inúmeras maneiras. Além do apego emocional, que o nativo pode ou não reconhecer, o efeito dessa morte no padrão da vida não é, de forma alguma, uma reação padronizada. Trata-se de extrema presunção da parte de qualquer pessoa supor, às cegas, qual SERIA este efeito SEM TER O VERDADEIRO HORÓSCOPO NATAL. Mas, para fins de exemplificação, vamos supor que alguém tenha presumido corretamente qual seria esse evento. Isso ainda não significa que se possa fazer uma previsão igualmente válida quanto ao efeito de um outro evento (digamos, o nascimento de um filho), e assim por diante.

O processo de retificação tenta chegar a um horóscopo que pareça satisfazer o maior número possível de padrões de eventos tirados de uma longa lista de eventos verdadeiros. Por essa razão, os seus adeptos dizem que o peso das probabilidades está a favor de um horóscopo, em detrimento de outro. A aparência ilusória da retificação está bem exemplificada na história clássica relativa a todos os horóscopos especulativos de Winston Churchill, produzidos e defendidos com a mais completa convicção. Ao que parece, ninguém foi capaz de obter sua verdadeira hora de nascimento até depois de sua morte, quando ela foi publicada entre suas notas e papéis particulares. E, dessa forma, o verdadeiro horóscopo natal veio a ser consideravelmente diferente de todos os outros horóscopos, favoritos, que eram considerados os mais prováveis devido ao fato de se adaptarem à sua vida como os outros imaginavam que ela fosse.

Isso não significa negar que alguém, por intuição, possa obter um horóscopo correto. Mas ele resulta de algo além dos simples fatores astrológicos.

Um horóscopo solar é, com freqüência, usado pelos astrólogos quando estes não conhecem a hora exata do nascimento. Uma variação deste método é considerar zero graus do signo solar no ascendente e zero graus de todos os outros signos ao redor do mapa, em sua ordem natural; ou considerar os graus do signo solar em sua posição ao meio-dia no dia do nascimento como ascendente e o mesmo grau de todos os signos ao redor do mapa, em sua ordem natural.

Um horóscopo solar pode ser muito interessante (da mesma forma que as leituras do signo solar ou da polaridade Sol/Lua, que são ainda mais interessantes), MAS NÃO DEVE SER MAL-INTERPRETADO E NÃO SE DEVE DAR-LHE A MESMA IMPORTÂNCIA QUE SE DARIA A UM HORÓSCOPO NATAL.

Edward L. Johndro, astrólogo americano de considerável brilho e importância, descobriu o que considerou ser um horóscopo até mesmo mais satisfatório, que é levantado com o que se chama de arcos de ascensão reta, em vez do fator tempo sideral, e que, portanto, necessita apenas da posição do Sol ao meio-dia no dia do nascimento. Sua pesquisa nesse sentido é muito correta e persuasiva, e talvez esse seja um horóscopo válido, se o considerarmos de outro ponto de vista. Mas novamente devemos advertir de que isso não deve ser confundido com um verdadeiro horóspoco natal, ou substituí-lo. O tipo de horóscopo de que estivemos falando neste livro é O HORÓSCOPO DO PONTO DE VISTA DO NATI-

VO COMO REFERÊNCIA CENTRAL OU COMO FOCO DE ATENÇÃO.

Quando não se conhece a hora exata do nascimento, falta precisamente ESSE FOCO. Isso inclui o caráter do destino, o foco das emoções, a concepção da personalidade e todas as outras manifestações dos padrões vitais.

Se alguém se lembrar, em todos os momentos, de que O FOCO ESTÁ FALTANDO, ainda poderá deduzir bastante coisa sobre o CARÁTER GERAL DO NATIVO e alguma probabilidade quanto às suas REAÇÕES BÁSICAS DE COMPORTAMENTO usando como referência o que chamo de CÍRCULO NATURAL. Um círculo natural será a colocação dos planetas num círculo de horóscopo (não num mapa), com Áries, o signo natural da primeira casa, no ascendente, com Touro na segunda casa, e assim por diante.

O valor disso é restabelecer o relacionamento básico que os signos e planetas têm com suas respectivas funções nas casas. Isso é algo tido como garantido, mas na prática é muitas vezes desprezado ou desconsiderado, quando se constrói a estrutura básica para uma análise astrológica.

O mais importante significado que qualquer signo simboliza se refere diretamente à função da casa com a qual se relaciona na ordem natural das regências. E a mesma coisa pode ser dita sobre os significados das forças simbolizadas pelos planetas. Estas estão, de novo, diretamente relacionadas com as funções das casas com as quais se relacionam por signo.

Se qualquer pessoa fizer uma revisão cuidadosa de tudo o que recordar quanto ao significado de qualquer signo ou planeta, descobrirá que mais ou menos 90% desse significado vem de seu relacionamento com um setor ou casa específica do horóscopo. É ATRAVÉS DAS CASAS QUE OS SIGNOS E OS PLANETAS SÃO IDENTIFICADOS E SE RELACIONAM UNS COM OS OUTROS.

Se estabelecermos um círculo natural, isso colocará os nossos planetas em seu meio ambiente natural segundo o signo em que eles caíram quando nascemos. Suas naturezas básicas permanecem as mesmas. Marte é o energizador, não importa onde caia. Esse posicionamento de Marte no círculo natural mostra o CARÁTER OU A QUALIDADE que Marte assumirá para nós à medida que esgotamos os nossos padrões pessoais. Sem o horóscopo natal autêntico, ele não pode, entretanto, mostrar o foco através do qual Marte agirá para desincumbir-se de suas funções.

Por exemplo: PLANETAS EM ÁRIES TÊM CONOTAÇÃO DE PRIMEIRA CASA. – O nativo se utilizará dessa força planetária específica como parte do modelo de sua personalidade, ou como se ela tivesse essa referência. Isso lhe dará individualismo, desenvolvimento agressivo, o uso enérgico de ferramentas que lhe permitam atingir seus objetivos imediatos e a atenção consciente como base do valor pessoal. Essas características essenciais que este planeta representa podem ser desenvolvidas ainda mais, como um talento especial, e, ao mesmo tempo, o nativo obtém uma abordagem totalmente nova e virgem da questão.

PLANETAS EM TOURO TÊM UMA CONOTAÇÃO DE SEGUNDA CASA. – Há um valor financeiro ou de suprimento possivelmente relacionado com o uso que o nativo faz dessa característica. Isso pode significar, de alguma forma, dinheiro, para ele. O nativo considera o dinheiro como um valor material que vale a pena manter em boas condições de uso, como fonte de conforto e gratificação. Como parte da constituição do nativo, ele é, definitivamente, UMA VANTAGEM.

PLANETAS EM GÊMEOS TÊM CONOTAÇÃO DE TERCEIRA CASA. – O valor é mental, na medida em que é uma fonte de estímulo efetivo ou uma ajuda na comunicação ou troca livre das opiniões do nativo no mercado. Essa qualidade tem valor de troca ou poder de conversão, e pode ser utilizada para melhorar todos os relacionamentos e contatos no ambiente próximo e como um meio de o nativo vender seus pensamentos ou transformá-los em alguma coisa utilizável.

PLANETAS EM CÂNCER TÊM CONOTAÇÃO DE QUARTA CASA. – Os valores tendem a ser subjetivos e a ter um relacionamento íntimo com alguma coisa ligada à segurança emocional do nativo, ao seu senso doméstico, seu relacionamento com sua formação ou legado hereditário. Exige-se que, em qualquer plano que venha a formular, o nativo tenha plena consciência desses valores e aceite o fato de que essas características são essenciais para ele. Essas qualidades têm o poder do apelo público para o nativo e podem ser usadas para atrair o público através de seu potencial no momento exato. Essas qualidades têm de ser usadas, não porque o ego individual o deseje, mas porque há uma sincronização propícia entre o nativo e os que o cercam.

PLANETAS EM LEÃO TÊM CONOTAÇÃO DE QUINTA CASA. – Os valores têm potencial criativo e podem, se adequadamente usados, tornar-se uma fonte de prazer e de lucro na especulação. Temos de nos aproximar dessas questões com certa ousadia corajosa e uma imperiosa despreocupação com o resultado provável. Não adiantaria o nativo ser avaro ou tímido quanto a sua exibição. Este é um item para estimular e, se possível, supercapitalizar. Com as qualidades leoninas, temos de assumir a autoridade, quer ela seja merecida quer não.

PLANETAS EM VIRGEM TÊM CONOTAÇÃO DE SEXTA CASA. – Os valores estão associados aos deveres e às obrigações. O nativo tem de cultivar essa qualidade com esforço e diligência e adaptá-la de forma cuidadosa aos programas gerais, com inteira consciência de todas as outras considerações que possam estar envolvidas. A disciplina, a aceitação de ordens, a adaptação e a aceitação da inteira responsabilidade estão envolvidas em quaisquer dessas questões, em Virgem.

PLANETAS EM LIBRA TÊM CONOTAÇÃO DE SÉTIMA CASA. – Os valores são sociais, competitivos e dependentes dos outros para sua introdução na nossa vida e no curso de seu direcionamento. Essas virtudes são chaves com as quais podemos obter a cooperação das outras pessoas ou agitar o seu espírito competitivo, de modo que elas se oponham a nós, de alguma maneira. O privilégio de dar os tiros cabe aos outros – não a nós, se tivermos quaisquer qualidades de Libra.

PLANETAS EM ESCORPIÃO TÊM CONOTAÇÃO DE OITAVA CASA. – Esses valores são fontes ocultas das quais podemos precisar durante as situações extraordinárias que exijam demais de nossos recursos. Essas são as virtudes que teremos à nossa disposição em tempos de crise ou ao nos prepararmos para a adaptação às mudanças arrasadoras que podem afetar subitamente as nossas vidas ou introduzir-se em nossa vida diária. Trata-se da fortaleza com que enfrentamos a morte, a tragédia e as exigências do renascimento ou da necessidade de recomeçar numa direção inteiramente nova. Esses são fatores de nossa constituição que têm poderes regenerativos. Eles recarregam nossa bateria e elevam nosso espírito.

PLANETAS EM SAGITÁRIO TÊM CONOTAÇÃO DE NONA CASA. – Estes valores são os da mente superior que foram codificados ou formalizados pelos que nos antecederam e que consideram certos princípios da mesma forma que nós. Estas virtudes não são algo que podemos mudar pessoalmente, visto que se articulam em estruturas perfeitas de crença que estamos dispostos a acatar como religião ou lei. Podemos persegui-las de forma otimista em sua forma atual, mas estamos despreparados para mudá-las de modo a refletirem considerações transitórias. Trata-se de crenças permanentes que apoiamos apaixonadamente.

PLANETAS EM CAPRICÓRNIO TÊM CONOTAÇÃO DE DÉCIMA CASA. – – Estes valores são questões de preocupação prática que tendemos a ver na linha do dever e que as pessoas que estão em posição de autoridade ou de destaque esperam ou exigem de nós. Podemos sentir-nos forçados a aceitar certas condições, como se elas fossem o julgamento final dos outros sobre a questão. Nesta área devemos amoldar-nos ou fugir. Nossa reputação está diretamente relacionada com a maneira como os outros acham que devemos agir; raramente questionamos se eles têm o direito de exercer esta autoridade sobre nós.

PLANETAS EM AQUÁRIO TÊM CONOTAÇÃO DE DÉCIMA PRIMEIRA CASA. – Estes valores devem ser produto da independência de nosso raciocínio, pois na vida particular estamos certamente habilitados a ter os nossos próprios desejos e esperanças. Essas virtudes são alimentadas e compartilhadas com amigos especiais que compartilham de nossas simpatias. Devido à nossa independência criativa quanto a essas questões, é-nos assegurada certa excentricidade de comportamento, que podemos assumir como comprovadamente real. Há potencial para um certo grau de genialidade nessa direção, mas se ela efetivamente nos tira ou não do chão, isso se deve a outros fatores. Pode ser que apenas nos torne malucos.

PLANETAS EM PEIXES TÊM CONOTAÇÃO DE DÉCIMA SEGUNDA CASA. – Estes valores são capazes de produzir paz e serenidade interior, a despeito de quaisquer outros fatores que nos possam estar deprimindo ou levando ao desespero. Essas características têm um grande valor como fonte inspiracional, a qual, se acreditarmos nela, pode elevar suficientemente nosso espírito e transformar todos os males com que nos deparamos. Trata-se de autênticos raios de esperança que nos guiarão em épocas de escuridão, quando tudo o mais parecer perdido e sem esperança. É para isso que devemos voltar-nos, como a última fonte de salvação e de confirmação dos valores definitivos em nossas vidas.

PLANETAS QUE ESTEJAM NOS SIGNOS NOS CONFEREM OS TALENTOS E AS CARACTERÍSTICAS DESSES SIGNOS.

Ao ler a lista de planetas nos signos que acabamos de expor, talvez você conclua, por saber a localização dos seus próprios planetas, que você não tem talentos em algumas áreas, e isso pode deixá-lo preocupado. Se você não tiver planetas em certos signos, isso significa que você não precisa desses talentos específicos para enfrentar o que será exigido de você. Isso não quer dizer que, depois de ter seu verdadeiro horóscopo natal e de ter encontrado nas casas planetas diferentes daqueles para os quais você tem talentos, não tenha as ferramentas apropriadas para esse trabalho. Você pode não ter as ferramentas normais ou regulares para ele, mas, no seu caso, o seu trabalho exigirá as ferramentas que lhe foram conferidas.

Por exemplo, se você não tiver planetas em Gêmeos, o signo normal da comunicação, você não tem os talentos normais para a comunicação. Contudo, digamos que no seu horóscopo Marte esteja na terceira casa. As ferramentas de que precisará para lidar com as funções da terceira casa, a da comunicação, serão, nesse caso, não as regulares, que seriam os planetas em Gêmeos, mas uma ferramenta especial, que nesse caso é Marte, com conotação de primeira casa. Ou você poderá ter planetas (ou vantagens) em Gêmeos, mas eles são necessários em outro lugar – digamos, nas lutas com os outros, na sétima casa.

Ao abordar a análise astrológica quando não temos o foco de aplicação, dado pela hora exata do nascimento, precisamos considerar logo os aspectos formados por qualquer desses planetas. A posição ao meio-dia (assim como aparece na *Efeméride*) basta para todos os planetas, com exceção da Lua, que se move aproximadamente um grau a cada duas horas. De modo geral, é incerto fazer especulações ao acaso sobre os aspectos da Lua, a menos que se conheça a hora do nascimento.

Entretanto, fazemos uma referência na página 220, sobre a comparação de horóscopos, em que é sugerida uma fórmula muito útil não apenas para determinar a posição provável da Lua, mas também para chegar à hora aproximada do nascimento sem retificação. Essa é uma teoria especulativa, mas que vale a pena examinar.

Uma palavra de advertência sobre a importância dos aspectos, em especial aos estudantes de astrologia. Para todas as finalidades práticas, você deve desconsiderar os aspectos menores e concentrar-se apenas nos cinco aspectos principais. Farei mais: recomendarei energicamente que, numa interpretação inicial de horóscopo, você use apenas os três aspectos de ângulos desarmônicos, a conjunção, a quadratura e a oposição. Esses são aspectos que forçam o nativo a agir. A conjunção definitivamente CONJUGA, a quadratura FORÇA e a oposição BLOQUEIA a possibilidade independente de um planeta agir sem o outro. Ambos precisam ser considerados na mesma ação, para o melhor e para o pior.

Os aspectos de ângulos harmônicos, o sextil e o trígono, são de longe menos efetivos em sua operação no sentido de afetar o caráter do nativo. Eles têm mais a ver com as atividades felizes e de menor atrito que o nativo pode de tempos em tempos desenvolver, QUANDO SENTIR VONTADE e quando não for forçado a fazer coisas por condições de realidade imperativas. Os aspectos de ângulos harmônicos sobretudo encorajam (mas de nenhum modo obrigam) cada um a agir. O efeito do sextil e o do trígono são quase iguais; o trígono só é considerado mais afortunado porque requer ainda menos esforço do que o sextil para começar a agir.

Também se recomenda que você permita apenas uma variação de 3° do grau exato para determinar se dois planetas estão em contato efetivo. Mais tarde talvez você deseje ampliar a esfera de permissibilidade para considerar dificuldades que entram no quadro, mas não se permita fazer isso no início, ou deturpará o quadro e começará com o pé esquerdo. De modo geral, você descobrirá que, restringindo-se da maneira indicada acima, sua atenção será atraída para fatores realmente importantes e evitará a confusão ao tentar sintetizar algo que esteja além de sua compreensão.

Acima de tudo, não inclua nenhum aspecto por permitir uma esfera maior de permissibilidade apenas porque detesta perder o possível contato com uma combinação favorável que gostaria de ter. Essa é uma condescendência comum a todos os estudantes de astrologia, que desejam ver o melhor e deixar de fora o que lhes é menos favorável. Uma discussão detalhada da natureza dos aspectos se encontra no capítulo 9, "Aspectos Entre os Planetas".

Assim que você estabeleceu o caráter geral de sua constituição – isto é, as forças planetárias à sua disposição, com suas qualidades limitadoras e aprimoramentos específicos, mostrados pelos aspectos – você pode em seguida determinar com exatidão qual é a característica sob certas condições, ou qual utilidade pode ser considerada uma vantagem e qual é uma desvantagem.

Assim que estabelecer suas vantagens e limitações, pode determinar qual será O RESULTADO PROVÁVEL para você se usar certas qualidades em determinadas situações. Segundo sua situação particular, se você estiver estimulando a virtude correta no lugar certo, você estará trabalhando com uma vantagem.

Por exemplo, se você tem Marte em Libra, inevitavelmente incitará as pessoas contra você; é, portanto, imperativo estar preparado, seja para superá-las em esperteza, seja para vencê-las na competição, pois isso é, com certeza, o que geralmente resultará, ao lidar com os outros. Agora, tratando-se de um emprego ou de lidar com suas responsabilidades rotineiras (ambos assuntos da sexta casa), você deve procurar não usar a abordagem marciana ao lidar com as pessoas, pois isso apenas trará as conseqüências acima mencionadas – nesse caso, uma obrigação. Ao invés disso, você deverá usar quaisquer qualidades virginianas que possua, ou qualquer outra coisa que esteja mais próxima das exigências da sexta casa. Nesse caso, você estará utilizando-se de suas vantagens.

Tendo Vênus em Libra, você possui uma vantagem social ao lidar com os outros e para conquistá-los para sua posição ou seus interesses. Isso será uma vantagem para você, ao lidar com o patrão (um assunto da décima casa) ou com os amigos influentes (um assunto da décima primeira casa), ou em qualquer função que envolva outras pessoas.

Se você tiver Mercúrio em Áries, geralmente será franco, extrovertido, preconceituoso e agressivamente crítico. Isso se constituiria num risco bastante evidente, se usado no início de qualquer assunto relativo a carreiras da décima casa envolvendo seu patrão ou os que detiverem autoridade. É pouco provável que eles fiquem muito contentes em ouvir suas opiniões e suas críticas mordazes, não importa quão verdadeiras possam ser. Nesse caso, você deveria evitar a comunicação com eles, a não ser quanto a assuntos de natureza rotineira. E, por sinal, o que seria um risco nos assuntos da décima casa seria, por certo, uma vantagem em esforços criativos da quinta casa.

Eis um comentário sobre qualquer análise astrológica ou não. A análise que envolva o OLHAR ABAIXO DA SUPERFÍCIE PARA ENCONTRAR O HOMEM INTERIOR E PERFEITO se constitui num talento. Nem todos podem fazê-la. A maioria das pessoas apenas vê o que está na superfície ou acredita no que se reflete na imagem superficial.

Na astrologia, só aproximadamente uma décima segunda parte do horóscopo (a área da primeira casa) lida com o que se vê na superfície. As onze partes restantes lidam com a pessoa total. Ora, alguns indivíduos bem dotados podem sentir intuitivamente as coisas sobre as outras pessoas – sem a ajuda da astrologia ou de qualquer outra coisa. Para eles, as ações superficiais são apenas reflexos do homem interior, que é a pessoa total. Na psicologia, existe um conceito a respeito dito, chamado de *Gestalt*, uma escola de padrões de comportamento. Indivíduos habéis no reconhecimento de padrões precisam experimentar apenas um fragmento do padrão a ser reconhecido para ter consciência do padrão total, embora ainda não tenham experimentado o padrão total da outra pessoa.

É bom ter isto em mente, sempre que se tentar fazer uma análise profunda de personagens conhecidas do público. Devemos lembrar que muitas das coisas que são discutidas não pertencem ao que a média das pessoas vê ou conhece sobre tais personagens. Estas são reconhecidas a partir de sua imagem pública. Cada um de nós parece esquecer que é, de fato, uma pessoa inteiramente diferente, e muito mais do que deixamos entrever na superfície. Entretanto, esquecemo-nos de ver nos outros essa mesma possibilidade de ocultamento da personalidade interior, ao tentar compreendê-los ou analisá-los.

Leia também

ASTROLOGIA DA PERSONALIDADE

Dane Rudhyar

"A Astrologia foi a primeira expressão humana de uma percepção de ordem", escreve Dane Rudhyar. "Seu objetivo é transformar o caos em cosmos, a natureza humana coletiva em personalidade individual e criativa."

Para atingir esse objetivo, Dane Rudhyar usa os modernos conceitos da psicologia acrescidos dos elementos das filosofias ocidental e oriental. Ele procura apresentar a Astrologia principalmente como uma linguagem simbólica, reformulando seus conceitos básicos e acentuando a importância do estudo do mapa astral como um todo. Em vez de simplesmente reunir pequenos itens facilmente memorizáveis, juntando-os a alguns dados tradicionais, ele tenta reorientar e modernizar a abordagem da Astrologia – a mais antiga procura de uma ordem e de um significado para o Universo.

EDITORA PENSAMENTO

A ASTROLOGIA DO DESTINO

Liz Greene

Por que o conceito de *destino* parece quase ofensivo ao leitor ocidental moderno? Por que tem sido relacionado com perda do livre-arbítrio, perda do autocontrole, sensação de incapacidade, de humilhação e de impotência? Por que o significado do destino se distanciou tanto do seu conceito irmão, o conceito de *Karma*?

Nesta obra-prima, Liz Greene analisa o tema do destino em profundidade, transmitindo-nos uma percepção mais ampla do seu significado e definindo-o como o desdobramento de processos naturais e não como um encadeamento inexorável de acontecimentos predeterminados ou preorganizados que traçariam o roteiro de toda uma vida. Nessa mesma linha de pensamento, a autora afirma que perdemos o contato com a Natureza e com a lei natural e que entender nosso destino significa entender nosso relacionamento com as leis que regem o Universo.

Sempre que surge alguma preocupação no que toca ao destino, a mesma preocupação surgirá paralelamente em relação à astrologia, pois o conceito de destino tem origem na visão de um cosmos harmoniosamente interligado. Fazendo uso de mitos, lendas, sonhos, contos de fada e literatura, Liz Greene amplia o significado do destino, dos trânsitos astrológicos e das configurações natais. Ela explora os signos do zodíaco como sendo o retrato de uma jornada mítica, a jornada do herói, na qual os significados míticos estão ligados ao destino das pessoas.

CULTRIX / PENSAMENTO

AS DOZE CASAS

Howard Sasportas

Prefácio de Liz Greene

Este livro preenche uma grande lacuna na moderna literatura astrológica, ao explorar detalhadamente o campo de experiência associado com cada uma das doze Casas e esclarecendo, não só o significado interior, concreto e tangível, das várias esferas da vida, mas também o seu sentido mais sutil. São dadas aqui diretrizes para a interpretação dos planetas e signos através das Casas, incluindo os nodos lunares e o recém-descoberto planetóide Quíron. Como exemplos, são apresentados mapas astrais a fim de ilustrar e salientar técnicas e princípios.

AS DOZE CASAS é uma leitutra indispensável tanto para os alunos de Astrologia como para os astrólogos profissionais. Como Liz Greene diz em seu prefácio: "Recomendo este livro, não só pela clareza e profundidade do seu conteúdo, mas também porque estou ciente de que as interpretações que ele oferece foram elaboradas com base em muitos anos de experiência direta. Não tenho dúvidas de que será uma obra essencial para todos os que se interessam realmente pela Astrologia."

O autor, Howard Sasportas, americano que vive em Londres desde 1973, é atualmente um dos mais conhecidos astrólogos da Grã-Bretanha. Formado em Psicologia Humanista pela Universidade de Antioquia, foi-lhe conferida, em 1979, medalha de ouro pela Faculdade de Estudos Astrológicos. Com Liz Greene — astróloga cujas principais obras vêm sendo publicadas pela Editora Pensamento — fundou o Centro de Astrologia Psicológica de Londres.

EDITORA PENSAMENTO

A ASTROLOGIA DA AUTODESCOBERTA

Tracy Marks

Pode a Astrologia nos ajudar a descobrir e a determinar nossas reais necessidades? Pode nos habilitar a realizar os objetivos da nossa vida?

Neste livro, Tracy Marks mostra como usar a Astrologia exatamente nesse sentido: o de um instrumento eficiente que ajuda a descobrir e a expressar o potencial de cada um. A Autora explica de que modo podemos incentivar o nosso crescimento e resolver nossos conflitos interiores através da compreensão construtiva de nossos problemas pessoais mais profundos, revelados pela carta natal.

A Astrologia da autodescoberta vai muito além da análise dos traços superficiais do caráter, que dizem respeito apenas a acontecimentos exteriores. O livro orienta os que lutam com questões vitais de modo a reformular de maneira positiva suas atitudes perante a vida.

* * *

Tracy Marks é hoje uma das mais conhecidas escritoras da moderna Astrologia, com obras de grande interesse nas quais alia sua experiência em aconselhamento a seus conhecimentos de psicoterapia. Atualmente, divulga o uso da Astrologia como instrumento eficaz para o conhecimento de si mesmo em centenas de conferências e seminários por todos os Estados Unidos e Canadá.

EDITORA PENSAMENTO

Editora Pensamento
Rua Dr. Mário Vicente, 374
04270 São Paulo, SP
Fone 63-3141

Livraria Pensamento
Rua Dr. Rodrigo Silva, 87
01501 São Paulo, SP
Fone 36-3722

Gráfica Pensamento
Rua Domingos Paiva, 60
03043 São Paulo, SP